ハイデガー研究　人間論の地平から

ハイデガー研究
―― 人間論の地平から ――

岡田紀子

知泉書館

凡　例

ハイデガーの著作からの引用は次の略号によって行う。

SZ	Sein und Zeit, 16. Aufl., Max Niemeyer, 1986
EHD	Erläuterungen zu Hölderlins Dichtung, 3. Aufl., Vittorio Klostermann, 1963
SDU	Die Selbstbehauptung der deutschen Universität. Das Rektorat 1933/34, Vittorio Klostermann, 1985
ZSD	Zur Sache des Denkens, Max Niemeyer, 1969
	Gesamtausgabe, Vittorio Klostermann
BP	Beiträge zur Philosophie (Vom Ereignis) Bd.65, 1989
EM	Einführung in die Mataphysik (1935), Bd.4, 1983
EP	Einleitung in die Philosophie (1928/29) Bd.27, 1983
GBM	Die Grundbegriffe der Metaphysik. Welt-Endlichkeit-Einsamkeit (1929/30) Bd.29/30, 1983
GP	Grundprobleme der Phänomenologie (1927), Bd.24, 1975
HHGR	Hölderlins Hymnen » Germanien« und »Der Rhein« (1934/35), Bd.39, 1980
HW	Holzwege, Bd.5, 1977
KPM	Kant und das Problem der Metaphysik (1929), Bd.3, 1991
LFWS	Logik als die Frage nach dem Wesen der Sprache (1934), Bd.38, 1998

MAL	Metaphysische Anfangsgründe der Logik im Ausgang von Leibniz (1928), Bd.26, 1978
PGZ	Prolegomena zur Geschichte des Zeitbegriffs (1925), Bd.20, 1979
PIA	Phänomenologische Interpretationen zu Aristoteles. Einführung in die phänomenologische Forschung (1921/22), Bd.61, 1985
SWMF	Schelling: Vom Wesen der menschlichen Freiheit (1809), (1936), Bd.42, 1988
US	Unterwegs zur Sprache (1959), Bd.12, 1985
W	Wegmarken, Bd.9, 1976

目　次

凡　例 …………………………………………………………… v

序　章 …………………………………………………………… 3
　(a) 予備的考察　6
　(b) シェーラーによる五つの人間の理念　9

第1章　現存在の基礎的存在構造 ……………………………… 15
　(a) 現存在　15
　(b) 世界内存在　20
　(c) カントの「人間知」　23
　(d) 世界　28
　(e) 共同存在　32
　(f) 投企　38
　(g) 被投性　43
　(h) 世界観？　46

第2章　自己本来性の獲得 ……………………………………… 51
　(a) 不安　52
　(b) 死　54
　(c) 良心　63
　(d) 先駆的決意性　67
　(e) 自己　70
　(f) 時間性　72
　(g) 内時間性と今時間　77

第3章　歴史的世界の人間 ……………………………………… 83

Ⅰ
　　（a）歴史性　83
　　（b）世界歴史的なものと世界歴史　92
　　（c）ディルタイの「歴史的生」　97
　　　Ⅱ
　　（a）被投性と誕生　106
　　（b）投企と生の連関　123
　　（c）共同存在再び　136
　　（d）民族　143
　　（e）「芸術作品の根源」から　153
　　（f）顧慮の補遺・権威論　157
　　　Ⅲ
　　（a）言葉と人間　164
　　（b）忘却の問題　180

第4章　生・生物 …………………………………… 185
　　　Ⅰ
　　（a）生とハイデガーの動物論　189
　　　Ⅱ
　　（a）生物進化と進化論　206
　　（b）優生学とハバマス　215

第5章　自由の諸相 …………………………………… 227
　　（a）ベルクソン　228
　　（b）フロム　244
　　（c）アレント　248
　　（d）シェリング　251

第6章　現－存在と哲学 ……………………………… 271
　　（a）ハイフンの意味　271
　　（b）超越と遊び　277

エピローグ ……………………………………………………… 291

あとがき ………………………………………………………… 295
索　引 …………………………………………………………… 297

ハイデガー研究

―― 人間論の地平から ――

序　章

　本書は，ハイデガーの哲学から一つの人間論を切り出す試みである。その狙いはハイデガーに同行しつつ人間存在への理解を深めることにある。ハイデガーの長い，弛まぬ思考は哲学的思考として当然ながら常に人間の存在への問いへ還帰するが，私はそこに照準する。ところで私は前書『ハイデガーと倫理学』[*1]で倫理学（倫理的なもの）の領域へ踏み込んだ。ハイデガーの倫理的思考がどこに，どのようなものとして見出されるのか探究しようというのである。周知のように，ハイデガー自身は「倫理学」も「人間論」・「人間学」も企なかった，というよりそうしたものを遠ざけて『存在と時間』を築こうとしたにもかかわらず，ハイデガーの思考の根底には倫理的なものへの関心が息づいていると私には思われたからである。『存在と時間』以後でもそのことは変わらない。倫理学あるいは倫理的なものの探究はむろん人間のあり方を問う。人間のあり方への問いと倫理的なものへの問いは切り離せず，しかも倫理的なものは人間の考察の主要部分ではある。しかし倫理学という視座からは，光を当てることのできなかった多くの側面が残ったという思いを打ち消すことができなかった。そこで人間論という新たな構想のもとに再度人間の存在に迫る必要を感じた。とりわけ現代，その輪郭が定かでなく，その行方も定かでないゆえに敢えて構えた表現をすれば，できるだけ人間をその存在において丸ごと見えさせる（sehen lassen）ように，持前の好奇心の触手を伸ばし，これまで扱

---

1)　岡田紀子『ハイデガーと倫理学』知泉書館，2007年。

えなかった局面を探索することに力を注いで，課題に取り組むことにした。しかしこういっても，円満な統一ある像を結ぶなどということを示唆しているわけではない。

　人間論といっても様々な立場のものがありうるが，私は実存の立場に立つ。（それが何を意味するのか自体，本書の叙述をとおして明らかにされねばならないのだが。）それは三人称的な人間論ではないがゆえに，「自己」や「私」という問題を中心に匿う。ハイデガー研究にささやかな寄与ができれば幸いとは思うけれども，四角四面の研究書ではない。ハイデガーのテクストに添って考察を進めるが，ときには逸脱や私の側の付加も躊躇しないという柔軟な姿勢で臨む。ハイデガーが論じた問題を考察する場合は文献的な裏付けを怠らないように努めるが，延長線上の事柄については同じ厳格さを課していない。また随所に関連する気ままな小エッセイをちりばめる。気軽に読んでいただける部分と思う。

　私が依拠するハイデガーの思考とは，相変わらず『存在と時間』[*2]のそれ以外ではない。そこにはハイデガーの思考の一つのまとまった形が存在するので，必要ならそこを拠点として遡り，あるいは前進してハイデガーの他のテクストを参照することになる。実際『存在と時間』をより後期へとかなり超え出る。

　本書は序章の (a)「予備的考察」を助走として，次のような構成をとる。第1章では，『存在と時間』に基づき「現存在」の平均的日常性から出発して，現存在の存在構造を析出する。その構造とは「世界内存在」であるが，この構造が人間存在論の基礎を与える。現存在はただちに人間ではないが，両者の区別が何を意味するのか，あるいはハイデガーがなぜ「現存在」という術語を鋳造するのかは十分理解する必要がある。第2章は自己本来性ないし自己本来的自己の獲得を論じる。『存在と時間』の全体は，自己本来性と非自己本来性の区別のうえに築かれる。第1章の現存在の存在構造は，この区別をまだ十分仕上げず，一般的・平均的な水準にある。第3章では，「歴史性」の意味を見定めた後，第1章と第2章から手渡された現存在の存在構造は歴史的実存者

---

2) Heidegger, Sein und Zeit, 16. Aufl. Max Niemeyer, 1986.（略号 SZ）

へと具体化され，すなわち人間（人間存在）が主題となる。（それゆえここが人間論に指定された主戦場だ。人間論であるゆえに，本書の狙いは存在者論(オンティーク)にあるといえる――存在することが際立てられる考察であるゆえに存在者論である。）それは一言でいえば，世界内存在としての現存在の存在契機，すなわち「被投的投企」ないし「被投性」と「投企」を彫琢する試みであるということもできる。

　「被投的投企」（投げだされた存在として投企的に存在すること）がなぜ重要なのか。それは，私たち人間はどこまで自由かという核心的問題を潜在させており，したがってその問題へ切り込むことができる足場はこの体制をおいてはないと考えているからである。表に現れないところでも，自由は本書の底を貫き流れるテーマの一つである。第4章は人間の歴史的世界を越えて，生の領域へ踏み込む。人間も生・生物であり，生はある意味で基盤である。それは被投性の一部であり，それゆえその探究は被投性をさらに掘り下げる（『存在と時間』はそれをしない）。しかし実存の立場から生・生物へいきなり移れないのは予想されよう。生・生物という問題を引き入れるため，「人間論」は，前回の倫理的なものの探求よりも一段と下降志向の部分を含むことになる。その勢いで，ハイデガー研究としてはかなり逸脱ではあるが，進化論を少しばかり覗いてみた。とはいっても本書の試みの実存的基調を損ねることはないはずである。第5章，これまでの考察を前提として，自由の問題を改めて考える。問題の取り組み方においてある種の近縁性が感じられる，ベルクソンを参照する。関連してフロム，アレント，シェリングに触れる。第6章，「現存在」とは呼べない「現－存在」という境地に帰入する。後期思想に属するものを含むところがあるので，人間論としては何か異質と訝しく感じられるかもしれない。しかしハイデガーにとっては余計どころではない。人間存在はこの次元を容れなければならないのである。それはいわゆる倫理的なもの（倫理学的なもの）以前である。ここから振り返れば，それまで踏査した部分のそこここにそれが姿をみせているのが認められるであろう。以上のような章建てで本書の考察は展開する。丸ごとの人間の存在を志向するといっても，考慮すべき問題はあまりに多い。網羅的に・体系的になどというつもりはない。気になるところに足を止めつつ，実存の深淵から

動物性までを探究するつもりだ。そして見出される幾筋も走る亀裂を融合させずに抱える、柔らかな統合を私の結論としよう。

　(a) **予備的考察**　ところで『存在と時間』の「現存在」が何を狙いとし、そのために何を排除したかを説明したテクストがある[*3]。『ハイデガーと倫理学』でそれを比較的詳しく扱ったので、そちらをみていただけばいいのではあるが、これからの人間論の手引きとなるので、ここでもう一度簡単に取り上げる。その講義でハイデガーいわく、『存在と時間』の「現存在の実存の分析論としての基礎的存在論」では、「現存在に本質的に属する存在了解の内的可能性の証示」が問題なのである。したがってそれは「人間学や倫理学」ではなく、「この存在者を彼の存在一般において」問題にしている。そのような「準備的分析論」であって、「現存在そのものの形而上学がいまだ中心に立ってはいない」。（ハイデガーはこの時期自分の思考の営みを形而上学と呼ぶが、形而上学と哲学は同じとみなしておく。）「現存在そのものの形而上学」をハイデガーが世に送り出すことはなかったので、その内容を知る由もなく、ただ空の名称にすぎないのではあるが、今回の人間論はそれと類したものを追い求める試みであると私は信じている[*4]。

　ハイデガーはその箇所で12の主導原則を提出した。中心は「中立性（Neutralität）」の概念である。

　1.　「人間」ではなく、「現存在」の名称を採用したのは、「彼の自分のものである存在仕方（seine eigene Weise zu sein）」を捉えるためである。「彼の自分の」というのは、外側から第三者的に捉えないということであろう。「存在仕方」は理論的・実践的の区別以前をいう。

　2.　現存在は中立的である。すなわち「中立性（Neutralität）」が属する。

---

　　3)　Heidegger, Metaphysische Anfangsgründe der Logik im Ausgang von Leibniz（1928）, Bd.26, 1978, S.171-177.（略号 MAL）

　　4)　周知のように、カントには『道徳の形而上学の基礎づけ』と『道徳の形而上学』の二つの倫理学書があるが、前者が原理論であり、それにたいして後者は具体的内容を含む。私は今回道徳・倫理学の探究を意図しないので、カントほど全般的に倫理的・法的諸問題に立ち入ることはない。しかし現存在の基礎的構造の考察とその人間論的展開は形式的にそれに類似する区別だと考えている。ただしこの区別は『存在と時間』あたりにまでしか該当しない。骨組みと肉づけのような区別は常にあるとしても、それ以後はこの区別を方法論的に押し出すことはない。

中立性は，「あらゆる事実的具体化」に先立つ。

 3.　中立性は「すべての具体的・事実的な人類の内的可能性」を，「根源の力強さ」を表す。

 4.　中立的現存在は「実存者ではない」。「実存者の現存在」が問題になっている。補足すれば，それゆえそれは「生の哲学」ではない。したがって通常人間において問題になること，誕生・成長・老化・死が生の過程として問われることはない。ただし実存論的という観点からとりわけ死と誕生は重要なテーマにはなる。

 5.　中立的現存在は，「利己的な個別者」，「存在的に孤立した個人」ではない。ただし「人間の特有な孤立化」はある。それは哲学する者に不可欠である。

 6.　現存在は，「身体性への事実的分散とそれとともに性的であることへの事実的分散にたいする内的可能性」をもつが，「中立性」は分散に先立つ。確かに『存在と時間』では性・性別は話題にならない。では身体は欠けているのであろうか。そんなことはない。道具を使用するにも，さまざまな行為にも身体は前提されている。空間における定位にも人間関係にも身体は前提される。しかしそれは生きられているというべきであって，身体論という形で主題化されることはない。「現存在の空間性」も事実的分散化の一つである。

 7.　分散は「現存在の根本性格」である「被投性に基づく」。

 8.　被投性（投げられてあること）は，「事実的なものとして自分自身でない存在者に担われうる」ということを意味する。投げ込まれて，「広い意味での自然によって」担われる。

 9.　「現存在が現存在と共同存在であること」も被投的な分散である。事実的には確かにそうである。ただし現存在が本来共同存在ではないという意味ではない。

 10.　ハイデガーは，「自己本来的実存関係としての共同存在」ということをいう。それは「本質的に自由な者としての現存在」が結ばれた「相互存在」である。その核心は「自由」である。つまり「形而上学的に孤立させられた現存在」の核には自由があり，それが分散である共同存在の自由の基礎になる。

　以上は「現存在」の分析論という問題性においては何を捉え，また

何を排除するのかを明かす。このように，そこには中立性対事実性ないし事実的分散という構図がある。ということは，中立性の括弧を外せば，その名において排除されたものはすべて戻ってくるということに他ならない。それは丸ごとの事実的世界内存在以外ではない。そしてそれは人間論がこれから探究する領分なのである。ただし現存在は事実的に実存しているのであるから，『存在と時間』の実存論的探究も実際にはそのような存在者を俎上に載せる。方法論的な言い方をすれば，現象（存在や存在構造）の獲得は現象的土台（事実的に出会われる物事）からなされる。したがって『存在と時間』にも事例として人間の具体的なあり方・ふるまいが取り上げられ，またそのような語彙が登場して当然なのである。そしてここにはなぜか指摘がないのだが，身体や性，被投性や共同存在が出てくれば，歴史性が問題になるのではないのか。事実的な多様な分散は何より歴史によるのだから。（ちなみに時間性にも言及されてないが，それは中立的現存在そのものに属すると解しうる。元をただせば歴史性も時間性と一つであるから，歴史性に言及しないのもおかしくないのかもしれない。いずれにしても，主導原則は単なる項目の列挙なので，ここでこれ以上の詮索は無用である。）

　なお二つの主導原則が残る。これまでは「現存在の分析論が何を問題にするか」を述べているが，残りの二つは「この分析論がいかに遂行されるか」を述べる。これから船出しようとする私の人間論の試みも，この姿勢においてのみ成立するであろう。

　11．現存在の分析論は「その自由な投企においてのみ獲得される」が，現存在は「自分自身として実存し」，実存することは「彼の遂行としてのみ」あるのだから，「現存在の存在論的根本体制の投企」には「投企者自身の最極端な実存的投入」が不可欠である。

　12．しかし「現存在の形而上学的中立性と孤立化」にもかかわらず，その構造の分析は「具体的でなければならない」。ハイデガーは，本質的なものと具体的なものの区別とともにそれらの間の往復を指示する。

　人間論（人間存在論）はこれから，以上の原則に従い，存在論の構築の志向は脇にのけるけれども，現存在の存在構造と事実的具体化の探究に乗り出す。事実的具体化は，本書第3章，「歴史的世界の人間」でようやく果たされる。

(b) シェーラーによる五つの人間の理念

　(b) シェーラーによる五つの人間の理念　　シェーラーの論文「人間と歴史」[*5]から「西欧の歴史に現れた五つの人間の理念」を紹介して始めたい。人間論の視界を一望するのに格好なので、それを借りて背景におくことは、ハイデガーの人間存在の把握に接近する助けになると思うのである。浅学ゆえ私自身は本書で総論的にも歴史的に展望的にもふるまえないからである。さて、この論文は、「人間学」の序論というべきものである。ではシェーラーの構想する哲学的人間学とは？「人間の本質と本質構成の根本学と私は考える。すなわちあらゆる事物にたいする、また自然の領域（非有機的なもの、植物、動物）にたいする人間の関係について、世界における彼の生理的、心的、精神的始まりと同様に、彼の形而上学的起原について、彼を動かし、彼が動かす諸力と諸権力について、彼の生物学的、心的、精神史的、社会的発達の根本方向と根本法則、並びにそれらの現実性と同様本質的可能性について〔の根本学である〕」(S.120. 引用文の強調は原文による)。確かにこれは人間について考察すべき、あるいはされうる一切合財に違いない。シェーラーは、これまでに現れた人間観を五つの傾向に分類して論じた。「本質」の強調から、フッサール現象学の原理に忠実に、本質直観と変更を方法とすることが窺える。ところでハイデガーは「哲学的人間学」をあまり肯定的に評価しない[*6]。ハイデガーは哲学的人間学ばかりでなく、生の哲学や人格主義をも「現存在の存在への問いの次元に」（SZ47）達しないと一括して切る。私はシェーラーを論じるつもりはない。私の探究の狙いは、ハイデガーの意図する問いの次元のもと

---

　5)　Max Scheler, Gesammelte Werke, Bd.9, Späte Schriften, Mensch und Geschichte, in Philosophische Weltanschauung, Francke Verlag (1976). 引用文の数字はこの著作の頁である。

　6)　Heidegger, Kant und das Problem der Metaphysik, Gesamtausgabe, Bd.3, （略号 KPM）参照。1929年のこの著作は、マクス・シェーラーの記念に捧げられた。この評価は、人間学であるかぎり、形而上学（哲学）の基礎づけには役立たないという理由による。「人間のうちの現存在」を問わなければならないというのである。カントによれば、「形而上学の基礎づけは人間への問いである。すなわち人間学である」（KPM205）。しかし「人間が彼のうちにおける現存在の根拠に基づいてのみ人間であるのに他ならないとすれば、人間より根源的なものへの問いは、原則的に人間学的なものではありえない」（KPM 229f.）とハイデガーは言明する。これはカントの人間学ばかりでなく、「哲学的人間学」にも向けられている。これはシェーラーとの狙いの違いを浮き彫りにする。シェーラーはその書でストレートに人間学を目指すが、ハイデガーはそうではないということである。この違いを念頭に置いて、私はハイデガーにおける人間の存在に迫らなければならない。

に立つ人間のみである。

　シェーラーは「現代ほど人間の本質と起原についての見解が不確かに，無規定になった時代はない」(120)と嘆息する。現代は二千年の歴史において初めて「人間は完全に〈問題的〉となった」，「人間は人間が何であるかもはや知らない，しかし同時にそれを知らないことを知っている」(ibid.)，そんな時代に私たちはいる。そしてそれは歴史的な過程によって成立したのである。私たちは今日シェーラーの嘆きを増幅させて同調する。

　さて，人間の歴史に「人間の自己意識が成長しつつ上昇する」(121)傾向をシェーラーは認める。そして「インドの高度の文化さえ，人間とあらゆる生きものとの疑問のない一体感情に基づいていた」(ibid.)という。「人間が自然から鋭く浮き上がる」のは，「古典ギリシャ」(ibid.)においてであった。そこで人間に特別なロゴスないし理性の理念が鋳造されたのである。古代から近世へこの自己意識の上昇は続いていくが，デカルトの「われ思うゆえに，われあり」は自己意識をさらに高めた。さて，このような人間の自己意識の高まりとは何を意味するのか。「それは人間が存在の全体のうちで彼の客観的地位をますます真に捉えた過程を意味するのか」，あるいは「狂気がつのった」，「病気の徴候」(122)ということなのか。これが「哲学的人間学の根本的問い」(ibid.)である。それを吟味するために，シェーラーは，今日も私たちに影響している「人間の自己把握の五つの根本的タイプ」を挙げる。ただし自分がどれに近いのかはいわないと付け加える。

　1．　第一の人間の理念。これはユダヤ・キリスト教による，宗教的信仰の理念である。人格神による人間の創造（その身体と心の），一組の男女からの発生，楽園，堕罪，終末論，人間の自由，人格性，精神性，魂の不死。これらの教義をもはや信じない人々も，自己感情になおも影響している。

　2．　二番目は「ギリシャ人の発明」になる理念である。すなわち「叡智人」，「ホモ・サピエンス」である。「この理念は人間と動物一般の間を分かつ」。しかし「経験的にのみ，人間に似た動物，たとえば類人猿から，形態学的，生理学的，心理学的区別特徴を確定して人間を区別する」(125)のではない。人間には「特別な動因」，「理性（ロゴス・ラチ

(b) シェーラーによる五つの人間の理念

オ)」(126)が属する。この理性によって人間は初めてそれ自体である存在者を，すなわち神性，世界，自分自身を自ら認識し，製作において自然に意味深い形式を与え，行為において同胞にたいしてよく行為することができるほど力強くあることになる」(ibid.)。理性は神観を前提にする。この動因は次のようなものである(ibid.)。①人間は自分自身のうちにある神的な動因をもっており，他の自然はこれを主観的に含まない。②この動因は世界を永遠に形成するものと存在論的に同一である（質料に形を与える）。そのため世界を真に認識できる。

③この動因はロゴスであり，人間理性である。人間が動物と共有している衝動や感性を伴わなくても，その理念内容を実現できる力をもつ。

④この動因は歴史，民族，身分の差なく，恒常的である。これらの規定は，アリストテレス，トマス，デカルト，スピノザ，ライプニッツ，カント，マールブランシュなどでも変わらない。有神論，汎神論にもかかわらない。ただし四番目のものだけはヘーゲルで変わる。ヘーゲルは，「人間理性の恒常を否定する」(127)。理性的であることが変わるのではないが，「生成過程においてはじめて人間は，彼が理念上永遠からそれであるものに達し，またそのことについての上昇する意識に達する」(ibid.)。人間精神は歴史的である。ということは「この歴史は，永遠の神性とその永遠的カテゴリー的理念世界が人間において自らを意識するようになる歴史であり，いまや歴史的－ダイナミックにされたギリシャ人のロゴスの歴史なのである」(ibid.)。「この〈ホモ・サピエンス〉の理論は，全ヨーロッパにとって最も危険な性格をとった」，すなわち「自明性性格を」(ibid.)。理性は「ギリシャ人の発明にすぎないのに」(ibid.)。ディルタイとニーチェだけがそのことを認識したと，シェーラーは指摘するのである。

3. 第三の人間のイデオロギーは，私たちの間で支配的なものであるが，自然主義的理論，実証主義的理論の理念である。後にはプラグマティズムも加わる。それは工作人（ホモ・ファーベル）である。「ホモ・サピエンス」と根本的に相違する。ホモ・ファーベル理論は，人間にのみ特殊的な理性能力を否定する。「人間と動物の間の本質差異はない。段階的な差のみがある」(129)。いわゆる精神も，人間以下の動物界に働いていたものから出てきた。人間はまず「理性的存在者」で

はなく，「衝動的存在者」(ibid.) である。人間の知性は，「たとえばチンパンジーがもつような技術的知能」(ibid.) の進化したものである。それは固定的な本能を超える。「私たちが認識と呼ぶものは，刺激と有機体の反応の間にますます豊かに差し挟まれる像の系列にすぎない」(130)。つまり物のコンベンショナルな記号とその組み合わせが挿入される。環境世界への有効な反応は，個人と種のうちに（遺伝によって）固定される。世界を捉える記号の組み合わせは，生命促進的であるときは「真」，そうでないときは「偽」である (ibid.)。同じ観点から，つまり生命促進的であるかどうかによって，行為は「よい」または「わるい」。

したがって人間とは何か。①記号（言葉）動物，②道具動物，③脳髄動物である (130)。この工作人の理念のもとにはデモクリトスやエピクロス（ギリシャの感覚論），ベーコン，ヒューム，ミル，コント，スペンサーの実証主義，後にはダーウィンやラマルクの名に結びつく進化論が属する。最近ではフォイエルバッハ，ショウペンハウエル，ニーチェ，もっと新しくはフロイトやアドラーが数え入れられる (131)。

「衝動がまさに，精神物理的有機体の統一を造っているものである」(ibid.) という考えが基本である。衝動は「三つの原衝動力」に「帰着」(132) する。①生殖衝動とその派生物，②成長衝動と権力衝動，③栄養衝動である (ibid.)。このうちでどれが優位であると考えるかによって，人間観と歴史観は変わる。③は歴史とはなにより階級闘争，「えさ場をめぐる戦い」(ibid.) と主張する。文化は栄養衝動の満足のための「迂路」である。②は生殖衝動が第一に歴史を推し進めると考える（ショウペンハウエル，フロイト）。①権力政治的歴史観（ホッブズ，マキャベリ）。政治的（経済的でない）権力闘争が歴史を規定する（ニーチェ）。自然主義的歴史理論がどんなに違った歴史像を展開しようが，共通なことがある。すなわち「多寡はともかく人間歴史の統一への大きな信仰，多寡はともかく有意味な進化への大きな信仰，一つの崇高な目標に向かう歴史の肯定されうる運動」(134) がそれである。この点でキリスト教の人間学，また合理的人間学の歴史理論にも結びつきうる。ショウペンハウエルだけはこの信仰をもたない。次の四番目と五番目の理念はまだあまり注目されてはいない。

4. 第四の人間の理念は，これまで承認されなかった新しい理念で

ある。前述の三つの人間観とは全く異なる。人間とは何か。人間は彼の単なる代用品（言葉・道具など）に基づき，真の発達可能な生の属性や活動を捨てて，彼の自己感情を病的に上昇させて生きるだけの「生の放棄者」(135) なのである。「人間は生一般の袋小路そのものである」(136)。これまで哲学者たちが誇った精神そのものが「病気」(ibid.) に他ならない。人間はなぜ意識をもち，言葉を持ち，道具を発明するのか？「生物学的弱さ・無力」から以外ではない。「人間の歴史は初めから致命傷を負い，致命傷を負って生まれた種が，必然的に死に絶える過程にすぎない」(138)。これは「〈デュオニュソス的〉衝動人」(ibid.) である。これは一種の「生命主義的汎ロマン主義」であり，生命との一体感を望み，「できれば洪積層のホモ・サピエンスの背後に戻りたがっているようだ！」(139)。とりわけクラーゲスの名が挙げられる。

5. 四番目の理念とは逆に，「人間の自己意識をひとつの段階に，これまで知られたどんな理論もしなかったような，険しい，誇り高い，めまいのする高みに登らせる」(141)。ニーチェによれば，これまでの人間は超人にくらべたら「吐き気，痛ましい羞恥」(ibid.) 以外ではなく，超人は「主人，創造者，大地の意味」であり，「人類，民族，歴史，世界経過と呼ばれるものの唯一の正当化」(ibid.) なのである。ハルトマンが，「誠実と責任の要請的無神論」とぶちあげたように，新しい無神論である。世界根拠や神のようなものは存在してはならない。「神は存在することは許されないし，存在すべきでない。人間の責任と自由と課題のために，人間の現存と意味のために」(142)。もはや神にも他の何にも，自分の意志と思考は支えられない。歴史に進化・進歩のようなものを認めない。では歴史はどうなるのか。「この人間学の土台のうえにおのずから英雄と天才という〈精神的形態〉の記念碑的叙述になる」(144)。

以上がシェーラーによる西欧の歴史に現れた五つの人間の理念である。簡潔ながら行き届いた展望であり，また人間の理念の相違は当然生き方や歴史観の相違を同伴することが的確に示されていると思う。序章で提示した本書の構成と (a) 予備的考察の箇所をこの五つの人間の理念と照らし合わせてみるだけで，シェーラーの人間への人間学的接近とハイデガーにおける人間への接近仕方の相違がすでにおおまか

に了解されるだろう。しかし結局ハイデガーの思想から姿をみせることになる人間がこの分類のどこに属するのか，あるいは近縁なのかはいえないという結論になるであろう。つまりハイデガー的なもの以外ではないということだが，それは本書の考察がこれから証示しなければならない仕事に他ならない。

第 1 章
現存在の基礎的存在構造

  （a）**現存在**　　現存在の基礎的存在構造を明らかにする試みについては，私はこれまでしばしば携わりもし，私なりの見解を披瀝してもきたので，それを前提するが，テーマが変わり，観点が変われば，提示されるものも変わる。現存在の存在構造は，人間存在の考察の手引きを与える。この節では現存在を予備的に提示する。

  「現存在」を「人間」と言い換えることができないのは，『存在と時間』を繙いたことのあるひとには全く初歩的な知識に思われよう。しかしそれは非常に大切なことなので，その点を確認することから着手する。『存在と時間』は，「人間」を登場させない。「存在」の究明を目指して『存在と時間』は「現存在の分析論」を打ち立てようと企てる。さて，現存在とは私たち以外ではない。ハイデガーはいう。「その分析が課題とされる存在者とは，めいめい私たち自身である。この存在者の存在はめいめい私のものである。この存在者の存在においては，存在者自らがその存在にかかわる。このような存在者の存在として，この存在者は自ら固有の自分自身の存在に委ねられている。存在こそ，この存在者がめいめい自らかかわるところのものなのである」（SZ 41f. 引用文の強調は原文による）。ここには非常に多くの論点が凝縮されて述べられている。

  まず現存在が自らの存在にかかわる，態度を取る存在であり，しかもそのことによって自らの存在に委ねられている存在者であること。この「存在にかかわる」あり方を捉えて，ハイデガーは「実存」と命名する。現存在はひとつの存在者であるには違いないが，現存在とはこ

のような存在仕方に他ならず,「机, 家, 木」のような「その何」〔本質〕（SZ42）を表しているのではない。「人間」という把握もその何を規定するのであって, 他の存在者との違いをどんなに強調しても, やはり同列にしてしまう。それゆえ「何か」ではなく, 実存する者には「〈誰か〉と尋ねる」（SZ53）のでなければならない。「誰か」の問いは, 実存の解明全体によって答えられよう。実存という存在は事物の存在である物在性（Vorhandenheit）と区別される。現存在は物在者ではない。「かかわる」というところで現存在の可能性格と投企が,「委ねられている」というところでやがて被投性と呼ばれる契機がすでに暗示されている。

「存在こそ, この存在者がめいめいかかわるところのものなのである（Das Sein ist es, darum es diesem Seienden je selbst geht.）」の「存在」は自分の存在以外ではないようにみえる。確かに表向きそうであるけれども, そもそも単に自らのではない「存在」を隠していなければならない。それでなければ, 現存在を存在解明の通路にするということは意味をなさない。それゆえ後に「現−存在」という境地, 存在の明るみである境地が露わにされるということも起きるのである。

そして現存在がかかわるのは「自らの存在」であるといわれたので, それは何か一般的構造といったものではありえず,「誰か」の問いは「私」とか「自己」という問題を含まざるをえない。現存在がかかわっている存在が「私のもの」であるということから, 各自性（Jemeinigkeit）が引き出される。（それを「各自性」と訳すのは含まれる「私」の意味を表示しないので好ましくないが,「私」というかわりに「自分」というひともいるので, お許し願いたい。少々無骨で, ある種の男性たちのみが用いるようだが。）「現存在の語りかけは, この存在者の各自性の性格にしたがって, 絶えず人称代名詞をともにいわなければならない。〈私がある〉,〈君がある〉, と」（SZ42）。「私」はめいめい・そのつどの性格と,「この」という個別性の把握を含む人称代名詞であるから, 内容的な何かを述べるものではなく, 話し手の表示であり, 相手に対面して用いる。「私」が言葉的なものであり, 個別性と対他を拓いていることを銘記しておかなければならない。（人称的関係についてはさらに本書第3章Ⅱc をみよ。）

(a) 現存在

「私」は「自己」とはどう繋がっているのか。「自己」はどう理解すればいいのか。「現存在は各自性に規定されているゆえに」(SZ43)，「自己本来性 (Eigentlichkeit) と非自己本来性 (Uneigentlichkeit) という二つの存在様相」(SZ42f.) があるといわれる。つまり自己本来的であったり，非自己本来的だったりしうる。この語は自分自身の，固有の (eigen) という意義をしのばせる。それゆえそれは本当に固有の自分である，自己であるかどうかにかかっている。(それゆえ「誰か」の問いは，そのどちらなのかという問いを含む。) どちらの様態の現存在も (自己本来的であっても，そうでなくても)，「私」と発言する (これも一つの問題だ)。それでは「自己」と「私」の区別は？　現存在は存在仕方であり，モメントを含むので，「自己」は統合形式を意味するのだと思う。その統合する者が「私」と発言する。(統合されるべき諸契機がそれぞれ「私」と発言してしまうケースが問題とされることはある。) それゆえ自己は物 (物在) ではなく，働きである。最終的なところまで辿れば，それは時間性を生きる，時間的統合である。仮に今統合・統合形式と説明してみたが，ハイデガーにおいてはそれはいわゆる自己意識の統一を意味するのでは決してない。その意味での同一性をいうのではない。現存在に横たわる「彼自身の－ため (Umwillen-seiner)」という存在構造が，すべての作用・態度の帰趨としての自己性を造っている。(「彼自身の－ため」は「当人のため」を意味し，文法上から三人称になっているが，まず一般的構造を捉えようとするので適切である。) 自己・自己性の本格的解明は第 2 章に譲る。

　たとえば「自己保存」といえば，広く生・生物の領域に属する。そこには自他の区別があり，他に抗して自己を保存し，存続しようとする。しかし自らこの「私」と把握し，「私」と語り出すわけではない。時間性を貫く統合形式ではあるが，その自己性は研究者が生物のうちに認める三人称的な性格のものである。現存在の自己本来性はむろんのこと，非自己本来性，あるいはさらには自己喪失も，いうまでもなく生の次元を超えたところで捉えられている。したがってハイデガーにおける「自己」は「私」において掬いとられる。しかし「自己」は生のうちに根差すのでもあり，人間論としては生に根差す部分を無視できない。

もう明らかであろう。私が「人間存在」とときどき「存在」を添えるのは、私たちはたしかに事実的には人間であるが、その「何」から捉えるのでなく、「存在」・「実存」をこそ問う人間論であることを強調するためである。ただし人間論を標榜するかぎり、生物としての人間（ヒト）への目配りを怠るまいと思うのである。それゆえ人間という把握と現存在（実存）という把握では根本から異なる。「人間」は類・普遍である。この普遍性は、黒人奴隷や女性がかつて「私も人間だ」と声を上げたとき、解放を含んでいる。しかし普遍は、すなわち人間であることの要求は、ときには暴力的・抑圧的であったとしても。「お前は人間でない」という科白で「悪人」を切り殺す時代劇もある。「現存在」は「人間」のように本質性によって定義されない。現存在は確かにかつての「人間」に代わる働きをする。ただし存在することのみを省みるので、より包括的（むろん類ではない）であっても、様々な差別に腐食されない。敢えて実存であれ、自己であれという要求はあるが、めいめいに訴えかけることはあっても、他から強要できる性格のものではないであろう。

「まず本質存在にたいする〈実存〉の優位と次に各自性」(SZ43)という現存在の性格が取り出された。現存在が実存であることは「それが存在し、すなわち同時に自らの存在においてなんらかに了解するという可能性」(ibid.)のある存在者であることを意味した。しかし「実存」はそれとして了解されているとは限らない。そこでハイデガーは現存在が「さしあたり・たいてい」[*1]あるような「日常的無差別」（自己本来性と非自己本来性のそれ）、すなわち「平均的日常性」(ibid.)においてその存在構造を析出しなければならないと言明する。特定の存在理念を押し付けて、始めてはならないのだ。平均的日常性は、現存在の最も

---

1) 二つ並べた形で術語のようにして平均的日常性の性格づけとして現れる、「さしあたり・たいてい（Zunächst und Zumeist）」とは何を意味するであろうか。「さしあたり」は、「最初に、とりあえず、この瞬間に」と暗黙に時間的意味とあり方の最も身近なことを、「たいてい」は「多くの場合に」を意味する。『存在と時間』の原形とみなされる1925年の講義『時間概念の歴史へのプロレゴメナ』(Heidegger, Prolegomena zur Geschichte des Zeitbegriffs, Gesamtausgabe, Bd.20. 略号 PGZ)では、日常性に連関して別々には用いられるが(S.435など)、直接日常性の形容のようではなく、また二つ並んで登場することはない。〈さしあたり・たいてい〉は、1924年の講義『アリストテレス哲学の根本概念』（全集18巻）に現れ、日常性を性格づける。

身近なあり方であり，慣れ親しまれているゆえに，改めて顧みられることもなく，したがって常に「飛び越えられる」（ibid.）という。そこから差別が分明になるところを目指さなければならない。分明になるところによって全体は支えられている。

　平均的日常性のうちに存在することは，私たちが洞窟のうちに住むということに他ならない。『存在と時間』の全体に私は「洞窟の比喩」[*2]との平行を読む。洞窟のうちにいるという良心の声が聞こえ，それは「存在の問い」を目覚めさせる。洞窟にいることとそのあり方を見つめるためには，私たちは洞窟から出ていかなければならない。しかし再び帰ってこなければならない。そこ以外に生きる場所などないではないか！　洞窟から出ることは，ハイデガー的には，死の問題として一気

2）　プラトン『国家』（プラトン全集11巻，藤沢令夫訳，岩波書店，1976年，514A-521B, 532A-C）。洞窟から出るということは，魂の目の向け変え，すなわち感覚・悟性・知性への階段を登り，言論（哲学的問答）によって真にあるところのものに達することであるとされる。ハイデガーにとっては，洞窟から出ることは，一気に死の問題としてある。探究が言葉の問題から離れないことは同じでも，プラトンのように一歩一歩知の階段を上がっていくという風には構想されない。

ハイデガーは「プラトンの真理論」で（Heidegger, Wegmarken, Bd.9, 略号W。最初は1930/31年に講義された），この「洞窟の比喩」の解釈を与えた。洞窟とその囚人たちの話を聞かされて全く奇妙な情景と評る対話者に，「私たち人間によく似ている」とソクラテスは諭す。（これが私が平均的日常性と「洞窟」を同視する手がかり。ハイデガーは「平均的日常性」という言葉をこの講義では用いていない。）ハイデガーは，プラトンはこの比喩で人間の通常の身近な領域から存在者が真に露わにされる領域への道行（人間形成・パイデイア）を語ったのであるが，同時にそれは「真理の本質変転」（W218）の支配下へ身を置いたことを意味するという。つまり影を真と思うことから本来の真理（存在者の非隠蔽性）への変転である。プラトンは現れるものがその外見（エイドス・イデア）において近づかれると考えるゆえに，「存在は本来の存在を本質存在（Was-sein）（W225）にもつことになり，太陽（善のイデア・最高のイデア）が「すべての現成するものを現出させ，見られるものにさせる」（W228）ゆえに，そこへ向けて「正しく見ること」ないし「見ることの正しさ」（W230）が必要とされ，「真理は正しさ（Richtigkeit）へ，知解することと言表することの正しさになる」（W231）というわけである。これがハイデガーの解する「真理の本質の変転」の内実である。これがプラトンの思考において「言われなかったもの」（W203）に他ならない。「言われなかったもの」を明るみに出すことこそ，解釈にとって何より大切なのである。そしてハイデガーはこれを近代主観主義の開始とみなしている。「後に形而上学と呼ばれたもの」（W235）の開始である。そこには「人間を存在者の中心に」押し出す「ヒューマニズムの開始」（W236）が結びついているというのが，ハイデガーの筋書きである。この真理の本質の変転がプラトン解釈として妥当なのか判定することは私にはできない。しかしプラトンに負わせていいのかは別として，ハイデガーの批判の基調，つまり近代における人間の主観性の跋扈への懸念に共感するところはある。なお，『存在と時間』では正しさとしての真理には言及されない。

にある。そこで平均的日常性の分析が行われ，そこに構造が見出されるが，再び帰ってきたときには，洞窟内の問題を捌くためにある効果をもつはずである。相変わらずそこはハイデガーのいう「人（ダス・マン）」の世界であるが，ある種の透徹した知がそこに働くことになろう。そして盲目的埋没から距離をとって身を処すことができよう。もし洞窟内の人々が彼に耳を貸すことができれば，変革が生じるかもしれない。予想は悲観的であるが。しかし少なくとも脱出することの脱出者にとっての意味は消えない。私は本書で平均的日常性の考察により重きをおいているようにみえるかもしれないが，洞窟の比喩は心の隅に居座り続ける。

　（b）**世界内存在**　現存在の存在体制は「世界内存在」である。その構造契機を展開すれば，「（内世界的に出会われる存在者の）〈もとにあること〉として世界のうちにすでにありつつ，自らに先立つこと（Sich-vorweg-sein-in-(der-Welt-) als Sein-bei (innerweltlich bebegnendem Seienden)」（SZ192）となる。すなわち「自らに先立つこと」と「世界の内にすでにあること」（被投性）というあり方をする存在者として，そこで出会う物と他人とかかわる（もとにあること），そのような三つの契機からなる構造である。それは，「関心」ないし「関心構造」と呼ばれる。「関心は現存在の存在」である。

　ハイフンが示すように，これは切り離しえない一体の構造である。「もとにあること」あるいは「世界」の契機では現存在は，有意義性の連関にしたがって，ないしその連関を開きつつ，物と他人とのかかわりを行為的に生きている。それは現存在は自らが存在しうるために，出会ってくる物事を可能性として摑むことを意味する。現存在は諸可能性へ向けて自らを投げ企てる，「投企的存在」である。そして現存在はそのようにして存在するが，気づいたときにはすでにそこに投げ込まれてしまっているのを見出す，そうした存在なのである（被投性）。

　ハイデガーは「世界内存在」を強い自信をもって打ち出した。「現存在」は「世界を欠いた単なる主観」（SZ116），「他人たちなしの孤立した自我」（ibid.）ではないという強烈な近代哲学批判と，したがって「諸作用の自我を端的に認取する反省」（SZ115）という接近法を退ける方法

（b）世界内存在

意識に貫かれている。それゆえ物へのかかわりと他人とのかかわりをもともと含む。そしてそれらを解明して，時間性の手前まで分析が済んでから，ようやく世界内存在は「関心構造」と命名されて初めて充実する。すなわち現存在→世界内存在→関心である。

ハイデガーによれば，このように分肢をもちながら現存在が統一のある存在であるのは，時間性に基づくという。つまり可能性を投企するには何か将来というものが了解されているし，すでに投げられていることには何か過去的なものが纏わりついており，現存在を取り巻く物と他人は現在している。現存在は現在の地平に生きるばかりでなく，なんらかに将来－過去－現在（今はそれらの正確な術語は無規定にしておく）を一身に生きている。それゆえ存在を把握するには時間性を究明しなければならないが（まずは現存在の時間性を），『存在と時間』でハイデガーは関心構造を時間の契機を捨象して取り上げ，それから時間性を考慮するという段取りをとる。

上述の存在体制，「世界内存在」は，三契機それぞれの内実が明示されねばならない。それを目指して，本章のプログラムは以下のように続く。(c) カントの「人間知」，(d) 世界，(e) 共同存在，(f) 投企，(g) 被投性，(h) 世界観？　である。この全体が世界内存在の解明に他ならない。この節の「世界内存在」の提示は暫定的である。平均的であるからである。

今は予告にすぎないけれども，この時点において心得ておかなければならないことがある。こうした構造を析出するのはどんな足場に立つことによってなのかをはっきりさせる必要がある。ハイデガーにとっては，それは自己本来性の獲得を経なければならないが，現存在の構造そのものにその立つ場を見えなくするからくりが潜むことを洞察することと一つである。それは「頽落」の問題である。頽落とは私たちの「さしあたり・たいてい」の日常的あり方に他ならないことが判明する。頽落はそれとして見極められなければならないが，まずはそのこと抜きに，関心構造は日常性において取り出される。その構造はやはり時間性によって支えられるからその時間性を示す必要がある。しかしこの言及自体が実は先取りなのである。

というのは現存在の時間性がそれとして露わにされるには，自己本

来性が明らかにされているのでなければならない。それゆえ平均的な構造にただちにその時間性を指摘することはできないのである。とりあえず考察が時間の契機を捨象していても，そこには時間性が横たわることを常に忘れないでいなければならない。自己本来性の問題は，時間性の解明より以前に，正確には被投性の際立った気分，すなわち「不安」のところですでに始まる。これはそれを取り上げるところで論じる。ちなみに，現存在の存在構造は，物の客観的存在構造，たとえば建物の構造，人体の構造，新しい陪審員制度のようなものではない。現存在が自ら生きて，たとえ漠然としてでも了解している構造である。それゆえ感じられ，了解されているそれを明瞭化し，言葉にしていく解明仕方が取られる。それが『存在と時間』を貫く方法である。存在構造が露わにされるのであるが，露わにする契機を名指せば（両者を切り離して主観客観関係に転倒させないこと），情態性－了解－言葉（開示性と呼ばれる）であり，解明は開示性とその分節の働きに乗っていくということである。それゆえ自己本来性の獲得も，開示性の浄化以外の途はない。世界の，あるいは世界のもとにあることの分析も，もちろん開示性においてなされている。

　関心構造とその時間性をその日常的なあり方においてまず提示すると私は言った。それは実をいえばあるレベルの形式的な分析である。つまり現存在は投げられた世界において，物と他人とかかわりつつ，自らの可能性を投企し……と語った。しかし現存在が投げられて存在しているとはそこに生まれ育ったことに他ならず，生まれ育った世界とは歴史的な世界であり，そこでかかわる物や他人もまたしかり，そこで可能性を摑んで投企的に存在していることを意味する。現存在は具体的な歴史的実存者であり，通常の意味での人間に他ならない。ただしいうまでもなく，実存の立場からの人間である。人間論が定位するのはここである。『存在と時間』は存在論の目論みにしたがって，時間性をまず取り出し，もう一度太い線でなぞるように，歴史性に具体化するという段取りを採る。それとともに現存在は再び具体的な実存者である。現存在に純化するために除いたものが再び返し与えられる。ここで私たちは第3章に入り込む。そこで何が返し与えられるのかが確認される。人間がやはり主題になるが，第1章で示された構造以外

が出てくるわけではない。しかし肉づけされている。相変わらず被投的投企には違いないが、歴史的世界に投げられて存在し、また歴史を造っていく人間が主題である。したがってこの次元特有の語彙の導入はある。ただし第3章についての言及は、今は予告にすぎない。

(c) カントの「人間知」　「世界内構造」を非常に概略に示し、そしてこれから「世界」を省みようというところで、ハイデガーが肯定的に言及した、カントの「人間知」を瞥見する。ハイデガーの立場を際立てるためによい案内になると思う。カントはそこで人間について語っているが、それはある一つの世界概念の究明として行われており、ハイデガーもむろん世界概念の究明の一環として取り上げている。カントには宇宙論的世界概念のほかに、実存的意味での世界概念がある。「〈世界における最も重要な対象、すなわち人間が文化におけるあらゆる進歩をそれに適用するその対象とは、人間である。というのは人間は彼自身の最終目的だからである——したがって人間をその種にしたがって理性を与えられた地上の存在者と認識することは、特に世間知〔世界知〕と呼ばれるのに値する。たとえ人間は地上の被造物の一部をなすにすぎないとはいえ〉*³。人間知は、しかもまさに人間が自由に行為する存在者として自分自身を何になし、あるいは何をなしうるか、また何をなすべきかという観点における人間知は、したがって〈心理学的〉観点における人間知ではまさしくないのだが、それはここで世界知と呼ばれる。世界知は実用的人間学（人間知）と同義である。〈そのような人間学は世界知として……みなされるなら、それが世界における諸々の事物、たとえば様々な国や気候の動物、植物、鉱物の広範な認識であるときにも、なお本来実用的人間学と呼ばれず、世界市民としての人間知を含むとき、そう呼ばれる〉」（W153）*⁴。「世間〔世界〕」が歴史的相互存在における人間の実存をまさに意味し、生物種としての彼の宇宙的出現を意味しないのは、カントが実存的世界概念の解明のために持ち出す次のような言い方からとりわけ明白である。す

---

3) Kant, Anthropologie in pragmatisher Hinsicht abgefaßt. 1800, 2.Aufl., Vorrede, Cassirer, Ⅷ, S.3.

4) Heidegger, Vom Wesen des Grundes, Gesamtausgabe, Bd.9, Wegmarken（略号W）

なわち〈世間を知る〉と〈世間をもつ〉がその言い方である。両方の表現は人間の実存を意味するが，異なったことを意味する。〈一方の者（世界を知る者）は，彼が観る演劇（Spiel）を理解するだけだが，他方の者は演劇を共に演じたのである〉。世界〔世間〕はここでは日常的現存在の〈演じること〉を表す表題であり，また現存在自身の表現である」(ibid.)。人間は生の偉大な演劇〔遊び〕における共演者である。人間知，実用的人間学のそれは，生物種としての人間についての客観的知ではなく，当事者の，自ら実存しつつの知である。ハイデガーの「世界内存在」の「世界」は，物理的世界でなく，歴史的「人」の世界であるから，「世間」の意味をもち，「世間」と訳すことが本来可能なのである。ただし常に「世間」という訳では通せないので，私は意味がより広い「世界」を採用しているわけである。

　ハイデガーは確かにカントの実用的人間知に共感を示したが，それはどこまで及ぶのか。カントの『論理学講義』で少し補足する[*5]。カントは世界市民的意味において哲学の分野は次の問いによって成り立つという。1. 私は何を知ることができるか　2. 私は何をなすべきか　3. 私は何を希望することが許されるか　4. 人間とは何か，である。4番目の問いで主語が変わるのが，目を惹く。前の三つの問いは，四番目によって決まるとされる。当然人間とは何であるかによって，知りうることも，なすべきことも，希望できることも規定されるからである。そしてこれら四つの問いは，それぞれ　1. 形而上学　2. モラル　3. 宗教　4. 人間学が答えを与えるとされる。この「人間学」は当の人間学書に限定して考える必要はむろんない。ちなみに三つの問いは，それぞれ特殊形而上学、すなわち宇宙論，心理学，神学の問いである。それぞれ自然，人間の行為（人格性と自由を含む），神と結びつく不死や至福の希望にかかわる（KPM206f.）。

　以下で私は形而上学の基礎づけの，ハイデガーにとって当面のターゲット・図式論や構想力の議論には触れない。しかしハイデガーは『カントと形而上学の問題』（『カント書』）のなかでこの四つの問いを人間学が形而上学に基礎を与えうるのかという観点からかなり詳細に論じた

---

　5) Kant, Logik, Einleitung, Immanuel Kant Werkausgabe, V1, Schriften zur Metaphysik und Logik, 2, Suhrkamp, S.447f.

(c) カントの「人間知」

ので，それを取り上げる。それはハイデガーのカント論であるけれども，シェーラーの哲学的人間学への対決を含む。そしてカントの人間学の人間への問いを哲学的人間学のそれより根源的なものとして取り返すという意図をもつ。カントがそれとして洞察・言明した以上のものを読むことによってである。「カントは主観〔主体〕の主観性〔主体性〕を明るみに出す際に，彼自身によって置かれた根拠の前にたじろぐ」（KPM214）と指摘して鮮烈な印象を与えた。ハイデガーは形而上学の基礎づけを求めたカントのうちに「形而上学の土台のこじあけとそれとともに形而上学の深淵を露わにする哲学のかの運動」（KPM215）をみたというのである。

　さて「三つの問いでは人間の理性のできること（Können），べきこと（Sollen），許されること（Dürfen）が問われている」（KPM216）。「できること」は「できないこと」に突き当たるから，その問いにおいて「一つの有限性」（ibid.）が告げ知らされる。「べきこと」では「いまだ果していないこと」が知らされるので，「べきこと」に関心をもつ存在者は「有限」である（ibid.）。「許されること」が問われるとき，期待されうるものとそうでないものが問われるから，やはり有限である（ibid.）。ハイデガーはここに「人間理性の有限性」（ibid.）を露わにみる。しかも「人間理性は有限であるゆえに、この問いを立てる」（ibid.）という。では四番目の問いは何にかかわるのか。むしろこの問いこそ「人間における有限性への問い」そのものなのである。人間の有限性の本質はどこに成立するのか。「人間のあらゆる不完全性を全部数え」（KPM219）ても，それは得られない。有限性の方が先なのだ。ハイデガーはここで「存在の問い」を持ち出す。ハイデガーによれば、そもそも有限性への問いは，一般形而上学（Metaphysica generalis），すなわち存在論の基礎づけへの問いなのである。ここでは存在問題に詳しく携わることはできないが，ハイデガーは改めて人間の存在仕方を「実存」（KPM227）と呼び，「存在了解に基づいてのみ実存は可能である」（ibid.）と述べる。そしてハイデガーは存在了解の，したがって人間の有限性を強調する。「存在了解に基づいて人間は現であり、現の存在とともに存在者への開明的侵入が生起するので，存在者が存在者として一つの自己に暴露される。人間における現存在の有限性は人間より根源的である」（KPM229）。

ハイデガーは『カント書』では「人間における現存在」という表現を多用する。それゆえ人間における現存在が重要なので，人間への問いは人間学的なものではないとされる。確かにそれは人間学ということでひとが期待するようなものではない。

現存在の形而上学という表現は「二義的」である。「それは現存在についての形而上学であるばかりではなく，現存在として必然的に生起する形而上学である」(KPM231)。形而上学には「その基礎として現存在の有限性」が属するゆえに，まずは存在論（形而上学）のために「基礎的存在論」が求められる。ただし「現存在の有限性－存在了解－は忘却のうちに横たわる」(KPM233)。それゆえ形而上学の基礎づけには「想起 (Wiedererinnerung)」(ibid.) が不可欠である。何の想起か？「現存在とその存在了解，すなわち根源的な有限性が忘却に鎮圧されていること」(KPM234) から，その想起・取り戻しである。そのような忘却のあり方が現存在の「日常性」(ibid.) に他ならない。そこで日常の世界内存在の分析が必要とされる。そこでは存在者の無規定的な投企がなされるが，「そこでは存在と存在者の区別はそれとしては隠されている」(KPM235)。『存在と時間』で行われた日常の世界内存在の分析を今辿る必要はないであろう。ただここで「世界内存在」が「現存在の超越」と呼び換えられていることが注目されよう。また「すべての投企は──それに従って人間のすべての〈創造的な〉行為も──投げられたものである，すなわち自分自身の意のままにできない，現存在が存在者全体へ委託されていることによって規定されている。しかし被投性は現存在へとやって来ることという隠された生起にのみ限られるのではなく，まさに現存在そのものを貫き支配する」(ibid.)。したがって「頽落」もそれに属する。明らかに『カント書』では『存在と時間』よりも被投性と有限性が強く表に出ている。本書の焦点は人間論として存在者論なので，存在論にあまり深入りはできないけれども，私は人間の存在の有限性（死こそその最大のもの）と偶然性が十分に考慮されねばならないと思っている。

さて，これらの問いに現れる「私」とはどんな私のことなのか。人間という種の一個体であるという答えはすでに排除されている。1724年生まれ，ケーニヒスベルク市民，哲学教授，短矩，独身……のイマヌ

(c) カントの「人間知」　　　27

エル・カントがある日たとえば「私はなにをなすべきか」と自問する「私」ではない。場面はすでに哲学なのである。カントは哲学しつつ「私は……」と問う。この「私」は単に主語というほど空虚ではなく，「私」から世界市民的という規定は外せない。したがって「人間」にもその規定は外せないのだと思われる。それはまずは哲学者の関心事であるが，本来すべてのひとの関心事であるはずの事柄なのである。すなわち「世界概念にしたがう哲学は，〈理想の教師〉の，すなわち〈私たちのうちの神的人間〉を目指す者の関心事」（W154, Kant, Kritik der reinen Vernunft, A569, B597）である。あの三つの問いは第四の問い「人間とは何か」に基づくとされた。カントにおいて人間ないし人間性は探求されねばならず，実現に努力されるべきであるとしても，それとして疑問なく確固として本質性を持つのだと思われる。すでに見たように，『存在と時間』でハイデガーは現存在については「何か」ではなく，「誰か」と問わなければならないと主張した。ハイデガーはそれを「実存」と術語する。「現存在は彼の－ために (umwillen-seiner)[6] 実存するという風に存在する」（W157）。それゆえ自ら自身のために実存するゆえ，「自己」である。そして「自己性に世界が属する」(ibid.)。世界とは全体として存在者がいかにあるかをいうものである。世界は世界内存在という連関的構造においてある。ハイデガーのいう「自己性」は中立的である。すなわち「我・汝」(ibid.) 以前であり，「性別」にたいしても「中立」（W158）である（中立性については本書序章ですでに触れた）。この自己・自己性は「私」と語りだすはずである。（我・汝関係以前といわれていても，それはかまわない。「私」はこのような人間関係のレベルだけに働くのではないからである。そういう次元はあると私は考えている。）ハイデガーの世界も自己もある意味でカントのそれよりも実質的規定が乏しい（すなわち存在論的）。この個所には現れないが，それにもかかわらず自己ないし自己性は『存在と時間』ではめいめい私であると性

6）「彼の－ため (Umwillen-seiner)」は当人のためであるが，まず他のものへの手段 (Um-zu) との区別を際立てる術語である。しかしこれが自己ないし自己性の基なのである。ハイデガーはカントの「自己目的」に触れたあとで，「この〈彼の－ため〉が自己そのものを構成する。現存在の自己性は，この存在者の自己自身についての意識のうちに決して原初的に存立するのではなく，反省としての自己意識は常に自己性の結果にすぎない」（Heidegger, Einleitung in die Philosophie, Gesamtausgabe, Bd.27, S.324 略号EP）と述べている。

格づけられた(いうまでもなく特定の世俗的規定をもつ私ではない)。カント哲学においてこのような「私」が登場することは考えられない。したがって,ハイデガーがカントの「世界」ないし「人間」に実存的性格をみとめて自分に引き付けても,むろん完全に同視はできない。

(d) 世界　前々節で「世界」と「存在者のもとにあること」を同視したようだが,それがまず不審に思われるかもしれない。それはハイデガーの「世界」の把握からくる。「存在者のもとにあること」の存在者が一切合財であるとすると,それは存在者の総体としての存在的世界概念の「世界」である。まずその「世界」が示唆される。しかしそれは存在論的,すなわち哲学的でないので,とりあえず外す。「世界内存在」の世界は,「事実的現存在[*7]が,〈そのうちに〉それとして〈生きる〉〈ところ(worin)〉」(SZ65)を意味する。この世界はそれ自身は存在的であるが,その存在構造を捉えれば,すなわちその「世界性」を捉えれば「有意義性」として明らかになる。現存在が日常において行為的に生きている「ところ」,世界はまずは有意義性としての世界である。それはそこで実存的に生きられる世界であり,それから実存論的に把握された世界である。それゆえ物理的世界,すなわち自然ではない。(ただしこの意味での自然のみがハイデガーにとって自然ではない。)ハイデガーの「存在的」と「存在論的」の区別はすでに疑義がないと思う。並行して「実存的」と「実存論的」の区別も[*8]。

---

7)　「事実的現存在」という言葉が出てきたが,第1章のレベルでは「事実性」という言葉の水準で止めおかれる。歴史性もむろん構造であるが,第3章では事実性に歴史的内実が返し与えられる。しかし現存在はそれこそ事実的に歴史的に存在するのであるから,第1章においても事例として歴史的事物・語彙が現れるのは当然である。「事実的現存在」はまた「事実的生(faktisches Leben)」であり,ハイデガーは早くから一切の哲学や学問の出発点を「事実的生」においた(1920/21年の講義『宗教的生の現象学』,全集60巻,1921/22年の講義『アリストテレスへの現象学的解釈,全集61巻』)。ハイデガーが「現存在」より「事実的生」・「生」を採用したことを忘れてはならない。しかも「動詞〈生きる〉から出発しなければならない」(PIA82)と主張された。61巻は「事実的生」や「生のカテゴリー」として現存在の分析を先取りする。(「現存在」という言葉が皆無ではないが。)ただしそれが何か一般的に問われているのではない。「事実的生の存在意味は,具体的にはそのつど固有の具体的生の存在意味への問いは」,「〈私はある〉の意味への問い」(PIA172)へと赴くのである。しかもそれは「不確定で,疑わしく」,接近は容易でないことが強調される。『存在と時間』の「歴史性」のところで帰ってくるのは,この「事実的生」に他ならない。

(d) 世　界

　ハイデガーはこの世界概念を仕上げることに腐心する。手引きは「配慮（Besorgen）」である。すなわち生きるためにする道具との交渉，しかも道具の使用にそって分析は開始する[*9]。これが現存在の最も身近なあり方である。ところで倫理学的考察は行為と行為者を中心に据える。このあたりは私の前書『ハイデガーと倫理学』（21頁以下）で比較的詳しく扱ったので，参照していただくことにして，今回は行為論的な描き方はしない。配慮の構造はそれ自体が倫理的なものではないが，人間存在の最も基本的なあり方としてそこにまず定位するのは，全く卓見だと思う。何が明らかにされるのだろうか。

　配慮は道具の使用によって解明される。ハイデガーはハンマーで打つことを取り上げる。そしてハンマーで打つ行為の遂行のただなかでつかまえようとする。ハンマーを用いて家の板壁を修繕していることにしよう。それは一つの全体構造である。それは「する－ため（Um-zu）」の連関において成り立っている。分析が個別的例から出発しても，ハイデガーの狙いはあくまで全体にある。さて，たった一つの孤立した道具というものはない。「道具との交渉は，〈する－ため〉の指示多様に従う」（SZ69）とハイデガーはいう。当然打つ者への指示。ハンマーは釘などの他の道具，さらに板などの材料を指示する。打つことの方を辿れば，打つのは板を固定するため，固定するのは壁の破損を塞ぐためである。

　ここには非常に多くのことが含まれている。道具は何かを「する－ため」のものとして道具である。それゆえ用在者と呼ばれる。その存在は用在性である。それゆえただの物ではない。こちらは用から規定されないでただあるかぎりでの事物，物在者である。その存在は物在性である。さて，打つことがハンマーという道具の手頃さを発見させ

---

　8)　常に振りかざしはしないが，この区別を私は常に念頭に置く。私たちは日常的存在の構造やそれを越えた存在の次元を重層的に，またその間を移動してノンシャランに生きている。ふと別の次元の何かがちらっときらめいたりする。人間の事実的存在（生）はそのようなものである。実存論的（存在論的）分析は，存在構造を明るみにだし，据える。それは単にそれを生きていることから態度変更なしにはない。

　9)　ハイデガーは後に「日常性の実存論的分析論は，私たちがナイフやフォークとどう交渉するか記述しようとしていない」（KPM235）と述べたが，私はむろんそんな受け取り方をしていない。

る。まじまじと見ても使い勝手はわからない。また打つことは慣れて苦もなく行えるのでなければならない。道具をうまく使うには訓練が必要だが、訓練というような問題はここでは除かれる。あくまで打つことにそくした現象学的接近だからである。仕事がうまく進んでいるかぎり、注視などしないことこそが連関を成立させる。（それゆえ道具が壊れて使えないというようなことをきっかけとして、それを注視し、一旦連関を断つことが理論的考察の第一歩となる。）全体の連関や仕事の手順などを心得ていなければならないから、ここには確かに知が存在するが、行為のさなかに働くから実践的ではあるけれども、ことさらに実践的知ではない。ハイデガーは理論と実践との区別以前に定位しようとしている。ハンマーや板や家の壁面はむろん見えているし、ハンマーの重さや自分の身体の姿勢は非主題的に感じられている。しかしハイデガーは、感覚を突出させ、理論的考察の着手点・基礎に据えることはしない。また精神と身体といった分断から始めない。この連関には、現場にいるかどうかは別として、他の現存在（他人）も顔をのぞかせる。ハンマーがどこかの商店で買ってこられたのなら、商人がおり、道具や木材を供給するひと、製品にしたり、さらにそのための材料を作るひともいるからである。他人は道具でも物でもない。

　この「する―ため」は、「する―ため」に還元されない一つの別のもの、「彼〔自ら〕のため」を指示する。後者はそれゆえ「究極的なため（Worum-willen）」（究極目的性）と呼ばれ、「する―ため」の多様はこれによって締めくくられている。こちらは現存在の存在の側にある。この「ため」は、修繕によって現存在が嵐を避けて、安全に過ごすためである。それゆえ「する―ため」と究極目的性は身分を異にする。修繕は誰か別のひとのためであってもよい。分析は当事者の観点からのものではあるが、ここでは自他の区別のようなものを際立てる必要はないからである。他人や共同存在の問題は節を改めて考察する。

　行為する現存在は、「する―ため」と究極目的性の連関をそのつど生きている。ある種の知が含まれてはいるけれども、なお存在的な態度である。ハイデガーはそこに「適所性（Bewandnis）」という術語を導入する。すなわち「ハンマーという存在者でもって(mit)打つことのもとに(bei)適所をもつ(Es hat *mit* ihm *bei* etwas sein Bewenden.)」(SZ84)と

(d) 世 界

いう非人称表現による，道具との交渉から析出された構造が「適所性」である。何のためということは，第一義の「ため」，現存在のために基づくことを意味する。それが用在者を用在者として，適所性全体に基づいて開き与える。このようにして存在者が近づかれる「世界」ないし「有意義性としての世界」を成り立たせている。この開き与えること，ないし適所させることは，現存在の性格を特徴づける「ア・プ・リ・オ・リ・的完了」(SZ85) である。（このように世界の世界性の根拠を現存在の存在の方へ返す捉え方は，いうまでもなく超越論的な体制であるといえる。これが後にはハイデガーを居心地悪く感じさせたのでもある。）配慮は世界内存在の最も身近なあり方であり，その世界は有意義性としての世界であるが，これのみがハイデガーにとって唯一の世界でないことは今は予告として述べておこう。

「する―ため」の連関と究極目的性による元締めというこの構想は目的論であろうか。（「究極目的性」という訳語の気持ち悪さは悩ましい。しかし「性」の付加は通常の意味では目的ではないことを表す。私たちは何かを目的とするが，そのとき「究極目的性」とは常にすでに前提されてしまっているもののことであって，目指す先の方向にあるのではない。しかしすべては現存在のためであるというのがおかしくないかぎりで，目的という意味を入れているのはわるくない。）一つの目的論であるには違いない。「する―ため」は実現すべき目的を指示する。その連関において一つ手前の「する―ため」は，一つ先のものにたいしては手段である。（固定のため，それを目的として釘打ちをする。しかし釘打ちは固定の手段である。）それゆえ目的―手段の連関なのでもある。そして「究極目的性」は，すなわち現存在の存在は決して手段にならないゆえに，究極的なのである。

この目的論は因果論的な体系に組み替えることができる。何かのために何かをなすことは，因果論的には何かをなせば何かが生じるという行為の連関であるとともに，世界の側の出来事連関に翻すことができる。また世界の内に出会われる存在者は，それにふさわしい場所にある。有意義性は，物がそれぞれふさわしい場所にあるということを含む。場所は空間に属する。この空間は，現存在の関心に基づく遠近法的な空間である*10。現存在が造りだして配置したのではない，先在

する自然環境のようなものも、エゴセントリックな遠近法から眺められる。しかしそれを除くとき、存在者は三次元的な空間のうちで位置をもつにすぎない。それは有意義性の世界ではなく、それを剥ぎ取った物在者の世界である。物・出来事は改めて普遍的な因果連関において捉えられる。これはむろん目的論の体系ではない。有意義性にそくした分節であった言葉も、ここでは理論的言表になる。ハイデガー的にはこれが順序であって、転倒させてはならない。

『存在と時間』は、世界現象に達するため、道具の使用を取り上げる。物を作ること（製作）はところどころに現れるが、特に区別して扱わない。理由は推測できる。「連関」を浮かびあがらせるのが狙いである。製作となると、「指示」と結びつきにくいばかりでなく、形式と内容（材料）のような哲学の伝統的な議論に巻き込まれ、横道にそれてしまうだろう。ハンマーのような道具は、製作された物である。しかし打つためには手近にある石でもよい。よりよく打つためにハンマーを創作する。使用が製作に先立つのは、人類の歴史が教えてくれるように、自然史的にも肯定されよう。自然史的というのがまずければ、私たち自身、生きるための必要から何かをしようとして、手で間に合わなければ、身近な物を使い、さらに道具を作るであろう。現代、製作された多くのものが、私たちを取り巻く。人間の歴史は使用と製作の相互補完的な増大の歴史であった。それが私たちの文明である。作ることには、私たち自らの存在を形づくることも含まれる（この点については後に論じる）。人間は物ではないが、このことから人間の存在をも使用—製作の見方で捉えてしまう危険を秘めている。しかし使用・製作は膨大な問題を抱えているので、ここで立ち入ることはできない。

(e) **共同存在**　前節で他の現存在はすでにちらりと姿をみせたが、他人や共同存在は別個の考察を必要とする。物にかかわる配慮と区別して、他人にかかわる〈配慮〉は「顧慮（Fürsorge）」と呼ばれる。自己にかかわる「自己関心（Selbstsorge）」は、「同義反復」（SZ193）に他なら

---

10)　私の論文「〈私〉と〈他者〉の遠近法——ハイデガーと佐久間鼎」（前掲書付論3）を参照のこと。

(e) 共同存在

ないので、ただ「関心」と呼ばれる。（原語はSorge-Besorgen-Fürsorgeのようにそのつながりを明示する。）「関心」は勝義の自己関心であるとともに、全体構造を表示する。「関心構造」のように。世界内存在は共同存在である。共同存在は現存在のそれ、すなわち自らの存在にかかわる存在者の共同である。それゆえ他者とのかかわりばかりでなく、共同存在において自己であること、自己でないこと（自己喪失）がともに主題となる。

ハイデガーは分析を「世界」から開始した。そしてそこで「現存在はさしあたり・たいてい彼の世界に奪い去られている」、「世界に没頭している」（SZ113）、それゆえ自分を失っていることを確認する。「さしあたり・たいてい」のあり方とは日常性である。ハイデガーは現存在の存在を最初「日常的無差別」（自己本来性と非自己本来性の無差別）において析出すると述べながら、日常性を「頽落」と断定するのである。（それゆえ実は自己本来性が先取りされていなければならない。）頽廃とは、「現存在は配慮される世界に没頭して、すなわち同時に他人への共同存在に没頭し、自分自身ではない」（SZ125）という事態のことである。そのような現存在のあり方は「人（ダス・マン）」である。

顧慮と日常的共同存在を見ていく。さて、他人は「そのつどすでに世界内存在に共にそこに存在する」（SZ116）。それを名詞化すれば、「共同存在」であり、そのような存在者は「共同現存在」である。他人が物でないことは、「彼らが〈仕事の最中〉に」[*11]、つまり「彼らの世界内存在において」（SZ120）まっさきには出会われるという、非常に特徴的な規定を与えた。（世界内存在にたいして、物が世界のうちにあることは内世界的（innerweltlich）と呼ばれる。）それだから他の現存在という言い方ができる。これがハイデガーの他我問題への解答である。ハイデガーはいわゆる他我問題を鼻であしらう。舞台は有意義性の世界である。他人は私と同様、道具を用いて何かをしている。決して知覚風景のうちに物在する事物ではない。他人は世界のうちに用在者とのかかわりを通じて共にある。それゆえ用在者は他人のためにある。道路は他人

---

11) Arbeit（仕事あるいは労働）であり、ハイデガーはもともと労働を重視する姿勢をもつといえる。労働については本書第3章Ⅱdを参照のこと。

が通行するため，ベンチは座るためである。有意義性の世界は使用と製作の世界であるから，他人は何かの「製作者や供給者」(SZ117)，何かの所有者等である。他の現存在は特有の近さや遠さにおいて，「どうでもよさやよそよそしさ」(SZ121)において出会われる。積極的性格づけばかりでなく，常に否定的な，欠如的な様相を視野におくのがハイデガー流である。

　他人は道具でなく，現存在であるから，彼らへの〈配慮〉は「顧慮」である。顧慮の要は，他の現存在を「する－ため」(手段)でなく，「究極目的性」の側に考えることにある。他人を手段とすることなしには，共同存在は一日も成り立たないとしても。「衣食の〈配慮〉や病体の看護も顧慮である」(SZ121)とハイデガーはいう。ここでは現存在は明らかに身体をもち，飢えたり凍えたり病んだりする生である。またハイデガーとしてはちょっと珍しい言及であるが，「たとえば事実的な社会制度としての〈顧慮〉〔生活保護や福祉事業〕は，共同存在としての現存在の存在体制に基づく」(ibid.)。というのは，そうしたものが「緊急」になるのは，「現存在がさしあたり・たいてい顧慮の欠如的様態に身を置く」(ibid.)からである。さらに「相互のためにあること，相互に反目していること，相互に無視していること，相互に無関心に通り過ぎること，相互にかかわらないことは，顧慮の可能的なあり方である」(ibid.)と続く。とりわけ欠如と無関心様態が，「日常的な，平均的相互存在」である。これはとりわけ近代市民社会の記述のように思われる。大規模な社会制度としての顧慮は明らかに近代的理念である。

　ハイデガーは，顧慮の「二つの極端な，積極的な様態」(SZ122)を挙げる。一つは「飛び入って，〈関心〉を取り去る顧慮」(SZ122)である。他人のため配慮すべきことをかわりに引き受ける。他人は苦労から解放される。しかし「こうした顧慮においては他人は，依存する者や支配されうる者となりうる」(SZ122)。他人に彼固有の関心を返し与えるのが，究極目的性の側に考えることに他ならない。(ハイデガーがリバタリアニズムに与すると受け取るのは，むろん早とちりである。そのひと固有の関心のもとに考えるものがまるで違うであろう。)もう一つは「前に飛び〔模範を示す〕－解放する顧慮」(ibid.)である。「他人から関心を取り去るのではなく，本来的に返し与える」，他人に何かを配慮してや

(e) 共同存在

るのではなく，「他人の実存にかかわっている」のであり，「他人が彼の関心に透視的になり，それにたいして自由になるように助ける」（ibid.）という顧慮である。これは一つの実存的な共同存在であるが，自覚にかんしては格差のある，師弟関係なのだと思われる。

相互存在は日常何かが「共通に配慮される」ことによって成り立っているが，「隔たりと打ち解けなさの様態」（ibid.）にあることも多い。「同じ要件（Sache）に任用された者たちの相互存在は，しばしば不信によってのみ養われている」（ibid.）。そんな協働が連帯を保障することはあるまい。利益集団はおおかたそんなものであろう。それにたいして「同じ事柄（Sache）に対するそのつど共同の自己投入は，そのつど自らを摑み取った現存在によって規定されている。この自己本来的拘束は，他人を彼自身にたいする彼の自由に開放するという，まっとうな事態を初めて可能にする」（ibid.）。「同じ事柄にたいする」という言葉は，同志的連帯を思わせる。ハイデガーにとって範例的共同存在は，親子・恋人同士のような直接的結びつきではなさそうである。

なおこの共同存在はいまだ「役割」を浮きあがらせない。『存在と時間』は現存在を共同存在と規定したが，人間関係である役割以前に定位している。役割には親子，兄弟，夫婦，友人，教師と学生，上司と部下，売り子とお客など様々なものがある。かなりの間持続する関係も，一時的な関係もある。否応もなく与えられたものも，自ら進んで獲得したものもある。コミュニケーションがあり，上位・下位・同等の区別があり，その共同には愛着や敵対，依存関係などが成り立っている。役割は一定期間引き受けるものであり，放棄したり，失ったりすることもある。たいていひとは同時に一人で多重の役割を引き受けて日常を生きる。役割の分担やその様相は時代や文化によって大きく異なる。したがって役割は，本来「歴史性」の「共同存在」に所属する問題である。ただしハイデガーはあまりそれとして論じることはない。それを主題化するのはハイデガーの課題ではないので，詳細な分析を期待することはできないのである。

ここまでの結論。他人の現存在ばかりではなく，自ら固有の現存在も，まずは環境世界的に配慮される共同世界から出会われる。現存在は，その世界と，同時に他人との共同存在に没頭し，彼自身ではない。

つまりこの没頭が自分自身を忘れさせるのである。では日常に共同存在するのは「誰」なのか。それの問いに答えるのが，「人（ダス・マン）」である。

では「人」とはどんな存在か。日常の現存在は「絶えず他人にたいする区別をめぐる関心」（SZ126）に動かされている。「他人に遅れをとっているので，自らの現存在を他人と釣り合うように高めようというのであれ，他人を抑えて現存在を優位に立たせようというのであれ」（ibid.），常に「隔離性」を気にしている。他人が共同存在の全権を担っている。といっても特定の他人ではない。「人は特定の者でもなく，みなでもなく，総計でもない」（SZ127）。こうしたあり方をしているのが，日常的現存在，すなわち「人」である。隔離性のほか，「平均性」，「平坦化」が人を特徴づける。それゆえ例外を監視し，傑出を許さない。これが「公共性」をつくる。人がやるようにやっていれば万事うまくゆく。人であるかぎり，責任をとらなくていいので，「存在免責」してくれる。なぜなら人は「誰でもない」（SZ128）から。こんなあり方をしているのだから，この共同存在では誰も自分であることはできない。人は「非自己自立性と非自己本来性のあり方にある」（ibid.）。とはいえこんな仕方で自己を気遣い，自己主張をしているわけであるけれども，「日常的現存在の自己は，人－自己である」（SZ129）と，ハイデガーは断定するのである。すなわち「自分固有の自己」ではない。そこで課題が生じる。「人－自己として，そのつどの現存在は人のうちに分散しているので，自分をまず見出さなければならない」（ibid.）。このような人の規定と自己喪失とそれゆえ自己を見出すことと獲得すること，こういう考え方にはあまり共感できないというひとがいても驚きはしないけれども，それが『存在と時間』のハイデガーであるととりあえずいっておこう。

ところで人はこのようにして日常の生を営んでいるが，当然そこには知の契機が存在する。これまで開示性（世界内存在として明るくされ，なんらかに周囲や自分自身が分かっていること）を主題にしなかったので先取りになってしまうが（本書第3章Ⅲaを参照），日常性には特有の開示性が属している。開示性は，情態性（日常的呼び方では気分），了解，語りという契機からなる。そこで人には「人の特殊な開示性」（SZ167）

(e) 共同存在

が備わる。ハイデガーは，人の開示性として，「おしゃべり」，「好奇心」，「曖昧さ」を解明する。それらは開示性の契機の頽落態というのか，その様態である。

　ハイデガーがまず「おしゃべり」を持ち出すことが，分析を特徴づける。共同存在は「おしゃべり」の空間の住人であるということであろう。現存在は語り合う存在である。「語り (Rede)」または「語ること (Reden)」は，それが語る何事かを露わにし，他の現存在を同じ事柄へ連れて行こうとするものである（伝達）。ところが「語られたこと (das Geredete)」だけを「平均的もの分かり」によって受け取り，遣り取りするものになれば「おしゃべり (Gerede)」になる。おしゃべりはあらゆることをしゃべり散らし，「受け売りする」(SZ168)。そしてついに「権威性格」を帯びる。「人がいうから，事柄はそうなのだ」(ibid.) と。おしゃべりは平均的分かりですべてを分からせるが，それはむしろ「閉鎖」なのである。「好奇心」は了解に属する「視」の一つの可能性である。つまり見たがりである。好奇心は物事にじっくり「留まることなく」(SZ172)，新しい可能性へと分散する。おしゃべりが好奇心を導く。何を見るべきか，読むべきかを指示する。「曖昧さ」は「解釈」の派生態である。曖昧さは，「すべてが真正に了解され，把握され，語られるように見えるが，根底においてそうでない，あるいはそうであるように見えないが，根底においてそうである」(SZ173) という状態である。今論じることはできないが，開示性はハイデガーにとって真理を意味するから，これはまさに真理と非真理の不分明のうちに存在することなのである。なお，頽落に特有な「動性」として「誘惑，慰め，疎外，自縛」(SZ178) という性格づけを与える，もう少し詳細な展開があるが，立ち入るには及ぶまい。

　ハイデガーは頽落を道徳的断罪と受け取られるのを嫌がる。しかし軽佻浮薄な現代の大衆社会への批判がやはり聞き取れる。頽落や人は克服されるべきであるかぎり，自己本来的自己は獲得されるべきであるかぎり，倫理性を含まざるをえないと私は思う。「さしあたり・たいてい」は必ず・常にではないので，共同存在が自己本来的である可能性を秘める。それがどのようなものであれ，それは人のではない共同存在である。しかし「人」は別として，頽落はもともと「存在者のも

とにある」という契機であり，現存在は存在するかぎり世界のうちにあるのだから，頽落を現存在から全く排除するわけにはいかない。現存在がさしあたり・たいてい頽落しているのは，その自覚を欠くかぎり，実はそのつどそれを招いている。それゆえそのつど自分自身を獲得しなければならない。しかしまた頽落に戻り，それは終わることがない。とはいえ自己本来性の首位が譲渡されることはない。

　自己本来性からの共同存在は，すでに示唆されたように，本来に自分であることを前提とする。ところで共同存在は通常の言葉では広くは社会であるので（私とあなたの共同存在のようなものは，普通社会とは呼ばないだろうが，含めて考えて），特定の組織・制度，習俗・規範をもって現存する。それは歴史的・伝統的社会である。ハイデガー的には，それらが本来のあり方を覆い，抑圧するなら，剥ぎとっていく，そういう態度が必要である。そうすることによって単純な形が見えてくることはあろう。しかし具体的な状況において何をどう温存ないし改革するかの具体的指針をハイデガーから導き出せるわけではない。それら社会的なものは存在しないことはできない。実存の立場は，それにコミットさせるが，暫定的であると知りつつそうする。ところで，ハイデガーが以上のような見解を言葉として述べたことはない。

　本書では制度的問題に立ち入ることはできるだけ控えたい。そうした問題についてハイデガーから積極的見解を引き出せないのははっきりしている。前書『ハイデガーと倫理学』では心の要求にしたがって私は，ハイデガー研究の埒を越えてその議論に少しばかり手を伸ばした。今回の抑制の理由は，倫理学にとってそれが必須であったほどには必須とはいえず，またそれ以後考察の進展が私の側にないからである。

　（f）投企　　ここで改めて「投企」を主題にする。しかしいうまでもなく「投企」は私たちの視野に絶えず登場していた。世界の分析において，ハンマーを握って家の壁を補修する例を手がかりに，有意義性としての世界が明らかにされた。現存在は投企しているのだが，その要点は，「する－ため」の連関が現存在のため（究極目的性）によって締めくくられるという構造であった。この構造を生きる現存在は，やみ

(f) 投 企

くもに行為しているのではなく，そこには〈知〉が働いている。それは改めて「了解」（了解作用）と呼ばれる。したがってこの節は「了解」の解明なのでもある。そしてそこには「可能性」の概念が関与する。

ハイデガーは三種の可能性を挙げる。実存の可能性が何でないかを確定しよう。まず「空虚な論理的可能性」，さらに「物在者にこれまたはあれが〈起こる(passieren)〉ことがありうるという偶然性(Kontingenz)」(SZ143)という意味での可能性がある。物在者の様相的カテゴリーとしては「可能性はいまだ現実でないものであり，かつて，かつこれからも必然的でないもの」，すなわち「可能的であるにすぎないもの」(ibid.)である。実存の可能性はこれらとは異なる。矛盾しないものは可能であるという論理的可能性を除くことに疑念はない。物在者に起こるとされる偶然性は，実存にかかわってこないのだろうか。現存在は物在者ではないし，それは確かに実存の規定ではない。しかし世界内存在である現存在は，この偶然性としての可能性を容れる世界に行為的に実存し，それを蒙るのではないか。これは問題として残しておく。以下では実存の可能性を浮き彫りにすることが課題となる。

さて，了解は世界内存在の開示性の投企の契機であり，情態性ないし気分（次節）は，現存在が投げられて存在すること（被投性）を開示する。ただし「了解は常に気分づけられている」(SZ142)ので，両者は分離できない。ハイデガーは常に全体論的に考えるので，開示性のどの契機も世界・自分自身・他の現存在を開示するのではあるが，それぞれがそれらのどの側面を主として照らすかについての分担はある。

了解も世界内存在の全体に該当する。すなわち究極目的性と有意義性が現存在において開示される。了解は，ハイデガーにおいて，元来動詞的に解される。すなわちハイデガーは，「何かを了解する〔分かる〕」という日常表現は，「あることを司ることができる」「それに耐える」「何かができる」を意味することがあるように，そこには「存在可能としての存在仕方」が横たわる(SZ143)と指摘するのである。現存在とは「まず可能存在」であり，「彼の可能性である」ような者なのである。ところで可能性といっても広い。「実存疇としての可能性は，任意的自由(libertas indifferentiae)の意味での中に宙に浮いた存在可能を意味するのではない」(SZ144)。現存在は「本質的に情態的なものとしてそのつ

どすでに特定の諸可能性にはめ込まれている」(ibid.)，すなわち「徹底的に投げられた可能性」(ibid.)である。ここでいわれるのは，特定の限定された可能性（可能と思われる何か）にしか行き合わないということではない。もちろんそれもある。しかし「本質的に情態的なものとして」とあるように，自らの存在に食い入ってしまっている自らの存在可能が問題である。ところで存在可能は了解と一つのことなので，存在可能はなんらかに常に了解はされている。ただし「なんらかに」であるから，「可能存在は彼自身に様々な可能な仕方と程度において透視的である」(ibid.)。それゆえに「現存在は了解しつつ現であるゆえ，迷い込んだり，自らを見損なったりしうる」(ibid.)という事情にある。以上のような現存在が存在可能であることをふまえて，自由（恣意），AでもBでも無差別に選択できる自由は，ここではあっさり退けられたが，今後改めてしっかり吟味しなければならないだろう。（自由の問題は第5章で扱う。）

　了解は世界内存在の全体を開示するのだから，つまり「世界のうちにおける存在可能」(SZ144)であるから，自らの存在可能に向くところばかりでなく，世界へ向く面との両面を備える。したがって世界を「可能な有意義性として開示してしまっているばかりではなく」，内世界的存在者として「存在者をその諸可能性へ切り拓く」(ibid.)。（内世界的という規定さえ，もともと存在者が携えているわけではない。単なる物在者としては。）すなわち「用在者を役立ち可能性，使用可能性，危害可能性において」(ibid.)発見する。

　ところで了解はなぜ可能性にかかわるのか。「投企性格」をもつからであると，ハイデガーは答える。現存在が世界内存在であることは，存在するために何かを企てなければならないということである。企てることはいまだ現にあるのではない可能性を摑もうとすることであるから，投企は前向き，前のめりである。しかし前のめりという形容は前へ向かっていくという一方的なイメージを与えるかもしれない。投企は，自分が存在するためにそうする。つまり投企は，究極目的性から諸可能性を捉え，その一つを引き寄せるのである。先に述べたように，目的とする何事かを得るために長い過程が必要であれば，その連関を辿ってまず最も手前の可能性に手を伸ばす。投企の，自分のため

(f) 投　企

といういわば引力が可能性を引き寄せるが，その可能性を捉え実現することは，同時に自らの存在を形づくりもする自己投企である。たとえば野球の試合でボールを打つとする。ボールがフェンス際に落下する出来事が生じると，その打者は二塁打打者になる。私が復讐心を満足させるため誰かを殺せば，殺人という事件が世の中に起き，私は殺人者となる。投企は，世界を可能性の観点から見，私の可能性を引き寄せ，私の可能性を実現しようとする，現存在の徹頭徹尾可能性を生きるあり方である。このように了解は可能性を捉えるものであるので，いまだ理論的認識ではない。「了解の投企性格」は，「それがそこを目指して投企するもの，諸可能性をそれとして主題的に把握しない」（SZ145）からである。主題的把握は可能性格を奪ってしまう。ハイデガーはやがて了解から理論的認識を派生させるが，それは主題性を要求する。

　これはもう実存論的総括であるが，次のようなことがいえる。現存在は存在可能であるゆえ，「彼が事実的にあるよりも，絶えず〈以上〉である」（SZ145）。その意味は，〈存在高〉の多寡などではなく，現存在は「彼の存在可能においていまだないところのもので実存論的にある」（ibid.）ということなのである。「そして現の存在は了解と投企性格によって構成されているので，すなわち彼はこれから成り，ないし成らないものであるゆえに，了解しつつ自分自身に〈汝があるところのものに成れ (werde, was du bist)〉[*12]ということができる」（ibid.）。すでに触れたように，現存在は自分を本当に摑むことも，摑まないことも，自らを見損なったりもできるのである。あるところのもので「あること」は，事実的にこの通りにあることと同じではない。それゆえこの命令が有意味である。「現存在は最固有の存在可能に対して開かれてあること〔自由存在〕の可能性である」（SZ144）といわれる。最固有の存在可能に対する自由が何を意味するかはこの時点で明らかにはされないけ

---

12) ピンダロスの言葉。「学びつつ，汝があるところの者になれ」（『ピュティア讃歌』第二巻，72行。ハイデガー訳，「学ぶことによって，君があるところのものとして，現れ出てほしい」。すなわち人間が根源的，本来的にそれであるところのものに成ることである。「自分のうちに立つこと（自分であること）は，ギリシャ人には存在のうちに，光のうちに立つことに他ならない」と，ハイデガーは解するのである。(Heidegger, Einführung in die Metaphysik, Gesamtausgabe, Bd.40, S.108.)

れども，この「最固有の存在可能に対して開かれていること〔自由存在〕」と「汝があるところのものに成れ」を繋ぐなら，無差別選択の自由をそこに考えることができないことだけは窺える。

　了解は世界内存在の全体を開示するといわれたところに戻る。そこには「現存在は第一義に世界の開示性に身を置きうる」し，あるいは「第一義に究極目的性へ自らを投げる」(SZ146) という方向の違いがある。まず究極目的性へということなら，それは「現存在は自己自身として実存する」(ibid.) ことに他ならない。他方，すでに (d) 節，(e) 節で現存在は「さしあたり・たいてい世界から自分を了解する」と指摘された。自らの方を主旨としないゆえ，現存在は非自己本来的であり，そのあり方はすでに「頽落」と呼ばれた。したがって了解は，自己本来的か非自己本来的かのどちらかである。ただし現存在は本質的に世界内存在なので，自己本来的であることはひたすら自分だけを見詰めることなどではない。世界と他人にたいするかかわりを捨象しはしない。ところで了解はなんらかに何かを捉える働きなので，「視 (Sicht)」を含む。すでに取り上げた配慮と顧慮にも了解が働くので，配慮には「配視 (Umsicht)」，顧慮には「顧視 (Rücksicht)」，さらには実存の視には「透視性 (Durchsichtigkeit)」があるとされる。配慮と顧慮を復習する必要はないと思うが，その要は周りを見る，連関を生きることにある。したがってそのようなあり方に伴う視である。透視性は本来の自己認識であるが，あくまでも世界内存在する自己のそれである。ここには伝統の哲学は，「存在者への接近仕方として〈みること〉に定位した」(SZ147) という，ハイデガーの批判が背景にある。ハイデガーが批判する，この「見ること」は対象にまっすぐ向かう。その対象は物在者である。その視は反射的に方向を変え，しかし同じ仕方で自己を把握する。現象学の「本質直観」にもハイデガーは同じ理由で批判的である。ハイデガーにとっていわゆる直観や思考は了解から派生したものに他ならない。

　さらに了解は自らを形成して，「解釈 (Auslegung)」(SZ148) が成立する。(e) 節の「人」のところで解釈の派生態，「曖昧さ」にだけちらりと触れた。了解が解釈になることの問題性は，実は了解はまっさらでは働かないということなのである。現存在は共同的な世界内存在だか

ら，物事はすでに解釈されてしまっているのである。そして了解・解釈は表現と結びつき言葉となるので（言葉は複雑多岐な問題であるが，仮にこういっておく），物事はすでに言葉的に分節されている。ハンマーを手に取る行為には，ハンマーは打つためのものであるという解釈が潜み，その物は「ハンマー」という名をもつものだということが含まれる。もちろんその名を知らないかもしれないが，物は名前をもち，日常多くの身近なものは名を知られているゆえ，名を知らないものにも出会いうる。そして私がハンマーで打つのは家の修繕をする行為であるとの了解・解釈がむろんあるが，このような場合には当人の解釈は権威をもつ。通りがかりのひとが，私は板壁を打ち壊していると解釈するのを排除できないとしても。それはともかく私たちは世界内存在として解釈と被解釈性のうちにある。世界内存在は解釈され言葉的に分節されていることによって，私たちはすでに現存在の被投性という問題に入り込んでいる。なお，解釈と言葉そのものの解明はここでは行わない。

　（g）被投性　　開示性の考察を開始したとき，私は行きがかり上，了解から着手した。しかし事柄上は情態性の方が先立ち，実際ハイデガーの取り扱い方はそうなっている。明らかに情態性の方が直接的である。情態性（Befindlichkeit）は「sich befinden」（自分がどんな感じ，どんな気分であるか感じている）という動詞から造語された術語であるが，日常的には大変よく知られたもの，「気分」のことである。気分は「最もどうでもよいもの」「最も移ろいやすいもの」（SZ134）として哲学においては通常軽視されるが[13]，ハイデガーはその重要性に着目した。

13）　気分という捉えどころのないものは，元来哲学には苦手なのかもしれない。その点にかんしては，文学のほうが上手かもしれない。捉えどころのない，はっきりしないものをはっきり言葉で捉えた実例がある。井伏鱒二の短編小説「山椒魚」である（現代文学大系43, 井伏鱒二集, 筑摩書房, 昭和41年）。さて，山椒魚は大きくなりすぎ，棲家である岩屋から出られなくなってしまった。ある日一匹の蛙が岩屋のなかに迷い込んだ。意地悪な山椒魚は自分も出られないが，彼を外へ出すまいとする。二匹はいがみ合って暮らす。しかし年月が経ち，やがて両者とも弱ってくる。そんな日，山椒魚は蛙が弱っているのを認めて，優しく尋ねる，「〈それでは，もう駄目なやうか？〉相手は答へた。〈もう駄目なやうだ。〉」（大正12年の作品）。この「駄目なやう」の「やう」に私は脱帽した。これはまさにハイデガーの情態性である。ところが『井伏鱒二自選全集全12巻』（第1巻昭和60年, 新潮社）では，老

ハイデガーは, 気分を「気分づけられていること」(SZ134) と言い換える。つまりすでに特定に気分づけられてしまっている, その受動性を際立てる。ハイデガーは気分のうちでまず「不機嫌」を挙げる。そして, 特殊ハイデガー的偏向なのかは知らないけれど, その不機嫌において, 存在が「重荷」(ibid.) として露わにされるというのである。しかも「なぜか, ひとは知らない」(ibid.)。つまりそれは通常の知, 認識ではない。しかし「現存在がそのうちで現としての彼の存在にもたらされる, 気分の根源的開示」は, 認識などよりはるかに遠くまで届く。気分において「現存在の存在が, 裸の〈存在し, 存在しなければならないこと (Daß es ist und zu sein hat)〉が顕れ出る。純粋な〈存在すること〉が示され, そのどこからとどこへは暗いままに留まる」(ibid.)。この「存在すること」をハイデガーは,「被投性」と名づける。被投性とは,「世界内存在として現に存在すること」(SZ135), すなわち投げ出されて, その存在に引き渡されて存在することを意味する。被投性はまた「事実性 (Faktizität)」と言い換えられる。それは物在者の性格,「ただの事実性 (Tatsächlichkeit)」ではない。

　ところで現存在はなんらかには常に自らの被投性において自分の存在を見出すのではあるけれども, 必ずしも素直に受容的であるのではない。なぜなら「気分は被投性を見やるという仕方で開示するのではなく, それに添うか背くか (An-und Abkehr) という仕方で開示する」(SZ 135) ということがあるからである。添わない, 背く, つまり逃れるのは, 存在の重荷性格を逃れているのである。むろんことさらに知りつつ背くのではない。したがって「見やる」のではないから, 気分はいわゆる志向性以前である。感じられているのは, 他ではない自分のところではあるが, ことさらに自分がというのではない。気分は身体を丸ごと蔽うのだと思われる。気分が優れないといったり, 爽快といったりするとき, そうでなかろうか*14。

────────

齢の作家は最後の和解の部分を削除してしまう。二匹はいがみ合ったままで終わる。この変更は当時話題になった。この和解もいいなと思うのは, 私が甘い人間だからなのか。

　14)　ハイデガーは気分と感情の区別を論じてはいない。(ハイデガーはもともと心的能力の区分といったものを企てない。人間の存在を丸ごと捉えるためにそれをしないのだと思う。) 恐れは情態性の一様態とされるが, 通常感情に数えられるであろう。しかしここで性格づけられたような気分は, 典型的な感情ではない。喜びは身体全体にみなぎり, 悲しみは

（g）被投性

　気分の開示において重要なのは，それが純粋な現にある事実の開示であることである。被投性の背後には遡らない。現存在がどこへいくのかの「信仰」やどこから来たのか（由来）の「合理的説明」（SZ136）をもつ場合にも，それ以前に働く。さらに気分の開示についていえることは？　非反省的な捉え方であること。ハイデガーは「気分は襲う」（ibid.）という。したがっていわゆる内的体験ではない。それは「世界内存在のあり方として世界内存在自身から立ち昇る」（ibid.）。気分は世界内存在を常にすでに開示してしまっており，「自らを何かへ向けることをまずもって可能にする」（SZ137），それゆえ了解やまして認識に先立つ。世界内存在の全体を染め上げるので，平静な穏やかな気分でいるのと，いらいらした気分にいるのでは，世界のみえようも，自己認識もまるで違ってこよう。そして世界内存在全体の開示であるから，「世界，共同存在，実存の等根源的開示性」なのである。それゆえ既述の「投企」と重ねれば，物が「脅かすもの」として出会われ，ということは「当たられて」は困るので，さっと避けるとか，策を練って対処するということになる。ハイデガーは，「情態性の一様態」としての「恐れ」を取り上げる。「恐れ」という名前が与えられれば，もはや漠然とした気分ではなかろう。恐れは，「恐れの対象（それを前にして恐れるもの），恐れること，恐れの理由（そのために恐れるもの）」（SZ140f.）の三つの契機に分解される。了解と重ねれば，自分（また家族）の存在の安

身体全体を沈ませるとしても，それが感情の要件ではない。悲しみの感情は悲しみの対象をもつ（何が悲しいのかを知っている），つまりはっきり志向的である。恐れの情態性が「それを前にして恐れるもの（das Wovor）」を仕方なく「恐れの対象」と訳しても，それは知覚の対象のようなものではないし，悲しみの対象（対象性）のようなものですらない。また気分は感覚ではない。心的作用の区分は知情意と分けられたりする。その分類は難しく，また分類にあまり意味がないのかもしれないが，痛みや痒みは感情ではなく，感覚であるとされることが多い。その一番の理由は，身体のある個所に局所づけられていることである。内田百閒に「掻痒記」という随筆（『昭和文学全集7』，小学館，平成7年，昭和9年発表）がある。「私」が頭の痒みに悩まされる話である。ユーモアがちりばめられた作品である。百閒は大変な文章家であると私は思うが，この文を読めば，間違いなく頭がかゆくなる。痛みについては，痛みに苦しむひとの報告は，またその目撃すら，私に痛みを感じさせない。痛みと痒みを感覚と呼んだが，痒みの方が，ずっと共感性がある。気分は伝染する。共同存在を捕えやすいのである。気分のこの側面は軽視すべきではない。喜びや悲しみのような感情にも共感性はある。共感性を全く失えば，そのようなことはしばしば起こると思うが，精神病理学の領分に属する問題であろう。

全のために，嵐の襲来を恐れ，ハンマーを手にして家を補修している。ここでは可能性に備えているのであるが，了解が可能性へ向きをとるのにたいして，情態性としては自然の大きな力によって脅かされた自分の存在が気がかりという面に重点がある。その違いには実は時間的意味が隠されており，時間性が主題にならない間は，その意味は明らかにならない。以上で，現存在の投企と被投性，ないし被投的投企という存在構造が析出された。現存在が世界内存在として物（用在者）と他人とかかわりつつ実存する，その構造が，永平的・共時的であるかぎりにおいて（時間性を考慮しないかぎりにおいて），非常に概略に取り出された。それは最も基本的構造なので，人間の，というより現存在の存在構造と呼ぶのがふさわしい。しかし人間論の土台となる。

　しかし開示性にはもう一つ「語り」あるいは言葉の契機があり，その検討は済んでいない。古来言葉をもつことは人間の定義に含まれるほどなので，人間論は言葉の問題を蔑ろにはできない。しかし一書を捧げても足りないほど大きな問題でもあり，とりあえず触れない。本書第3章Ⅲa「言葉と人間」でまとめて取り上げる。

　（h）**世界観？**　世界内存在・被投的投企といった構造は，一つの世界観の提示なのであろうか。私はハイデガーとともにそうではないと思っている。それは世界観以前であり，諸々の世界観が成立しうる基盤である。たとえばユニークな遺跡と遺物を遺して消えたマヤやインカの人々の世界観を理解しようと努めるとき（これらの人々のもとにそのようなものが存在すると私たちは思っている），基礎に置くのは現存在の既述の構造である。後に動物の存在を理解するときにも，やはり基礎になる。具体的な手引きとしてはあまりに大枠なので，ほとんど自明なものとしてそれを前提しているのである。

　ハイデガーは世界観に好意的な言及はしない。『存在と時間』では「最も多様で，最も遠隔の文化圏や現存在形式の知」や「世界像の配列」をするまえに，「自然的世界概念の仕上げ」（SZ52）を要求する。そのような試みにたいしてハイデガー自身の立場は，『存在と時間』あたりでは現象学の意味での学的哲学といえばよいであろう。1927年の講義『現象学の根本問題』[*15]では，世界観はもう少し詳しく論じられる。

(h) 世界観?

　世界観とは何か。「世界観ということで単に自然の事物の把握であるばかりではなく, 同時に人間的現存在と歴史の意味・目的の解釈と理解される」(GP7), つまり同時に人生観を含む。「ひとは一つの支配的世界観のうちに育ち, そのうちで生きる。世界観は周囲によって規定されている。すなわち民族, 人種, 身分, 文化の発展段階によって規定されている」(ibid.)。それゆえ事実的に世界観のようなものはすでに存在するので, 哲学的基礎づけを待って成立するなどといっているのではない。哲学的考察は基礎を露わにするだけである。世界観はこのようなものなので, 「理論的知の事柄ではない」(ibid.)。ハイデガーはこの講義でははっきり学的哲学の側に身を置き[*16], 世界観を押しやる。というのは, 哲学は「存在の学」であって, 「存在者の学」(GP15) ではないからである。すなわちハイデガーは哲学の名で「存在論」を意図する。世界観は「存在者に特定の態度をとり, 存在者の特定の措定」

---

15) Heidegger, Die Grundprobleme der Phänomenologie, Gesamtausgabe, Bd.24. (略号 GP)
16) この総括はハイデガーを誤解させるかもしれない。というのは, ハイデガーは講義『哲学入門』(1928/29) で「哲学とは哲学することである」(EP15) と宣言し, 哲学を安易に学問, ないし「学的哲学」と規定するのを戒め「学的哲学」を「非概念」(EP219)・「丸い四角」(EP221) とさえ呼び, ギリシャに立ち返り哲学を入念に論じている。そしてその基盤から改めて学問の成立を考察する。「学問が私たちの現存在の諸力の一つ」(EP26) であり, ことに現代において圧倒的重要性をもつのは否定できないからである。この講義は, 『存在と時間』や『現象学の根本問題』とはすでに少し主張を変えている。しかし私はその点についてクロノロジカルな吟味はしない。「人間論」を目指す本書には哲学論・学問論 (科学論) に立ち入る余裕はあまりないのである。私の総括は, そのような背景は捨象して, ハイデガーが存在論としての哲学の方法を現象学と規定し, その方法「還元・構成・破壊」(GP31) を掲げ, それによって現象 (存在) を把握しようとした局面を捉えてそう述べたまでである。『存在と時間』も現象学的方法を採用することでは変わらない。むろん現象学は存在者の学としての学問を意味しない。しかし現象学にも今回立ち入ることはできない。(現象と現象学については, 岡田紀子『ハイデガーの真理論』法政大学出版局, 1999年, 第Ⅱ章3, b「現象学的方法」を参照されたい。)
　ただし次の点は指摘しておきたい。ハイデガーの「哲学は学問 (Wissenschaft) ではない」という言明は, 「シェリング論」(Heidegger, Schelling:Vom Wesen der menschlichen Freiheit, Gesamtausgabe Bd.42 略号 SWMF) からその意味がより明白に理解される。今日学問 (学) とは科学である (幸か不幸か, 学問と科学という二つの訳語をもつ日本語の表現では。学問と学は単に口調)。そして科学的かどうかで哲学は値踏みされる。しかし「学問とはドイツ観念論の時代にはなにより哲学といったことを意味する。すなわち存在者そのものの最終的かつ最初の根拠を知り, この根本的知にしたがって知りうるもの一般の本質的なものを基礎づけられた本質的連関において叙述するような, かの知 (Wissen) を意味するのである」(SWMF27)。したがって「哲学はより根源的なものとして, 派生したものとその基準によって規定されない」(SWMF28) のである。

を行うが，それは哲学の仕事ではないと突き放す。それゆえ「世界観哲学」などといったものは，「非概念」・「木製の鉄」(GP 16) に他ならない。

ところで第3章「歴史的世界の人間」では，「民族，人種，身分，文化の発展段階」にかかわらざるをえないので，明らかに世界観に接している。しかしハイデガー自身は存在者の特定の措定という意味での世界観形成に携わっているのではなく，それを成り立たせているものを考察しているのはいうまでもない。

歴史的世界への被投性を十分考慮する以前にこれを述べるのは先走りなのではあるが，ハイデガーはむろん世界観を常にこんなに無下に退けたのではなかった。講義『哲学入門』は，『現象学の根本問題』とはやや違った世界観のむしろ積極的な規定を打ち出す。ハイデガーが世界観や世界観哲学に触れるのは，同時代のそれを積極的に擁護する哲学者（ディルタイ，ヤスパース，シェーラーの名を挙げる）に態度をとる必要があるためでもある。ただしハイデガーがこの講義で取り上げるのはディルタイのみである。

ハイデガーは『哲学入門』で「哲学することは現存在そのものに属する」と宣言し，哲学，むしろ哲学することへの導入のために，1. 哲学の学（科学）への関係，2. 哲学の世界観への関係，3. 哲学の歴史への関係を問う (EP 10)。挙げられた三つの問いのうち三番目は全く講義されなかった。二番目の問いが焦点となるが，『存在と時間』より明らかに被投性の重みが増す。この講義が「現存在」のみでなく，ときどき「人間的現存在」，また単に「人間」を用いることにもそれが示唆される。講義の緩やかなスタイルのせいばかりではあるまい。世界観に到達するために，ハイデガーは世界の概念，とりわけカントのそれを取り上げ，「生の遊び (Spiel)」の概念に着目した。世界内存在を遊びとして思考するこの解明は興味深いが，私はその考察を第6章 b のところまで遅らせることにする。それゆえ今私は予告としてこれに言及している。というのは，『存在と時間』にそって現存在の存在構造を辿っている流れを堰き止めないためである。「遊び」は『存在と時間』には登場しないが，したがって『存在と時間』を超えるところがあるわけだが，現存在の歴史的存在を深い次元で捉えるには（これが意味するもの

(h) 世界観?

はそこで明らかにされよう），補足としてふさわしいと思うのである。すなわち世界内存在を改めて「超越」と規定し，そこに「遊び」を導入するのは，歴史的実存のある補強になると思われる。そこで世界観にもある一定の意義が返し与えられるであろう。なんらかの世界観・人生観をもつのは，人間に特有と思われる。——歴史性や歴史的世界を解明する以前には世界観の意義を十分に捉えることはできないが，現存在の基礎的存在構造の身分を世界観との関係においてとりあえず規定しておきたかったのである。

第 2 章

自己本来性の獲得

―――――

　これまでの論述で，現存在は配慮された世界と他人との共同存在に没頭して，彼自身ではない，すなわち自己を喪失していることが明らかにされた。これをハイデガーは「頽落」と呼んだ。それは私たちの平均的日常性のあり方に他ならない。そこでは誰もが自分のためを図り，自己主張のようなものが幅を利かせているとしても，ハイデガーは，それは「人－自己」にすぎないと判定する。

　さてそこで，自己本来性ないし自己本来的自己の摑み取りという課題が生じる。頽落は実存のあり方に他ならないから，全く盲目的に実存しているということはありえず，特定のなんらかの開示性のもとでそのあり方をしている。したがってその摑み取りは，頽落的開示性の変容として成し遂げられる。『存在と時間』においては，これは「不安」，「死」，「良心」の分析によって行われ，「先駆的決意性」において現存在の存在の自己本来性と全体性が捉えられるとされる。言葉のみがしばしば語られたが規定がまだ欠けた，ハイデガーが考えるところの自己，また本来的自己も，そこで初めて明確にされる。現存在の存在の自己本来性と全体性は，存在に開かれる，すなわち現存在が現－存在という境地を獲得することに他ならない。現存在は人間と同義ではなく，この根源あってこそ人間は人間なのである。

　繰り返せば，本書は人間論を目指している。それゆえ狙いは事実的な歴史的世界内存在としての人間のあり方に迫ることにある。ここが人間論に指定された場所である。したがって存在論の構築といった課題は脇におくが，現存在の自己本来性と全体性の究明は不可欠である。

以下この目標にそって，切り詰めた不安の考察とそれよりはやや詳細な死の分析を提示し，開示性の他の契機は必要最低限に触れる。

　(a) **不安**　「不安」の切り詰めた扱いは，軽視を意味しない。ハイデガーにおける不安の重要性は十分承知しているつもりだ。『存在と時間』の原形とみなされる，1925年の講義『時間概念の歴史へのプロレゴメナ』(Heidegger, Prolegomena zur Geschichte des Zeitbegriffs, Gesamtausgabe, Bd.20. 略号 PGZ) で，ハイデガーは，講義ならではの率直さで述べる。「不安は世界内存在の意味での存在の端的な経験以外のなにものでもない」(PGZ403) と。デカルトは「存在の感情 (Affektion vom Sein)」を否定したけれども，それが存在すると主張するのである[*1]。

　さて，世界内存在をまっさきに明らめるのは情態性である。情態性は世界内存在全体の開示であるとともに，とりわけ投げられた存在，現存在の被投性を露わにする。この全般的性格づけはすでに第1章 g で与えられた。では不安の特異性はどこにあるのだろうか。

　不安も恐れと同様三つの観点から分析される。不安の対象（それを前にして不安がるもの），不安がること，不安の理由（そのために不安がるもの）である。では不安の対象は？　それは「全く無規定」(SZ186) である。どんな内世界的存在者でもない。したがって「不安がそれを前にして不安がるもの〔不安の対象〕は，世界内存在そのものである」(ibid.) とハイデガーはいう。不安の対象が「何でもなく，どこにもない」(ibid.) ということから，有意義性の世界（存在者の有意義な連関）は無のうちに沈む。しかしまさにこのことによって「世界はその世界性において比類なく迫ってくる」(SZ187)。現存在は投げだされて支えを見出さず，全く「居所ない」気分である。これが不安の不安がること，不安の開示である。そしてこの開示は，すでに情態性のところで指摘されたように，添うか背くかという仕方での開示である。それは対象志向の認識作用とは異なる。では不安の理由は？　もう以上の性格づ

---

　1)　いつ頃からか，日本語で「存在感」という言葉をごく普通に耳にするようになったのを私は面白く思っている。気づきませんか？　人物，国，役者の演técnica，芸術作品など個別的なものにいうので，存在論的ではないかもしれないが。また「存在」という言葉も街のなかで人々が普通に用いるようになった。

(a) 不安

けから答えは透けてみえるのだが，それが不安がるものは，「彼の自己本来的な世界内存在－可能」(SZ187) である。自らの存在可能を巻き込んでいるのでなければ，不安は働かない。さて，「世界」も「他人の共同存在」も「何も提供しない」(ibid.) ので，不安は「現存在を彼の最固有の世界内存在へ個別化する (vereinzeln)」(ibid.)。したがって「不安は頽落しつつ自分を〈世界〉から，そして公開的な被解釈性から了解する可能性を奪う」(ibid.)。このことは，不安は頽落とは何であり，なにゆえであったのかを洞察させる。なおここではそれとしては言及されないが，不安における無は実は死と結びついている。死は私にとって一切の無であろう。投げられているとは，死すべく投げられているのである。

　ハイデガーが不安に託した特別な役割が理解される。不安は優れて存在論的な情態性なのである。不安の意義は，有意義性の世界を無に沈ませ，現存在を投げられた存在に一人ぽっちにしてくつろげなくするとともに，「最も自己本来的存在可能への存在」(SZ188) へと向かわせることにある。すなわち「現存在の個別化は現存在を彼の頽落から取り戻し，自己本来性と非自己本来性を現存在の両可能性として彼に露わにする」(SZ191)。ただしそれはあくまで可能性を示したのである。「存在可能への存在が自由によって規定されているかぎり，現存在は彼の両可能性にたいして非意志的に (unwillentlich) もふるまうことができ，非自己本来的でありえ，また事実的にさしあたり・たいていこのあり方である」(SZ193)。それゆえハイデガーは，頽落も自己喪失も当人が全く無関与であるとは認めないのである。

　以上のことから現存在の存在構造の全体性を把握する課題にとっての不安の意義が理解される。不安の三つの構造契機は一つところに収斂する。「不安がることは情態性として世界内存在のあり方である。不安の対象は投げられた世界内存在である。不安の理由は世界内存在－可能である」(SZ191)。ということは「現存在の事実的に実存する世界内存在」全体が視野に収められたということである。そこでハイデガーはその全体を「関心」と命名することができる。それは一度すでに成り立ちの説明なしにぽんと提示した「関心構造」である。すなわち，「（内世界的に出会われる存在者の）〈もとにあること〉として世界のうち

にすでにありつつ，自らに先立つこと」(SZ192) がそれである。これは世界内存在の構成契機を展開したものに他ならない。現存在の被投性と投企（存在可能）のあり方がひとまとまりとして観取された。関心構造は，それが拠って立つ時間性の構造がまだ明示されないかぎりでの，現存在の存在の全体性に他ならない。「関心」は『存在と時間』の理論的解明の一つの節目ではあるが，単に理論的概念としてそこに投入したとハイデガーは考えてはいない。それは「現存在のあらゆる事実的な〈ふるまい〉や〈状況〉のうちに常にすでに」(SZ193) アプリオリに横たわる。それを明るみに出したばかりである。ハイデガーはもともと理論と実践の分離といった思考の枠組みの外に立とうとする。

　(b) 死　　「死」という主題は，多くのひとに違和感をあたえるほどに『存在と時間』において突出している。ハイデガーはそのことを十分に弁えていた。「私は現存在の探究にさいして死のみを問いに引き入れ，誕生をもそうしていないのはどうしてかと，ひとはすでに私に尋ね，しかもたいてい抗議の意味で尋ねた。私がそうするのは，誕生は単に現存在の別の端 (Ende) であって，死と同じ問題設定で取り扱われうるし，そうすることが許されるという見解を抱いていないからである」(EP124)。『存在と時間』において誕生が本格的に主題になるのは，ようやく「歴史性」の議論においてである。それ以前では現存在は存在してしまっている事実（被投性）で基本的に押さえられている。死と誕生は同等に扱われていない。というのも誕生という端（始まり）があって，一定の時間を生きて，もう一つの端（終わり），すなわち死があるという自然な把握とは違ったところでハイデガーは考えている。しかし歴史ということになれば，世代交代によって繋いでいく生，すなわち誕生・成長・老い・死という過程（人間の生涯）が考慮されざるをえない。

　とりあえず誕生は措くが，死はハイデガーにとってどんな問題なのか。「不安」の箇所で現存在は個別化され，自己本来的自己の可能性が浮かび上がった。死という主題が攻略しようとするのは，まず現存在の存在の全体性の問いである。これは関心構造の構造契機の全体性，いわば地平的な，あの全体性ではない。今度は可能存在，ないし可能

(b) 死

性を正面に据えた縦の，つまり時間を繰りこんだ（時間はまだそれとして明示されない）全体性である。死の考察は，時間性を析出する第一歩である。まず全体性を求めることに定位し，そして死は「私の死」に他ならないということから，自己の問題に迫ろうとする。ただし全体性と自己本来性の間に事柄上の後先の順序があるのではない。

第1章 f「投企」の箇所ですでに，日常的現存在の存在可能である，すなわち可能性の了解＝投企というあり方が明るみに出された。現存在が自らの可能性を投企し実現していく世界内存在の具体相は，歴史性のところを待たなければならないが，この節の探究は，存在可能に立ち返り，死という特別の可能性を捉え，それとの対照において現存在が携わる諸可能性との差別を際立て，それが諸可能性の遊動空間を拓くのを見極める。

現存在の全体性という問いが緊急になるのは，現存在の存在可能，可能性であるという性格づけのうちに潜む。可能性であることは，「自らに先立つ（Sichvorweg）」(SZ236)というあり方をしていることであり，世界内存在の「終わり」，死が来ないかぎり，つまり生きているかぎりはこんな風に生きていくのだから，現存在の存在は「未完結」である。しかし死ぬなら，もはや現存在しないので，もし死が私の死であるなら，死の把握の可能性を奪ってしまう。ハイデガーは死の可能性を次のように纏める。「1. 現存在が存在するかぎり，やがて存在するであろう，未だないこと（Noch-nicht），すなわち不断の未済（Ausstand）が属する。2. そのつど未だ終りにあるのではない者が終りに至ること（Zu-seiner-Ende-kommen），すなわち未済の除去はもはや現存在しないという性格をもつ。3. 終わりに至ることは，自身のうちに各自の現存在にとって端的な代理不可能な存在様態を含む」(SZ242)。この困難をハイデガーはどう越えようとするのか。ハイデガーは「終わりに至る」という考え方を拒否する。終わりに至るとはずっと続いているものが，ここで，またこの時点で終わることを意味するが，それにたいして「終わりへの存在」を提示する。死は終わりであるが，「死は現存在的には実存的な死への存在のうちにのみ存在する」(SZ232)。つまり死の可能性に臨んでいるあり方以外を意味しない。「ここで終わり」という死の把握から「死への存在」への転換である。

またハイデガーは「未済」という考え方を退ける。それは現存在の存在の全体を「総体 (Summe)」(SZ242), あるいは「複合体 (Kompositum)」(PGZ432) と捉えること, そのような全体と部分の関係と捉えることの拒否である。借金の分割払いを完済するように, また月が満月になるまでに欠けた部分を満たすように考えられてはならない。なぜなら死がそのような最後の部分だとすれば, 未済の除去によって丸ごとの現存在が存在するようになるのでなくてはならないが, 反対に存在しなくなるからである。要は死をどこから捉えるかである。死は死ぬこと (Sterben)[*2]であり, 生でないものは死なないので, 現存在の存在を生と考えているはずであるが, ハイデガーは現存在の死ぬことを生物の「生き終わること (Verenden)」とは区別する。果実の成熟の例は, 前二例とは違って, 果実自身が成熟する。しかしハイデガーは,「〈未完成な〉現存在も終わる」(SZ244) と, 果実の成熟と現存在の死を同視することに反論する。「死は, 現存在が存在するやいなや引き受けるあり方である」(SZ245) と。これは死を生の領域に限定しないことを意味する。ハイデガーは単なる生命現象とは違ったところで死を考えようとしている。ハイデガー自身明確に分けて論じていないが, 死について被投性と投企の契機を区別しなければならないのではないのか。生であるから死ぬとか, 生まれたての赤ん坊も死ぬこと, 生の脆弱さは, 現存在の被投性に属する。この意味で死は現存在に内在する。生物学者なら, 死は生物に予めプログラミングされているというだろう。死の考察は「了解」の箇所に置かれていて, したがって了解が優位である。しかし了解は死のこの被投性を掬い取ってこそ「死への存在」, すなわち死の自己本来的了解である。
　存在しているかぎり, つまり死なないかぎり, 全体に達しないとい

---

2) 死ぬことは「死亡 (ableben)」(SZ247) ではない。死亡は生物にではなく, 現存在 (人間) の生物的な死について用いる。死ぬことと生き終わることの, この「中間現象」(ibid.) は, 生理学的・医学的問題となる。(ただ「死ぬ」はあまりに普通の日常語でどこでも用いられるので, 常にこの区別を守るのは難しかろう。)「しかし死ぬことは, 現存在が彼の死へと存在することを表す名称である」(ibid.) と。すると「死ぬ」は「死への存在」の前哨となろう。ここではハイデガーは現存在の死を生の領域から引き離そうとする傾向が強い。実存的な理解としては, それは正当であろう。ただし現存在が生であることは抹消できない。またハイデガーにそのつもりはない。ただ多面的死の現象を考えるそれぞれの場所と生を考える場所を明確にしなければならないと私は強調したのみである。

(b) 死

う考え方では，自らの死を手引きにして全体性を獲得する見込みはどうみてもなかろう。ハイデガーの思考の核心は，存在可能とか可能性であるという形での可能性の取り込みにある。『時間概念の歴史へのプロレゴメナ』は講義であるためもあり，非常に直截である。死の可能性は，「私自身がこの絶えざる，私自身の最極限の可能性であるゆえに」（PGZ433）あるのであり，つまり可能存在とは，「私はできる」に他ならず，それは〈私はどの瞬間にも死ぬことができる〉」（ibid.）ことであると端的に述べる。そしてもう少し敷衍すればこうである。「現存在の存在が可能存在として本質的に彼の死であるかぎり，現存在は現存在として常にすでに全体である。現存在は〈関心として自らに先立ってあること〉を意味するゆえに，彼自身から彼の存在の各瞬間に彼の存在は全体でありうる」（ibid.）。ここからは重要な論点が見て取れる。死が可能性であること，しかも私の可能性であること，しかも最極限の可能性であること。この死の可能性から全体性を考えることは，全く特異な全体性であるが，ハイデガーがあんなに強く現存在を物在でないと強調することと切り離せない。そしてハイデガーは最初から現存在の存在の全体性と自己本来性を一つのこととして思考したこと。さらに「彼の存在の各瞬間に」といわれていることの重大性を見落としてはならない。この講義では「死への存在」はまだ術語とはなっていないが，「死への先駆」という言葉は多用はされないもののすでに見られる。『存在と時間』は入念に「死への先駆」に到達しようとするが，もともとそのつど死の可能性であること，すなわち「死への存在」はすでに実際は「死への先駆」に他ならなかったのである。

　死の可能性は「私の可能性」である。死は共同存在や世界から一気に私を受け出す。「死の極端な可能性は，そのうちで端的に自分自身へ投げ返される，現存在の存在仕方である。しかも共同存在もその具体性においてどうでもよくなるというほど，この存在仕方は絶対的である。むろん現存在は死ぬことにおいても本質的に世界内存在と他人との共同存在ではあるけれども，存在はいまや本来的にはじめて〈私がある〉に置かれる。死ぬことにおいてはじめて私はいわば絶対的に〈私がある〉ということができる」（PGZ440）。ここでも一気にハイデガーは「私がある」に到達する。（現存在は死ぬことにおいても他人との共

同存在であるという指摘とは，位相が異なる。）また死の特殊な内在性と死からの逃亡も説かれる。「現存在の日常性は死を考えようとしないことにおいて，死を前にして絶えざる逃亡に向かっている。しかしまさにここにおいて死はどこからか来るのではなく，現存在自身のうちに設定されていることが現象的に見えるようになる」(PGZ437)。現存在のうちに設定されているということで，死は存在可能であるということのみを意味する。内在といっても，物在する＝現実的であるという思考を排除しなければならない。それゆえそれは現存在においてしか成り立たない。そして考えないことが逃亡であり，私のものである死を証しているとする，お馴染みの論法。「死の確実性」については，「人は一度は死ぬ」(ibid.)によって私の可能性であることを曖昧にしようとも，死の確実性を追い払えない。ハイデガーは「われ思う，われあり」は確実性の「仮象」(ibid.)にすぎず，現存在にふさわしい言表は次のようなものであると主張する。「私は死すべき者である (sum moribundus)。しかも重病人・重傷者として死すべき者なのではなく，私が存在するかぎり，私は死すべきである。——死すべき者ということが，初めて私があるにその意味を与える」(PGZ437f.)。この反転がハイデガーの死の議論の急所である。

　私は『時間概念の歴史へのプロレゴメナ』の死についての言及を駆け足で追った。ハイデガー自身，そこでは不用心なほど荒削りで駆け足である。それゆえハイデガーが考えたことの幹の部分が枝葉を払ってかえって鮮明に見えるように思われる。それでは『存在と時間』に戻り，必要なところをもう少し論じたい。

　ところでハイデガーの死の分析は，「純粋に〈此岸的〉」である，「めいめいの現存在の存在可能として現存在のうちに立ち入る」(SZ248)かぎりで解釈するからである。死後の生や不死について何も発言しない。神学や宗教がなにを説こうがかかわりがない。「不死の問いは，己を了解している哲学の枠内には属さない」(PGZ434)というのが，ハイデガーの態度である。私も基本的にこの立場を受け容れる。

　さて，死はもうこの先はないという最終的可能性である。そのようなものとして死は，「際立った差し迫り (Bevorstand)[*3]」(SZ251)である。そして「現存在が実存するとき，もうすでにこの可能性に投げられて

(b) 死　　　　　　　　　　　　　　　　　　　　59

いる」(ibid.) とハイデガーはいう。もちろんその知をもつとはいえないが，「死への被投性は，不安の情態性において露わにされる」(ibid.)。それゆえ「死への存在」において了解の先導は争えないが，情態性においてそれがまず露わにされるという事態に変わりはない。

　結局「死は現存在の終わりとして最も自己的，〔他と〕無関係な，確実な，そのものとして〔いつということに関しては〕無規定な，追い越しえない現存在の可能性である」(SZ258f.) と総括される。これらの個々の性格づけは，すでにおのずから理解されると思うので，立ち入らない。

　死の考察のところでなお論じ足りないことがあろうか。そのひとつは共同存在にかかわる部分である。死は「私のもの」，「最も自己的」，あるいは「他と無関係」という性格づけに含まれているのではあるが，「代理可能性」(SZ239) が否定される点をもう少し補足する。身代わりに死ぬということがいわれる。しかし誰かがそれによって一時死を免れたからといって，「誰も他人から彼が死ぬことを奪いとることはできない」(SZ240)。それは明らかであろう。その裏には共同存在は代理可能性によって成り立つという対比がある。死の代理不可能性から他人の死を死の考察の手引きにするのは禁じられる。日常的現存在が「人は死ぬ」(SZ253) と語って，他人とは誰でもないからと，他ならぬ自分の死を回避するあり方がハイデガーによって浮かびあがった。しかし現存在は本質的に共同存在であれば，他人の死に出会う経験を私の死の自覚のきっかけにするのは本当にそんなにまずいだろうか。それが代理不可能性テーゼを必ずしも損なうとは思われない。また日々ひとが死ぬことへの，すなわち他人の死への無関心な態度が今日ますます増大しているのを感じる。たとえばどこかの地方で事故や地震で何人が死亡したというニュースをテレビで見ながら食事を続ける現代人は，感受性の鈍磨の極みというしかなかろう。むろん私自身そうして生きている。ほとんど共同存在（共にあること）の名に値しない，私たちの巨大社会が抱えざるをえない頽廃なのだと思う。ハイデガーは

　3）　言葉に独特なセンスをもつハイデガーは，同じく「立つ (stehen)」から造られた「対象 (Gegenstand)」，つまり客体，認識対象との対照を意識していると思われる。

『存在と時間』で現代の大衆社会の水平化をいち早く鋭く抉りだした。

　親しいひとの死はまた話が別であろう。「自分の死より，親しいひとの死の方がよほど問題だ」とハイデガー研究者の私は友人から抗議されたことがある。確かに自分の死を忘れていることはできるが，肉親や恋人・友人を亡くしたひとが，そのことを簡単に忘れられるはずがない。すぐに見るように，それは共同存在の実存的一場面であり，ハイデガーもそれを否定などしないだろう。古今東西の文芸は繰り返しそれを描く。死という別離はむろん人間論にとっても軽視できない。しかしハイデガーが死を論じるのはそのような観点においてではない。また友が臨終の床にあるとき，あるいは死去したとき，そのことのみで頭が一杯になっているだろうが，自己関心の契機が欠けてはいない。彼にとって友人が不在の共同存在が耐えがたいのである。そう指摘すれば，彼は肯定するに違いない。「私は親友に死なれた」という，面白い日本語の受動形はそこに自己関心を宿しているように思われる。エゴイスティックといいたいのではない。

　さらに死者について考えよう。死んだひとは，直ちに消え去らない。「現存在としての存在者の終わりは，単なる物在者としてのこの存在者の始まりである」(SZ238)とハイデガーはいう。しかしもとより死体はただの物在ではない。「病理解剖の可能的対象」としては，「なお生の理念に定位されている」(ibid.)。(現存在から生の規定を除けないのがわかる。)しかし死体ではない「死者」はそれにすぎないものではない。「葬式，埋葬，墓参などのような〈配慮〉の対象である」(ibid.)。「故人のもとに哀悼しつつ，偲びつつ留まることにおいて，遺族は敬虔な顧慮の様態において彼とともにある」(ibid.)。共同存在にとってこの特別な顧慮は非常に大切であるし，人間論にとってもその意義は大きい。民族学や考古学はどんなプリミティブな人間社会にも葬式や埋葬を見出す。DNAの配列よりもその方がよほど確かな人間の証明のように私には思われる。

　これら共同存在にかかわる死の諸相はハイデガーにとっては考察の中心ではない。なぜなら死の分析は，現存在の全体性と自己本来性を析出することを目的とするからである。

　死の可能性に戻る。現存在は可能性である，存在可能という仕方で

(b) 死

実存する。問題は死という際立った可能性と日常の諸々の可能性との区別と、しかし密接な連関にある。配慮において可能性への存在とは、「可能多岐なものの実現の配慮として可能的なものへと向かっていること（Aufsein auf）」（SZ261）を意味する。「用在者や物在者の領野では絶えずそのような可能性に出会う、到達しうるもの、支配可能なもの、流通可能なものである」（ibid.）。現存在の側の行為を名指せば、「製作する、整備する、置き換える」（ibid.）である。ところが「可能なものへ配慮的に向かっていること」は、「可能なものの可能性を利用できるようにすることによって無にする傾向をもつ」（ibid.）。実現されたものは再び何かのために可能なものであるので、「常に相対的」（ibid.）にすぎない。それに対して死の可能性ばかりは、実現を目指すものではない。ゆえに死への存在においては「可能性は可能性として弱められずに了解されねばならない」（ibid.）。それは「死について思い巡らすこと」（ibid.）ではない。思い巡らすかぎり、死はまだ可能性であるには違いないけれども、「死について予測して対処しようとすること」（ibid.）によって、配慮的態度と変わらず、死の「可能性格を弱める」（ibid.）というのである。

配慮の世界において諸可能性は複数形であるのに、死の可能性は常に定冠詞付きの可能性である。この「実存一般の不可能性としての可能性」（SZ262）を覆わずに向き合う存在は、「可能性への先駆」（ibid.）と呼ばれる。これが「彼の最自己的存在可能」に他ならない。死の可能性と諸可能性は密接に連関する。死はもう先がない、「追い越しえない可能性」である。「自らの死に対して先駆しつつ自由になることは、偶然的に押し寄せる諸可能性に迷い込んでいることから解放し、しかも追い越しえない可能性のまえに進展する（vorgelagert）事実的諸可能性をまずもって自己本来的に了解させ、選択させる」（SZ264）。結局先駆は「死への自由（Freiheit zum Tode）」（SZ266）である。

諸可能性が死の可能性のまえに進展するとは何を意味するであろうか。諸可能性は現存在が日常実現しようとする可能性である。オランダに観光旅行することにしよう。必要な手続き、様々な準備を完了し、いよいよ飛行機に乗り、目的地に着き、アムステルダムの運河を眺め、アンネ・フランクの家を訪ね、レンブラントを鑑賞する……など、帰

宅まで10日間の日程であるとする。それらすべては時間にそって実現されるべき諸可能性である。しかしそれらは死がやって来ないかぎりで可能性である。死ねば，それらはすべてが終焉する。死は私の旅行のどの時点においても旅行を終わらせうる。なぜなら死の可能性は，いつということに関しては無規定な可能性であるから。ということは，今すぐ，次の瞬間に呼吸が止まって私が死ぬこともありうることを意味する。すると一切の可能性は消失する。したがって死の可能性は，行為が実現を企てる可能性では全然ないのである。(自殺を企てる者にとっては，死は実現すべき可能性であろうが。PGZ439 参照)[*4]。死が来ないかぎり諸可能性は成り立つゆえに，死の可能性は諸可能性の遊動空間を開くということのみを意味する。自由は，ドイツ語の語義にそくして，「空いている (明いている)」を意味しよう。(これが『存在と

---

4) 須原一秀『自死という生き方──覚悟して逝った哲学者』(双葉社，2008年) を新聞広告でみたとき，私はその題名に惹かれて，買い求めた。多くのひとの目に留まったらしく，売れ行きの良い本のようであった。須原一秀は当時65歳，病気，生活苦，家庭不和などの問題は何もなかったが，人生を充分味わったからと，自分の意志で死ぬことを選んだ。病気などで自力で死ぬことができなくなるまえに。2006年4月，氏は予め決めておいた木の枝に綱をかけて縊死した。氏の思想はこの自死の敢行がすべてである。こう述べるのは少々申し訳ない気がするが，むろん考察らしきテクストはあるが (本人がこの表題で出版を意図したものではない)，いちいち論評すべき類のものには思われなかったからである。私が興味をもったのは，自らの死を完全に自分の意志に依存させる，コントロールしようとするあり方の事例としてなのである。

さて，それが最高の死への自由であろうか。私はハイデガーとの関連でこの問題を考えている。ハイデガーは自殺を肯定していない。彼岸は遮断したので，キリスト教的な自殺の禁止はとりあえずは関係がない。ハイデガーが自殺を否定するのは，死の可能性を実現の視点から捉えることを退けているのである (PGZ439)。「私は死すべき者である」(PGZ437)，ハイデガーの主張はただそのように生きることに尽きる。死はあらゆる瞬間にやってきうるものとして，死ぬこと自体には慫慂 (Gelassenheit) 以外になかろう。死を自分の意志のもとにおこうとするのは，自分の存在を卑小化することであろう。自分自身を物在ないし用在のように扱うことを意味するのだ。私はそれに同意する。ただしこれは基本的にということである。私は須原の死を自ら死ぬことの問題としてもっぱら論じたが，氏自身は人生を十分堪能したからという理由により重点を置いたことを公平のため言い添えておかなければならない。家族も覚悟の死に理解を示しておられるようである。それなら結構，他人の私がその死に非難らしきことをいう必要は全くない。というのは，人類が散々努力を重ねたうえでの長寿，そして死に至るまでの過剰ともいえる治療を可能にした現在，慫慂とうそぶくのはそれに素知らぬ顔をすることに他ならないという思いもあるからである。それでも基本的には死ぬことにたいしては，私は慫慂といいたいのである。ただしこれは一律に「べき」ということが最もふさわしくない事柄だと思っている。ただし以上のことは実存的な問題であって，実存論的文脈には属さない。

(c) 良　心　　63

時間』において自由の第一義であることを記憶しておく。）しかし私たちは存在するかぎり，実現文脈の諸可能性のもとにあることは不可避である。ハイデガーは配慮の世界と他人への共同存在への没頭を「頽落」と呼んだ。もともとハイデガーの頽落概念は二義的であり，「存在者のもとにあること」という契機そのものを「頽落」と呼ぶことがあって，解釈者を悩ませた。結局，本来的実存は，以上のような死への存在の自覚のもとに可能性の実現の行為を包摂するかどうかだけにかかっていることになる。そうだとすれば，死への先駆が日常の偶然的に押し寄せる諸可能性のどれかにただ飛びつくことを抑制するのはよく理解できる。けれども「事実的諸可能性をまずもって自己本来的に了解させ，選択させる」といわれたが，何がこの選択に縛りをかけるのかは述べられていない。しかしどんな選択でもいいのではなくて，本来の自己存在が成立するような選択であるはずである。具体的に歴史的世界の人間を考察する場合にも，これは熟考を要する問題であろう。

　（c）良心　　「死への存在」ないし「死への先駆」によって現存在の全体性と自己本来性は一応見えるようになったが，解釈の立っている足場は平均的日常性なので，それはただ存在論的可能性において投企されたのみであると，ハイデガーは改めて告げる。それが実存的にも可能かはまだ明かされないとされる。結局「先駆的決意性」においてそれが果たされる。先駆的決意性は『存在と時間』の要である。先駆的決意性において全体性と自己本来性が獲得され，そこで現存在の存在が時間であることが洞察されるからである。では先駆的決意性に辿りつくまでになお何が必要なのか。「良心」の分析である。私は今回『存在と時間』研究を狙いとしていないので，方法論的問題にあまり立ち入りたくない。以下人間論のために不可欠な良心の性格づけを引き出して，先を急ぐ。

　さて，良心は「自己本来的存在可能の現存在的証言」として登場させられる。「死への存在」はとりあえず突きつけられた要求であるが，良心はある種の事実的経験である。「現存在的証言」の「現存在的」とは，「現存在の存在にその根をもつ」（SZ267）ことを意味しよう。一般に，存在になんらかに届いているところがなければならないというの

が，実存の立場である。良心は「良心の声」，「良心の呼び声」として知られる現象である。『存在と時間』のなかで良心は，「人－自身から自己本来的自己存在への実存的変容」(SZ268) を担う。ハイデガーはこれを一つの「選択」(ibid.) であるという。なぜなら自己であろうとしないことが常態であるから。そのために良心が働く。

　声・呼び声として何かを告げ知らせる，「開示する」(SZ269) ゆえ，良心は「語り」の一様態である。「語り」であるなら，誰が呼ぶ (語る) のか，呼ぶことの内容は何なのか，さらに呼ぶことがあれば聞くことがあるはず等，問い確かめなければならない。それゆえハイデガーは「語り」の契機にそくして良心を分析する。すなわちその四契機 (語りがそれについて語るもの，語られたこと自体，伝達，表明)，また語りの三つの可能性 (語ること，聞くこと，沈黙すること) が，良心の究明であるゆえ少しずれた形で現れる。ただし言葉の問題を今は追究する場所ではないので，その細部にいちいち立ち入るには及ぶまい。さて，世界のうちにある何ごとかという意味では，良心においては語られたこと自体は「何もない」(SZ273) ことが確かめられる。それゆえ視野から現存在以外は排除される。現存在自身が「呼びかけられたもの」として，すなわち「人－自身」が呼び声に呼び当てられて「固有の自己へ」(ibid.) と呼ばれる。また呼び声といっても，良心は「一切の音声を欠き」(ibid.)，「沈黙の様態」(ibid.) で語るということになる。したがって「声・呼び声」といっても，むしろ実質は「聞くこと」の方にあるのだと思う。ハイデガーは，通常の意味での「呼ぶもの」を外に求めるのを拒否したということであろう。呼ぶものが誰 (何) かは様々な解釈がなされてきたが，ハイデガーはそれらに代えて別の呼ぶものを提起したのではない。とにかく呼び声が私に聞こえるのである。ただそこにのみ留まろうとする。ただし私が呼ぶという形で，私が呼ぶものだというのではない。「呼び声は私から，しかし私を越えてくる」(SZ275) のである。つまり良心の呼び声は，「現存在は彼の存在の根本において関心であることに，その存在論的可能性をもつ」(SZ278) というのである。それは世界内存在そのものから立ち昇り (声なき声で)，聞こえてくるのであろう。世界内存在として自己存在可能へ促すというように……。

　ただしどんな良心解釈も一致して承認することがある。良心は咎め

(c) 良　心

る。すなわち良心は「責め (Schuld)」を，あるいは「責めある」と告げるというのが，それである。責めあるとは，日常において，「借金がある」(SZ281) ということや，何かを壊した，ひとに悪いことをした，迷惑をかけたゆえに，「責めがある」(SZ282) ということを意味しよう。ハイデガーは，配慮や他人に対してという共同存在の側面はすでに取り払っている。世界や共同存在を外したところで良心と責めを考える。そして形式化して「…に対する根拠存在 (Grundsein für……)」(SZ283) を残す。しかも「ない (Nicht)」の根拠である，つまり「非性の根拠存在 (Grundsein einer Nichtigkeit)」(ibid.) と規定するのである。この「ない，非」という性格は現存在を全体として貫いている。全体とは？「現存在の存在は関心である。関心はそれ自身のうちに事実性 (被投性)，実存 (投企)，頽落を含む。現存在は投げられて存在する，すなわち自分自身によってその現にもたらされたのではない」(SZ284)。しかし「存在可能として規定されて存在する」ので，「現存在は実存しつつ彼の存在可能の根拠である」(ibid.)。しかも現存在は「その根拠を決して意のままにすることはできない」(ibid.) のに，根拠存在を引き受けなければならないのである。被投性には自分が根拠を置いたのではないことが属する。しかし投企自身も本質的に「非的」(SZ285) である。現存在は「諸可能性に開かれている（自由である）が，一つを選べば他を選ぶことができない」(ibid.)。頽落はむろん非的である。自分自身であろうとしないのだから。それゆえ良心が自己存在へと呼ぶ。以上のように，どの契機をとってみても「非的」なのだから，現存在は「徹頭徹尾非性によって貫かれている」(ibid.)。そこで良心は責めある存在を引き受けることへ呼ぶのである。自己であることはこの引受けをおいてはない。

　ハイデガーは「呼びかけの了解」は，ないし「聞くこと」は「選択すること」であるというのである。ただし良心は絶えず呼ぶので，「良心そのものは選択されえない」(SZ288) ので，聞こうとするか，聞こうとしないかである。それをハイデガーは「良心を－もとうと－欲すること」と名づける。したがって「欲する」という表現もひょっとしたらあまり適切ではないのかもしれないが，素直に聞くこと，自由（開かれていること）と関連して，耳を塞がない態度と理解すべきなのであろう。

　この「責めあること」と「根拠存在」で，歴史的世界における人間

の考察にとって基礎となるものを獲得できたのだと思う。被投性における彼の非性（自ら存在しようとして存在したのではない）と，それにもかかわらず存在可能であるゆえ自らの存在の根拠であらねばならないという現存在の存在が露わにされた。根拠であるということで，いわゆる責任ということも語られる。ところで「良心の呼び声は，〈実践的〉指針といったものを与えない，というのももっぱらそれは現存在を実存へ，最も自己的な存在可能へ呼びかけるゆえである」(SZ298)。それにもかかわらず「呼び声を自己本来的に聞くことは，事実的な行為へ自らをもたらすことを意味する」(SZ294)。良心の呼び声は行為へ誘う。実存の行為は具体的には状況に応じてなされることが次節で告げられる。ところで良心に関してハイデガーの非常に気になる発言がある。「すべての行為はしかし事実的必然的に〈無良心的〉である。事実的な道徳的過誤を避けえないからというばかりでなく，彼の非的投企の非的根拠のうえに常にすでに他人との共同存在において彼らに責めあるようになっているからである」(ibid.)。自らの責めを軽減したくて，ハイデガーがこう述べているのではむろんない。このぽつんとした言及に説明らしきものはない。すでに見たように，良心の考察において自己存在となることが強調された。たしかに自らが責めある存在であることを析出するところに重点がおかれる。そのために他人にたいする責めから考える方向を一旦遮断しても，現存在が共同存在であることは変わらない。自己であろうとし，良心にしたがって行為したからといって，人間には意のままにできないことが多い。また知らずに他人を巻き込んでしまっている。また責め・責任を痛感しても，背負いきれないこともある。しかし行為をしないわけにはいかない，それこそ無良心的に。ここでは私の行為のみが注視されているが（「責めある」は本来常に私のところで捉えられる），むろん他人の側の同様の行為を私は蒙らざるをえないであろう。共同存在する他人にたいする責めは自分で気づいているより深いのである[*5]。

---

5) 共同存在する他人への責めに関して私はこう書いた。ただこの責めを嚙みしめるばかりでなく，さらに追求する壮絶な試みもありうるのである。埴谷雄高は短いエッセイ「最大不幸者」（埴谷雄高全集11巻，講談社，1999年，106-108）のなかで「生きていることは，何人，何物に対しても罪があるという究極的な宗教的真実」（この把握自体はお馴染みのも

(d) 先駆的決意性

(d) 先駆的決意性　　ここではこの名称によって，世界内存在としての現存在の存在構造全体が一つに集約される。したがってすでに登場した諸契機以外は現れない。まず「決意性」によって自己本来的存在が存在論的に投企され，「先駆的決意性（vorlaufende Entschlossenheit）」によって現存在の自己本来的存在が実存論的（存在論的）かつ実存的（存在的）に把握される。すなわちようやく現存在の存在の自己本来性と全体性への問いに答えられことになる。先駆的決意性は『存在と時間』の要（ちょうど扇の要のように）である。しかし『存在と時間』の構築にかかわる方法論的議論は本書の課題ではない。そこで「先駆的決意性」

のであろう，私の注）を背景に「そこに登場することを排除されてしまった誰か」，つまり「最大不幸者」の存在を指摘した。それは具体的には島尾敏雄『死の棘』のトシオの恋人，そしてラスコールニコフに殺された金貸しのお婆さんである。二人とも人物として全く造形されない。埴谷は小説におけるある人物の「永生」の「定着」は，他のある人物の「永死」の「定着」に他ならないというのである。「生きていることは，すべてに対して，罪がある……文学においても，或る作品のなかのある人物の〈永生〉は，必ず，他の見えざる，気のつかぬ誰かの〈永死〉をともなっているのであって，文学は多くの生者達にとって見事な〈永生〉の殆んど現在唯一の手段であるとともに，怖るべき〈永死〉の目に見えぬ秘密な魔の道具でもまたあるのである」と述べた。埴谷の生を見詰める眼差し，人物を描ききろうとする真剣さが私を刺し貫いた。なお，「責め」と「罪」は同じと考える。ハイデガーは責めについてここでは人間の共同存在にのみ触れている。しかし一切の存在するものへ拡張しうる。一切の存在するものへの責めは，全肯定への反転を孕みうる。ニーチェ『ツァラトゥストラ』の「酔歌」に触れた，本書第3章Ｉaの注7をみよ。（埴谷のエッセイに出会ったのは，実はこの頁を書いてからかなり日が経ってからである。）

また私は，全く別の観点からの，もっと実存的な共同的な責めある存在をバーナード・ウイリアムズに教えられた。当人が意図的に行った行為でなく，通常の意味で落度がないにもかかわらず，誰かを傷つける・殺すとか，その他大変な禍を惹き起こしてしまう場合がある。オイディプスの父殺しとインセストの場合，意図的行為でないという意味で，その名による罪を問うのは酷である。しかし確かにそれは彼の行為なのである。共同存在のうちでそのようなことはしばしば起きる。その行為は購われなければならない。彼は罪を感じ，自分を罰する。ウイリアムズはいう，「……誰かの生の意義とその社会への関係は，他の誰もが損害の賠償を要求する権利をもたない，あるいはそんな立場にないときに，誰かがその行為にたいする自分の責任を認め表明する必要がある，そのようなものであるのかもしれない」（Bernard Williams, Shame and Necessity, University of California Press, 1993, p.74)。（責任を進んで認めるのは最も高貴な者でなければならないだろうから，これは西洋には「Noblesse oblige」の伝統に生きているのだと私は思う。）ホメロスや悲劇の人間対近代人（進歩主義者が高く評価する）の対照をめぐって展開されている考察だが，個人の人権を基礎に考える近代人が何と卑小にみえることだろう。古代のギリシャ人たちは断じてプリミティブなどではない。しかしギリシャ人を讃えることに吝かではないけれども，私たちは近代人である以外はないことを私は認めざるをえない。ウイリアムズもその点では同じである。ハイデガーが件の文を書いたとき，ギリシャ悲劇が念頭になかったか知る由もない。ありそうなことではある。

をできるだけ簡潔に提示する。そしてこの究明をとおしてハイデガーにおける自己と自己本来的自己が明るみに出されるのを見届ける。

決意性は「沈黙した，最固有の責めある存在への自己投企」(SZ296f.)である。この決意性は死への先駆と結合され，先駆的決意性となる。死への先駆が機動力なのである。先駆的決意性は開示性の分析の到達点であり，したがってその契機の，すなわち不安の情態性，最固有の責めあることへの自己投企（すなわち了解），沈黙としての語りがそれとして洞察される。それは決意性と別物ではない。決意性は先駆的決意性としてのみ，それがあるところのものである。結合とは，「決意性がそれ自身から向かっていく様相化」(SZ309)，ないし「先駆による決意性の様相化」(ibid.)によって成立する。様相化は決意性と先駆の両方から自ら落ちるところに落ちるように成立するようにみえる。『存在と時間』の叙述は実存論的なものに実存的なものが追いつくという風に進行するが，このようなことは方法論に属することなので立ち入らない*6。ともかく全体構造がいまや実存的にも生きられるといえる。

先駆的決意性とは今や現存在は自己本来的に世界内存在することを意味する。それゆえ現存在には「状況」といったものが開かれる。「決意性はそのつどの事実的な状況を自らに与え，そのうちへ自らを連れ込む」(SZ307)。したがって状況は決意性に先立って存在するものではなく，まえもって予測したりできない。「状況は，自由な，予め規定されてない，しかし規定可能性において開かれる自ら決意することにおいてのみ開示される」(SZ307)。すると決意（決断）という契機があることになるが，それは一つの行為であろう。ハイデガーは，決意は「そのつどの事実的可能性に対して自由に開かれている」が，「固執しない」(ibid.)ということをも含むという。すなわち「可能的な，そのつど事実的な必然的撤回に対して自らを自由に保つこと」(SZ308)を意味する。つまり決意は一回の行為であっても，撤回しないかぎり保たれている。決意性はそうした態度を意味するのであろう。とはいえ決意性は惰性的な態度ではない。それは絶えず堅持されなければならない，つまり

---

6) 決意性と先駆的決意性の間についての詳細，実存論的なものと実存的なものとの関係の方法論的議論，また先駆的決意性が自己本来的開示性として「実存の真理」と呼ばれることについては，岡田紀子『ハイデガーの真理論』125-132頁を参照のこと。

その「反復」が必要である。さもないと再び「非決意性に迷い込む」（ibid.）ことになる。死に向き合うこと、「現存在が端的に自らを〈撤回〉せざるをえない」（ibid.）死への先駆がそれを支えている。とはいえ先駆的決意性は「死を〈克服する〉ために考案された抜け道」（SZ310）ではない。また「世を逃れる隠棲」ではなく、「幻想なく〈行為すること〉の決意性へと連れ込む」（ibid.）ことなのである。それゆえ先駆的決意性が自己本来的開示性であるとは、現存在を孤立させて、自分にかまけることを意味するのではない。「自己本来的開示性は、それに基づいた〈世界〉の被発見性、他の共同存在の開示性を等根源的に変容する。用在的〈世界〉は〈内容的に〉別の世界になったり、他人の仲間が替わったりするわけではないが、用在者への配慮的存在と他人との顧慮的な共同存在が最固有の存在可能から規定される」（SZ297f.）。いまや別の光景がみえることになる。自己本来性と非自己本来性の区別は、まず究極目的性からという方向、あるいはまっすぐ配慮の世界と他人へ向かうという方向の違いに基づいていたのである。

　これは『存在と時間』を後にしてしまったところでしか十分明らかにならなかったことなのではあるが、この先駆的決意性が獲得したものについて補足しておきたい。『存在と時間』でハイデガーは、「実存にかかわる視」を「透視性（Durchsichtigkeit）」（SZ146）と名づけた。それは「正しく理解された〈自己認識〉を表示し、そこでは自己点を知覚しつつ探知し、検査することが問題なのではなく、世界内存在の本質的体制契機を貫く十全な開示性の了解的把握が問題なのである」（ibid.）と述べている。しかし振り返れば、何が透視的になっているのか改めて問うことができよう。それは決意性において成立するが、世界内存在という体制の把握に問題はないだろうが、状況を含むので、常に特定の把握のもとでのそれである以外はない。そのかぎり非真理ではない。その責任は完全に負うつもりもある。しかもハイデガーの思考において次第に被投性が重みを増す。もちろん被投性は引き受ける。しかし投げられた存在において自分の意図についても、世界についても、光が届くところはわずかしかない、わずかしか透視的ではない。「様々な仕方において透視的である」（SZ144）のである。またそれは「世界を知らないこと」（SZ146）にもよるとちらっと触れてはいるけ

れども、この洞察は実際は後知恵である。生の経験を散々積んで人間の存在とはそのようなものであると、その制限を苦く悟るのであろう。しかしそれでも実際の行為の場面での透視性が増すとはいえないから、果敢さが不要になることもまたないのである。

　以上で先駆的決意性の輪郭は明らかになったことにする。歴史的世界においても、そこに事実的な内容が充填されるけれども、現存在はこの先駆的決意性を生きる。行為の状況とは歴史的状況に他ならず、そこでは現存在は序章a「予備的考察」で予示されたような存在仕方の個別的実存者である。

　(e) 自己　「自己」(自己性、自己であること)をハイデガーがどう考えるのか、ようやくその全貌を捉えることができる。もちろん自己や私については最初からしばしば言及せずにはすまなかった。先駆的決意性でもって関心構造の全体性は明るみに出された。「自己」への問いは、分肢ある構造を「統合しつつ保つこと」(SZ317)への問いである。ハイデガーは伝統的担い手・「自我(das Ich)」を採らず、「自己(Selbst)」を据える。自己は現存在の本質に属する。ところが現存在の「本質」は実存とされた。したがって実体(物在性)ではありえない。自己性は「関心」からのみ規定されるはずである。

　ハイデガーは、自己性の解明を日常現存在が自分自身について話すときの、「私は－をいう(Ich-sagen)」(SZ318)に出発点をおく。日常の言葉を手引きにするのがハイデガー流である。さて、私たちは「私」でもって自分自身のことをいっている。それは「主語(主体)」(ibid.)ではある。しかしそれを「単なる意識」、意識の統一、カントのいうように「私は考える(Ich denke)」と解釈するのではない。ハイデガーにおいては孤立した自我は問題にならず、「私は考える」に引き付けるとしても、常に「私は何かを考える」(SZ321)である。そして何かを「世界」と置き、「私は－をいうことは、〈私は一つの世界のうちにある〉として私がそのつどある存在者を意味する」(ibid.)と述べる。したがって「私は－をいうことにおいて現存在は世界内存在として自らを語り出す」(ibid.)ということになる。ハイデガーは「私は－をいう」を自己解釈の手引きにしたが、「語り」は世界内存在の分節を担う開示性の契

(e) 自　己

機とされていたから、当然である。ところがすでに確認されたように、現存在は頽落している。ゆえに「〈自然的〉私は－語りを遂行するのは、人－自己である。〈私は〉において自己が語りだされるが、その自己はさしあたり・たいてい本来的に私ではない」(SZ322)。様々な配慮に忙しくしながら、「人－自己は最も大声で、最もしげく私は－私はという。というのは人－自己は自己本来的に自己でなく、自己本来的存在可能を避けるからである」(ibid.)。むしろ自己本来的自己は「沈黙」(ibid.)している。死への存在において浮き上がる「私がある」の「私」は語りだされない。語りの最も根源的な様相は「沈黙」であるからである。したがってこの「私」は通常のコミュニケーションにおける一人称の私ではない。ハイデガーにおけるそのような「私」は、「存在の明るみ」としての「私」である。

　自己は「私－実体」でも「主観」でもない。「自己性は、実存論的には、自己本来的な自己存在可能においてのみ、すなわち関心としての現存在の存在の自己本来性からのみ読み取られる」(ibid.)。ここに「立場を得たという意味での自己の恒常性」が存立する。すなわち「自己－自立性 (Selbst-ständigkeit)」が得られる。結局「自己－自立性は、実存論的には、先駆的決意性に他ならない」(ibid.) と明かされる。それは「非決意的な頽落の非自己－自立性に対する自己本来的反対可能性である」(ibid.)。とすれば自己－自立性は存在可能の事柄であるので、非自己－自立性に抗して獲得されるのであり、またそこに戻りうるという動性のうちにある。実体や主観でない、つまり物の恒常性ではないということが意味するのは、このことであった。結局自己本来的自己は、次のように総括される。「現存在は沈黙した、自らに不安を負わせる、決意性の根源的な個別化において自己本来的に自己である」(ibid.)。関心は分肢のある構造であるので、自己はそれらの動的統合そのものである。しかも分散を容れる統合である。実存的には自己は先駆的決意性においてこそその名に値するわけである。なぜなら個別化を条件としているから、つまり人に紛れないからである。しかし日常的現存在も全く自己性を欠くことはない。それは「人－自己」と呼ばれた。頽落的であろうとも、日常において一人の人間として大体のところ整合性のある行為のできる実存者であるのは、統合的である、すな

わち自己性があるということを意味するからである。そしてこの動的統合は時間性に基づいており，次節がそれを明らかにする。「私」や「自己」の問題はこれからもいろいろな場面で現れるであろう。

(f) **時間性**　『存在と時間』の探究は，「時間性」の解明とともに新たな段階に入る。これまで追い求めてきた現存在の存在構造の根拠に突き当たったことを意味するからである。それゆえこれからは時間性の究明は，これまでに取り出されたあり方を再びその根拠，すなわち時間性から捉え返すという課題を負う。したがって時間性は広範な問題群を抱えているので，「自己本来性の獲得」という項目に収まるような主題ではない。しかし私の狙いは人間論にあり，そのために被投的投企という構造の時間的含意を見届けることがどうしても不可欠なので，そのかぎりで時間性に携わる。そしてほどなく見るように，時間性は展開すれば，即歴史性である。以下，時間性と時間の偏った，しかも簡略な扱いは，ひたすらこの目的に裁ち合わされる。

　先駆的決意性でもって現存在の存在の全体性と自己本来性が露わにされた。時間性とは，「現存在の分肢ある構造全体の統一に関して，現存在のこの自己本来的全体存在を何が可能にするのか」(SZ325) という問いに答えるものである。それを可能にするもの，それによってある事柄が了解可能にされるものが「意味」である。したがって関心の意味が問われている。ハイデガーはそれを「根拠」と言い換えることもある (SZ436 参照)。時間性を捉えるには，先駆的決意性の構成契機に含まれる時間的意味を引き出せばよい。先駆的決意性では死への先駆が駆動力をもつ。それゆえ最初に名指される。「先駆的決意性は，最自己的な，際立った存在可能への存在である。そのようなことは，現存在がそもそも彼の最も自己的な可能性において自らへ到来しえて，この自らを自身へ到来させること，可能性を可能性として持ちこたえる，すなわち実存することによってのみ可能である」(SZ325)。このように「先駆は現存在を自己本来的に将来的にする……」(ibid.)。「将来 (Zukunft)」とは，この「際立った可能性を持ちこたえつつ，可能性において自らを自らへ到来－させること (Zukommen-lassen)」(ibid.) である。自らに先立つ，可能性であることは，いわば前のめりに可能性へ向かっ

(f) 時 間 性　73

ていくということではない。それゆえ将来は「いまだ〈現実に〉なっていなくて，やがて存在するようになる今」(ibid.)などでない。また先駆的決意性には責めあることを引き受けることが属する。被投性の引受とは，「現存在は彼がそのつどすでにあったように，自己本来的にある」(ibid.)ことを意味する。ということは，現存在は「彼の〈既在(Gewesen)〉」でありうることである。「現存在は将来的であるかぎりにおいてのみ，自己本来的に既在である」(SZ362)。また先駆的決意性は，そのつどの状況を開示する。そこにおいて配慮すべき用在者が出会われる。ということはこれらの存在者を「現前化すること(Gegenwärtigen)」を意味する。全体はこうなる，「将来的に自らへ帰来しつつ，決意性は現前化しつつ状況へ自らをもたらす」(ibid.)。したがって「既在的－現前化的将来」という統一性が「時間性」(ibid.)なのである。ただしこの「現前化」は「現在」ではあるが，正確には中立ないし頽落に属する表現であって，現前化は「根源的な時間性の様相においては将来と既在性に含まれている」(SZ328)。この間延びしない現在をハイデガーは，「瞬視(Augen*blick*)」(ibid.)と名づける。それは開示された状況への瞬視であるゆえ，決意と相関的である。全集26巻ではイラスト付きで，将来(到来させること)には「自らへ」という動性があって，それが可能性を引き寄せる，それが私の既在の全体へ伸びて既在を巻き取って現在へ戻ると説明される*7。「既在的－現前化的将来」は先駆的決意性において洞察されるゆえ，根源的な，自己本来的時間性である*8。先駆的決意性が『存在と時間』の要であるのは，現存在の存在が根源的に時間性であることを(その存在が時間のうちで経過するというだけではない意味で)洞察させるからに他ならない。自己本来性の非自己本来性に対する優位ももっぱらここにある。

　あの関心構造「(内世界的に出会われる存在者の)〈もとにあること〉として世界のうちにすでにありつつ，自らに先立つこと(Sich-vorweg-

---

　7)　MAL266. その点については，岡田紀子『ハイデガーの真理論』146-148頁を参照せよ。

　8)　ハイデガーは何も説明しないが，後の記述をみれば，自己本来性と形式性の融合にみえる。実際にこの時熟の形はあの関心構造そのものであって，その契機それぞれに改めて名前を与えたものである。その脱自性と統一性を観取することが肝要である。そして先駆的決意性こそがそれを観取できるところであることが人間論の企てにとっても最重要である。

schon-sein-in (einer Welt) als Sein-bei (innerweltlich bebegnendem Seienden))」のそれぞれの契機にあらためて時間的意味が指摘される（SZ327）。「自らに－先立つ」は「将来」に，「すでに－うちに－ある」は「既在性」に，「……のもとに－ある」は「現前化」に基づく。もともとそれぞれが時間性の契機を身に帯びて，造語されていたのである。それらはそれぞれ「自ら－へ（Auf-sich-zu）」，「へ－戻って（Zurück-auf）」，「を出会わせる（Begegnenlassen von）」（SZ328f.）の性格を示す。その「－へ，－へ，……もとに」（SZ329）は，時間性が「脱自的なものそのもの」（ibid.）であることを露わにする。「そのもの」，つまり端的になのだが，何かがあって，それが脱するのではないことを意味する。時間性は「脱自そのもの」（ibid.）に他ならない。「時間性はそもそも存在者ではないのである。それは存在するのでなく，時熟する」（SZ328）。脱自的なものの契機として「将来」・「既在性」・「現在」は「脱自態」（ibid.）と呼ばれる。時間性は脱自態の統一において時熟する。ハイデガーは今露わにされた時間性を「根源的時間」（SZ329）と名づける。というのは，それから根源的でない種々の時間（時間性）が派生するからである（派生はハイデガーの基本的思考様式の一つ）。歴史性や歴史もこの射程のうちにある。その検討はまだ先であるが。まずは現存在が日常生きているような時間性，それからお馴染みの「今時間」が現れる。つまり根源的時間の「水平化」（ibid.）によって成立してくる。ほどなくこの派生には触れる。

　ハイデガーは，根源的時間性，あるいは根源的時間を次のように特徴づける。1. 時間性の時熟として関心構造を可能にする，2. 脱自的，3. 将来から時熟する，4. 有限，がそれである（SZ331）。この時間性の時熟が現存在の全体性と自己本来性を担うものであったのである。とすれば，非自己本来性はそれなりの時間性の時熟に基づくと解釈されるのは予想がつく。根源的時間の時熟性格を喪失することによってその時間性が成立するのもまた予想される。分肢ある存在構造を最終的に担うものとして時間性が「意味」である，すなわちそれによって了解可能になったというのはいいが，それが「根拠」といわれるとき，硬い岩盤のようなものを期待していたとすれば，それは全く的外れだったのである。

(f) 時間性

　さて，非自己本来的時間性はどうなっているのか。まずは日常の行為的実存の時間性，それからさらに「今時間」の派生を辿らなければならない。両方とも日常性を強く規定している。実は現存在のすべてのあり方，すべての開示性の契機は「時間的解釈」を受ける，つまり時間性から改めて解釈されている。しかし時間的解釈全部を辿ってはいられないので，次節での「今時間」の派生へ導く筋を念頭において，了解の時間性を取り上げる。というのはそれが日常の配慮の時間性だからである。どの時間性の時熟もその三つの契機を欠いてはいない。まず将来のところはどうなっているのか。ハイデガーは，「先駆」は「自己本来的将来」(SZ336)であると言い直す。それにたいして「自らに－先立つ (Sich-vorweg)」(ibid.) は「将来にたいする形式的中立的術語」(SZ337) であると。これだと「将来」自身が形式的・中立的用語となりそうだ。要は自らを自らへ到来させることが存在者（配慮されるもの）の方からなのか，そのようなものを打ち消しての到来なのかという区別が大切なのである。いわゆる「未来」という意味で用いる場合もあるので，術語の辻褄合わせにあまり拘泥はすまい。さて，配慮のあり方は可能性を投企するのだから，将来の契機を，つまり「自らに－先立つこと」を欠いてはいない。配慮は現存在の最も身近なあり方である。そこには了解が働く。「非自己本来的了解は，配慮されるもの，実行できるもの，緊急なもの，不可避なものに自らを投企する」(SZ337)。したがって「現存在は第一義に，彼の最固有の，〔他と〕無関係な存在可能において自らに到来するのでなく，配慮しつつ，配慮されたものが成果を与えるか，拒むものから自らを予期している。配慮されるものから現存在は自らへ到来する。非自己本来的将来は，予期 (Gewärtigen) の性格をもつ」(ibid.)。予期は非自己本来的将来であるが，脱自性を欠いていないのが見てとれる。ここでの現在は，存在者への方向づけによって存在者の現前化である（すなわち瞬視ではない）。本来の既在性が「私があったもの－である」として「反復」(SZ339) であるのにたいしては，「忘却」である。それゆえその時間性の時熟は「忘却的－現前化的予期」(ibid.) である。配慮への没頭の時間性として，非自己本来的である。

　可能性の投企であるので，この時間性の表現には予期の首位が表示

されている。しかし存在者への方向によって、実際は現前化が支配的である。そこにはすでに頽落的頽落への傾きがみえる。けれども好奇心の場合のように、現前化がのさばるなら、可能性の予期にさえ留まろうとせず、「現前化のために現前化する」(SZ347) こととなり、既在的なものの忘却は「深まる」、そして「落ち着きのない所在なさ (Aufenthaltslosigkeit)」(ibid.) という時間性が、ほとんど脱自性を失ったような時間性が成立する。「非予期的－忘却的現前化」(SZ410) とまとめることができる。これはもう頽落的頽落の時間性である。このような時間性の時熟を生きるなら、自己の非自立性、自己喪失というしかない。なお配慮の時間性には「予期的－保持的現前化」(SZ354) という時熟仕方も挙げられる。(この時間性は次節に登場して解釈の起点となる。)「忘却」のかわりに「保持」なのだが、自己の既在性の忘却と存在者の保持は両立しうる。というよりたいていは結びついている。また私のいわゆる過去や過去の出来事については記憶しているという意味での保持がありもしよう。保持がなければまともな配慮はありえないだろう。しかし単なる保持は、到来の動性が巻き取った「私があったもの－である」という既在性などではない。

　ようやく私たちは、「歴史性」の考察に入ることのできる段階に達した。ところで『存在と時間』にはもう一つ「内時間性 (Innerzeitigkeit)、すなわち存在者が「時間のうちに存在すること」、あるいは「内世界的存在者の時間規定性」(SZ333) を究明する課題があるが、ハイデガーは「歴史性」と「内時間性」が現存在の時間性から「等根源的に」(SZ377) 発現するというのである。両者とも人間の具体的あり方に大きく関与している。どちらを先にしてもよいはずなのだが、『存在と時間』は歴史性の解明を先立てる。こちらが肯定的な側であるからである。それゆえハイデガーはまず歴史性を打ち出す。通俗的な解釈は、現存在の存在、自然の過程なども時間のうちにあると、同視すべきでないものを同視する。ハイデガーにはその素朴さが問題なのであって、自明であるかのように「内時間性」を現存在の歴史性や歴史の問題の出発点に据えるのを打破するにはこの順序の方がよいと考えたのである。内時間性は多くの興味深い話題を含むが、本書は時間論を目論んでいないので、それらを全面的に省みることはできない。それでも人間の存

在や歴史を考える際に，当然のように前提される「内時間性」と「今時間」の素性の洗い出しを一瞥しないわけにはいかない。この派生は，配慮の時間性 → 内時間性 → 今時間と辿られる。今時間をハイデガーは「通俗的時間概念」と呼んでいるが，脱自的な時間性とはおよそ正反対なものであることが判明しよう。いうまでもなく，ハイデガーが目指すのは存在論であり，伝統的存在論は現存在ばかりでなく，存在一般の解明の地平を今時間に定位したとみなすゆえ，それとの連絡を考えて，内時間性を後置するのであろう。そこで私は『存在と時間』の順序に従わず，私が人間論のための場所であると定めた「歴史性」に移行する前に，内時間性，そして今時間に触れる。もっぱら人間論のための準備という観点から接近する。

(g) 内時間性と今時間　「内時間性」とは存在者が時間のうちにある，また去来することを意味する。それは現存在が時間的に実存する，つまり時間性であることとは全く身分が異なる。ハイデガーは，現存在の自己本来的時間性から，すなわち「根源的時間の水平化」（SZ405）から内時間性とやがて今時間の成立を解き明かす。「事実的に実存しつつ現存在はそのつど〈時間〉を〈もつ〉，あるいは〈時間をもたない〉」（SZ404）という仕方で，常に「時間を計算」（ibid.）して暮らしている，ハイデガーはその事実に立ち返る。そして時間計算の仕方で実存することを見据える。

　出発点は再び配慮のあり方である。「配視的に了解的な配慮は時間性に基づき，しかも予期的－保持的現前化」（SZ406）の様相に基づく。現存在は世界内存在として自らや，そのもとに存在する内世界的存在者について語り出す。こんな風に，である。「配慮的計算，計画，処理，予防作用としてそれは，常にすでにこういう，声に出して聞こえるかは別として。〈その時には (dann)〉それが起きるはずだ，〈その前に (zuvor)〉あれが片付くはずだ，〈あの時には (damals)〉不成功で取り逃がしたものは〈今 (jetzt)〉取り返されなければならない，と」（ibid.）。「〈その時には〉では配慮は予期的に，〈あの時には〉では保持的に，〈今〉においては現前化的に自らを語り出す」（ibid.）。「その時には」には「今はまだない」が，「あの時には」には「今はもはやない」が潜ん

でいる。ゆえにそれらは「今」から了解されており，それゆえ現前化が「重み」(SZ407) をもつ。またそれぞれは「地平」をもつ。「〈あの時には〉に語りだされる保持の地平は〈以前に〉であり，〈その時には〉の地平は〈後に〉(〈未来に〉)であり，〈今〉の地平は〈今日〉である」(ibid.)。このように時間性は脱自的であるばかりでなく，地平的である。

ハイデガーは，配慮の時間(配慮の時間性においてある時間)に四つの性格を観取する。「日時づけ可能性 (Datierbarkeit)，張り渡し性 (Gespanntheit)，公共性 (Öffentlichkeit)，世界性」である。まず「日時づけ可能性」。「その時には」・「あの時には」・「今」は孤立して現れるのでなく，日時づけられている。すなわち，それぞれ「……するであろう，その時には (dann, wann……)」，「……した，あの時には (damals, als……)」，「……している，今 (jetzt, da……)」(SZ407) である。空所は何かで埋められるのであって，たとえば「今」とは，「ドアが鳴っている，今」(SZ408) なのである。次に「張り渡し性」とは，たとえば「その時には」には「それまでの間」が含まれ，その間が張り渡されるのである。それぞれの「今」，「その時には」，「あの時には」には配慮のあり方に従う「変化する幅」(SZ409) が属する。「今」とは「休憩中，食事中，晩の間，夏の間」(ibid.) を意味しうる。次に公共性。これらの日時づけ可能性と張り渡し性をもつ時間は，「日常的相互存在において」解釈され，解釈されている。そこにおいて時間は公共化される。ハイデガーは，「現存在の被投性が公共的に時間が〈存在する (es gibt)〉ことの根拠である」(SZ412) という。現存在は世界に投げ出されて，存在者に引き渡されて存在するが，そこはすでに他の現存在もいる「共同世界」である。そこで配慮のあり方で存在者にかかわりつつ存在可能として存在するには「視の可能性」，すなわち「明るさ」(ibid.) が必要である。人間は存在するため主として視力に頼るが，それは事実性のことであるから，なぜと尋ねても無駄であろう。さて，「世界の事実的開示性とともに，現存在には自然が発見されている」(ibid.)，すなわち私たちに見慣れた自然の風物と季節がめぐる自然が発見されている。また「昼と夜の交替」が開示されている。明るさと温かさを与える太陽がそれを定めている。太陽が出れば，つまり明るくなれば，現存在にとって仕事の時

(g) 内時間性と今時間

間が始まることを意味する。太陽の運行に合わせて現存在は生活を整える。太陽の位置は，誰にとっても共通の「時計」(SZ413)である。現存在は様々な配慮のため，また他人との協力のため，時間を計算する必要がある。それゆえ直接太陽を見上げなくてもすむ，より精密な時計をやがて造り出す。さらに，この時間，配慮において解釈された時間は，何かにとって（たとえば耕作にとって）「適切，あるいは不適切な」(SZ424)時間である。それゆえ「何かのための時間」として「世界性」(有意義性)をもつ，つまり「世界時間」である。この世界時間のうちに「内世界的存在者は出会われる」(SZ419)ゆえに，存在者が内世界的とはすなわち内時間的なのである。「脱自的－地平的なものとしての時間性が用在者と物在者の内時間性を構成する世界時間といったものを時熟させる」(SZ420)ということでこの導出は終わる。日常的現存在が配慮のあり方で世界内存在することはこのような時間性であることに他ならなかった。それによって現存在でない存在者は内時間的であることになる。それゆえ厳密には，現存在以外は「時間的とは呼ばれない」(SZ420)ことになる。

今時間，あるいは「通俗的時間概念」は内時間性から発生する。今時間は脱自的な時間性ではなく，人の把握する時間である。ハイデガーは，この時間の派生を見届けるために時間のうちにある特定の用在者を手引きにする。つまり時計の「移動する針を現前化する」，それを追って「数える」(SZ420)ことから導く。動いていく針を「〈今はここ，今はここ〉など」(SZ421)と数える。針の移動は回って，太陽の運行をなぞっているはずだが，それはもはや着目されない。ここから見出されるのが「今時間」なのである。針の「今」を数えることは，あるいはこの現前化は「予期的保持の脱自的統一において時熟する」(SZ420)のではあるが，今連続のみが注目される。今時間は「日時づけ可能性，世界性，張り渡し性，現存在的公共性」(SZ424)を覆う，つまりそれを「水平化」するところに成立するのである。「現存在的公共性」といわれて単に「公共性」といわれないのは，今時間のある特別な公共性は消えないからである。その由来に思い至らなくても，「水平化されて，すべてのひとに属し，すなわち誰にも属さない公共的時間のみを人は知っている」(SZ425)。それなしには配慮も他人との共同存在も成り立

たない。レシピにしたがってラーメンを作ることも，就業時間，列車の運行，行事の進行なども日常の一切がこの公共的時間のもとにある。公共的時間は，公共的に管理される制度である。

さて，今時間は，「無限の，過ぎ去る，不可逆的今連続」（SZ426）と性格づけられる。今時間は「頽落的現存在の時間性から発生する」（ibid.）。なぜなら「予期的－保持的現前化」は配慮に没頭する時間性なのであった。ここで決定的なのは，あの到来から真っ先に時熟しない，「死を前にしての逃亡」の時間性から派生するということなのである。それゆえ人は根源的時間性を知らない。根源的時間は，脱自性，有限，将来の優位によって特徴づけられていた。しかしこの時間を知らないにもかかわらず，それを「完全に覆ってはいない」（SZ425）と，ハイデガーは喝破する。「なぜ私たちは，時間は過ぎ去るといって，時間は成立すると同様に強調しないのか」（ibid.）とハイデガーは問う。今連続を追っているかぎり，同等の権利でそういえるはずである。それゆえ逃れつつなんらかにそれを知っているのだというのである。

今時間は根源的時間性の水平化から，正確には「現存在の非自己本来的時間性」から脱自性と地平性を脱落させることから導出されるが，逆に今時間から時間性は「接近できない」（SZ426）のだから，現存在の時間性を根源的時間と呼ぶことが正当化される。

以上駆け足であったが，この節での配慮の時間性とそれから発生する内時間性や今時間の解明は，歴史的世界における人間のあり方を考察する基礎となる。具体的にどんな行為を行うとしても，時間性の時熟に乗って可能にされているからである。

人間論の枠内では十分詳細に扱えないのだが，「今時間」について暫定的に補足したい。「今時間」は，「無限の，過ぎ去る，不可逆的今連続」である。ハイデガーはその連続の方向を明示していない。その点を考察してみよう。日常的には時間はどんな風に意識されるだろうか。予定された遠足がだんだん近づいて当日となり，今高尾山の頂上にいるが，やがて遠足は遠い思い出になってしまうだろう。その出来事は予期，現在，保持（記憶）のうちで捉えられる。そこには「予期的保持的現前化」という時間性の時熟が隠されているが，ここから今時間はどのように成立するのか。その脱自的性格を除いて平坦にしたところ

(g) 内時間性と今時間

に成り立つと，ハイデガーはいう。どのようにしてか。今（現在）に着目する。今は，「今は－もはや－ない（Jetzt-nicht-mehr）」と「今は－まだ－ない（Jetzt-noch-nicht）」の地平を伴う。遠足という出来事をとれば，今はまだないものから今はもはやないものへと変わる。ではここに含まれる時間はどのようなものか。時間は「絶えず〈恒常的に〉物在し，過ぎ去るとともに到来してくる今の系列」（SZ422）である。今は事物ではないが，なんらかの意味で物在しているとみなされている。そして「今は過ぎ去り，過ぎ去った諸今が過去をつくる。今は到来する。そして到来する諸今が〈将来〉を形成する」（SZ423）。ハイデガーは今時間の定義においてこの「時間の経過」，「今の〈流れ〉」（SZ422）の方向を述べていない。しかし遠足のような出来事は「まだない」から「もはやない」に移行するので，それの時間を描けば，こうであろう。両側に限界はない（無限である）。

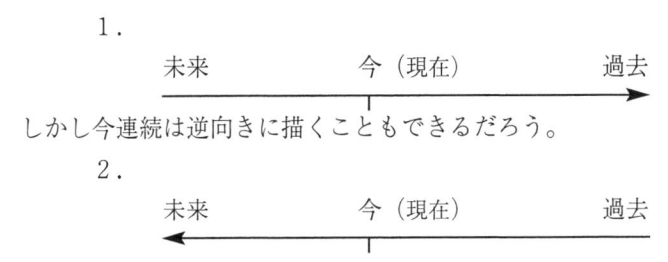

1.

　　　　未来　　　　　今（現在）　　　　　過去
　　　　───────────────────▶

しかし今連続は逆向きに描くこともできるだろう。

2.

　　　　未来　　　　　今（現在）　　　　　過去
　　　　◀───────────────────

私は今（現在）大学の入学式に臨んでいるとする。それ以前の学業の過程などを経てこの今に達したが，私の過去は誕生したときにまで遡られる。またこれからおそらく就職したり，結婚したりなどして，やがて死を迎えるだろうと思い描く。私の生涯は誕生から死への過程を辿るのであって，これを逆にはできない。私の生はこの線上の一定の時間を占めるが，今時間は両側に開いている。あるいは生命の進化を考える。今現在人間（ヒト）が地球上で我が物顔をしているが，生命が誕生したときがあり，進化の長い過程があり，人間が出現し，これからも地球の生命はしばらくは存続するであろう。この際未来についてはすでに進路が決定されていると考えようと，どんな風になるのか未決定と考えようとかまわない。しかしともかく特定の進路をとるであろう。個人の生涯や進化の過程は誰かがそう跡づけているのであるが，

それを外して，誰かが考えたり目撃したりしなくても成立していると想定することができる。2.の方向は，1.の場合にはまだ名残のある配慮（実践）の観点を除くことによって引かれる線である。物の変化があるのだからそこに時間の経過を想定するのは自然である。この過程（同時的な多くの物事が並行している）をリアルなものと考え，それに沿う時間系列を考える。このような見解を唯一とみなせば，1.の時間をみかけとみなすことも可能であろう。ちょうど私たちが進行する列車に乗っているとき（進行方向を向いて座っているとする），窓の外の景色が私たちの後方へ動いていくのと同じである。さて，ハイデガーは今連続の方向を示さなかった。先ほどの引用からもわかるように，未来の方向と過去の方向のどちらにも優位を与えていない。（脱自的時間性の場合とは異なる。）今時間は人の時間了解ないし時間把握なのである。人の日常的了解のなかでは先ほどの両方向の連続を無造作に並存させている，むしろそのつど必要に応じて使い分けているということなのであろう。ハイデガーが表明的にそう論じてはいないけれども。では，ハイデガーはいわゆる時間の客観性・主観性の議論にたいして何をいうのか。ハイデガーはすべての内世界的存在者が時間のうちにあることを時間考察の出発点にした。現存在の存在のあり方としては配慮が出発点である。結局こうである。「〈客観的〉ということで内世界的に出会われる存在者の自体的物在をいうなら，〈そのうちに〉物在者が運動し静止する時間は〈客観的〉ではない。しかし私たちが主観的ということでもって一つの〈主観〉のうちに物在することと現れることを理解するなら，時間は〈主観的〉でもない。世界時間はあらゆる可能的な客観〈よりも客観的〉である。世界時間は内世界的存在者の可能性の条件として世界の開示性とともにそのつどすでに脱自的－地平的に〈客観化されている (objiciert)〉からである」(SZ419)。「しかしまた世界時間はあらゆる可能的な主観〈よりも主観的〉である。というのは世界時間は，事実的に実存する自己の存在としての関心というよく理解された意味において，この自己の存在を初めてともに可能にするからである」(ibid.)。超越論的立場がはっきり観取される。

第3章

歴史的世界の人間

I

　現存在が投げ込まれている自分を見出す世界は「歴史的世界」，歴史的に成立した世界である。しかもその形成に現存在自身が関与しているのだ。本書は，今ようやくそのことを主題とすることができる段階に達した。『存在と時間』の探究は，現存在の存在（実存）の構造を洗い出すことに努め，その根拠に時間性を見届けた。現存在の存在の探究はここで折り返す。これからの考察の課題は，時間性に基づいて現存在の「歴史性」を捉え，それから関心構造と時間性を析出するところで度外視した事実性に属する諸性格をもう一度返し与え，歴史性の土台でそれらを再び考察することにある。それゆえ具体的話題も増す。私は多くの実例を投入してそれを増補する。

　（a）**歴史性**　　歴史性への新たな問いは，「誕生」を省みることから始まる。時間性を明るみに出すことで「現存在の根源的解釈は達せられたように思われる」(SZ372)が，ところが死は現存在の「一つの終わり〔端〕」にすぎず，「もう一つの〈終わり〉は〈始まり〉，〈誕生〉である」(SZ373)。「誕生と死の〈間〉」こそが，全体を与えるのではないか。これまで「現存在はいわば〈前へ向かって〉実存し，すべての既在したものを〈自らの後へ〉残すという風にのみ主題にされた。始まりへの存在が顧みられないままであったばかりでなく，とりわけ誕生と死の間の現存在の伸張（Erstreckung）が顧みられなかった」(ibid.)と，新たな考察の開始を告げる。ハイデガーが取り組もうとするのは，「生の連関」（ディルタイの術語）という問題なのである。生の連関を今時間

から考えようとする背理，すなわち「それは〈時間のうちの〉体験の連続から成立する」(ibid.)という見解に戦いを挑んでいるのである。もし今時間から考えるなら，「〈そのつどの今のうちに〉物在する体験のみが〈現実的〉である」(ibid.)，したがって現存在は「彼の〈時間〉の今連続をいわば飛び跳ねる」(ibid.)ということになる。これが現存在は時間的であるということの意味なのか。体験が絶えず交替しても，自己はある自己性を保つはずである。しかしこんなことでは自己は保たれそうもない。現存在は誕生と死の間という枠を刻々と満たしていくということなのか。しかしそんな枠などどうみても予め存在しそうではない。

　ハイデガーは関心に，すなわちその時間性の時熟の統一に連関を構成するものをみる。「〈生の連関〉の存在論的解明は，すなわち現存在の特殊的伸張，動性，持続性は，したがってこの存在者の時間的地平のうちに始設されなければならない」(SZ374)。現存在の伸張，すなわち「伸張されて自らを伸張する特殊な動性」をハイデガーは「現存在の生起 (Geschehen)」(SZ375)と呼ぶ。ここから物在のそれではない，自己の恒常性が考えられる。歴史性は根源的にはこの「生起」である。歴史性は「時間性の時熟のうちですでに覆われて横たわっているものの覆いを取ることに他ならない」(SZ376)。時間的であるから歴史的なのであり，逆ではない。現存在は「自己本来的に，あるいは非自己本来的に歴史的なものとして」(ibid.) 実存する。現存在の歴史性から歴史が成立する。現存在は歴史的世界に実存するのであり，それゆえ「歴史」という問題に直面する。まず歴史性，そこから歴史であり，これはまだ歴史学ではない。歴史学は「歴史の歴史学的 (historisch) 開示」(ibid.) のうえに成立する。「歴史」で探究されるのは，やはり「生の連関」であるが，個的実存のそれではなく，人間（人類）のそれである。むろんそこには地域や個人や人間のグループが登場する。生の連関は生成の連関である。その生成は発展であり，後退であり，栄華盛衰である。「歴史は，〈過去〉，〈現在〉，〈将来〉を貫く生起─と影響連関のことをいっている」(SZ378 f.)。(この過去・現在・将来は，通常人々の理解する意味を表す。) 歴史学はそれを探究する。しかし歴史や歴史学は一旦措いておく。

Ⅰ (a) 歴史性

　まず「時間性のより具体的仕上げ」(SZ382)としての現存在の歴史性を十分に把握することが肝心である。それは結局,「先駆的決意性」の時間性,「既在的－現前化的(瞬視的)将来」,すなわち自らを存在可能から了解すること,既在性の引き受けと状況への瞬視的決意を事実性を取り込んだ形に捉え返すことに他ならない。その展開への鍵は,死の可能性と諸可能性との身分の差別である。ハイデガーはこう明かす。「現存在はそのつど事実的に何にたいして決意するのか」(SZ383),存在論的考察はいうことができないし(それは各自的な実存の問題だ),「実存の事実的諸可能性」(ibid.)を考慮しない。しかし「それにもかかわらず,そもそもどこから現存在が事実的に投企する諸可能性は汲まれうるのかと問われなければならない。実存の追い越しえない可能性・死への先駆的投企は,決意性の全体性と自己本来性を匿っているにすぎない。実存の事実的に開示された諸可能性は死から取り出せない」(ibid.)。すなわちそれは投げられた世界内存在の事実的諸可能性から汲み出すしかない。「投げられた現存在は彼自身と彼の存在可能に委ねられている,しかし世界内存在としてなのである。投げられて現存在は〈世界〉に差し向けられ,事実的に他人とともに実存する」(ibid.)。そして「現存在は,そのつどの今日的な〈平均的〉,公共的な現存在の被解釈性のうちに〈流通する〉実存可能性から自らを了解する」(ibid.)。これは現存在の非自己本来的歴史性である。結局現存在の分析論が出発した場所に戻ってきたのである。ただし存在可能であることは変わらないけれども,被投性がずっと重みを増し,また共同存在もそうである。そもそも誕生とは共同存在的出来事であるし,生まれによって私は多くのものを背負ってしまう。この被投性の抜き差しならない重さも十分に吟味を必要とする。

　さて,現存在が見出す諸可能性は,改めて「遺産から」(SZ383),「引き継いだ」(SZ383)と受け止められる。それは死に開かれることから生じる。「実存の摑みとられた有限性は,安楽さ,軽薄さ,逃避のような,差し出されてくる身近な諸可能性の果てしない多様から引き離し,現存在を彼の運命の単純さに置きいれる」(SZ384)。運命は死を覚悟して「相続されたが,しかし自ら選んだ可能性において自分を自分自身に伝承する」(ibid.)。それゆえ自己本来的歴史性は「運命」[*1]に他

1）ハイデガーの「運命」は，その通常の理解からあまりに隔たっていないだろうか。運命論の古典を読んでみる。ドニ・ディドロ『運命論者ジャックとその主人』（王寺賢太，田口卓臣訳，白水社，2006年）である。からっとした笑いの溢れる，大変愉快な小説である。私はむろんその破天荒なストーリーを紹介するわけにはいかない。ジャックとその主人が旅をするのだが，ずっとその目的地も明かされず，様々な予期せぬ出来事が次々襲いかかり，ジャックが物語る恋の成り行きは常に遮られ，主人の恋の冒険の物語もとぎれとぎれ，その上作者が突然割り込んで別の話を挿入したりするので，筋はあちらへ転じ，こちらへ転じ，読者はいいように連れまわされる。ジャックは大変おしゃべりな理屈屋，大酒飲み，小悪党風でいうこと・なすことが常識的とはいえず，またフランスの小説らしくいたるところに艶っぽい場面が登場する。貴族も，庶民も，聖職者も，男も女も色ごとのことばかり考えているようだ。さて，ジャックは運命論者である。運命とは，この世において私たちの身に起こるすべてはあらかじめ決められている（すべての物事もふくめて）ということを意味する。「天上に書かれている」というのが，ジャックの口癖である。たとえば，宿で大騒ぎする盗賊たちをジャックはピストルで脅しておとなしく寝るようにさせる。主人は呆れてジャックにいう。主人「もしあいつらが寝ようとしなかったら？」，ジャック「そんなことはありえません」，主人「どうして？」，ジャック「だって寝たじゃないですか」といった具合である。盗賊たちに痛めつけられる悲惨な結果になっても，ジャックは同じことをいうだろう。しかし天上になにが書かれているか知らないのだから，運命論者ジャックはどんな厄介が降りかかっても，空想でしかないとみなす理性にしたがって慎重に，そして果敢に対処する。運命論は無為に導くわけではない。彼はなかなか抜け目がない。もちろんジャックがそのように行為することも天上に書かれているから，自分が自分の主人でないという思想をこの運命論は含意する。心理的免責はあることになる。しかしそう思っても，天上に書かれたことは知らないので，自分が運命なのは変わらない。そしてまた金を貸してくれるかどうか，誘ったら寝てくれるかどうか等は相手の意向次第なのだから（むろんそれも天上に書かれている），他人たちがまた運命の一部である。むろん人間の力の及ばない災害などにも遭遇する。それゆえ自分が自分の運命だといっても，実際自分の思い通りになることは少ない。一寸先は闇である。しかしなにが起こっても，すべては天上に書かれていると呟きつつ，運命論者は朗らかそのものである。ハイデガーはあらかじめ天上に書かれているとはいわない。しかし起こったこと，一旦行ったことは変更不可能であることを強く意識しながら，この今の自分の行為をそのようなものとして行うという点では，この運命論はハイデガーの運命の把握と異なってはいない。ただしジャックの心理的免責を共にするとは思えない。この小さな違いと思われるものは，実は大きな違いなのである。ハイデガーは自己本来性へのこだわりを捨てることができない。ジャックはそのようなものを知らない。そのつど遭遇するものに対処するだけである。

　さて，主人は命令をするが，従ってもらえるかどうかはジャックの機嫌次第である。ジャックも仕事がなくては困るので，お互いに相手を必要としている。貴族の息子である主人と百姓の倅で，鉄砲で膝を打たれて足を悪くし，軍隊にも入れなくなったジャック。主人は一人では何もできず，ジャックに依存している。ジャックはそのことを指摘し，主人もそれを認める。よく知られているように，この立場の逆転もこの小説の一つの眼目である。

　これは18世紀の小説である。ディドロを含む百科全書派は，既成の秩序に刃向かって暴れまくり体制からにらまれる。ジャックは哲学者の端くれだとされているが，哲学者とはこの時代不信仰者を意味するので，とりわけ聖職者たちの偽善，強欲，女好きなどへの批判は手厳しい。小説であるから，それを論じるのではなく，とんでもない怪僧の物語を聞かせるのである。しかしディドロは自然な欲望の解放に道徳的説教をしたりはしない。全くおおらかである。最後に主人とジャックは落ち着くべきところに帰るが，まあハッピーエンドであって，身分制度の秩序が疑われたり，揺らいだりしそうな予感はない。

Ⅰ (a) 歴史性

ならない。(この記述から当然，人は運命を知らない。)ここには「彼の有限な自由の固有の威力」と「自分に引き渡されている無力」(ibid.)が共存する。この点はやがてもっと彫琢されねばならない。ところで現存在は世界内存在として共同存在であるので，「共同生起」，つまり「共同運命(Geschick)」(ibid.)が成り立つとされる。これは「共同体，民族の生起」のことである。また「世代」(SZ384)に共同運命がいわれる。共同運命と世代には後に戻ることにする。

　自己本来的歴史性は，次のように総括される。(一段全部が強調されている。) それは先駆的決意性の時間性からじかに引き出される。「本質的にその存在において将来的であり，したがって自らの死にたいして自由に開かれて死に打ち砕かれつつ彼の事実的現に投げ返されうる存在者のみが，すなわち将来的なものとして等根源的に既在的である存在者のみが，相続された可能性を自らに伝承しつつ，自ら固有の被投性を引き受け，〈自分の時代〔時間〕〉にたいして瞬視的でありうる。同時に有限である自己本来的時間性のみが運命といったものを，すなわち自己本来的歴史性を可能にする」(SZ385)。自己本来的歴史性は「継承された実存の可能性の反復」となる。正確には反復は「既在した現存在の諸可能性へ立ち返ること」(ibid.)，「その明確な伝承」(ibid.)である。反復は具体的にはどんな風になされるのか。それは「現存在が彼の主人〔英雄〕を選択することである」(ibid.)が答えである[*2]。それが彼の存在の生起を，生の連関(彼の生涯)をどのようなものとして形成するかを決める。変転は容れても，全く脈絡を欠くというのでは困る。主人とは政治，芸術，医術，学問，富，信仰等々であろうし(これらの主人たちの秩序こそ追究されるべきだと考える行き方はあろうが，ハイデガーはそれをしない)，実際に，あるいは伝聞や書物のなかに手本と

---

2) 主人を選択することはそれが自覚的であるかぎりで，それが自らの選択であると思えるかぎりで，自己本来的である。なお，この「主人」は目的ではない。つまり日常の必要からなす行為が常にもつ個々の目的ではない。直接に主人への手段ではないものも含めて，様々な多くの目的論的行為の基にあるようなものである。ところで「究極目的性」は現存在の全く形式的存在契機である。それにたいしてこれら主人は実質的区別を含む原理であり，現存在が身に帯びるものであり，身についてしまえば脱ぎがたいであろう。それらはあるとき自覚的に獲得されようとすることもあり，半ば無自覚的に身につけてしまうこともあろう。あるときから信仰に生きようとするときや，一生あるひとを衝き動かす金銭欲のように。

なるような人物が存在することもあろう。反復は過去を繰り返すことではない。そもそもそのようなことは不可能である。実存はめいめい私のものであるし、状況が全く同じということはないから。なお反復の概念は歴史的なものの了解に広い射程をもつ。また後にそれに出会うであろう。

　非自己本来的実存もむろん歴史的である。それは「将来的－既在的反復」という自らを伸張する歴史性を裏返したものと思えばいい。「人－自己として非自立的に現存在は彼の〈今日〉を現前化する。最も身近な新しいものを予期して、古いものを忘れてしまっている。人は選択を避ける。諸可能性に盲目なので、既在したものを反復することができずにただそれを保有するにすぎず、既在した世界－歴史的なものの残存する〈現実的なもの〉、残留物とそれについての知識を保持する。今日の現前化のうちに迷い込み、現存在は〈過去〉を〈現在〉から了解する」（SZ391）。絶えず押し寄せてくるもの、目の前のものに慌ただしく対処するだけなので、全くとりとめない存在仕方となる。あるいは古いがゆえに尊いとばかりに、ただの旧弊墨守になる。どちらにも自己の自立性はありえない。それにたいして自己本来的歴史性は、「今日の反現前化と人の習いを断つこと」（ibid.）を含むのである。

　さて、私たちは現存在の歴史性、すなわち生起をこれから彫琢しなければならない。まず個的実存の「生の連関」から精査を始める。「歴史性は、現存在そのものの〈生起〉という存在体制をいう。これに基づいてはじめて〈世界歴史〉といったものも、歴史的に世界歴史に属するといったことも可能になる」（SZ20）。これがハイデガーの認める順序である。

　「生起」ということで連関を構成する構造が名指された。しかしなお生起することにはもう一つ触れておかなければならないことがある。それは生起というからには、出来事性・偶然性を含むことである。人々の変哲のない日常の営み、たとえば私の食料品の買い物も日本の市場、さらに世界の市場をわずかでもある方向に推し進める、つまり世界歴史的なもの＝世界歴史を形づくっていく。それらは出来事の連なりである。しかしこうした過程ばかりでなく、いわば非正規な過程も生じる。新幹線の列車が東京駅を出発して予定通り京都に到着する

とすれば，普通その運動・過程に生起性格を認めることはない。電気系統の不具合でどこか途中で停車するとか，誰かが置き石をして急停車するなら，それは出来事，むしろ事件である。いま列車に起きることのみに着目する。ただし厳密にはそこには生起性格はない。ハイデガーは，「物在者にこれまたあれが〈起こること（passieren）〉がありうるという〈偶然性（Kontingenz）〉」(SZ143) という意味での可能性を指摘した。「起こること」と現存在の「生起すること」とを区別した。たとえば嵐が木を倒し家屋を直撃して屋根が損傷する，大きな土砂崩れは川の流れを変える。確かに物のあり方，物の運動過程を変える。しかしそれはそれだけのことである。感受を欠くので，将来から発現し，既在を取り戻して現在する体制ではないのである。現存在の存在が歴史性であるということは，その体制に常にこのような出来事の偶然性を容れる余地があることだと思われる。何か出来事が起きれば，多少とも生は別の連関を形づくることになろう（そこで終焉するのでなければ）。生の連関は思いがけないところで断絶的に，しかし連続するように思われる。決意性は確かにこれしかないという形で自らの存在可能であろうとするが，出来事の偶然性を排除しない。「決意性においてのみ，共同世界と環境世界から私たちが偶然性と名づけるものが落ちかかってきうる」(SZ300) とハイデガーはいう。生の連関を具体的に充実することを目指すときには，偶然性を十分考慮に組み入れなければならない。

　歴史性の議論は，「誕生」の契機を導入することから開始した。誕生を省みることによって本書，序章「予備的考察」で取り上げた，現存在の「準備的分析論」の課題から排除された現存在の事実性に属するあり方がすっかり戻ってくるのである。すなわち，実存者としての現存在，身体性と性，空間性，被投性，共同存在がそれである。誕生を考慮に入れることは，被投性と共同存在が重くなるということである。歴史性以前の分析でも，被投性と共同存在は論じられるが，歴史性の箇所ではそれらが歴史的であることが主題的に取り上げられる。現存在は今やはっきり生であり，「誕生，成長，老い，死」という過程を生きる。このような直線的な把握仕方は通俗的な時間把握（今時間）を前提にしなければならない。それゆえハイデガーは現存在の予備的分析

のところで人間の生涯というものが通常こう記述されるこんな言い方をすることはない。歴史性の存在構造と生涯の擦り合わせもこれからの問題である。被投性ということでいやおうなしに私が背負ってしまう諸々の，私の存在の条件になるような事柄を考慮しないわけにはいかない。それは親の階層，性別，国籍，才能，容姿，身体能力，ひょっとしたら障害などを含む。歴史性のところでは，「〈生〉と身体，生殖と性，系図」(BP399) が問題となる。また「民族，人種，身分，文化の発展段階」(GP7) が問題になる。このように途方もなく広範な問題に包囲される。本書はそれらを全部取り上げることはできない。ハイデガーがそれを論じなかったため，人間論に収容するには大きすぎる問題であるため，私の関心がさほど強くないため，私の能力が及ばないためなど，理由は様々である。それらの若干をこれから考察するのだが，まずそれにふさわしい場所を指定しなければならない。むろんそれは生の連関，生起において以外にはありえない。しかしこの構造が展開された基底，すなわち時間性，さらに時間性がそれの根拠である関心構造を常に視野から離さないでおかなければならない。関心構造をもう一度復習する。「（内世界的に出会われる存在者の）〈もとにあること〉として世界のうちにすでにありつつ，自らに先立つこと」(SZ192) である。関心構造は，投企性，被投性と「存在者のもとにあること」の契機からなる。「存在者のもとにある」のところは，決意的現存在には「状況」となるが，頽落的現存在にとっても環境（物と他の現存在が存在する，一定の秩序を具える世界）はある。したがって具体的に世界内存在する現存在の生の連関はこの構造を生きている。また関心構造は，別の名前を与えれば，配慮，顧慮，自己関心（関心）である。これらから具体的行為・態度が発現するとき，それらは当然投企的，被投的，存在者のもとにあることである。それゆえ現存在（むしろここでは一個の実存者ないし人間であるが）の歴史性，ないし生起を仕上げることは，またはその諸側面を考察することは，これまでの考察の積み重ねのうえで遂行される。

　ここで主題的考察から外す項目を挙げる。まず私は身体性を除く。本書序章「予備的考察」で一言だけ触れたように，現存在には身体は欠けていない。しかし『存在と時間』は身体が情態性と了解で生きら

れているところで摑むことを貫く。それゆえ「身体論」といったものはない。それとともに空間性について（『存在と時間』では比較的詳しく論じられた），散発的な言及は別として，議論は断念する。いうまでもなく，現存在的空間性の核になるのは身体である。「左右」（SZ108）や「上下前後」（SZ103）も同じく私の身体を起点にする。世界内存在は空間的である。用在者はそれぞれの「場所」にある。現存在の空間性は，「距離－取り（Ent-fernung）と方向づけ（Ausrichtung）」（SZ105）の性格をもつ。現存在は「空間の明け渡し（Einräumen）」（SZ111）という仕方で存在する[3]。「民族」が『存在と時間』で論じられることはなかったが，無視はできないので，民族については第3章Ⅱdで別のテクストで主題とする。

　歴史性の考察は「誕生」を引き入れるので，そこには生殖と性が介在する。しかしハイデガーの哲学からこの問題に接近するのは困難である。そのためもあって私は生殖や性別の問題を自分の課題としたことがなく，今回もこの問題には立ち入らない。その代りというのは適切ではないが，現存在そのものから「女であること」を切り離す思想に遭遇して感銘を受けたので，それを報告したい。

　2008年7月31日，私はたまたま二本松市の「智恵子記念館」を訪れた。私はこれまで高村光太郎にも智恵子にも特別に関心を抱いたことはなかった。記念館には肖像写真などとともに，智恵子の絵画作品が展示されていて，若い日のデッサンや絵もなかなかうまい。中心は，精神を病んだ智恵子が病院で創った紙絵（色紙などを鋏で切って貼った絵）である。私はその至純な造形に驚嘆した。花，果実，魚，お惣菜など身近なものを描いた小品ばかりである。光太郎はきれいな紙を用意してしばしば彼女を見舞い，創作を励ました。

　彼女はこんな言葉を書いている。「〈女である故に〉ということは，私の魂には係りがありません」（「記念館」の図録『命と愛のメッセージ・高村智恵子』20頁。この文は壁にも掲げられている。）「〈女である故に〉ということは，私の魂には係りがありません」――光太郎を熱愛した女性の言葉であるゆえに，私はそれを信じる。性別を現存在という境地

---

3) 岡田紀子『ハイデガーと倫理学』，付論3，254-260頁を参照。

から外して事実性のところで考えたハイデガーと合致する。智恵子の言葉は，その実存的証言である。智恵子は当時のインテリ，そして新しい女であったから，女性を縛る因習には敢然と刃向かった。光太郎との同棲もその表れである。それゆえ社会性のレベルでは十分フェミニストであった。私も社会的レベルのフェミニズム（両性の権利の平等といったもの）には十分共感をもっているつもりである。男女の役割分担の固定を廃棄する方向へ私たちは進んできたが（イスラム世界の一部は抵抗しているようだ），ひょっとしてそれは生物として不幸なのかもしれないけれども，私はそれに賛同する。私はセクシュアリティの探究を否定するのではないが，新たな枷を作ることに荷担しないことを願う。

　以上のような制限はあるが，誕生から始まる歴史的世界の人間は以下Ⅱ (a)「被投性と誕生」からより具体性を帯びる。それまでの考察は（次節 b さらに c も含めて）準備的である。

　(b) 世界歴史的なものと世界歴史　ここで私は，この第3章の表題「歴史的世界の人間」の「歴史的世界」の意味をはっきりさせなければいけないと思う。私は本来の人間論の場所を歴史的世界に指定すると宣言したからである。人間論は，人間が歴史的な存在者として歴史的世界に投げ込まれ，歴史的世界を形成しつつ存在するそのあり方を考察するといったほどの意味である。しかしこれではまだその内実は不明である。ところで，ハイデガーはディルタイの主著『精神科学における歴史的世界の構築』(SZ376) を挙げ，ディルタイが私たちの現実世界（それは歴史的世界に他ならない）を生の連関として理解しようとしたことを高く評価し，その問題意識を受け継ぐ。しかしハイデガーにはディルタイの態度はあまりに観察的・記述的にみえ，最初から歴史記述（歴史学）の立場に立つことに不満を覚えた。ハイデガーはまず現存在の歴史性を明るみに出し，それから歴史を，そのうえに歴史記述を思考しようとした。基本的にはこれがハイデガーの提案する事柄の順序であるが，ハイデガーのかなり急ぎ足の，しかも錯綜した叙述を整理してからなければならない。

　「第一次的に歴史的なのは，現存在である」(SZ381)，そして「第二

次的に歴史的なのは，内世界的に出会われるものである」(ibid.)とハイデガーは主張する。まずこの点を明らかにしよう。歴史的，ないし歴史性は，すでに規定された意味での現存在の「生起」である。生起とは特殊な「伸張」であった。現存在が歴史的なのは，むろん世界内存在として実存する現存在が歴史的なのである。したがって「歴史の生起は，世界内存在の生起である」(SZ388)。それゆえ「現存在が事実的に実存するかぎり，すでにまた内世界的に発見されたものに出会う。歴史的世界内存在の実存とともに用在者と物在者がすでに世界の歴史のうちに引き入れられている。たとえば道具と作品，書物はその〈運命〉をもち，建築と制度はその歴史をもつ。しかし自然もまた歴史的である。しかし私たちが〈自然史〉について語るかぎりのことではないが，風景，開拓地，植民地として，戦場や祭礼地としてなのである」(ibid.)。自然史が除かれるのは，それが対象とする「自然」は世界内存在に属さないから当然であろう。ここに挙げられたものは，括弧つきの「生起」，つまり「用在者と物在者の内世界的〈生起〉」(SZ389)と括弧つきの「運命」をもつ。私の靴は，某がデザインし，ある工場で作られ，デパートで売られ，私が買い求め，履き，底が癖のある減り方をしている。大量生産の製品であっても，私のお気に入りの，この一足の靴である。「生起」とは，靴としての始まりがあり，ある期間存続し，やがては消滅することであろう。その間には何かの出来事が，たとえば自転車にぶつかってひどい傷がつくといったことが起こりうる。六三三四制という日本の学校教育制度は，1947年に始まり，細部の変更はあっても，廃止されない間は存続する。制度は事物のように存立するのではないが，人間によって造られ，共同存在を規定するものとして守られ，配慮される「財」である。こうした存在者の生起，ないし伸張について疑念が持ちあがらないだろうか。私の靴は存在するかぎりは，物質的同一性が保たれているであろう。学校制度については同じ意味での物質的同一性はない。ハイデガーはむろん物質的同一性を基礎において考えたりしない。しかしそれが何であっても，始まりがあって，変化を容れながら一つのものとして存在を維持することを前提するのではないのか[*4]。実存者としての人間や生物なら，この生起・伸張を考えるのに困難はない。実存においてはそれが自覚的に生きられる。それ

ゆえ人間の生が歴史を考える本来の場所なのである。他の用在者やここに挙げられた事柄については，現存在の実存とともに「第二次的に」歴史性が帰属するのである。

　さて，ハイデガーは歴史的に成立した，私たちを取り巻く用在者，物在者，諸制度，それらの変化を改めて「世界歴史的なもの」と呼ぶ。通俗的には，世界歴史的なもの＝世界歴史である。しかし「世界歴史」には「二重意義」(SZ389) がある。「その表現は一方では現存在と本質的，実存的に合一した世界の生起をいう」(ibid.) が，他方では「用在者と物在者の内世界的生起」(ibid.) を意味する。後者の「道具や作品とともに〈起きる〉もの」について，こんな面白い例を挙げる。指輪が「〈手渡され〉，〈はめられる〉と，それはその存在において単に場所の変更を蒙ったのではない」，「何かが〈指輪とともに起きる〉」(ibid.) というのである。世界歴史的の「経過」や出来事，「天変地異」も同じである。これらによって一つの町や文明が消滅することも，それによって

---

　4) ロックは同一性について興味深い議論をしている。「一つの同じ物」について「一つの始まりをもつものは同じ物である」(John Locke, An Essay Concerning Human Understanding, Dover, vol.1, p.440) という洞察を示した。いうまでもなく，これは有限な物についてである。「神は始まりなく，永遠，変化せず，遍在する」が，「彼の同一性は疑えない」(ibid.) から，論外である。「有限な精神は，それぞれ存在することの開始のその特定の時と場所をもつ。その時と場所への関係が，それが存在するかぎり，それらめいめいの同一性を常に規定する」(ibid.)。ここがポイントである。有限な精神ではないが，一つの機械，時計についてロックはこんなことをいう。時計は「一定の目的に適合した部分の組織，構造体」(444) である。時計の部分が絶えず修理されて，別の部品と置き換えられても，一つの同じ時計であるとロックは認めるのである。ただし時計は動物の同一性を説明する例なのである。17世紀のヨーロッパの哲学者でない私は，動物を機械とは思わないけれども，それは措く。さらにロックはヒト (man) と人格の同一性 (personal identity) を区別する。ヒトの同一性は「同じ連続した生に参加すること，すなわち絶えず変わる物質分子が同じ組織された身体に生命あるように結合して継続することのうちに成立する」(ibid.)。しかしロックは人格の同一性を意識にみる。思考し，意識する自分は打たれると感じるし，四肢をもつ等々なので，身体に合一しているが，人格の「同一性は実体の同一性ではなく」，「意識の同一性」(460) のうちにある。「現在と過去の行為の意識をもつものはすべて同じ人格であり，それらの行為は同じ人格に属する」(ibid.)。それゆえ人格はその行為に責任をもつ。ロックにとって人格は倫理的概念である。ロックの思想に深入りするつもりはないが，一つの物の同一性を「一つの始まりをもつこと」とその時と場所からの展開にみたのは画期的である。人格の場合は，その連続性を記憶によって辿って捉えることができる。それが辿れればいいので，むろん人格が意識する個々の観念をすべて覚えていなければならないというようなことはない。

覇権の地図が変わることも起こりうる。

　ところでハイデガーは，その区別を一旦確立すればそれでいいとばかりに，ここでは用在者と物在者を一括している。ここで世界歴史の「世界」を振り返る必要がある。用在者は有意義性としての世界（有意義連関）においてあるものである。物在者はそれを脱して，理論的な観察・考察のうちで捉えられるものである。大地震のような出来事は道具・用在者とは呼べないけれども，人間の存在に大きな影響を与えるので，配慮的にかかわらなければならないものとしては，有意義性の地平で考えることができる。地震学者は，有意義性を外して地震の原因を究明する。それは脱世界化である。有意義性を排除した地震の発生のメカニズムと過程を時空間のうちで，つまり改めて物理的世界のうちで捉えることになる。これは物在者の世界である。地震学者は地震の警告や対策を人々から期待されるが，それはまた別問題である。もともと科学の成立には有用性という実践的要因が大きかったであろう。ただし理論的考察の始まりにはおそらく純粋な驚き(タウマゼイン)が根底にあるのであろう。本書ではこうした側面を探究することはできない。

　ハイデガーの世界概念はもともと有意義性としての世界ばかりではなかった。不安と死のところで出会ったが，存在者がすべて沈んで，世界内存在そのものが露わにされた。世界内存在の生起とともに露わにされる，開かれた場，無と言うしかないものは，世界に他ならない。この無・世界は存在でもあろう。これを継承してハイデガーは後に，「存在の歴史」ということを説く。プラトンの「イデア」と「コイノニア」，アリストテレスの「エネルゲイア」，カントの「定立」，ヘーゲルの「絶対概念」，ニーチェの「権力意志」（ZSD9）[*5]が，それである。これらは存在の歴史の「エポック」と呼ばれる。歴史であるからには，生起し，変転する。それゆえ偶然性を含む。ただし「生起」というより「送ること（Schicken）」（ibid.）と呼び直されるが。これを「パラダイム変化」と呼ぶひともあろう。最も大枠の時代の地平を創るものである。それは生起するのであるが，現存在の態度・営みと無関係に起きるというようなものではないはずだ。これらの一つずつはなお内容的な規

---

5) Heidegger, Zur Sache des Denkens, Max Niemeyer, 1969. (ZSD)

定を含む。するとこれらエポックと無・存在とどういう関係なのかが問われるであろうが，無・存在の方が根底ということになろう。ただしそれはもはや意味や根拠を与えるものではない。人間の存在と最も深いところで接していて，したがって人間論にとっても無関係ではない。しかし今はこのようなことを突き詰める場所ではない。

　生起としての世界歴史（ないし世界歴史的なもの）は歴史記述・歴史学ではない。「時間的に基づけられた世界の超越に基づき，実存する世界内存在の生起のうちにそのつどすでに世界歴史的なものが〈客観的に〉そこにある。歴史学的に把握されることなしに」(SZ389)とハイデガーはいう。歴史記述，ないし歴史学を簡単にみておく。「歴史の歴史学的開示はそれ自身において，それが事実的に成し遂げられようと成し遂げられまいと，その存在論的構造にしたがって現存在の歴史性に根づいている」(SZ392)。歴史学は学問であるから，歴史学をもたない時代・民族はある。さて，歴史学の「対象」は，「過去」である。そうだとすると，「過去への歴史学的再現前化」(SZ393)ができなければならない。過去への遡行はどのように可能なのか。それは「既在した現存在への歴史的存在を前提する，すなわち，歴史学者の実存の歴史性をすでに前提する」(SZ394)。それは「歴史に属する既在したものの開示，すなわち反復」(ibid.)である。彼が立ち返るのは，「事実的に実存的に既在した可能性」(SZ395)である。したがって「歴史学的開示は，将来から時熟する」(ibid.)ことになる。そして既在した実存の可能性は，世界歴史的それなので，多面的な「道具－，作品－，文化－，精神－，観念－の歴史をその対象に」(ibid.)なしうる。ところで，ハイデガーは，博物館に保存されている骨董品，たとえば家具が〈現在的に〉物在しているのにかかわらず，「〈過ぎ去った時〉に属する」(SZ380)のはなぜかと問う。それは「ひび割れ，虫食いになった」が，使用できないわけでもない。「何が〈過ぎ去った〉のか」と問うのである。「世界に他ならない」とハイデガーは答える。すなわち，「その世界においてその家具が一つの連関に属し，用在者として出会われ，配慮的に世界内存在する現存在に用いられた」(ibid.)，その世界がもはや存在しないのである。それがロココ調の家具であれば，それが属した城と宮廷人たちが生きたその世界が存在しないのである。反復するとは，既在した現

存在の生の地平を取り戻すことである。ただしそれは自らの歴史性においてなされるから，その世界がもはや私の現在の生の地平でないことを意識しつつ，その家具がかの世界の遺物であり，どのようにして博物館で展示されて私の目に届いたのかまで由来を辿ることができるのでなければならない。ただしこのような把握や記述はその家具が歴史的であることを明らかにするが，はじめて成立させるのではない。

(c) ディルタイの「歴史的生」　『存在と時間』の歴史性の考察は最後に，ヨルクの思想を切り口にディルタイの生の哲学を生かそうという主旨の，ごく短い考察をおいている。ハイデガーは，「哲学は，批判的哲学であればまさしく，歴史性を度外視できない」，「哲学することは生きることであるから」，「歴史の哲学がある」(SZ402)といったヨルクの見解に共感を示す。ヨルクは確かにディルタイよりもずっと実存的にみえる。しかし私はヨルクを論じる用意がないし，それが是非必要でもないであろう。また歴史学の問題に深入りするのは避けたい。歴史学ということになれば，書かれた記録に依拠するのが前提なので，資料の取り扱いなど独自な問題があるが，それは本書の人間論の課題を超えるであろう。

ハイデガーは「生の連関」(SZ387)という言葉を括弧つきで導入したが，ハイデガーの歴史的世界の理解の背景にディルタイがいるのは間違いない。ディルタイの主著[6]を少しばかり読んでみよう。その対照から，ハイデガーの生の連関（個的実存と共同存在のそれ）の把握がくっきり浮かび上がるであろう。精神科学を自然科学から限界づけるというディルタイの問題意識に私は関心を抱くわけではないので（ハイデガー自身そんな問題関心はとうに抜け出してしまっている），それをかいくぐってもっぱらハイデガー理解の観点からディルタイを少しばかり取り上げる。

精神科学は実は複数形であり，異なった範囲の様々なものを対象にする。（しかし諸々の精神科学の区分以前の性格づけをまず問う。）それらの

---

6) Wilhelm Dilthey, Der Aufbau der geschichtlichen Welt in den Geisteswissenschaften, Gesammelte Schriften, Ⅶ, 3. Aufl.1961（『構築』と略す。引用の頁付けはこの書による。）

対象とは,「個人,家族,連合体,国民,時代,歴史的運動や発展系列,社会的組織体,文化組織,その他全人類の諸断片,最後に人類自身」(『構築』81) である。それらは,「同じ事実：人類 (Menschheit),あるいは人間的－社会的－歴史的現実」(ibid.) を指す。ディルタイはこの「事実」を丸ごと捕まえようとする。それら歴史的現実は,人類によって創造されたものとして「客観的精神」と呼ばれる。ディルタイが精神科学の確立に努めるのは,精神科学は「歴史的世界」をそれがそこから生まれ出た根源,「体験」に帰ってその全体を把握するはずのものだからである。

「この体験しうるもののうちに生のあらゆる価値は保たれており,歴史の全外的騒動はこれをめぐっている。ここには自然が知らない目的が現れる。意志は発展,形態を造りあげる。そしてこの創造的,責任のある,主権的な私たちのうちで動いていく精神世界のうちに,そのうちにおいてのみ,生はその価値,その目的,その意味をもつ」(82)。人間はもちろん自然によって規定されている。自然科学は自然の一様性,法則を捉えようとする。それゆえ生の現実の具体的理解といったものを与えない。そこでディルタイの有名な「生・表現・了解」のトリオが登場する。「したがっていたるところで体験,表現,了解の連関こそが,それによって人類が精神科学の対象として私たちにとってそこにある,固有の方策なのである」(87)。精神科学とは「人類から,人類によって実現された客観的精神から創造する者,評価する者,自らを表現する者,自己を客観化する者へ還帰する傾向と,それから生じる諸帰結をまとめて」(87f.) 問題にする科学なのである。そして「自然は精神科学の基礎である。自然は歴史の陳列場であるばかりでなく,物理的過程,それらに横たわる必然性,それから出てくる作用は歴史的世界におけるすべての関係,行動と受苦,作用と反作用の基礎である。そして物理的世界はまた,そのうちに精神が彼の目的,かれの価値──彼の本質を表現した全領域にとっての素材である。この基礎のうえに精神は今や現実にたいして立ち,この現実のうちに精神科学は二つの側から──自らの状態の体験からと外界に客観化された精神的なものの了解から──ますます深く食い入る。そしてこれらでもって二つの科学の種の区別が与えられた。外的自然においては,連関が抽

象的な概念を結合して現象に押し入れられる。それにたいして精神的世界においては連関は体験され，追了解される」(119)。自然と精神の関係，それに対応して自然科学と精神科学の関係は，大体以上のとおりである。

　歴史的世界の構築を目指すとき，ディルタイはその基礎，体験に帰ることになるが，最も基層として対象把握，すなわち「直観，想起，表象，名前付与，判断，特殊を普遍に下属させること，部分の全体への結合」(127)を取り上げる。これはディルタイが確立に努めた記述的心理学の仕事である。ディルタイはむろんそこに捉えられる対象を単なる対象とは思っていない。「自我の生の連関を含まないものは何ものもない」(131)と認めるのである。「単に対象が私にとって存在するだけで，圧迫や促進，努力や意志の結びつき，重要性，考慮の要請，内的近さや抵抗，距離，よそよそしさを含まないような事柄や人間は存在しない。生の連関は，与えられた瞬間に限られても持続しても，これらの人間や対象を私にとって幸運の担い手，私の生存の拡張，私の力を高めるものにする。あるいはそれらはこの連関において私の存在の遊動空間を制限し，私に圧力をかけ，私の力を減少させる」(ibid.)。ハイデガーの開示性の分析に比べれば，ディルタイの考察はいかにも展望的，記述的にみえる。『存在と時間』とはずいぶん雰囲気が異なって，「実存」に足場を求める切迫した先鋭さが感じられない。しかしそれゆえに逆にそこに豊かさがあることも否定できない。ハイデガーが細部をいちいち述べない世界内存在の風景を充実してくれる。

　生の過程を造るのは，時間のうちの心的連関，すなわち現在私が気にかけている仕事，想起や将来可能なことである。時間における心的連関の直観が「生の過程」を造る。「この生の過程においてすべての個々の体験は全体に関係づけられている。この生の連関は継起する諸契機の合計・総計ではなく，すべての部分を結合する関係によって構成される統一である。現在から私たちは継起の系列を後方へと，私たちの小さな，非固定的，形をなさない自己が薄明に失われるところまで走りぬけ，また私たちは前方へこの現在から諸可能性へ突き進むが，この諸可能性は現在のうちで計画されて，漠とした，広い領域を受け取っている」(140)。この生の連関が直観によって構成される統一であ

ることも正当に指摘されている。自分自身の生の心的過程を単純に振り返れば，確かに生の過程はディルタイが記述するようなものにみえる。しかしそこになんの前提もないと信じるのは，ハイデガーの「生の連関」，その生起性格をみた後では素朴すぎるように思えてしまうが。さて，体験において知るのは「個別的なもの，私たちの自分固有の生」(141) でしかないようにみえる。しかしそれでは困る。「了解は体験を前提する。そして了解が体験の狭さと主観性から連れ出されることによって体験は初めて生の経験になる」(143)。そこでディルタイは「生の客観化」という概念を呼び入れる。あるいは「客観的精神」（ヘーゲル）である。（ただし「ヘーゲルは形而上学的に構成する」が，自分は「生のレアリテートから出発」し，「与えられたものを分析する」(150) と違いを語る。）生の客観化とは「生と精神が自らを置きいれた，個人，共同体，作品」(146) のようなものである。（客観化は「表現」である。）個人はそれらに取り巻かれている。「精神が創造したもののみを精神は了解する」(148) とディルタイはいう。ゆえに精神科学の範囲は了解と同じ広さである。

　歴史的（精神的）世界を把握することは，それを「作用連関」と捉えることである。「この作用連関が自然の因果連関から区別されるのは，それが心的生の過程にしたがって価値を生み，目的を実現することによってである」(153)。生の連関が「作用連関」と言い直されることによって，時間の契機が際立てられる。「歴史的生は創造する。それは絶えず活動的に財と価値を生む。そしてそれらの担い手は個人，共同体，個人がそこで一緒に作用する文化組織」(153f.) である。それらはより広い連関のうちに織り込まれる。そして固有の地平のうちにある。しばしば閉じられた地平を，エポック，時代を創る。「そこですべての行為，すべての思想，すべての共同の創造は，要するに歴史的全体の各部分は，エポックあるいは時代の全体への関係をとおして自らの有意義性をもつ」(155)。「精神科学において私たちは，精神的世界を時間経過のうちに形成される作用連関の形において捉える」(156)。その作用連関が究明されるような主題は，最終的には人類史であるが，個別的な無数の主題がある。ドイツの啓蒙 (178-185) の例など —— 人間の理性原理，個人の完全性よりさらに全体の完全性への努力が生の経験に

あまねく働いている——パノラマをみるようでなかなか見事だが，立ち止まってはいられない。

時代やエポックを論じた後で，ディルタイは次のような指摘をする。「特定の時代の一国民の生産的エネルギーは，人間が時代の地平に制限されているということからまさにその最高の力を受け取る。彼らの仕事は時代の根本方向をなすものの実現に仕える。そこで彼らは時代の代表者になる」(186)。彼らは「時代そのものの価値と意義連関から彼らの時代を創る」(ibid.)。「時代は前の時代の不十分さから成立したように，それは自身のうちに限界，緊張，苦悩を含んでいる。これが将来の時代を用意する。歴史的生のすべての形態は有限なので，そのうちには喜ばしい力と圧迫，生存の拡張と生の狭隘，満足と必要の配分が含まれていなければならない」(187)。正当に時代の制限・有限性の意味が指摘されている。歴史家の高みから振り返って展望すれば，すべての時代に，それゆえ私たちの時代にもこの記述と同じことがいえるのかもしれない。しかし一般にその時代に生きる人々には時代が見通せないという以上に，現代はお先真っ暗，ディルタイにはなお揺らいでいない精神の創造性への信頼が現代の私たちにあろうか。

ディルタイの全集第7巻には「歴史的理性批判の草稿」という副題をもつ『構築』の続篇[7]があり（『構築続』と略），方法論的にはこちらの方が面白い。狙いは歴史（精神的世界）の認識論である。そのためにすべての現実に適用される形式的カテゴリー（「単一性，多数性，同等性，区別，度合い，関係」『構築続』196）のような思考作用によって見出された概念にたいして「実在的カテゴリー（reale Kategorien）」を持ち出す。「変形して全現実に適用されもするけれども，精神的世界の把握のうちにその起源をもつような実在的カテゴリーが現れる」(192) というのである。それは体験のうちに見出される。まず「生の過程」という表現に見出される「時間性」，それとともに「形態化」，「発展」，「価値，目的，意味，意義」[8] (199) などのことである。

---

7) Wilhelm Dilthey, Gesammelte Schriften, 7.Bd., 3.Plan der Fortsetzung zum Aufbau der geschichtlichen Welt in den Geisteswissenschaften, Entwürfe zur Kritik der historischen Vernunft.

8) 意味（Sinn）と意義（Bedeutung）の区別はどうなっているのか。「意義」はとくに全体と部分の関係について全体と関連して用いられる。それゆえこのテクストでは圧倒的に意

実際に考察されるのは，まず「自伝」，すなわち「私たちにとって生の了解が立ち向かう最高の，最も啓発的な形式」(199) である。一つの生の経過は特定の環境において生みだされる。「しかもこの生の過程を了解する者は，それを生みだした者と同一である。彼の生の歴史に連関を求める当の人間が，彼の生の価値として感じるもの，彼の生の目的として実現するもの，生の計画として描いたもの，後を振り返りつつ彼の発展として捉えたもの，前方をみながら彼の生の形態として，その最高の善として把握したもの，——それらすべてのうちに彼はすでに彼の生の連関を様々な観点のうちで形成したが，その連関が今や語りだされねばならない」(200)。それゆえディルタイは「そこでは歴史的叙述の仕事はすでに生自身によって半ばなされている」(ibid.) というのである。ディルタイはここに「あらゆる歴史的把握の根」(ibid.) をみる。たとえばアウグスチヌスの場合，彼の生の連関はこうである。「アウグスチヌスは，彼の存在の神との連関に全く向けられている。彼の著作は，同時に宗教的瞑想，祈り，物語である。この物語はその目標を彼の回心の出来事にもち，すべてのそれ以前の過程はこの目標への途上の停車場にすぎず，この目標のうちにこの人間にかんする摂理の意図は含まれている。……すべては過ぎ去るものであった。そして回心においてはじめて永遠の，苦悩のない関係が成立した。それゆえ彼の生の了解は，生の諸部分の絶対的価値，すなわち無制約的最高善の実現への関係のうちに遂行される。そしてこの関係のうちに懐古において以前の生の各契機の意義の意識が成立する」(198)。このような「自己省察」は，「様々な度合いですべての個人」に現れる。自伝がディルタイの生の連関の記述の典型であることがわかる。

　自己の生の過程の考察において連関を構成するのは何なのか。生の了解には「価値，目的，意義 (Bedeutung)」のようなカテゴリーが固有である。さらに「生の形成・発展」がある。生の過程は時間のうちで把握されるので，それらには時間的意味がある。「私たちが想起におい

義の方が多く出動する。言葉の問題としては，語の意義，文の意味といわれることが多い。ただし語の「意味」(234) も稀にはある。「すべての生は固有の意味をもつ」(199)，「生の意味」(235) といわれるように，意味の方が一般的，そして一気に全体を視野に入れるように思われる。

て懐古するなら，生の過程の過ぎ去った分岐の連関をそれの意義のカテゴリーのもとに捉える。諸実在に満たされた現在に生きるとき，私たちは感情においてそれらの積極的，あるいは消極的価値を経験する。そして私たちは将来に私たちを伸び広がらせるとき，その態度から目的のカテゴリーが成立する」(201)。(当然ハイデガーの時間性の時熟，たとえば「既在的－現前化的将来」との対比が思い浮かぶ。) ただ生の過程のうちでこれらのカテゴリーはもつれ合っているが，ディルタイは意義のカテゴリーの優位を認める。「歴史は想起であり，想起に意義のカテゴリーが属するように，意義はまさに歴史的思考の最も固有のカテゴリーである」(202)。さらに自然科学における因果性に替わる「作用と作用をうけること」，そして力の概念が加わる。「力の概念」は自然科学においては「仮定概念」(202)であるが，生の連関が何かを実現しようとして目標を立て，手段を選ぶなどする「遂行」(203)は「力」であるという。

さて，生の外化が個人を包んで共通のものとなっているから，了解が機能する。さらにディルタイは自分の生を越えて広く生の客観化の了解に取り組む。そこで他の人間あるいは作品に「自らを措き入れること」(214)が必要となる。たとえば詩を了解しようとする。ディルタイは「追体験・追形成」を呼び出す。しかしむろんディルタイは，単純に詩人の体験の追体験とはいわない。なぜなら表現には詩人の個別的体験の意識のうちにあるより多くのものが含まれるからである。それゆえ追体験には表現が生じた「環境の現前化」や「想像」(215)が加わる。想像は，「私たちの生の連関に含まれる態度のあり方」を変更して，「他の心的生を追形成」(ibid.)する。現実にあった生の可能性のそとに諸可能性の領野が広がる。「自らを置き入れる」あるいは「追体験」といっても，広くこのようなことを含意するのである。詩人の体験は作品に客観化されているとみなされているので，それ抜きに詩人のうちで生じ過ぎ去った体験を取り戻すすべなどない。

生の外化の「技術的了解」は「解釈」である。私たちが会話するとき，相手の外化した言葉を内的連関にもたらそうとするが，そこには解釈がある。この技術が精密にされ，とりわけ書かれたものを対象にするとき，「解釈学」が成立する。解釈学に立ち入ることはできないが，

およそ生の連関を捉えようとするとき（文書, とりわけ聖書解釈が中心にあったが, 詩, 芸術, 他人の生涯, 国家, 歴史などおおよそ何でも）, 全体と部分の関係が重要である。それとともに意義のカテゴリーが大切である。「意義のカテゴリーは, 生の部分の全体との関係を表す。すなわち生の本質に基づけられているその関係を表す」(233)。個々の契機は全体との関連をとおして意義をもつことを前提としており, したがってそれ自身としては確定的とはいえない部分から出発して全体に達するとき, 部分の意義が初めて明確になる。そのとき全体も明瞭になる。

さて, 自伝から他の生の了解へ移る。まず伝記である。伝記は様々な興味から書かれる（犯罪者のそれなども含めて）。しかし特に私たちの生に大きな影響を与えた人物の伝記を書く。ディルタイは, 個人は「諸連関の交差点」(『構築』135)であるという。というのは「歴史的〈人物〉の生の過程は作用連関であり, そのうちで個人は歴史的世界から作用を受け取り, その作用のもとに自らを形成し, 再びこの歴史的世界へ作用し返す」(『構築続』248)からである。芸術作品としての伝記は, 個人をこのような諸作用の中心点とみなすので, 「時代史」に入り込まざるをえない。しかし狙いは個人の生涯である。

さらに普遍的歴史的連関を認識する課題がある。今度は個人から成立し, 「自己のように行為し, 作用を受ける主体」(262)が究明される。文化組織等の様々な組織と, 最終的には人類史の把握が目指される。それらの組織体を「主体」とみなすことには問題があるのかもしれないが, 特定の空間のうちに成立し, 過去と一定の方向の実現されるべき未来のようなものが認められるかぎり, そう呼んでもよいであろう。それは全体と部分の関係を含み, 意義のカテゴリーが手引きとされるかぎり, 個人の了解について解明されたことと基本的に変わらないのだと思われる。ディルタイが扱うのは, 歴史的生（人間）のみである。それは「体験と了解のうちに与えられている」(261)からである。「ところで生は哲学の出発点を形づくらねばならない根本規定である。それはうちから知られるものであり, その背後に遡ることはできない。生は理性の法廷に引き出されない。生は時間のうちに前進し, そのようにして成立する作用連関において把握されるかぎり, 生は歴史的である。把握の可能性は, この過程を想起において追形成することにあ

る。想起は個別的なものを再生産するのではなく，連関そのものを，その段階を追形成するのであるが」(ibid.)。さて，この程度でディルタイは十分としよう。テクストは草稿なので，荒削りである。それにディルタイは歴史的世界を把握する方法論に取り組んでいるので，歴史書を書いているつもりはない。むろん世界歴史の叙述は，本書の課題を超える。最後に注目に値する発言を拾っておく。「あらゆる歴史的現象，あらゆる人間的，あるいは社会的状態の有限性の歴史学的意識，あらゆる種類の信仰の相対性についての歴史学的意識は，人間の解放の最後の歩みである」(290)。しかしそれは同時に次のような言葉によって補完される。「相対性にたいして創造力の連続性が，核心的歴史学的事実として主張される」(291) と。

ディルタイは生の心理学的な分析を出発点としたので，他の心的生を了解するには橋をかけるため「感情移入」のようなものが必要と考えた。ハイデガーとともに，私は「感情移入」を却下する (SZ124)。しかし『構築』と『構築続』は個的体験から出発するけれども，そのような議論を持ち込まず，すでにみたように，個人の生でも，他の生の連関でも，作用連関として有意義性の連関から捉えようとした。ハイデガーの世界内存在，投企と被投性，時間の時熟構造，歴史性の生起性格のような概念が人間論の基礎としてもつ優位を私は認める。しかしディルタイには体系癖がないだけ，緩やかに事柄に寄り添うところがあるとは思う。ディルタイが例として先ほどアウグスチヌスの生涯を記述したのを思い起こそう。歴史性の肉づけされた構造は，実際に描くとすれば，ハイデガーにはそのようなものを提供する意図は全くないが，やはりこのようなものになるのだと思われる。またやがて私はベルクソンの生 (生命) の哲学において生の全体，とりわけ過ぎ去ったものの取り戻しの試みを考察する。夾雑物を除いた直観のうちに沈潜すればそれができそうなベルクソンにたいして，ディルタイはそれへの方途を示してくれた。歴史的な世界の全体的叙述は本書にとって課題ではないけれども，貴重な参考文献である。

II

　これからの考察を「歴史性のより具体的仕上げ」と呼ぼう。歴史性は「時間性のより具体的仕上げ」であるが，「歴史性のより具体的仕上げ」はハイデガーの思考を基盤に人間論を企図する私の言葉である。ハイデガーは多くの具体的実例を投入しているけれども，歴史性自体も構造である。したがってその究明は構造分析である。私はそれに少しばかり肉づけをあたえようというのである。それゆえハイデガーを少しはみだす部分も出てくる。またこれまでの考察の辿り直しとなるので，繰り返しが生じるのはご容赦願いたい。

　すでに述べたように，現存在の存在構造（関心構造）は投企，被投性，存在者のもとにあることの契機からなる。別の名を与えれば，配慮，顧慮，自己関心の全体である。これらは現存在が歴史的存在として歴史的世界において具体的に生きる構造である。これからは具体的歴史的実存者（人間）とその共同存在が探究の主題である。人間のあり方を関心構造において存在するものとして仕上げることになる。歴史性は時間性に基づく。それゆえ人間の存在の歴史的・時間的あり方が捉えられる。私は，問題が認められるどこかの局面を抽出し，彫琢するという仕方でこの課題に取り組む。体系的に，整合的に，疎漏なくということはあまり考えていない。──実存的人間が姿をみせるかどうか……。

　(a) **被投性と誕生**　投企を排除できるわけではないが，被投性と被投性に主としてかかわるあり方から着手する。人間は一人で死ぬが，一人で生まれることはできない。誕生を考慮にいれることで，共同存在もまたせり出す。

　被投性を復習しよう。ここでは何が問題になるのか。現存在は世界の内に投げられて存在し，「どこからとどこへは暗闇に留まる」(SZ 134)。つまり「たとえ現存在が信仰において自らの〈どこへ〉を確信し，また合理的説明において〈どこから〉を知っていると思おうとも」(SZ136)，「自らの現 (Da) という事実 (Daß)」(ibid.) を否定し去ることは

Ⅱ (a) 被投性と誕生

できない。現存在の実存論的分析論は，事実性の事実に留まること，すなわち被投性の背後に遡ることはできないとする，そのような姿勢を貫く。私はそれを十分尊重する。ただし『存在と時間』のような「準備的分析論」の枠をはずし（脱中立化），「事実的具体化」（MAL172）の立場に降りれば，ある仕方で，被投性と呼ばれたものの背後に視野が広がり，「〈生〉と身体，生殖と性，系図」（BP399）が問えることになる（ただしハイデガーは，「生・生物」以外はそれとして論じていない）。『存在と時間』では誕生の取り戻しが行われて，現存在（人間）の生涯（誕生から死まで）が主題になる。「私」の立場からは，誰も自分の生まれるところを覚えていないのだから，私の誕生は私の経験ではない。しかし私の誕生の取り戻しはいまだ被投性の背後に遡ることとはいえず，その端緒でしかない。たった今「系図」という珍しい言及がされた。さて，私の両親がいて，さらにその両親がいて……と遡るとする。私のルーツを尋ねる，このような歴史は，記録（日本では戸籍によって明治より少し前ぐらいまで辿れる）[*9]によって確かめられ，もし有名な祖先をもつならば，古文書，さらには伝承，家宝の怪しげな系図の巻物などによって「立証」される。しかしいずれにしても人間の歴史的世界の範囲である。

---

9) 親を亡くして初めてそれを知る。つまり銀行預金の相続が必要になる。銀行は戸籍謄本を要求するが，それは親の祖父母まで遡る記録である。そこには私が会ったことも聞いたこともない人々の名前が並んでいる。父は遠い山陰の出だから，郵便で謄本を取り寄せなければならないが，銀行によってはここに1年の履歴の空白があるなどと指摘して，再度の取り寄せを要求する。なんでそんなものが必要なのかと私は問い，窓口の女性ではすまず，上司が出てきて，また最初から説明し，渡り合う。銀行はいくつかあるので，わずかな預金なのに，手間と費用は馬鹿にならない。銀行員は，役付きの者は例外なく，慇懃無礼を絵にかいたようで，私は猛烈に腹を立てる。それで分かったのだが，親に隠し子がいる等で，後に万一権利を主張する者が現れて，銀行が責任を問われるのを回避しているのである。顧客の費用で。私が子であることのチェックも戸籍謄本で怠りない。こんな戸籍や銀行の対応など世界中にざらにはあるまい。外国籍の住民や外国人との婚姻も増加するばかりである。外国人には別の手段があるようである。「いつまでもこんなことをやっていられると思いますか」と私は追及する。「検討します」とはいうものも，強力な外圧に屈するのでなければ，少しも動かないにきまっている。名前も知らなかったご先祖様が私の現に存在していることに連なる事実を改めて突き付けられるのは，不思議な感じである。それはよいとして，人間的親密さや実践的・精神的繋がり（伝統の技を守る家業など）と無関係に，血縁・戸籍が財産の譲渡を現代も正当化しうるのだろうか。私有財産制は問わないことにしても。戸籍や相続は，共同存在を維持するために，決して小さな問題ではなかろう。

ここから拾いあげられる問題は，まず「誕生」である。それとともに，生まれること自体を私が望んだわけではないということは措いても，選択しなかったにもかかわらず背負いこむ，私の存在の条件になるような事柄という問題がある。誕生は生みつなぐ生の過程のうちに私を挿入し，私は先在する歴史的世界のうちで生まれ育つことを意味する。学びと形成がある。そのうちで私の生涯がある。それを越えて，歴史の問題がある。ただし私の生の過程でも，直接の祖先の歴史でも，民族・人類の歴史でも，受け継いだものばかりでなく，どうしても投企の契機が入ってくる。結局人間の存在の一切合財に携わらなければならないのだが，当然すべての問題を省みることはできない。すでに本書では扱わないと宣言した主題もある。

　誕生について考察を開始する。ハイデガーは，『存在と時間』で歴史性の箇所でようやく誕生を主題とし，死とは全く異なった扱いをしていることについて自ら釈明している。その点につてはすでに触れた（本書，第2章b）。誕生は，誕生と死の「間」を構成する一つの終わり（端），その始まりの契機である。誕生が取り戻されねばならない。その始まりのときは，赤ん坊が生まれたときとする。それが彼の世界内存在の始まりであるからである[*10]。その始まりをより以前に求める議論があるのは承知しているが，ハイデガー研究には関係がないであろう。さてお釈迦様ではないから，私たちは誰も自分の誕生を覚えていると主張することはできない。それゆえ想起によって誕生を取り戻す

---

10) これが実存の立場からの先判断である。そうではなくたとえば受胎のときが一つの生命体の始まりとすることはできる。あるいは母体から離れて生存可能な胎児を考えることができる。胎児の生存可能性は大きく医学の水準に依存する。こうした問題は単に生物学的というより，人間的な事情を表す。中絶の是非のような論争問題を抱える。このような領域では一人称での私の誕生の問題は原理的に成立しえない。妊娠や出産は女性にとってむろん実存の問題になりうるが，常にというわけではない。アメリカでのこと，長い間植物状態で入院していた女性が暴行され妊娠し出産したというニュースが報道されたことがあった。暴行，妊娠，出産も当人の預かり知らないところで行われたことになる。赤ん坊が誕生するには，おそらく親族の意思と医師の同意，ひょっとしたら稀なケースにたいする医師の科学的好奇心と野心が働いたと思われる。このケースをみれば，子供は母親にとってまずはエイリアンに他ならない。一つの始まりをもつことが個体の条件であるが，その始まりをどこにみるかは論争があっても，生命は始まれば自らを貫こうとする。身体的，生理的レベルで母体は胚を養うが，初めから母性が存在しているわけではない。それゆえ育児放棄する母親（また動物のメス）がいても不思議ではない。

Ⅱ (a) 被投性と誕生

ことはできない。

それではハイデガーは誕生をどう考えているのか。誕生は,「誕生と死の間の現存在の伸張」(SZ373),あるいは現存在の事実的な「実存する全体存在」(ibid.),あるいは「〈生の連関〉」(ibid.)を獲得するという問題から顧みられる。「現存在の存在にはすでに彼の誕生と彼の死にかんして〈間〉がすでに横たわる。それにたいして現存在は一つの時点において現実的に〈存在し〉,その外では彼の誕生と彼の死という非現実によって〈取り巻かれている〉というのではない。実存論的に了解されれば,死はいまだ物在しないが到来する未済という仕方が死に固有であるというのではないように,誕生はもはや物在しないという意味で過ぎ去ったものではない。事実的な現存在は誕生的に実存し,そして死への存在の意味においてまたすでに誕生したものとして死ぬ。両方の〈終わり〉とそれらの〈間〉は,現存在が事実的に実存するかぎり存在し,そして現存在がその存在の根拠において関心として可能であるように,それらは存在する。被投性と逃亡的ないし先駆的死への存在の統一に,誕生と死は現存在的に〈連関する〉。関心として現存在は〈間〉である」(SZ374)。ハイデガーが誕生について述べたのは,ほぼこれに尽きる。ここから何が読み取れるであろうか。何よりも誕生は現存在が実存するかぎり働いていて,過ぎ去ってしまってはいないということである。「間」は関心によって成立している。それゆえ物在的なものではない。「伸張した自らを伸長すること」,すなわち現存在の生起(歴史性)は関心によって成立している。繰り返し「事実的」という言葉が現れるように,事実的実存の事柄であることが強調される。事実性ということから現存在が「生」であることも,ようやく表にでる。一方の終わり(端)である死について,「逃亡的ないし先駆的死への存在」といわれるように,「逃亡的」でもありうるのは,「逃亡」にはある仕方で了解があるというハイデガー一流の論法から理解される。

しかしこのような誕生の考え方はどのようにして可能になっているのか。そしてそれによって何が獲得されたのか。ハイデガーは「まず歴史性は純粋に現存在の時間性から〈引き出される〉」(SZ377)という。時間性の時熟形態は複雑であるけれども,関心の存在論的意味として

登場する「既在的－現前化的将来」(SZ326)を標準としよう。すでに触れたように(本書第2章f)，全集26巻を参照すれば，将来の自らへという動性が私の既在へと伸び，それを巻き取って現在へ戻るとされていた。時間性が自己本来的であるときは，現前化(現在)は，「瞬視」(瞬間)になる。時熟が非自己本来的である場合には，既在を巻き取らず，現在のところに止まる。歴史性の根本体制とされるのは，歴史性を導入した引用文(本書第3章Ⅰa)から定式化すれば，「先駆的－反復的瞬視」(SZ385)である。したがって自己本来的時間性と自己本来的歴史性は形式的に同じである。「瞬視」が首位となって強調されていることはあるけれども。それは歴史性は時間性が事実性に根を下ろした形であることを意味する。すなわち存在可能である現存在が，自己の誕生とそれを生じさせた一切を取り戻して現在の状況に向き合う。そこで引き継いだ可能性を投企して，私の生を形づくるとともに，世界に何かを造りだして歴史の形成に寄与する。誕生を被投的というからには，投げられた「ときとところ」と，そこにあった一切を地平として包摂するのでなければならない。時間性は当然地平的でもあるので，「それ以前」の地平が開示される。地平がぼうぼうとしているのはかまわない。私の内在的意識にとって，私の幼い子供時代は霞んでいて，まして私の誕生を捉えることは思いもよらない。しかしハイデガーはそのような意識分析に依拠してはいない。ハイデガーは歴史性を時間性から「現象学的構成の途で」(SZ375)導くが，地平が獲得されれば，地平の解明は可能である。どの程度までかは一概にはいえないが。重要なのは，投げられてあるとは歴史的世界のうちに，共同存在のうちへの被投性であることを思い出すことである。存在の開明性は「私」を場所とすることは動かないけれども，初めからそのことが自覚的であるのではない。すでにみたように，私はまずは「人－自己」である。私は世界内存在として物とかかわり，他人たちとのせめぎ合いのうちに人として存在する。ハイデガーのいう世界内存在は「頽落」を不可避な契機として含むのである。それはすべて私の実存の「地平」である。私の生の連関が把握されれば，それは歴史への通路となる。私の既在的生の地平の解明ということが明確であるかぎりは，歴史に携わることが被投性の背後に遡らないという原則に反することはない。被投性

Ⅱ (a) 被投性と誕生

の背後に遡ることを拒否するとは，人間の由来の自然科学的・合理的説明をとりあえず排除するという意味である。また創造神話のようなものも除く。

　ハイデガーの実存論的歴史性の構造は提示されたとして，多くの問題が山積しているので，解きほぐす必要がある。私たちは通常私たちの生を「誕生・成長・老化・死」と描く。ハイデガーはこのような仕方で生を扱わない。この順序は生の過程の自然的な記述である。この記述にはそれを基づける時間性が横たわる。ハイデガー的にはそれは第一次的なものではないが，時間性の時熟の変容によって了解できるのでなければならない。この過程は投企抜きに被投性を視野に入れるだけでは済まないし，時間性も考慮しなければならないが，まず被投性の襞をほどいてみたい。

　ハイデガーの実存論的分析の特徴を際立てることになるが，『存在と時間』では「生成」という観点は排除されているのである。そもそも最初の道具の使用のところで，たとえばハンマーを使用するとき（自転車に乗る，箸で食べるなどでも），それは習得されねばならない。しかし『存在と時間』の分析は習得には触れず，それが難なく遂行される場面を範例とする。しかし日常には多くの場合に練習して身につける過程があるが，言及されることがない。「誕生・成長・老化・死」の過程については，成長と老化が論じられることはない。したがって実存の予備的分析論は，本格的な「生」の分析ではないのである。子供は大人になっていく。被投的投企としてその過程は生成する（この形式的な意味での生成はむろん捉えられている）。この際，大人の側からの世話，躾や教育という働きかけがある。もし学びや教育のような問題に携わるなら，少なくとも一冊の著作を書かなくてはならないだろう。当然それは専念しなければできない仕事である。生まれて大人になる成長過程としての生成の問題にハイデガーは一般に触れない[11]。実は生まれ

---

11) 子供の成長を理解するには，三人称的に考察するばかりでなく（方法は主として観察と実験，解剖学的研究もある），どうしても二人称のかかわりが問題となる。自身の経験でも，研究でも，育児のような親密な接触がかかせない。なかでも言葉の習得という問題は人間論にとって大切な主題である。人間と言葉をもつことは等号で結ばれもする。個体の発生は人類の発生（生物の進化）をなぞるといわれるから，生まれたばかりの赤ん坊の場合がとくに注目されよう。実存の立場は「私」に定位するので，このような問題は苦手なので

たばかりの子供についてのハイデガーの珍しい言及を本書第4章生・生物（注2）に拾っている。

老化もまた，老いてなお獲得するものもあるが，能力・機能などを失っていくことが主として着目され，活動の範囲が狭まり，老人というものになっていく生成が関心の中心となる。『存在と時間』はむろん老いを取り上げない。こちらは一人称，二人称，三人称的に接近されよう。実際今日様々の立場からの老人論は花盛りである。老人が老人問題になったことが，極めて現代的である。老齢というものは，確かにある。それは共同存在のうちで階層を造る。日本は年齢による輪切りの顕著な社会である。日本の社会には外から文化を受容した経緯が幾度もあり，若い世代ほど早くそれを身につけ，順次上の年齢にも及んでいくが，時間差があり，長く浸透しないままだということもある。私が子供であったとき，お婆さんとは，小さく背が丸く，着物を着て，控え目で，優しく，民謡踊りを楽しむような人々であった。今どきそんなお婆さんなどいない。彼女たちは戦前の，さらには明治以前の生活様式をなお色濃く残していた[*12]。老年はこれまでの生き方（共同体の，

ある。正高信男『0歳児がことばを獲得するとき―行動学からのアプローチ』（中公新書1136, 1993年）は興味深い。このような主題に取り組むには著者自身が子供をもったことが研究のきっかけになったそうである。それまでヒト以外の霊長類の大人の観察を行ってきた経歴をもつ。新生児を対象にするので，母子を観察する。生まれたての赤ん坊は相当の能力をもっているようである。完全に受動的な存在ではない。生後2週間目の赤ん坊は，くちびるで母親に働きかけている。乳首を吸うという動作は，立派にコミュニケーションの役割を果たしている。吸う・休止のリズムによってである。生後2か月頃，クーイング（アーやクーの柔らかな声）を出し始めた最初のころから，音声に意味を与えている可能性が高いというのである。むろん母親はそれに応える。母親は似せた音でおおむがえしに返事をしてやるというのは，なかなか面白い。4か月ぐらいでは明らかにそれが母親の応答であることを理解するらしい。それゆえ著者は0歳児にも心と独自な認識世界を認めるのである。

12） 時代は昭和の日本のおばあちゃんを描いた映画がある。『ぼくのおばあちゃん』（榊英雄監督，2008年）である。主演の菅井さんは御歳82，名脇役として長く活躍してきたが，美人でないという理由で今回初めて主役に抜擢されたそうである。開き気味の脚でたどたどしく歩く歩き方，押しつぶしたような地声，深い皺の刻まれた顔にはじける笑み――それは昔の日本のおばあちゃんそのものである。むろん名女優の造り上げた造形である。
主人公の村田智宏は35歳，幼馴染の妻と7歳の息子のいる，住宅販売会社の営業マンである。自分の家族と家を販売しようとする相手の家族（幼い息子とおじいちゃんがいる。おじいちゃんの処遇に問題あり）という二つの平成の家族と生まれ育った故郷の，おばあちゃんのいた回想の昭和の家族を自在に切り替えて映像化する手法で構成されている。ロケ地に選ばれた故郷の町は愛媛県大洲市。瀬戸内海に面しなだらかな丘に囲まれた町で，丘の上に大洲城が立つ。小さな商店街と坂道，大きな柿の木のある瓦屋根のどっしりした，おばあちゃ

Ⅱ (a) 被投性と誕生　　　　　　　　　　113

んの家など，懐かしい風景である。父が早く亡くなったため，母が働き，智宏はおばあちゃん子。幼い日のおばあちゃんとの交流を中心に語られる。なかでもおばあちゃんは昔撮影所でかつらやちょんまげを結う仕事をしていたそうで，そのため智宏はちゃんばらが大好きで，ちゃんばらシーンがおかしい。大人が次々切られ役を買って出る。高校生になって，病に斃れ医者に見放されたおばあちゃんを母と一緒に懸命に看病した日々，そして死――おばあちゃんとのエピソードがつづられる。家族の誰もが，商店街の誰もが優しい。善良な人々ばかりである。平成の家族とのかかわりをとおして故郷への思いが募り，智宏は家族とともに長く離れていた大洲を訪ねる。柿の木のある古い家は元のままで，母親が一人で住んでいる。過疎化・高齢化が暗示される。声だかに何かを訴える映画ではないにもかかわらず，私たちの現代の共同存在への反省を迫る。

　こんな郷愁的な映画が人々の共感を得るのは，現代社会のうちで人々は喘ぎ，傷つき，生きにくく感じていることの表れに違いない。このような共同体は，格別野心的でない大多数の人間を相対的に幸福にするのだと思われる。子供と老人の居場所が確保されている。それゆえなんらかにその再生が必要である。しかし束縛を嫌い，また物質的豊かさを求めて壊してきたものであるから，簡単には再生はできない。かつての家族や親族はセーフティ・ネットの役割を果たしていた面はあるが，相当抑圧的でもあった。共同体の優しさと村八分体質は一体であった。また，優しい共同体を望むなら，大都会の暮らしの気楽さや便利さをある程度犠牲にしなければならないのである。

　また全く別の老人の物語がある。橋本治が長編小説『巡礼』（2009年8月，新潮社）を発表した。それはゴミ屋敷に住む孤老の物語である。2009年8月29日朝日新聞はその出版を紹介して，インタビューを掲載した。橋本は次のように語っている。小説は「思想性のない人の戦後を描こうと思った」，そして橋本いわく，「巡礼も徘徊老人も，私の中では同じカテゴリーの中にある。昔は年をとったら寺巡りなどをしていた方が自然で，いわば徘徊の上に神なり仏なりがいた。昔は徘徊も問題にならなかった。現代人は目的のないことに向き合うのが下手になっているのでは」と。私はその独特な冗舌体のエッセイを結構愛読している。

　さて，独り暮らしの老人がゴミに埋もれて暮らしている。周囲の住民は悪臭に悩ませられ抗議する。しかし彼は「ゴミでない」と主張して，頑として撤去に応じない。どうしてこんな事態になったのか，その半生が語られる。彼，下山忠市は終戦時中学一年生という設定である。商業高校を卒業し，荒物問屋の住み込み店員となり，やがて実家の荒物屋（瓦屋）を継ぐ。結婚するが，幼い子供に死なれ，妻に逃げられ，次の妻に去られ，両親も死ぬ。時代に合わない商売は廃業し，一人でその同じ家にゴミに埋もれて住んでいる。常に下積みの境遇だったが，小心で真面目そのものに生きてきた。忠市は，それでもかつては働いて一応自分の場所があった。しかし今はそれもない。ゴミを拾い集めるのはその空虚を埋めることだった。そう自覚していたわけではないが，彼は無意味を認めたくなかったのだ。出火をきっかけに老いた忠市はゴミを撤去して，長年没交渉だった弟と一緒に四国八十八か所の巡礼に出る。

　橋本治は江戸という閉じた世界で文化を爛熟させた人々のあり方を描き（『江戸にフランス革命を！』1989年，青土社），それに個の，自己の確立をぶつけた。それでもかつて人々は役割を演じ，秩序のなかで生きていくのは一定のときであることを知っていた。江戸の人々は巡礼の意味を知っていた，無意味の意味を知っていた。（その著作は『巡礼』のようなことを直接論じていない。）忠市は仕事がもう少し時代に合っていて，家族にもう少し恵まれていたら，ゴミを集めることもなかったろうが，それと訣別することもなかったろう。多くの戦後の日本人は，時代が新しくなるのにつれて，忠市ほど実直でもなく，もう少しインテリで，もう少し職業選択では自由であったかもしれないけれど，閉鎖社会にはめ込まれて役割を演じていることでは変わらない。その無思想性では似たようなものだ。とりわけ経済

そして個人の歴史）の延長線のうえにしかない。私自身日々老いを実感する年齢ではあるが、ジーパン姿で一人旅を楽しむ。日向で終日雲の動きを観ているより上等などとは決して思っていないが。老後の日々が悠然とした平穏な無為であれと願う。老いの果て，長生きをすれば誰もが迎える老衰となると別に考慮すべきであろうとは思うが，老いについては，これ以上立ち入ることはしない。

投企の側面を今は捨象しているが、投企によって成っていくもの，身についていくものは別個に考察されてよいのだと思う。生成して，身に付いたものがそれ以後生を規定するのは疑いない[*13]。さて，生成

的にさほど破綻が目立たない間は，それに気づかない。おそらくあらためて個として共同性を打ち建てて生き，しかしそれもかりそめのものであるという意識を持ち続けることが肝要なのだ。思想的作家・橋本治は時代を描いたが，風俗・世相という浅いレベルでそれを映したのではないのはさすがである。

13) その点に着目するなら、「習慣」という問題があるのだと思う。しかしハイデガーが論じているのでもなく，できるだけ被投性固有の問題に光を当てようとしているこの箇所で扱うのは適当でもないが，少し触れたい。それは行為的実存の補足である。ただし行為といっても，行為によって行為者が身につけ，行為者が形づくられる――それがまた行為の前提となるという局面にかかわる。習慣という問題に正面から取り組んだ，稲垣良典『習慣の哲学』（創文社，第二刷，1997年）を読んでみることにする。この習慣論はトマスの habitus を考察の中心とするトマス研究である。といっても日常経験から出発し，経験論系統の思想を射程に収める幅広い研究である。さて，習慣という語は「行動の斉一性，あるいは機械的な反復，さらには個々の人間の特有の行動形態」（同書7，以下頁のみ）と理解される。しかしそれとは違って悪癖から逃れることの難しさや練習による慣れの効用まで，「習慣が何らかのちからとして理解される」(8) 用例がある。その「ちから」を解明しようとするのである。習慣には「慣れること」（新しい環境や手段に）が含まれる。それを使いこなすことが「できる」ようになることがある。確かに慣れは人間を「自動機制化し，機械化」(12) する。しかし慣れは生活の中で有益である。時間やエネルギーを節約させる。慣れは受動的であるばかりでなく，「慣らす」という「能動的な面」(13) がある。慣れは繰り返しから生じるが，主体の側の能動性が要る。慣れることは「自己完成」(16) であり，「人間が自己を実現して創造していく過程」(16) そのものであるとされる。その本質は，「可能性の状態から何ごとかを現実になしうる能力の状態への高まり」(18) にある。

さて，習慣は意志と対立すると考えるのが自明となっているが間違いであると，稲垣はいう。何かを望ましいと思って実現しようとするとき，「習性がその前に立ちはだかって実現を妨げる」という経験から「意志と習慣の対立」(20) という考え方をする。しかし習慣は行為を通じて形成されるゆえ，「意志によって欲せられるのでなければ形成されない」(20) と主張される。（意志によらないものは行為ではない。）意志が何かを意志するとき，「習慣は終局に到達するための〈中間〉，有効な手段を手にすることであり，習慣の形成とはまさしくこのような過程を指す」(21)。稲垣によれば，これに反対するのは，「意志と呼ばれる何らかの（完成された）能力あるいは行為主体を前提した上で，それによって直接に意志行為がなされるとの立場をとる」(21) からである。「意志行為の直接の担い手はむしろ様々の意

について，投企のそれは別扱いとしても，偶然性ということが無視できない。実存にとってその一つは「病気」[*14]である。生命には病気（病い）はつきものである。内在的な原因が知られることもあり，また不摂生で自ら病気を招いていることもあろうが，それにもかかわらず，罹病というように，襲われるものだという思いを私たちはもっている。この出来事と過程が『存在と時間』に現れることはない。病いと闘病がとりわけ実存的な人間論の主題の一つであることは確かである[*15]。病む当人と家族などの看病する人々，医療の従事者を直撃する実存的

志習慣である」(21)。ゆえに「習慣の形成は本質的に意志の統御あるいは支配の機能を拡大するものであることを意味する」(22)。日常的な経験の場面で理解するかぎり，「習慣の形成とは，何事かを現実に為しうるような能力へと向けて，様々な可能性を統合・組織化していくことを意味するが，このように形成される能力は同時に行為の主体でもあると考えられよう」(26)。「意志するのは常に〈わたし〉であるから，習慣は経験的に捉えられるかぎりでの〈わたし〉であり，主体であるともいえる」(26)。日常経験を手引きにするここまでの分析を辿るのに私にとって困難はない。しかしこれは序なのである。

稲垣は，習慣が「それへと向って形成される終局」を問う。すなわち習慣の本質は「行為主体が行為を通して追究するところの究極の完全性との関係において追究されるべき」(28)なのである。「この究極の完全性を自然本性と名付けるならば，習慣が何であるかは自然本性との関係において問われなければならないことになる」(29)。自然本性と合致するものが良い習慣・「徳」，合致しないものが悪い習慣・「悪徳」(同書29) である。この著作はトマス論なのである。そこで習慣は次のような枠組みにおいて論じられている。すなわち「トマスにおいて創造 creatio という仕方で神から発生した理性的な被造物である人間が道であるキリストを通じて神へと還帰する運動として理解されており，習慣も，このような救済史の観点から理解された人間的行為の根源である……」(61) ということになる。

これから本論というところで，この習慣論とお別れする。創造による秩序を認め，神によるこのような自然本性的な意志の位置づけが前提とされれば，習慣を積極的に評価するのは容易であろう。私はこうした前提をともにすることはできない。実存の行為論は当然習慣を省みることが少なくないが，やはり事実的に習慣といったものがあることは無視できない。私としては稲垣＝トマスのような目的論的枠組みは外さざるをえないが，自己の存在と生涯の形成に習慣が大きな意味をもつことは同意できる。日常的であるかぎりのその習慣論を参考にした。

14) ハイデガーは，シェリングが悪を説明するために病気を持ち出したのをうけて，病気をこう規定する。病気は単に欠如として消極的なものではない。それは「変造，捻じ曲げ，逆転」という意味での何か間違ったもの (Falsches) である。「病気は単に妨げではなく，全現存在の全体状態を侵害し，支配する転倒 (Verkehrung) である」(Heidegger, Schelling: Vom Wesen der menschlichen Freiheit, Gesamtausgabe, Bd.42, S.248)。直接には悪の説明なのだが，病気の実存的理解となっている。なおシェリングについては本書第5章dをみよ。

15) 立川昭二『病いの人間史―明治・大正・昭和』(新潮社，第4刷1990年) は，樋口一葉，中江兆民，正岡子規，乃木希典，夏目漱石，松井須磨子，野口英世，竹久夢二，宮沢賢治，斎藤茂吉のカルテを開陳した。非常に興味深いというのは失礼だが，個性的な人物ばかりなので，面目躍如，全く大変な人間ドラマである。

な側面ばかりでなく，国の医療制度，医学の水準など社会的な多くの問題が含まれる。

　被投性にかんして最も重大なのは，生まれること自体も，どのような者として生まれるかも選ぶことができないことである。この現代に，日本の首都圏の片隅に，男あるいは女として，この両親（裕福で教養ある，あるいは貧しく無教養な等）のもとに，この兄弟のなかに，あるいは一人っ子として，特定の身体的特徴や能力・才能をもって，あるいは障害などをもって生まれることを私は何ともできない。私たちはそれを偶然のこととみなしていると思う。被投性とは共同存在への被投であるから，これらは他人との比較を呼び起こし，格差の源になる。これらのものは共同存在のうちで生きるために有利に，あるいは不利に働く。そこで偶然なのだから，共同社会全体の資産とみなして再配分しようとする考え方がでてくる。ロールズの「公正」のような主張である*16。自由競争，自己責任，自立を説くのはいいとしても，そもそも

16）　ハイデガーの思考がこの方向に展開することはない。しかし私としては無視できないのである。「公正としての正義」の原則は次のようにいう。「第一に，実践に参加するかそれによって影響を受ける各人は，すべての人々に対する同様な自由と相容れるかぎり，最も広範な自由への平等な権利をもつ。第二に，諸々の不平等は，それらがすべての人の利益となるであろうと期待するのが合理的でないかぎり，また，それらの不平等を伴っていたり，あるいはそれらの原因となりうる諸々の地位や職務が，すべての人に開かれていないかぎり，恣意的である」。特に第二原則が有名である。この原則は政策に生かされていくべきものである。不利な立場に置かれた人々に手当てをするという形になろう。このような目配りが常に必要であることを私は認める。ロールズのような社会的視野に重きをおく思想はその役割を果たす。ところでロールズの考える人間は自己利益を追求する合理的存在者であり，そのような者として活動的に自己実現していく。社会を構成するのはこのような人々である。しかし人間の存在はこのような平面に限られるとは私は思っていない。ロールズについては，岡田紀子『ハイデガーと倫理学』56-57頁を参照。

　また映画で恐縮だが（私は特に映画好きではない），『スラムドッグ・ミリオネア』（ダニー・ボイド監督，2008年。2009年日本公開）をみた。素晴らしい作品である。スラム街出身で文字さえ読めない青年が，テレビのクイズ番組に出演し賞金を稼いで百万長者になる話である。孤児となった少年とその兄がムンバイ（ボンベイ）のスラム街で成長し大人になっていく過程が，クイズ番組の進行と並行して語られる。スラム街の光景は圧巻である。その苛烈な生活ではその日を生き抜くことのみが問題であり，盗み，詐欺，売春，ときには殺人まであらゆる犯罪がその手段である。ここで道徳を説いても始まらない。人々は実に生き生きしている。過酷な生活のなかでときとして愛，優しさ，献身がきらめく。圧倒的なエネルギーと明るさがほとばしる。映画は一つの人間讃歌になっている。人間の新しい性格描写があるわけではなく，取り立てて哲学的作品とはいえないが――しかし私は映画評論をしたいのではない。このスラム街のような生活や少年のような境遇はとうてい放置できない。ロー

Ⅱ (a) 被投性と誕生

スタートラインが同じでないという異論である。

　これは「顧慮」の問題として扱うべきものだが，病気やロールズに触れたので，ここに考察を挟む。それは「代理可能性」の一つの補足である。神谷美恵子は，昭和18年，瀬戸内海にある国立療養所愛生園を訪ね，ライ患者の悲惨な実情をみて衝撃を受ける。まだライのきちんとした治療法もなく，戦争中のことでもあり，二千余名の患者たちは栄養失調で，無理な畑仕事などをしなければならず，毎日死亡者がでた。ライはその症状のおどろおどろしさゆえ最も恐れられ，忌み嫌われる病気である。ライ病者への偏見の激しさは現在とは比較にならない。神谷はそのときの気持ちを「らいの人に」という詩に表現した。

「なぜ私たちでなくあなたが？
　あなたが代わってくださったのだ」

　神谷は医専卒業後，個人的な事情もあって精神医学の道に進んだ。しかしライ患者への思いを忘れることはなかった。紆余曲折の後，昭和31年13年ぶりで長島を訪れ，それから精神科医としてライにかかわることになる*17。

　被投性は，生まれを選べないということを意味する。それとともに様々のものを背負ってしまうのも不可避である。人生において様々な人々と出会うことも，事故や事件に巻き込まれることも，難病に苦しむことも，生まれではないが，たまたま・偶然に打たれたという点では同じと思われる。個々の出来事には原因がありそれが判明しても，基本的にその事情は変わらない。しかしどの場合にも，一旦そうなった以上，なかったことにはできないが，それでも態度の取り方が様々であることは消えない。本書は「自由」という問題に狙いをつけていると私は表明した。投げられて様々なものを身に負ってしまうことについてむろん私の自由は存在しないが，「態度の取り方」は自由の余地を仄めかす。自由の問題は後に詰めなければならない。

ルズ風でも何でもよいからそれを解消しなければならない。しかし生活に困窮しない者がいうのは不謹慎かもしれないが，その過酷な生活を失うとともに失うものもあるのだと思う。
　17) 神谷美恵子『人間をみつめて』（著作集2，みすず書房，1993年，第14刷）。

ハイデガーは死の「代理不可能性」に特権的地位を与えた。それを核として個別的実存者は代理不可能である。神谷のライ患者の受け止め方は，全く別の，一つの「代理可能性」を示唆するのだと思う。共同存在を成り立たせる役割分担の代理可能性，機能を果たせるかぎり誰でもよいという代理可能性ではむろんない。さて，それは「顧慮」の一様態である。しかしあの「飛び入って，関心を取り去る顧慮」ではない。配慮されるべき何事かを代わりに引き受けて，それを手渡してやるのではない。配慮的存在ではなく，問題になっているのは，病者の存在そのものだからである。むろん治療や看護にも支配や依存の問題は生じるであろう。神谷はそれを十分知っているに違いない。ハイデガーの自己本来的実存の代理不可能性の強調にもかかわらず，「代理可能性」の感受性が共同存在において働く余地はあると私は思っている。被投性に含まれる不可避性と偶然性を重く受け止めるとすれば。たまたまこのような存在であるのとは別でもありえたと考えることを含意するから，私を私の存在に閉ざさせない。またこの顧慮は必ずしも関心をその人自身に返し与えることに反するわけではない。最も過酷な不運も，最終的には当人が受け止めなければ当人が救われないのである。（幼い子供や理解力が全く，あるいはほとんど欠如する者についてはこの言は通用しない。）したがって「代理可能性」の感受性は感受性として，他人が触れることのできない，または触れてはならないところは残る。代理不可能性の核は残るのである。実存の論者はそこを譲りはしない。その自覚をともなうかぎり，「頽落」と呼ぶのは不適切であろう。

　「代理可能性」の感受性によって他人へのある優しさは生まれよう。神谷のように実践できるひとは稀有であっても。この優しさは軟弱さではない。そもそも優しさは強者の美徳なのだと思う。本当に打撃を蒙って苦しみの渦中で弱っているひとにそんな余裕などないであろう。彼は「なぜ私ばかりがこう不幸なのか」と他人に八つ当たりするかもしれない。最近の「誰でもよかった殺人」はそうした絶望的暴発に他ならないだろう。そんな攻撃性を発揮するのではなく，ストイックに耐えるか，あるいはきちんと反撃すればいいのだろうが，そんなことができるぐらいなら暴発などしない。暴発といっても，彼らには実存

的個の意識が未開発のように思われる。（無差別の殺傷によって全能の快感を享受したと解釈する人たちがいるようだが，買い被りではないのか。）攻撃と反撃のスポーティな関係が対等な共同存在の基調になっていればよいのであろう。しかしそれは私たちの現実世界ではない。それゆえ人々はスポーツを讃える！　ただ仮そめの息抜きであることを知りながらも。そしてスポーツが最大の愚民政策の手段であるのは今も昔も変わらない！*18　あるいは，ある人々は不幸な者（本人も含めて）を救済すべく改革・革命を夢想し，または本気で実現しようとする。代理可能性からこちらの道もありうるのである。ハイデガーも一時は革命の夢想に捕えられたが，自由な相互存在の構築（本書，序章，「予備的考察」を参照）は神谷風の代理可能性を直接動機とするとはいえないであろう。駆けつけて他人の肩を抱くという直情的なものではなさそうだ。

　ところで，これまで当然のように偶然性の存在を引き入れて語ってきたが，偶然性とはそもそも何を意味するのか。私の生の過程（生涯）を完全に私の意図にしたがって形成したとすれば，偶然はない。あるいは何かがその過程を予め決めていて，変更が一切できないとすれば，偶然はない。しかしどちらも直感的に受け入れがたい。生の過程で私は様々な出来事や人物に出会い，そのつど大きくドラマチックに，あるいはほんの少し生の進路を変えるのだと思われる。このようなことは投企の契機を十分に吟味しなければ正確にはいえないが。私の誕生を偶然と考えるのは，私の父と母が出会い，結婚して私が誕生したからである。結婚するまで，二人は偶然を容れるそれぞれの生を関西と関東の離れた場所で生きてきたのである。（当人たちが運命の赤い糸で結

18）　スポーツについてのこの発言を半分撤回する。私はスポーツ好きではなく，スポーツの観衆の熱狂からは距離をとる方だ。とりわけスポーツ大会の国威発揚にはうんざり。しかし『インビクタス（負けざる者たち）』（イーストウッド監督，2010年日本公開）を観て，感動した。これはマンデラとラグビーの映画である。1995年，ネルソン・マンデラは南アフリカの大統領となる。彼は，一人の黒人を除いて白人選手だけ（ラグビーは白人のスポーツである），負けてばかりの弱いラグビー・チームを応援して，チームがワールド・カップの準優勝戦で勝利する場面に立ち会うまでを描く。白人のチーム主将との友情。選手の重量級の肉体がぶつかり，大観衆は総立ち――画面がはじけそうである。試合ではもはや白人も黒人もなく，観客，選手，役員，警備要員までの一体感が成立する。マンデラが狙ったのは，それだ。人種を越えた新しい国の建設である。そのとき試合には，少なくともその幻影は存在した。スポーツには一にする力があった――映画ではあるが。

ばれていたと感じたかは別問題とする。ときとしてひとがこのような主張をするのは，興味ある事柄ではあろう。）二つの生は独立である。それぞれに因果連関がある。ただその因果系列は予めコースが決まっていない。この因果関係をもう少し正確にしたい。ある日私は新宿のデパートで旧友にばったり出会う。その日には他に用事がないので必要な買い物に出かけたのだが，交通機関に支障がなく，その売り場にその時間に着いた。彼女の側も理由があってその時間その場所にいた。それぞれの場合に因果関係が想定される——行為は個々の人間に先立つ日常世界の秩序を前提し，またおおまかに通常こうすればこうなることを当てにして行われる。それが交差したのである。どちらの意図でもなかったし，途中でたとえば電車の遅延があればこの出会いは生じなかったので，この出会いは偶然といえる。行為は可能性を追っていくが，偶然が落ちかかれば，不可能性に転じることもある。そこで行為が別のものに組み替えられることも起きる。ところで外出の過程を辿り返し，その過程を見直そう。私がバス停へ急ぐ間に路上で一匹のアリを踏みつぶし，見知らぬ男性にぶつかって眉をひそめさせた，その他無数の出来事が実は起きていたのである。どちらの出来事もそれぞれの系列の交差である。私は私の関心から一つの物語をピックアップした。しかし私の存在をかすった出来事だけにかぎっても，こんなにエゴセントリックでなければ，一匹のアリの一生の物語，不注意な通行人にぶつかられた男性の物語等々無数の物語を描くことができる筈なのである。「一つの物」，「一つの事」の存立の疑わしさは措くとして，少しの変化も周囲に影響を及ぼすので，現実全体は相互作用のうちにあるのだと思われる。ただし因果関係において原因が結果を生じるのであって，結果が原因に作用することはないので，全体として時間的に前進する変化になるであろう。

　九鬼周造は，このような出会いの偶然を形而上学的次元に高めて「独立なる二元の邂逅」[19]と呼んでいる。あるいは「離接的偶然」であ

　　19）　九鬼周造「偶然の諸相」（『人間と実存』，岩波書店，昭和42年，第6刷，147頁）。九鬼はこんなことを述べる。「我々が日本人であるといふことは偶然である。我々はまた虫でも鳥でも獣でもあり得たとさへも考へ得る。虫でもなく鳥でもなく獣でもなく人間であることは偶然である。大海に潜む寿命無量の盲の亀が百年に一度その頭を出す。また唯一の孔

Ⅱ (a) 被投性と誕生

る。

　民族性や文化も被投性の大きな部分を占める。民族は今日，問題的な怪しげな観念とみなされる。(「人種」はまして怪しげな観念であり，私はそれに触れるつもりはない。)民族と国家が重ならなければならないということはないであろうと私は思う。とりわけ21世紀においては。ただしハイデガーの発想ではない。それはともかくハイデガーにとって民族性とは何より言葉の問題である。私がそこに生まれて学んだ言葉(母語)は，会話やその後の読書などを通じて私の感性や思想を形づくったことを私は認める。しかしその言葉が私をそのうちに閉ざすとは思わない。私が言葉をもつ存在であるゆえ，それが何語であっても，私は他の言葉を学ぶことができる。とはいっても，母語と全く同等にはならないであろう*20。それを尊重しないのは，間違っていると私は信じる。しかしこの態度はむしろ多元主義に導くのである。民族の名によって差別される小さな集団がその固有性を主張したいなら，尊重されて当然である。ただし国家としての独立といった話は，具体的な

ある浮木が海中に漂うて風のままに東し西する。人間に生まれることは，この盲の亀が頭を上げたとき，たまたまこの木の孔に遇うやうなものであるといふ譬は汲んでも尽きない形而上的な味を有っている。一離接肢が現実として眼前に措定されたとき，離接的偶然が一切の必然の殻を破ってほとばしり出るのである。原始偶然は形而上的遊戯の賽の目の一つである。原始偶然は「我」に対する原始的「汝」である。しかもその「汝」は先づ最初に「我」の中に邂逅する「汝」である」(同，152頁。漢字は改めた)。詩的表現が私を魅了する。九鬼は存在者全体，あるいは実在を視野においてこのようなことを述べている。それを驚嘆の眼差しで受け止めている。私の卑近な偶然の出会いの説明は，それを日常の行為連関のうちに根づかせる。そして平俗にする。九鬼のいう偶然性がどこまでハイデガー的かはオープンにしておく。ただし歴史を生起(Geschehen)から捉えることは，強く偶然性を容れるのだと思う。

20) ハンナ・アレントはハノーファのユダヤ系の家庭に生まれ，ケーニヒスベルクで育った。比較的自由な家庭であったため，子供時代にユダヤ人であることを意識させられることはなかったが，やがて反ユダヤ主義によってユダヤ人であることを意識させられる。彼女は民族帰属の意味では自分をドイツ人と思うことはなかったという。1933年頃には政治状況からユダヤ人への帰属が個人的問題となる。アレントは1933年にドイツからアメリカへ亡命した。亡命してアメリカで英語で著作したが，ドイツ語は特別であったと語る。どうしても英語では表現できないと思うことがあるという。それが「何が残った？　母語が残った」の意味するものである(『アーレント政治思想集成』1,「何が残った？　母語が残った―ギュンター・ガウスとの対話」斎藤純一，山田正行，矢野久美子訳，みすず書房，2002年。)アレントの場合，民族と言葉への帰属は分離してしまう。ものを考えることを仕事とする人間としては言葉が何より重かったわけである。多くのひとの場合母語と民族は一つであるが，常にではない。先住民族の家庭に生まれるとか，移民の二世である場合などは分裂が生じるが，それこそ被投性に属することであり，個人が選択できるような事柄ではない。

状況によるので，別問題とする。グローバリゼーションは不可避であり，地球の住人という意識は不可欠である。しかし，通婚して地上の人類が薄い褐色の人間ばかりになり，皆が英語を話し，皆がイスラム教徒になれば（その前に人類が滅亡しないとして），地球に平和が訪れるなどとは私は信じない。かりにそれが実現しても，人々はより小さい差異を理由に，また排他的集団をつくり，いがみ合うにきまっている。言葉の相違は伝達に不自由をきたす面はあるが，それがなんだ！ それは豊かさではないか。言葉の問題にはやがて再び戻ってくる。

　言葉の問題に触れたついでに（民族の言葉には無関係である），一般に生の連関にかかわる非常に重要な論点を挿入する。時間性の時熟のところでも，歴史性の時熟のところでも，ハイデガーはそれとしては述べていないのだが（いうまでもないことなのであろう），そこに具体的な実質を繰り込んで考えるときには，言葉の分節作用，ないし了解・解釈が入ってくるということなのである。生の連関（生の生起）においては，私の行為は可能性で・あ・ることを基本とするが，それは一つの可能性を摑む，つまり了解・解釈することから動きだす。解釈とは「として」の分節である。時間性のどの契機でも解釈の「として」が入ってくる。将来，つまり可能性の到来を目指す場合，たとえば二級建築士が一級建築士の試験を受けることは，むろん一級建築士と・し・ての可能性を到来させるべく受験する。その資格を得ることによって，これまではちょっとした仕事しかできなかった制限を突破し，一層規模の大きな建築を手がけることができるためである。現在については，見慣れたものに取り巻かれた私の周囲（自宅，作業場，オフィスなど）は，潜在的な「として」の世界である。関心に応じて「として」の連関が顕在化する。先駆的決意性では，世界は別の相貌を示す。

　とりわけ私の既在の取り戻し（反復）は，「として」を考慮して把握されなければならない。自己本来的時間性の時熟に含まれる既在性（＝あ・ったところのもので・あ・る・こ・と）は当然自覚的なものである。それは私・の・こ・れ・までの全存在は私のもので・あ・るという確認ではあるけれども，自分の生の軌跡において自分の存在を決めた節目となるような契機と日常茶飯事とがやはり区別される。したがって自分の個別的行為・態度や出来事について「として」的解釈の変更はあると考えられる。これま

で知らなかった事実を知ることがきっかけとなることもある。ごく日常的な例をとれば，そのとき仕事がうまくいかなかったのは上司の裏切りのせいであった「として」，あるいは上司のせいにして恨んだが実は自分の無能のせいであった「として」，という解釈の変更が生じる。私の生の過程は別の連関をみせる。あるいは何も新しい事実の発見のようなものがなくてもよい。アウグスチヌスのようなひとなら，回心の後には過去のなんでもない小さな行為に新たな意味が見出される。私の生の連関の把握は，いわば物語の再構成なのであって，それは常に行われうる。私の既在の取り戻し（反復）はこのようなことを含むと私は考える。この「として」的解釈の変更が重要なのは，たとえば「過ちは繰り返しません」という不戦の誓いや自分の行った行為への謝罪といったものへ導きうるのであって，それはそのまま現在の態度決定につながる。ときには私の生き方を一変させるかもしれない。ベルクソンのような連続的な生の強調とそれに乗った自由論（本書第5章 a を参照）にたいして，ハイデガーの場合不連続をより強く組入れているが，その強みはあると私は思う。その違いは結局言葉の哲学者であるかどうかなのであろう。さて，私の生の連関について以上のことがいえるばかりでなく（むろんそれが優先的である），親しい他人の生でも，歴史において際立った役割をする人物たちでも，国民・国家が単位となる歴史記述でも同じである。それゆえ歴史は常に書き換えられうる。常に私たちの地平は有限であるし，知りうることも限られているから。ハイデガーの「反復」の概念がこのような意味であることは私の解釈であって，表明的に語られてはいない。

　（b）投企と生の連関　　個的な生の連関（生の伸張）を形づくるという問題については，すでに基本的なところは検討し終わっているのだと思う。ただこの節では視野が歴史的世界であることに改めて光が当てられる。したがって私が投企する諸可能性は伝統から継承したものであることが強調され，歴史的状況のなかで実存者は行為する。配慮の実例としてハンマーを握って家の板壁を補修する場面を考察した（第1章 d）。そして投企の項では（第1章 f），了解と可能性の実現を論じた。そこに戻って議論を精緻にする必要がある。行為論的な捉え方は

控えるようにしたが，配慮には有意義性による目的と手段の関係（裏として因果性の問題）が含まれる。自らの存在可能のために何か（壁の修繕）が意図され，実現され，嵐にたいして私と家族の安全がとりあえず確保される。投企のところでは，了解と可能性の実現（そこには計画，計算，予測，可能性の選択，決意のような契機が介在するのだが，十分精査が済んでいない）が検討された。こうしたそのつどの行為の積み重ねが，私の生の連関を形成していく。ところでハイデガーにおいては自己本来性と非自己本来性の区別が問われなければならない。しかし物でもなく，動物でもない人間のあり方という意味で一般に実存に属するものを（頽落的であろうと，なかろうと）明るみに出す試みが可能である。ハイデガーはまずそうした構造を提示することから始めた。それにたいして敢えて実存であること，実存的実存というべきものは区別される。そこで私は一般的に実存をまずもう一度考察する。

　嵐に備えるためハンマーを握って家の板壁を補修している場面に帰る。そこには「何かのために何かをなす」，すなわち特定の目的のために（釘を打ちつけるため），手段となることをなす（ハンマーで打つ）という目的論的な構造がある。壁の補修が完成するという目的に向かって，最初に必要な行為を見極めて着手され，必要な行為が次々になされる。それらは結局私の存在可能のために，つまりとりあえず私の存在の安全を確保するためになされる。（こちらは究極目的性と呼ばれる。）ハイデガーはもっぱら行為の目的論的連関として描いているけれども，その連関は因果関係に翻すことのできるものである。つまりそれは私の行為の連鎖であるが，それは同時に世界のうちに物が生み出されたり，ある事態が成立したりする過程でもある。この構造はすでに第1章で提示された。

　目的論的記述が因果の関係に捉え返されるという点をもう少し考えてみよう。それとともに因果関係を少し吟味したい。私には行為を「因果論」として構築するという意図は全くないのだけれども。ハンマーで打つこと（原因）が釘の打ちつけられた状態（結果）を生じる。ハンマーを握って振り下ろすとき，私たちはそれを承知して行っている。しかしそのような了解はどこからきたのか。日頃，雨が降れば地面が濡れるといったような無数の事例を観察して，多くの身の回りの出来

事について大体の規則性を理解しているのであろう。しかしそれがさらにどうして可能にされるのか。何かに続いて何かが知覚されたからといって因果の関係があることを保証しないという議論は古典的なものである。それは実践的な行為から生じているのだと私も思う。自分の動作で世界に働きかけ，自分の動作で世界の一部を変えたりできる，そんな身体を介しての世界との能動・受動のかかわりにそもそも因果の概念の故郷があるという見解[*21]に私は同意する。事物の世界では一つの何かというものの存立が怪しいかもしれず，したがって何かの原因が何かの結果を生むという観念は擬制であるかもしれない。しかし何かの行為をする，つまり行為者は一つの動作によって何かを始めることができる。ここには直接的確かさがあると思われる。

　私は歴史的世界のうちに投げられて，すなわち先人たちが形づくった有意義性の連関のなかで言葉を学ぶことと同時的に物や人々との付き合い方を心得るようになる。このなかで私は実践的に（その延長線上に理論がある）生を営む。その行為論的側面は別のところで論じたので[*22]省略したいが，私は次々に行為をし，また並行的にいくつもの行為を行っていく。この全体が私の生涯を造る。ちなみに行為の方が仕事より広い。コーヒーを淹れて飲み，ぼんやりテレビをみるのも行為だが，仕事とはいうまい。仕事では行為によって作り出される成果（物やサービス）が目的とされる。多くの場合報酬が支払われる。仕事は多くの場合，生涯の主要な部分になる。仕事論，労働論は別個に扱う必要のあるテーマであろう。なお，労働は第3章Ⅱd「民族」のところでもう少しはっきり姿を現す。

　行為の時間的構造の考察をもう少し正確にしたい。配慮は「予期的－保持的現前化」の時間性に基づくとされた。配慮の時間性なので，

---

21) 黒田亘『行為と規範』日本放送出版協会，昭和60年，56頁。踏み出す一つの動作が強調される。「あいつを殺してやる」と思っても，ずっと椅子に腰かけたまま指一本動かさなければ世界に何も始まらない。したがってそんな心的内容に原因の資格を与えるのを拒んでいる。

22) 岡田紀子『ハイデガーと倫理学』25-27頁。黒田亘の図を借用して，人格が目的を立て，目的に至る手段の系列（M_1-M_k）をおく。手段の系列と行為の系列は並行する。この構造が一つの行為の統一を造る。これが意志行為（ないし意図行為，むしろ端的に行為）の構造であって，行為でない「しゃっくり」のようなものと区別させる。行為によって世界に何かが生み出され，私はその行為の結果に責任を負う。

当然世界の方へ向いている。これはこの時間性のより明確に分節した形，つまり「配視」を際立てた形に展開される。ハイデガーはそれを「語りだされた時間」と呼ぶ。語り出すとは，世界へ語り出すのである。「配慮的計算，計画，処理，予防作用としてそれは，常にすでにこういう，声に出して聞こえるかは別として，〈その時には〉それが起きるはずだ，〈その前に〉あれが片付くはずだ，〈あの時には〉不成功で取り逃がしたものは〈今〉とりかえさなければならない，と」(SZ406)。「〈その時には〉では配慮は予期的に，〈あの時には〉では保持的に，〈今〉においては現前化的に自らを語り出す」(ibid.)。分析が「今時間」の導出の途上にあるのは度外視して，この時間性を少し精査しよう。「計算，計画，処理，予防」は当然，何かを実現しようとする具体的な一連の行為によって体現される。したがって配慮なのであり，道具連関のうちで動いているが，物ばかりがそこにあるのではなく，他人の姿が顕在的に，あるいは潜在的に加わる。また世界の出来事の連関と行為の連関は完全に撚り合わされている。さて配視のこの記述をみれば，行為はまだ開始されていないようにみえる。行為の開始という問題が一つある。行為の選択のところでこれらの「考慮」(配視)は働くであろうし，またそのつど変更なども必要であろうから，行為の最中にも働くであろう。こうして行為が何かを実現すれば，あるいはそれに失敗すれば，どちらにしても周囲に結果を及ぼし，私の存在は多少とも違ったものとなる。ここでは倫理的な観点はまだ言及されていない。しかし行為の選択や手段の選択に倫理的考慮や評価はつき纏う。その行為をする理由の方は，よいと思うから，義務だから，ひとが褒めるだろうから，面白そうだから等であり，これも分析が要ろう。手段には目的合理性が必要であり，適切，不適切，効率的，容易等の評価がされ，しかも程度の比較が可能である。計算，計画，処理，予防は，単に行為論的に，あるいは倫理的に行為を考慮する場合にも現れる。こうして生の連関は形づくられる。関心から発していて全く実践的である。ディルタイの生の連関，有意義性の連関が何と静観的にみえることだろう！　まだ問題にすべきことを拾ったばかりであるが，今は時間的な側面を追いかけようとしている。

　この「語りだされた時間」によってより具体的に私の生の形づくら

れるさま，その「伸張」が捉えられる。私は何かを実現しようとして行為し，実際に実現し，私の生を一つの方向へ進ませる。常に既在を取り戻しつつ（あるいはときには捨てて）生きる。このようにして生の軌道を描く。生きている私にとってそれは未完結であるが，ある年配になれば多少とも懐古的に感慨とともにその軌道が見えるであろう。

　ところで私たちは複数の異なった時間を重ねて生きているようだ。時間は大きな問題なので，今本格的にそれに取り組むことはできない。しかし「誕生・成長・老化・死」を含む「生涯」が，19‥年に生まれて，19‥年に小学校に入学し云々と履歴に書けるためには，時間ないし時間性の名において考察されたものをどうしても一度整理してみなければならない。大雑把なイメージを喚起するだけでよい。さて，ハイデガーのいう「今時間」は「無限の，過ぎ去る，今連続」である。今時間についてはすでに本書第2章 g の最後の部分で論じたことを思い出していただきたい。復習も含めてこれを具体的に歴史的世界で生きられる様態でもう一度考慮しようとしている。さて履歴を書くのだから，過去から将来へと進む直線でイメージされる今時間に従って書かれるであろう。今時間は今の連続であるから，幅をもたない。それゆえ実在的なものではないであろう。しかしその身分はなお不確かである。今には何事かが生起するか，何かが現前している。実際はこの今には多くの物事が生起し，多くのものが現前するが，それらは同時的である。すると「今」は帯のように幅があって，最も広くは，現時点の実在全体に及ぶ。この時間は実在全体に属する時間である。実在全体が流れ滑っていくのである。といっても列車は動かない風景のなかを走るから，進むといえる。時間が実在全体に属するとすると，外に動かない何物もないので，時間そのものが流れる，進むとは表象しにくい。このような難点はただちに気づかれるが，私向きの主題ではないので，この指摘だけにする。それに実存論的探究にはその点を突き詰めることがぜひ必要なわけでもなかろう。

　ところでハイデガーは「今時間」を配慮の時間性から，つまり配慮がみてとる「存在者が時間のうちにあること」，「内時間性」から派生させた。直接には，時計の針の進行を数えることから導いた。時計は，太陽の運行をなぞる。ぐるりと針が一巡するのが一日である。太陽の

位置によって人間は一日の生活を決める。正確な時間を計る必要が生じるのは，共同存在として猟に出かける時間，集会の時間等を了解し合わなければならないからである。また太陽の運行は季節を造り，一年の周期を造る。すると一日がその期間にいくつ含まれるか計算することになる。そして過ぎ去った日々，これからの日々をとおして日々が連なり，年が連なると考える。（むろん原始的には日々や年月の連なりはこんなに抽象的ではなく，父祖のかかわった大きな出来事の起きた飛び飛びの連なりとして表象されるのではあろう。）そして今日が何という日の何時であるかいう必要を，また過ぎ去った日々，また来る日々を名づける必要に迫られる。暦法の制定である。暦法は為政・支配のためにはどうしても確立されなければならない。度量衡のようなものの制定も同様に不可欠である。暦はローカルでありうるが（日本の年号など），地球が人間の活動場所と考えられる時代では一つの暦法が必要となり，したがって有力な西暦が採用される。時刻も標準化される。（それでもローカルな時刻が不可欠なのは，日常生活において人間は太陽の運行から離れられないからである。）これでようやく私が 19‥年に生まれ，19‥年に学齢に達したなどということができる。Aの生涯は一直線の時間のうちで，この時点からこの時点まで，あるいは18‥年誕生，19‥年没と記述することができる。過去の出来事はすべてこの時間のうちに配列される。太平洋戦争は1941年に始まり，1945年に終わったということができる。年代記・年表が可能になる。さらにいわゆる歴史的世界を越えて人類の歴史を追いかける。さらに化石がみつかると，人間世界を越えて人間の「年」を延長して，何万年前のものであるなどと判定する。自然史が人間の時間の尺度のもとで記述される。宇宙の生成のような話になれば，それだけでは足りず，さらに大きな時間の単位が設定される。

　以上のように，ハイデガーは時間性の時熟から今時間を導出したが，ディルタイの体験の時間（フッサール現象学の時間も）はどこにいったのか。ハイデガーの脱自的－地平的時間は，現象学的時間をラディカルに摑み直したものに他ならない。ディルタイのような時間は，いわば自然な反省の時間であって，自分の体験を振り返ってみれば，誰でも納得する。今を原点として，想起によって過去へ，予期によって将

来へと続いていく時間である。今時間は（幅があってもなくても），ただ黙々と過ぎるのみであろう。しかし時間は私の生の時間であれば，どうしても私の「今・ここ」という形でそれを原初的に摑むところがなくてはならない。大変駆け足であるが，以上のように「時間」を展望したので，私は歴史的人間として存在し，また歴史の記述ができ，さらに人間の時間の尺度のもとで自然史にも手を伸ばすことができる。それゆえこの舞台を飛び回り，歴史的具体的場面で，自己本来的実存，また非自己本来的実存を，様々な角度から闊達に主題化できる。

　再び実存的な行為連関に帰る。本節は「投企」に，投企的に自らの存在を形づくっていくあり方に，光を当てようとしている。さて，投企は可能性の投企である。可能性は複数である。それらは相続されたものである。その諸可能性は共同存在のうちで可能とみなされている事柄である。また自分史のうちでの可能性である。たとえば旅の途中で，花情報や特別展のポスターをみて出かけることを決めることがある。その情報をそのとき初めて私は得た。ある知識を現在所有するかどうかは，これまでの私の生全体に依存する。知らないこと，全く不可能だと思うことを企てることはない。未知との遭遇を求める冒険も完全に無限定ではなかろう。

　さて，投企は継承された実存の可能性の反復である。それは父親の事業を受け継ぐこと，先輩の始めた砂漠の緑化に加わること，日本の伝統を受け継ぎながら新しい焼物を作ること，歴史学的研究や自然科学の研究でもありうる。そこに革新があって当然である。しかしこれらは一生をかける大きな企てである。こんな目標に直接かかわってもそうでなくても，私たちは日々可能性に対処する。この可能性しかないという風に一つの可能性が浮かんで即決ということがある。長く可能性について熟慮しなければならないこともある。先ほどの「〈その時には〉それが起きるはずだ」は行為的には，こうして，こうして，こうして，である。出来事としては，こうなって，こうなって，こうなって，である。一つの可能性を実現するための計算は，こういうものであろう。出来事の連関は明らかに世界のうちでの因果の予測である。『存在と時間』の分析で因果性の場所は指定されている。それは一応規則的なので，それを将来の方へ延長して予測する。様々な分野で予測

によって将来の不確かさを克服しようとするのは、私たちの生の基本的な部分である。しかしある程度は当てにできるが、完全にとはいかない。ハイデガーは「物在者にこれまたはあれが〈起こる〉という偶然性」(SZ143)という意味での可能性を認めているのである。「存在者の全体」という意味での「存在的概念」としての「世界」(SZ64)は、動きのうちにあるから、相互作用のうちにあるのであろう。一つの物というものの存立の怪しさは問わないとして、何事かが成るとすれば、近接するものどもから影響を受けたのであり（それらはさらに近接するものから作用を受けていた、等々）、またこの何事かの成立は周囲に影響を与えることであろう。そして世界は全体として変化していく。因果の系列のようなものが系列としてあるのかは分からないが（つまりその系列を辿る者抜きに、という意味であるが、そのような議論には立ち入らない）、実践的には物事の因果連関を当てにしている。それをベースに私たちは偶然に何かが起きることをやはり認める。崖が崩れて道路を走っている車を土砂で埋めたとすれば、崖崩れには原因があるであろうが、車が巻き込まれたのは偶然とみなす。車がそこを走るのにも理由があろう。車がその地点に達するまでには因果系列が想定できる。しかし崖崩れとその時間に車がその道路を走っていることは、一応独立の系であろうからである。

　ここでついでに、「お告げ」や「予言」という問題をちょっと考えてみたい。阿波の民話に「お亀千軒（かめせんげん）」というお話がある[*23]。むかし徳島の新町川の河口から一里ほどの沖にぽつんと一つ、亀が浮かんでいるようにみえる島があった。魚が多く、島には多くの漁師が住み、またよい港があって賑わい、「お亀千軒」と呼ばれた。島の中ほどに大きな洞穴があって神様をお祭りしてあった。洞穴のまえにはちょうど狛犬のように鹿の銅像がおかれてあった。この洞穴の近くにたいそう信心深い爺さんと婆さんが住んでいて、毎日お参りをしていた。ある晩の

---

23) 『阿波の民話集・お亀千軒』（絵・文，飯原一夫，1989年，教育出版センター）。ある日のこと、橋本図書館で私は「昔，こんなストーリーの童話か民話を読みました。表題も作者も覚えていないのですが，それをみたいのです」と館員の方に相談した。「探してみましょう」といってくださって、何と本当に見つけ出して、しかも他の図書館から本を取り寄せてくださったのである。全く感謝に堪えない。私はパソコンを使って執筆しているが、初心者の腕前で、こんな検索などとてもできない。

こと，夢枕に神様が立った。「爺と婆よ，もし鹿の面が赤くなるようなことがあれば，この島が海の底に沈む前兆であるから，一刻も早く島を立ち退き，難を避けよ」といわれた。二人とも同じ夢をみた。二人は毎日お参りして，鹿の顔をみた。やがて島中の評判になった。ところが一人の無鉄砲な若者がいて，夜中に鹿の面を紅殻で真っ赤に塗った。爺さんと婆さんは驚いて，島中を回って知らせた。あわてて島から逃げ出す者たちもいる。それを信じず，残った者もいる。島から船が徳島の海岸にたどり着いたとき，島は海の底へ沈んでしまった。「お亀千軒」の言い伝えには，銅像の顔を海賊たちが赤く塗って島の人々を追い出して，これで仕事が楽にできると喜んで酒盛りを始めたら，とたんに島が沈んだというのもあるそうである。

　私が昔読んだのがこの飯原バージョンであったのかは定かではないけれども（狛犬の目を若者が赤く塗ったと記憶していた），話の筋はこのようなもので，それを読んだとき（いつ読んだのかは覚えていないが，中学生ぐらいだったのか？），戦慄を覚えた。もちろんその意味を詮索しなかった。しかしこの話は心に残ったのである。それは何だったのだろうと考える。日頃暮らしている生の平面に異なる何かが掠めたという感覚だったのかもしれない。元に戻るが，赤く塗られた鹿の面と（またはそれを赤く塗ること）と島の沈没には通常因果関係は認められない。ここでは鹿の赤い面と島の沈没は指標の関係にある。しかし黒い雲が嵐の前触れであるようにではない。黒雲と嵐の間には因果的背景がある。さてこれはお告げ，あるいは予言であるから，赤い面はまだ起きていないことを指す。神様はここに因果関係を設定することができる。この指標関係を設定することができる。このお告げは，爺さんと婆さんの信心に報いるものとして与えられた。この指標を与えて，災難を逃れることができるようにした。面を赤く塗ったのは，敬虔でない，悪戯好きな若者であった。神様は不敬虔な人々を懲らしめるべく，島を沈ませることを決めて，ボタンを押すために彼を用いたのか。神様は人間の心をこういう形で用いうるものなのか。若者はその行為をしないこともできたのか*24。

---

24) 神様の干渉はどのようなものでありうるだろうか。バーナード・ウイリアムズは

ホメロスの人物は自分で決定することができない，それゆえ行為の主体ではないという論者（進歩主義者）に反論する。したがって古代ギリシャ人と現代人は全く違うという主張に反論する。ウイリアムズはテクストの読解に基づき，論証を繰り広げる（Bernard Williams, Schame and Necessity）。ウイリアムズはホメロスや悲劇の登場人物を多数取り上げて論じるが，私は薬籠中の物とはいえない名を挙げるのはできるだけ控える。そして私の民話の若者の例にとどまる。ウイリアムズを参考にすれば，神々（神様）の干渉は，三とおりでありうる。一，若者を連れてきて鹿の面を赤く塗らせる。二，彼の心に作用する（そんな気にさせる），三，行為に理由を与えて，そうさせる。ゆえに彼はよいと思うことを決定するので，決定はある。さて，一のようなことは，つまり物理的強制はなかった。三は問題にならない。神様の警告を馬鹿にするような行為は，よい理由づけでないだろうから。二であるとして，神様が自分の予定を実現する手段として神に逆らう気持ちを起こさせるとすれば，底意地の悪い神様であろう。しかしこれはむろん可能である。（この干渉にかんしては，とりわけ前掲書第2章28-33頁。以下引用では頁数のみを記す。）

　問題は，行為のある必然性である。彼はどうしてもそう行為してしまわなければならないという必然性をどう考えるかである。この軽薄な若者はあまり例として適切でないかもしれないが，正気ならしないが，何か心を狂わされて行ってしまった。それが神様によってもたらされたとしよう。（狂気に神的影響をみるのは，ギリシャに限らないだろう。）「私たちが世界を説明する仕方」ではない，つまり自然的因果関係でない，「ある種の必然性」（131）をウイリアムズは考察しようとする。ウイリアムズの例は，アガメムノンが娘を犠牲に捧げる場面である。「激しい狂乱が彼を征服した」，「心のこの状態で彼はこの犠牲の行為を行った」（132f.）という。しかしそればかりではない。彼が実際そう行為するには，自分の血筋から（祖先の行いからくる）それをなさねばならないという自覚や戦闘の状況の見極めもあり，直接的な宿命論があるわけではない。たしかに神的目的は働く。この「超自然的必然性」は，悲劇の筋の構成にとってどうしても必要という面もあるそうだが，それは私の立ち入れる領分ではない。多くの者はそんなに固くその必然性を信じないかもしれないが，またギリシャ世界においても時代が新しくなるにつれてその信念はうすれるとしても，感受性はなおあるであろう。民話の単純な若者にはそんな高度の葛藤は無縁だが，神の干渉が機能するのは，彼の軽薄な性格と全く無関係ではなかろう。それゆえ彼を誘えるのである。古代の人々の心と行為は現代からかけ離れているわけではない。

　神的（超自然的）必然性と人間的自由には密接な関係がある。「超自然的必然性のもとに生きることは，ある力のもとに，つまり特定の手段を典型的には用いない力のもとに生きることである。超自然的必然性の世界が去ったとき，このことはそのかぎりで人間を自由にする」（151）。自然的秩序のみが残され，人間の欲望や行為もそれによって説明する。つまり「宇宙の構造には，人間の意図し，決定し，行為する力を否定するものはない」，そして「責任をとる」（152）ことを否定するものはない。「人間は形而上学的に自由」（152）である。しかし目的のある，先制的な性格がなくなるのだから，失ったものは大きいとウイリアムズは考える。ただし「私たちの自由にたいする真の障害は，ジョン・スチュワート・ミルが言ったように，形而上学的ではなくて，心理学的，社会的，政治的である」（152）。とりわけ「他者の力」によって強制（必然）はやってくる。こう認めることは，ウイリアムズが進歩主義者（近代主義者）になったことを意味するのではない。逆である。後者のような人間の洞察はむしろホメロスやアルカイックなギリシャの方に十分あると考えるのである。それにたいしてウイリアムズは「のっぺらぼうの道徳的自己（featureless moral self）」（160）を批判する。自分が背負わされてしまったものや「性格」といったものを重視するかどうかでもある。ウイリアムズの表現ではないが，それは結局倫理学が形式主義を採るか（カントが代表とみなされる），実質主義を採るかという対立である。ただしこれはウイリアムズが念頭に置く対

ここで「決意」という契機を考察する。決意することは一つの行為である。今何事かをしようとしてあれこれ可能性を探り、実行をためらったあげく、決意する[25]。そこに至る過程がある。うながしのようなものがあり、それをハイデガーは「良心の声」として問題にしたのだと思うが、決意というからには、すんなり移行するのではなくて、飛躍があるのだと思う。この可能性を引き寄せることを選ぶというか

立をまだ深く掬い取ってはいない。「オリンピアのひと・ソフォクレス」のように、人間は宿命に委ねられている、しかも人間は「彼らの世界に調和していない」と考え、また「実証主義者・ツキディデス」のように「合理性が偶然に犠牲にされる」と考えるか、それとも人間の理性とそれが成し遂げることを信じることができるかという対立なのである。彼らに対しては「プラトン、アリストテレス、カント、ヘーゲルもみな同じ側にいる」(163)というのである。（彼らの間に形式的か実質的かに程度の差はあっても。）しかしウイリアムズは、失われたものをもとめてノスタルジーから古代に帰ろうなどと主張しているのではない。現代私たちの存在は明るいどころではなく、見通しが利かない力に翻弄されているのだから、古代人のあり方、人間理解を、私の言い方ではその悲劇的センスを学ぶ必要を説くのである。
　私はここでこれ以上倫理学論議をするつもりはない。最後にハイデガーについて一言だけ述べれば、ハイデガーの「現存在」の考察（『存在と時間』）は形式主義的である。しかし『存在と時間』においても、それ以降なら一層、被投性における偶然性や有限性への眼差しは欠けていないと思われる。

　25）「意志」がどこで語られるかは難しい問題である。しかしここには確かに意志があると思われる。困難は一つには「欲する」という語の意味が広いからである。空腹を覚えて食物を欲しても、「欲望」であって、意志とはいうまい。しかし意志が特記できる場面はあると思う。「お腹がすきましたか」という問いはしばしば相手の食事に出かける意志を尋ねるが、「ええ、とても。でもこの仕事を片付けてからにします」という返事は十分ありうる。「私はこうする」と決意して行うところには意志があり、道徳の問題を考えるとき、こういう意志は不可欠である。そんなにはっきり意識されなくても、私がしていること、したことを知っているところでは、準じて意志の存在を認めるべきであろう。（実存は漠然とではあっても、自分のしていることを知っているはずである。ハイデガーは「意志」を剥き出しで語ることはないけれども、存在することは存在しようとすることであって、Um-willen と Worum-willen の契機を隠しているかぎり、意志・意欲を秘めている。）ただししたことを知っているといっても、脅迫されて行ったのなら、当人の意志でも、当人の行為でもない。また不作為という問題がある。「不作為」（法的定義は知らないが、しないこと）の責任が問われることがある。誰かが倒れていて助けるべきところを急いでいるからと通り過ぎるなら、この「しないこと」には明らかに意志がある。それゆえもしそのひとが亡くなったりすれば、責任がある。通常すべきだとされていることで、知らなかったから、または気づかなかったからしなかった場合には、意志はない。しかし責任については微妙である。まともな大人なら、当然知っているべきこと、または気づくべき事柄なら、全く責任がないとはいえないだろう。ただしこの責任を追及するのは、一律にはできない。「まともさ」も簡単には決まらないだろう。外的強制もなく、知りながら行っていると認められる場合には当人の意志行為にするという、この意志と行為の接合は、法と連動的に責任を考える場合であり、日常的共同存在はこのような仕方で規制されるしかなかろう。ここでは行為に現れない心情は問題とされない。

ぎり，可能性であるのだから，百パーセント確かということはない。この飛躍と不確かさゆえ，実存の投企にはやはり自由は存在するのだと私は考えている。しかしそこに本当に選択することが存在するのか疑いうるかもしれない。そうせざるをえないのだと主張する人々はいよう。(なんらかに決定するものが働いている。)むろん私の前にある二つの可能性(簡単にするため，二つということにする)のどちらかを，全く無関心に選ぶということではない。私たちの存在は関心だからである。さて，選択するとき，可能性はこれ「として」という「規定すること」なしではない。そして自分が存在してきた，また存在している文脈のなかでの整合性からそれは捉えられる。習慣的に選ぶ(選択はことさらに意識されない)ことも多いとしても，決意というからには，新たにそのつど「として」の把握が現れうる。決意は常に何ほどか実存的なものである。そこで私の存在を決定するから。しかし可愛らしい，些細な決意から，「to be or not to be」が問われるとりわけ実存的な決意がやはり存在するのだと思う。私はこれを手放さない。選択の自由は一つの核心的な問題である。ベルクソンの自由論を省みるところで，そもそも自由をどう理解するのかもう一度考えたい。

　そこでとにかく決意する。ハイデガーは，「自己本来的生起の〈連関〉といったものは，決意の隙間のない継続から成立するはずだというのか」(SZ383)と問う。これはむろん反語である。こんな把握は，今連続から生を考えるから生じるのである。決意と決意性は違う。決意は一晩寝ればなくなってしまうようなものではない。それを放棄しなければ，決意は保たれる。決意は決意する一つの行為であるが，決意性の方は状態である。とはいえ決意性もあえて実存的である心構えとしては，常に更新しなければ，曇るのではあろう。

　自己本来的実存の実現という問題に移る。「先駆的決意性」(第2章d)を単純に蒸し返すのではない。そこでは形式的な，自己本来的自己が捉えられたが，それは前提とする。ここは「歴史性」の章であって，肉づけされた構造でなくてはならないから，事実的にそれを生きるようなあり方が問題なのである。といって新しい何かが提起されるということではない。すでに第3章Ⅰaで，「現存在が彼の主人〔英雄〕を選択すること」(SZ385)を彼の生涯をどのようなものとして形成するの

かを決めるものとして言及したことがあった。具体的にはディルタイが記述したアウグスチヌスのような例が最もふさわしいと思う（第3章Ⅰc）。

　キルケゴールの物語から，自己になろうとすることがどう考えられるのかを読み取ろう。キルケゴールにとって「キリスト者になること」こそが，その道であった。信仰をもつことは，自分の存在は自分で措定したのではないから，自分を措定した存在にしっかり根拠づけること＝根拠づけられることを意味した。ところでキルケゴールはレギーネ・オルセンという女性を愛するようになり，婚約する。しかし自らそれを破棄してしまう。そして後悔する。悩めるキルケゴールは『反復』という作品を書く。韜晦に満ちた読みにくい作品である。さて，主題は恋の反復である。（ここで私は「反復」の概念の追求はしない。ハイデガーがキルケゴールから反復の概念を取り入れたのは明らかである。）彼は未練たっぷりである。しかし文字通りの意味では反復は可能でないことを悟る。キルケゴールは信仰があれば，レギーネとともに生活できたのにと考える。信仰には往還の両相がある。聖職者になることは少数者の道であろうから，人々は信仰を得て，再び市中に帰り，つつましく暮らすことになるのは自然である。結局キルケゴールは信仰を得ることはできなかったようだが，少なくともキリスト教的著作家にはなった。レギーネは婚約破棄をされた後，ほどなく別の男性と結婚してしまう。彼女の行為は賢明であろう。キルケゴールのような夫との生活はきっと地獄であったろうから。後になってみれば，本来の自己であることから背かせるものとして，レギーネへの愛は一つの「わな」[*26]であったと，キルケゴールは感じるのだ。キリスト者になることこそが，課題であった。まず先にレギーネへの恋の成就というのは，許されないのである。

　自己となるには自発性が不可欠である。自発性に従う人生はおおむね満足なものであろう。後になってこんなはずではなかったという嘆きはありうるが。愛情ある申し分ない両親に育てられ，子供のときから動物が好きだったから飼育係になり，安定した収入があろうから薬

---

26) キルケゴール『反復』枡田啓三郎訳，岩波文庫，1973年，第19刷，150頁。

剤師になるとして，それを周囲から励まされ，承認され，そのまま波風のない一生が送れれば，まあ幸福なのであろう。非難されるべきところなどない。しかしこのような意味で何者かである自己は，キルケゴールの自己となることとは同じレベルにはない。キルケゴールにとって神の前ということ抜きに本当の自己確立はありえない。(この信念をともにできるかは別であるけれども，日本的実存の草のような靡きやすさが「神の前」の欠如と無関係でないのは私も痛いほど承知している。)ハイデガーは「実存の忠実」ということをいう。「決意性は自ら固有の自己への実存の忠実を構成する」(SZ391)。ハイデガーにとっても本来の実存的自己は自然的なものではない。否定性を潜り抜けたうえでの肯定でなければならないのだと思う。

　ハイデガーは，キルケゴールのように，キリスト者となることを自分自身の課題とは考えていないとしよう(私はそう考えたい)。すると回心の，あるいは信仰を得た後で信仰者としての日常の生を回復(反復)することを考えることはできない。ハイデガーにとって実存的な自己形成，あるいは自己実現ということにかんしては，第3章Ⅰaで触れたように，ハイデガーのいう「現存在が彼の主人〔英雄〕を選択すること」(SZ385)が答えなのだと思う。その選択はめいめいの実存に任される。それはディルタイのいう，生の「有意義性の連関」を形づくる。ただしこの生の連関は一般的構造でもありうる。自ら固有の自己への実存の忠実から成立しているのでなければ……。そればかりでなくハイデガーにとってこれはなお最終的次元ではない。実存的実存には自己実現文脈が確かに属しはするが，それだけではなさそうである。ハイデガーの「私」の存在把握には意義や意味を突き抜けるところがあると私は考えている。それについては「遊び」の概念をとおして後に語ろう。キルケゴールはむろんそれを決して許容しないだろう。キルケゴールについてこんな簡単な扱いで結論めいたことを述べるのは，本当は控えるべきである。しかしハイデガーの思考を際立てようとしているだけである。最終的根拠をどう考えるかが両者の岐路になるのだと思われる。

　(c) **共同存在再び**　ハイデガーにとって現存在は本来共同存在で

ある。本書第1章eですでにその基本的性格づけは提示している。とりわけ他人への「配慮」には「顧慮」という特別の術語が与えられた。今改めて共同存在を省みるのは，事実性を視野に入れた具体的共同存在，歴史的世界におけるそれを解明するためである。歴史的世界に被投的投企として実存する者たちの共同性に照準する。ところで本書は，共同存在の制度的な面，政治・経済のような主題は扱わないと声明している。(これらはむろん歴史的形態をもつが，それも扱わないことになる。)実存の立場からの人間論という視座では，こうした領域はもともと中心的テーマとはなりにくい。ただ以下でも共同存在論というほど本格的な考察にはならない。それは大きすぎる課題である。若干のトピックスを取り上げることができるのみである。

まず人称についてであるが，すでに現存在は各自的であるので，人称代名詞とともに「私がある」，「君がある」といわなければならない(SZ42)と指摘された(本書第1章a)。(日本語としてのこの表現の不自然さや「は」と「が」の遣い分けには触れない。「存在」を無規定にしておきたいので。)人称代名詞は語り合っているコミュニケーションの場面で用いられる。「私」は一人称単数であり，「君」は二人称単数である。(ただしドイツ語には親疎の表現の区別がある。「Du」は親しいものにしかいわない。Duを用い始めることには，人間的ドラマがありうるが，本題にはかかわらないので，無視する。なお，日本語における人称代名詞の複雑・微妙な体系とその問題性は，他のところで論じたので，それを参照されたい。)[27]「私」と「君」は，一つの歴史的共同存在の有意義性の連関において配慮や顧慮のうちで生きる表現である。顧慮は自己本来的に実存的でもありうるが，さしあたりたいていはそうではない。利用のためにのみ，他人にかかわる。相手との格差を常に気にかけ，他人を支配しようとやっきになるか，それができなければ，迎合や隷属をする。ハイデガーは「人」としての日常的な人間関係を抉り出した。

ところでハイデガーは，死の可能性に臨んではじめて「私がある」が捉えられることを述べた(本書第2章b参照)。これは一人称の「私」

---

27) 岡田紀子『ハイデガーと倫理学』の付論3，〈私〉と，〈他者〉の遠近法——ハイデガーと佐久間鼎」。

ではあるが，通常のコミュニケーションにおける一人称の「私」ではないこともすでに指摘した（本書第2章e参照）。この私は自らを語りださないのである。この一人称に対応するような二人称がハイデガーにおいて存在するであろうか。すでに引用したが（本書第3章Ⅱa），その最後のところで九鬼周造は偶然性についてこう述べていた。「原始偶然は〈我〉に対する原始的〈汝〉である。しかもその〈汝〉は先づ最初の〈我〉の中に邂逅する〈汝〉である」。この「我」と「汝」は決してコミュニケーションのレベルでの人称代名詞ではなく，人間関係のうちで働くものではない。ハイデガーにおいてこれに類したものがあるであろうか。私はあると思う。むろん『存在と時間』には見出せない。それゆえそれを省みるのにふさわしい場所に達するまで，この問いは保留する。

　さらに一人称複数「私たち」を考慮してみなければならない。日常「私たち」はどこに現れるだろうか。ハイデガーは，共同世界のうちにあって一つの仕事を共同に行うところにそれを見出している。そこには連帯があるが，しばしば不信や不協和音を包含する。それは主語・主体としての「私たち」である。労働者たちが会社による不当な待遇に抗議するような場合には，不当に扱われた「私たち」（対格の私たち）を前提する。主体・私たちの連帯が成立しよう。しかしそれは利害に基づくので，一時的に留まろう。それはそれで社会において重要な役割がある。また，暫定的にそのつど集合する「私たち」，たとえば市民運動のうちに見出されるような連帯には積極的な可能性があると思うが，ハイデガーがそのようなことを念頭においたとは思えない。

　ハイデガーは「私たち」を本当にどこで考えようとしたのか。ハイデガーにとって共同現存在は「多数の主体の共同現出」（SZ121）ではないように，「私たち」は単に多数の私の集合ではない。「私たち」は「共同運命（Geschick）」と切り離せないのでないかと私は思う。運命（個別的）も共同運命も被投性のうちで負わされる何か，被投的な存在のうちで蒙る逃れようのない何かである。そして共同運命は「民族（Volk）」のところで最も際立つ。というのは，民族は共同被投性そのものであろう。そして共同運命の場合，被投的に蒙ったこととそこで投企されるべき将来に共に向かい合うのは，複数の人々である。そこ

に「私たち」が成立する。『存在と時間』で「民族」は多くは登場しない。さて，自己本来的現存在は運命をもつ。現存在は世界内存在であり，他人と共同存在する。そこで共同存在の「共同生起（Mitgeschehen）」が「共同運命」（SZ384）と名づけられる。ハイデガーは，「共同運命ということで私たちは共同体の生起，すなわち民族の生起を意味する」（ibid.）と表明する。そこで唐突に共同体を「民族」と言い換えている。民族は共同運命と一体で民族であり，「私たち」は共同運命をもつ民族として「私たち」であるというのがやはりハイデガーの本心かと思った。（引用文の「私たち」は単に著者を意味するのであって，そこからこの主張を引き出したのではない。したがって民族の運命（共同運命）において初めて「私たち」であるとハイデガーがこの箇所でそれとして述べていないのは認めるけれども。）民族と民族主義の狂暴さを私たちは十分承知しているはずだ。ハイデガーはこんなことを全く述べてはいないけれども，他の民族を被征服民族や劣等民族として扱うときには，二人称複数の対格が成立し，他民族からそうみなされることによって「私たち」が目覚めさせられることは起こりうるであろう。それは抗争の火種にもなる。それを煽って利用しようとする人々もいる。民族はそのような危うさを孕む。民族の問題は疎かにはできない。

　「共同運命」は「個別的運命から合成されない」（SZ384）といわれる。では両者の関係はどう理解されるのか。「同じ世界における相互存在と特定の可能性への決意性において，運命は予めすでに導かれている」（ibid.）とされる。たとえば戦争といった場合を考えれば，よくわかる。戦争においては個々の人間はそれぞれ運命をもつであろうが，共同運命はそれを包摂するであろう。「運命は予めすでに導かれている」という言い方をみれば，共同運命の方が優位にみえる。ところが「他人との共同存在における現存在の生起と私たちが了解する共同運命も運命に基づく」（SZ386）といわれるように，感じ受け止めるのは個別的実存なのだから，その意味では運命が基づける側なのは確かである。ハイデガーは運命と決意性を直結する。運命は，「自己本来的決意性のうちに横たわる，現存在の根源的生起である」（SZ384）からである。運命に翻弄されるなどといわれるが，確かに私たちに様々なことが落ちかかり，様々な偶然に左右されるが，感受と引き受け方を離れて運命とい

ったものが存在するわけではない。決意なき者は「運命を〈持た〉ない」(ibid.) のである。偶然とされるもの，つまり私が預かり知らないのに蒙る出来事を必然的と受け止め，私の存在に根源的にかかわる何事かと受け取る感受性なしに，運命など存在しない。運命はローラーが物を押し潰す物理的な力のようなものではないのである。

なお，「世代」*28 には，「現存在の，十全的，自己本来的生起」(SZ385) がありうる，つまり共同運命が成り立ちうる。したがって「私たち」でありうる。たとえば，私が子供だったとき，個人的には飢えるほどではなかったものの，食料の乏しさがどんなものか知っている。したがって飽食の時代に親に無理に食べさせられて育った世代とは感覚的にわかりえないところがあるという思いが残る。また，たとえば学徒動員や学童疎開を体験した人々の間には共同運命と「私たち」が成立するのは，理解しやすい。共同運命はこんな特殊な状況なしにはないということではないが，平穏な日常では難しくはあろう。また，世代ではないが，地球環境破壊とグローバル経済によって現在人類は危機的状況にあるから，人類として共同運命と「私たち」が成立してもよさそうであるが，なお民族主義と民族国家が跋扈する。なおも19世紀は終わっていないのである。運命の方は個別的なので，人生の様々な局面でひとは運命をもちうるであろう。運命といった感覚なしに生きられるほど，人生は平坦ではなさそうだから。

ところで，ハイデガーが現存在そのものには民族を帰属させず，歴

---

28) 世代の概念についてはディルタイの参照が指示されている。(Dilthey, Über das Studium der Geschichte der Wissenschaften vom Menschen, der Gesellschaft und dem Staat (1875). Ges. Schriften Bd.V (1924)) S.36-41.) ディルタイによれば，世代とは次のような三つのことを意味する。まず，誕生から次の世代が年輪として付け加わる約30年である。そして次に世代とは，諸個人の同時性の関係を意味する。それから同じような子供時代を過ごし，感受性の強い時期に同じ大きな現実や変化に依存する個人のより広い輪が，世代である。A. W. シュレーゲル，シュライエルマッヒェル，フンボルト，ヘーゲル，ノヴァーリス，フリードリッヒ・シュレーゲル，ヘルダーリン，ヴァッケンローデル，ティーク，フリース，シェリングがそうした世代を造っている。世代の知的業績に作用する諸条件のうち二つのグループが区別される。世代を造るには一つは知的文化の所有状態があり，さらに生の環境，すなわち社会的，政治的，文化的状態がある。ここからさらなる進歩の可能性や限界が与えられる。世代は一つの全体をなしており，これらの変化する条件によって様々な方向の生産のために働いている。ディルタイは，学問研究や文化の歴史記述の理論を課題にしている。そこで世代の概念が欠かせない。世代には特別のものがあるということをハイデガーが肯定していることを確認する。

Ⅱ (c) 共同存在再び

史性のところで民族的共同存在を捉えたことを私は支持する。(本書序章 a「予備的考察」においては,現存在から共同存在をも排除したが,それは存在論のための「準備的分析論」であるかぎりのことであって,歴史性以前でも共同存在は排除してないと,私は考えている。)つまり事実的には人々はどれかの民族に属する。稀には移民が様々なところからやってきて住民となっていて,民族帰属意識はなくなっているなどということもあるかもしれない。私は現存在が共同存在であることはもちろん認めるが,民族とはハイデガー以上にはっきり切り離す。さて,一度すでに引用したが(本書第2章 c,『存在と時間』の「良心」の節の文である),ハイデガーは次のようにいう。「すべての行為はしかし事実的必然的に〈無良心的〉である。事実的な道徳的過誤を避けえないからというばかりでなく,彼の非的投企の非的根拠のうえに常にすでに他人との共同存在において彼らに責めあるようになっているからである」(SZ288)。(「非的投企の非的根拠」はすでにその節で解明されている。)この共同存在が民族でなければならないとは私は考えない。ハイデガーが後に「現存在」を用いなくなり,「死すべきもの〔たち〕」を用いるようになっても,それは変わらない。私はむろん民族的(むしろ民俗的?)言葉や文化を尊重するが(一様に均すのがいいとは思わない),「現存在」の境地をそれより基底的と考えている。そうでなければそもそも哲学する場所などありえないではないか!

『存在と時間』を離れれば,「ドイツ大学の自己主張」(1933年5月の総長就任演説)[29]では予想通りというか,「民族」は前面に出ている。民族,というよりドイツ民族の運命を憂慮し,学問をもって民族に貢献しようと説く演説である。ハイデガーはほんの一時的であれ,ヒトラーを望ましい指導者と信じたようである。国家や共同体には指導者が必要なのであろうか。指導者の資格とは何か考えてみよう[30]。注 (30)

---

29) Heidegger, Die Selbstbehauptung der deutschen Universität, Vittorio Klostermann, 1985. これについては,岡田紀子『ハイデガーと倫理学』80-86頁で少しばかり論じた。

30) アルフレッド・ランシング,『エンデュランス号漂流』(山本光伸訳,新潮文庫,2001年。原書は1959年刊行)という冒険物語がある。隊員の日記やインタビューに基づいた実話である。これほど爽快で,感動的な読み物はめったにない。英国人探検家・サー・アーネスト・シャクルトンは,1914年12月南極横断を目指してサウスジョージア島から出航した。エンデュランス号は,三本マストの帆船で,燃料は石炭,頑丈なオーク材で造られた美しい

をみていただきたい。民族については独立させて別のテクストによって改めて次節で扱う。

　共同存在を考察しているいま、共同幻想ということを考えてみる。日頃の感慨なのではあるが、またそんなことを思わせられる機会があったからである。京都で学会があった翌日、2008年9月29日、台風の前触れの激しい雨のなか、私は清水寺を訪れた。御本尊御開帳と聞いた

船であった。探検に参加する隊員を募集すると、5千名を超える志願者が殺到したそうである。シャクルトンはひどく直感的・独断的にあっという間に命知らずの男たち26名を選んだ（後に1名が密航者として加わった）。副隊長、船長、船員と機関士、医者、地質学者、気象学者、物理学者、生物学者、写真家、画家、船大工、料理人である。総勢28名。さて船は途中で座礁してしまう。彼らは氷の海に取り残される。寒さ、食糧難、病気が襲いかかる。もちろん南極横断どころではない。シャクルトンは全員の生還を決意し、本当に全員を生還させる。漂流は17か月に及ぶ。そこでこの物語から指導者の問題を考えよう。まず隊員は目的のはっきりした企画のために集められた人々であり、集団はそれぞれ技能をもった、頑健な男たちである。老人はいず、弱い者もいない。ここでは指導者の命令に絶対服従である。シャクルトンは決断がはやく、沈着で、常に決然としている。人柄の温かさもある。イギリスの選良がどんな人たちかよくわかる。進路の決定、変更、食料のような物資の調達や使用、船を放棄すること、犬橇用の犬を殺すような苦渋の決定も彼が下す。意見の相違があっても、皆が命令に従う。個性的な男たちの集まりなので、衝突も起きる。極限状況なので、身体的に、精神的にまいってもくる。彼はそれらをすべて考量し、必要と少々の楽しみを与えることを心得ており、誰をも公正に扱い、自分を優遇しない。さて、指導者の資質ばかりでなく、極限状況、はっきりした目的、同質の小さな集団、絶対服従のような条件なしには、もっと大きな様々な要求をもつ人々の集合、つまり国民のような場合には、おそらくこのような共同体は成立しがたいであろう。国家その他の大きな集団でも、状況を見極めて決断し、責任をとる指導者は必要であろうが、この探検のような目的の限定された場合はともかく、絶対服従の指導者は無理であり、また望ましくもないであろう。

2008年10月初め、私は素晴らしいドイツ映画をみた。『わが教え子、ヒトラー』（ダニー・レヴィ監督、2007年）。原題は「Mein Führer」であり、ヒトラーの称号としては「総統」と訳すことになっているが、「わが指導者」である。1944年12月帝国の敗北は明らかになりつつあった。ヒトラーは病気でふけ込み、鬱に陥り、すっかりやる気をなくしていた。ゲッペルスは、ユダヤ系の元演劇教授アドルフ・グリュンバウムを収容所から官邸へ呼び寄せ、ヒトラーのスピーチの指導をさせ（したがって教授が指導者なのでもあろう）、元旦に力強い演説をさせて民衆を鼓舞し、戦況を打開しようと企てる。教授を演じるウルリッヒ・ミューエの抑えた演技が素晴らしい。スピーチの指導の間のやりとり、葛藤（ユダヤ人同胞の命と家族の命の二者択一を迫られる）、そうするうちに二人の間には友情に似た感情が芽生える。ヒトラーは、祖父がユダヤ人でないかと疑い、子供時代に彼を虐待した父親の影に今なお怯え、病気でよたよた、性的不能で、実際には側近たちから裏切られている、弱い、孤独な男であった。つまりこれは喜劇作品なのである。滑稽な独裁者、教授とのやりとり、官邸の人々の素行、いつも傍にいるシェパード・でれでれの馬鹿犬、常に「ハイル・ヒトラー」と手を挙げる儀礼、はびこる形式主義、操られる国民大衆——いたるところに笑いが仕掛けられている。結局、実存の真剣さだけではなお駄目なのである。精神の解放には、笑い飛ばすことができること、笑いがどんなに大切であることか。

からである。次回は25年後だそうである。御本尊は十一面観音で，173センチ（さらに台座がある），素地仕上げ，柔らかな印象の美しい像である。内陣の諸像が並んで威観である。本堂の内陣を拝観するのは初めてであった。寺の堂々とした壮麗な建物（清水寺の有名な舞台造りの建物は堂々としているが，壮麗ではない）や見事な仏像たちを見上げるとき，私はいつも思う。仏は私たちの願いを，妄執を浄化した姿で示している，と。私たちはむろん私たちの願いや妄執に手を合わせるのではない。そこに仏が現成していることによって，救われていると。時の権力者たちは権勢を誇るために，あるいは自分の救いや単に美的趣味の満足のために，大寺院を建立し，当代最高の仏像を安置させたのかもしれない。人々は財を収奪され，労働力を徴発されて苦しんだであろう。しかし搾取のみをみるのは狭量であろう。人々は立派なお寺の完成にわずかでも寄与することに満足したかもしれない。今日そんな大事業など不可能である。光り輝く権力者たちと地を這う虫けらのような民衆が一つの共同幻想をもちうるようなことはないからである。光り輝く権力者も地を這う虫けらのような民衆も存在せず，存在してはならないからである。（私はむろん仏教寺院だけを念頭においてはいない。）モニュメンタルな文化的創造を強調する向きはこれを好ましくない土壌とみなすであろう。

(d) **民族**　「民族」は1934年の『論理学講義』[*31]においても前面に出ていて，詳しく論じられている。「論理学」やとりわけ「言葉」を根源的に考えようとするとそうなるのだろうけれども，民族，あるいは「民族と人間」が主題であるかのようにこちらの扱いの方がずっと大きいほどである。それゆえこの講義からハイデガーの「民族」，そして民族が人間という把握にどう位置づけられるのか追ってみよう。民族や人間への問いは結局歴史への問いへ導くから，その意味でもこの講義を参照するのはこの節にふさわしい。ハイデガーはまず「私たち」が講

---

31) Heidegger, Logik als die Frage nach dem Wesen der Sprache, Bd.38.（略語 LFWS）フライブルク大学の夏学期の講義。総長辞任の直後の講義である。編者のあとがきによれば，1934年の夏学期には「国家と学問」が予告されていたが，突然ハイデガーが「論理学」に変更したそうである。

義という場にいることの意味を掘り下げようとする。それは「大学の教育生起」や職業的任務のうちに「接合される」ことであり、それによって「国家の秩序と意志に接合されている」(LFWS63) ことであり、しかも「私たちは民族のうちに接合されてそこにいる」(ibid.) といわれる。そこで民族が問われる。国家と民族は区別されるが、重ね合わされる。前掲の「ドイツ大学の自己主張」と主旨はかわらないのであろう。学生たちへの「民族」となることへのうながしが含まれるが、講義であるから口調はよりアカデミックで平明である。それでも当時の雰囲気を伝える記述はある。単に安寧のために大学にポストを得、または学生であるのは、「実はそれは自己を前にしての怖れである」(LFWS50) とハイデガーは語る。ここで机が叩かれる。そのために「突撃隊勤務」を逃れることは、とハイデガーは言葉を重ねるが (ibid.)、これはやはり迎合ととられても仕方がない。むろん本当に学問への情熱があるなら、その限りではないとはいわれる。以上を前言として講義を最初から辿ってみよう。

　掲げられた講義のテーマは論理学であり、論理学は思考の形式や法則の理論である。ハイデガーは最初に伝統の論理学に言及するが、そのようなものを教授しようとするのではない。その根底に降りようとする。さて、論理学はロゴスの学であり、したがって広くは言葉の探究に属する。言葉は諸言語としては各民族の言葉であり、民族の核心は言葉であるが、今言葉の問題は後回しにして（本書第3章Ⅲa）、民族に焦点を合わせる。この講義では言葉の主題化のために、言葉を話す人間へと還帰し、人間を問う途上で民族を問う。それも私たちは「誰か」（つまり客観的事物ではなく）と問うという接近から、ハイデガーは「私たち自身とは誰か。答え：民族である」(LFWS59) というきっぱりした答えを与える。ここでは私たちの自己存在は民族であることと連関している。しかもそこには「国家」が控えている。「……支配意志と民族の自ら自身を支配する形態をまさしく意志する国家の意志を私たちは意志する」(LFWS57) とされるのである。今となってはこのものものしい言葉を批判するのは簡単だが、私はただそれを記録する。そしてハイデガーは、私たちの自己存在を民族と連関させたあとで、「しかしさしあたりは、私たちは一つの民族 (ein Folk) であり、民族 (das Volk)

ではないといわれるだろう」(LFWS60)と，留保ともとれる言葉を付け加える。それは何を意味しうるであろうか。「私たち」については，「私たちは決断においてのみ自己本来的に私たちであり，しかも各自が個別化することによってのみある」(LFWS58)としている。(決断についてはほどなく説明する。)それゆえ民族となるのは各自の決断を経ているのである。しかし民族であることは決断によるといっても，国籍はひょっとして任意に決められても，「民族帰属は決してそうではない」(LFWS60)，「血統」によると補足する。ハイデガーはどんな場合でも，集団が先でありそれに盲目的に同化せよとは説かないけれども，行く先はきまっているから，各自に内化を要求するゆえ一層性がわるいのかもしれない。こういう類の思想の常であるが（と，反省しながら私は思う）。また「一つ」という冠詞は微妙かもしれない。一つの民族となることを（個々の者の思いをふまえても）まず強調しているのは間違いないが，私の民族も他の諸々の民族の一つであり，したがってそれらを尊重することをも含意するのか[*32]。そうだとすると侵略にたいする抵抗としては有意味だが，侵略には用いられない科白であろう。ナチスの採る進路がそんな防衛であったという認識ならば，今度はその認識が問題なのである。日本のアジア侵略も同罪なので，高みから批判しているのではない。

　民族を規定するために，いつもの習いとして，ハイデガーは最初にその語の日常的な用法に立ち返る。民族歌謡，民族舞踊，民族の祭りや人口調査，「民族＝多くの舌とわずかの目をもつ動物」（フリードリヒ大王），ロマンティークの理想化された民族精神，就労人口としての民衆や「宗教は民衆のアヘンである」というときの「民衆」（マルクス）が挙げられる。(訳しわけたが，すべて Volk である。) 人口調査（Volkszählung）というときの「人口」は一つの国土に住む者であるが，国外にいるドイツ人は数えられず，ドイツ人でない者も数えられる。民族の

---

32) 定冠詞と不定冠詞の区別については，多元主義というより，それと無関係ではないが，抜き差しならない歴史性の強調なのであろう。哲学について，直接には『存在と時間』について述べたものだが，「哲学には一つの道 (ein Weg) はあるが，決して道 (〉der〈 Weg) はない」(Heidegger, Schelling: Vom Wesen der menschlichen Freiheit, BD.42, S111) が，ここでも妥当するのかもしれない。

語は人種の意味で用いられることもある (LFWS65)。人種は「肉体的生」から，つまり「民族成員の肉体的，血統的連関」，つまり血縁からそう呼ばれる。民族は「民族体 (Volkskörper)」(LFWS66) からすると，人口，住民，血縁から捉えられる。さらに民族を魂 (Seele) から理解すると，風景や習慣などを含んで，「誕生，結婚，死，季節の変化」のような出来事の交替する日常の社会的現存在をいう (ibid.)。魂としての民族は人口調査のそれより狭い。「精神としての民族」は社会としての人口全体からみられる。「ロマ民族やゲルマン民族」や「貧民と中流社会」(LFWS67) などの層を含む。このように民族を三つの観点，すなわち身体 (と肉体)，魂，精神から捉えたが，これらは元来「人間の構成要素」とされている。すると民族とは伝統の「人間」から規定されたことになり，ただ「より大きなものへ運びいれられている」(LFWS68)。これでは「私たちは民族である」の答えにはなっていなかろうと，ハイデガーはもう一度熟考する。

　そして「私たちは民族である」の「私たち」は「決断の事柄である」へ帰る。ただし「私たち」もその「あること，存在 (Sein)」もまだ問われていないと指摘する。これが決断の事柄となるはずである。ではまず「決断」とは何を意味するのか。賭け事で，たとえばコインを投げるとき，表裏が決定されるが，決断されるのではない (LFWS71)。「自ら決定する (sich entscheiden)」，そして彼が彼自身になることが含まれなければ，決断ではない。ところでこの大学での教育生起のうちに接合されていることは，ここで「私たち」と「あること，存在」の決断が含まれるという最初の出発点に帰る。決断は常に個別的なものである。個別者の決断とは「こちらかあちらかを自ら決定するということでなく，自らに向いて決断するのか，自らに反して決断するか」(LFWS72) なのである。自分自身になるということでなければならない。また決断は一瞬だけのものでなくて持続して，「決然性 (Entschiedenheit)」である。「決然性」と「決意性 (Entschlossenheit)」は普通同義とみなされる。しかしハイデガーの採った用法によると，決然性が決断を反復しなければならないのに，決意性はそうではない。「決意性のうちにおいて人間はむしろ将来的生起のうちに就かされている (in das künftige Geschehen eingerückt)。この決意性はそれ自身生起であって，この生起はかの生起

を先取りしつつ，生起を絶えずともに規定する」(LFWS77)。『存在と時間』には「決然性」は現れず，「決意性」は現れる（〈決意(Entschluß)〉と〈決意性〉という用語法である）。『存在と時間』の決意性は決意を反復しなければならないゆえに，ここの「決然性」に近い。というのは『存在と時間』において決意性は先駆的決意性として扇の要であるとはいえ，むしろ形式的であるのに，ここの決意性ははっきりと歴史性の規定だからである（『存在と時間』の決意性も潜勢的にはそうであっても）。そこで「決意性は一つの生起のうちにおける際立った生起である」(ibid.)。したがってハイデガーは「決意性でもって私たちは歴史の領域に立つ……」(LFWS78) という。それゆえ「人間のみが歴史をもつ」のである。確かに単に歴史性というより歴史である。「この講義は，基礎存在論的局面から存在史的局面へのハイデガーの展開の歩みにおける重要なマイル標石としても興味深い」と編者（ギュンター・ゾイボルト）が評するのもうなずける (LFWS172)。そこでハイデガーは歴史の究明に入り，結局歴史は「人間の存在の際立った性格である」(LFWS86) と確認する。したがって歴史のこの規定によって動物・植物は歴史をもたない。ある人間集団（原始時代とあまり変わらない生活をする，今も残る未開と呼ばれる人々）は独自の文化をもつが，今ここで歴史的と理解するような意味では歴史をもたないとみなされるであろう。ただし現代では学術調査の対象にされたり，市場経済や地球環境の変化の影響を受け，否応もなく世界歴史のうちに投げ込まれている。ハイデガーは歴史をいわゆる自然史からは区別する。それゆえ自然史の延長のうえに人間の歴史を考えるのではない。（ここでは民族と人間を厳格に区別しないようだが，その点は措いておく。）

　「生起 (Geschehen)」は人間の存在を特筆する。そこでハイデガーは三つの領域を区別する。時間的経過はどこにもある。それを「運動」と括る。すると，運動は経過 (Ablauf)＝地球 (Erde)，過程 (Vorgang)＝生，生起 (Geschehen)＝人間となる。すなわち地球（物理的自然であり，次節に現れるヘルダーリンの「大地」の意味をもたない）の機械的－物理的運動と生命体の衝動的統一にたいして「人間的生起は意志的 (willentlich) そして知的 (wissend)」(LFWS86) であるゆえ，「知と意志が人間的生起ではその遂行にとってともに規定的」であるだけでなく，「その知らせ

（Kunde）が保存され，それゆえこの生起が報知されうる（erkundbar）」（LFWS87）という。この知らせ，報知をギリシャ人たちは「ヒストリア」と呼び，今日の歴史（ヒストリー）の元になっている（ibid.）。これはまだ歴史学，つまり「生起の閉じた連関とその記述」（LFWS90）ではない。しかしそれへの途を示唆する。ただし「知らせ」のこの学問への方向がその最も根本的なものではない。「生起はそれ自体において知らせである」（LFWS159）ので，学問以前に歴史的状況で何をなすかにじかにかかわる。

　ここでハイデガーはこれまでの探究の歩みを振り返り，図示する（LFWS97）。

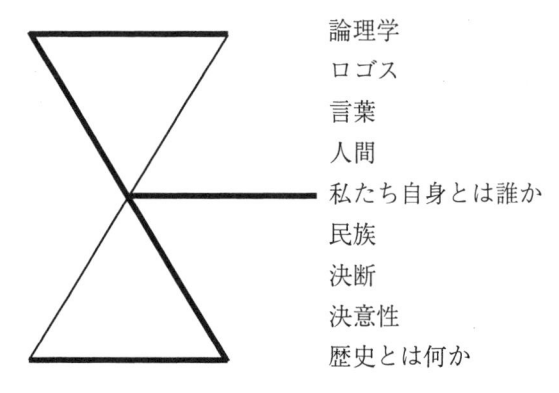

論理学
ロゴス
言葉
人間
私たち自身とは誰か
民族
決断
決意性
歴史とは何か

　思考される最も広いものから「私たち自身」へ下り，再び私たちがそこに立つ最も広いもの・歴史を問う。勝義の歴史から排除される生や生のない自然もその背景にある。「私たち自身とは誰か」が要の位置に置かれ，そこでは個が問われるが，裸の個人のようなものを据えていないことは注目に値する。この問いを自身＝自己，自己となることへ問い深めるという展開となるのである。

　ところで歴史は時間との関係をぬきには考えられない。歴史を特徴づけるのは過去（Vergangenheit）とされるが，現在と将来なしにはない。生起はそれらを貫く経過である。自然の経過もその点では同じである。しかし自然の経過とは同じではないのだから，ハイデガーはそれとは区別される歴史概念を仕上げようとする。歴史は「生成」であるが，過ぎ去ること，過ぎ去ったもの，過去が問題なのではなく，既在的な

もの (das Gewesene)・既在性 (Gewesenheit) が問題なのである。既在したものは,「なおも本質現成するもの (das noch Wesende)」と理解される。(「本質 (Wesen)」はハイデガーにおいては動詞的に理解され,本質現成する (wesen) のである。) 過去と既在性は異なる。この区別は『存在と時間』ですでにお馴染みであるが, この既在性の性格づけは新たに一歩踏み込んだものである。それは伝統的な時間把握を批判し去ろうとするものである (LFWS104-108)。(その対決とともに, 次の段で既在的なものの本質現成の内実が明かされる。) またそれに基づく歴史学を批判する。その点に深入りはしないが, 要は人間の存在を「生起 (Geschehen)」から理解しようとする。人間の存在は歴史的である＝生起ということである。それはしかし「歴史的なものとして自ら遂行する」(LFWS110) という意味である。したがって歴史的である, ないし生起から人間を考えることは, 時間性の時熟の統合以外ではないので, 何か固い事物のようなものが下に横たわり, それが自己であるというような人間把握では全くない。それゆえ「自己喪失と自己忘却」,「自己喪失もまた自己への全く特定の態度である」(LFWS49) ということを包摂するのである。ハイデガーは, 自らの存在にかかわる, 態度をとる存在を「関心」と呼んだ (SZ12)。それを承けて「関心としての現存在は人間的存在の自己性の可能性の根拠である」(LFWS163) という。したがって関心については『存在と時間』の解明に全面的に依拠してよいということであろう。(人間が歴史である (＝歴史性) と世界歴史としての歴史の区別は『存在と時間』を前提する。)

　私たちの存在が歴史的であるということは, 時間のうちにおける生成であることである。生起は生成の一つである。ところが「存在」と「生成」はギリシャの哲学者たちが対立させたものである。たとえばパルメニデスによれば, 生成は仮象であり,「存在とは常に完結していること, 滞留, 存続する残留, 存続, 完結性を意味する」(LFWS112) とされる。論理学はそれに従ってすべてのものを固定する。それに抗してハイデガーは歴史的存在の側に身をおこうというのである。相変わらず「存在」を語るが, あの固定した存在ではない。歴史的存在はある決断を遂行することである。それによって「私たちの存在がより高い形に, より大きな鋭さに, 別の広がりと最後の一回性を経験する」

（LFWS113）ことである。ハイデガーは既在性をもう一度より正確にする。それは「以前から本質現成するもの（das von früher her Wesende）」（LFWS116）であり，「以前から本質現成するものは，私たちの将来から規定される」（LFWS117）。また「将来は以前から本質現成するものから規定される」（ibid.）とされる。反対方向と思われる二文を繋ぐと一見意味不明にみえるが，ここにいわれているものが「伝統」なのだという解を与えられれば，了解可能になる。「伝統によって私たち固有の規定〔使命〕が私たちを越えて運び去られ，伝統によって私たちは将来に配達される。本質現成するものはこの干渉のうちで将来から私たちに到来する。それゆえ私たちはこの生成を〈将来（到来）〉と呼ぶ」（LFWS117f.）。「私たちの既在性と私たちの将来は，その一方はすでに去っており，他方はこれからふさがれるといった二つの期間（Zeitraum）の性格をもつものではない。そうではなく，以前から本質現成するものは，将来として私たちの固有の存在である。私たちが将来へ予め投げ込まれていることは，既在性の将来である。それは根源的に唯一の，本来的時間である」（LFWS118）。したがってのんべんだらりと毎日を過ごしていても，歴史的変化を蒙り，なんらかに行為するからまたそれに寄与してもいるゆえ歴史的であるとしても（それは否定できないが），歴史性とは勝義にはそのようなことを意味するのではない。この時間を自ら自覚的・決断的に生きているのでなければならない。

　ここに補足を加える。ハイデガーは張り詰めた歴史的実存を説く。しかしハイデガーは「偉大さ」を求めるとともに，「縮小化」を許容する。『存在と時間』ではそんなことはいわれなかった。「人間の現存在におけるすべての偉大さは同時にまた小さくもあり同時に縮小され，それとともに二義的である。人間の平均的日常は月並み（Mittelmäßigkeit）を必要とする。さもないと人間はこの日常で実存できないであろう。月並みを除こうと欲するのは誤解である。それは個人にとっても民族にとっても必然的であり，限界内で捕らえられれば危険でもない」（LFWS22）。ただし小さいものをより縮小してはならず，しかし「人間が偉大なものを偉大にすることに成功するときにのみ，偉大なものは保たれる」（ibid.）というのである。月並みな日常の権利を認めるけれども，ハイデガーが偉大好きであるのは変わらない。小さいものをその

Ⅱ (d) 民 族

まま輝かせようという感性はないのである。
　さて，歴史性は時間に基づく（それは変わらずハイデガーの思考の基幹である）。時間と呼ばれるものは，「私たち自身を私たちの課題へと運ぶ伝統として私たちの固有の本質を担う力（Macht）」(LFWS119) なのである。むろん私たちは時間のうちに現れるというのでなく，わたしたち自身が「時間である」，「私たちは時間そのものの時熟である」(LFWS120) ことを意味する。歴史への問いは答えへの決断を要求するようなものである。答えること (Antworten) とは，責任をとること (Verantworten) なのである (LFWS121)。「私たちは伝統を引き受け，そのうちにおいて自分である」(LFWS125)。「それによって言葉の本質，人間の本質，私たち自身，民族と歴史への私たちの問いは，すなわちこれらすべての問いは，決断的に規定されるということも理解されるようになる」(ibid.)。ところで「規定される，規定 (Bestimmung)」という語は，ドイツ語では「使命」と同じ語である。つまり私たちの使命とは，私たちにたいして送りつけられ，委託されたものに進んで規定されることである。それは結局歴史的なこの今という時（時代）が私たちに送りつけ，委託するものをなすこと，そういう「労働 (Arbeit)*33」(LFWS128) なのである。そして労働をするということで，人間が肉体 (Leib) をもって，存在者全体のうちに曝され，したがって気分 (Stimmung) の（気分づけられた）存在であることが改めて指摘される。（日本語ではそのつながりがみえないけれども，気分，規定・使命は同根である。）労働は委託であり，

---

　33) 『存在と時間』で「労働」は論じられない。『存在と時間』の現存在は行為的であり（行為という語は避けられる），配慮と顧慮（とりわけ現前化，すなわち現在の契機が優位を占める）は世界形成的（この術語は現れない）であり，同時に自己の存在を形成し，様々な物事を世界に作り出す。したがってこの講義での労働とあまり異なっていない。ただし中立的であり，使命と結ばれることはなく，政治的色合いは全くなかった。ここでは労働を打ち出すことにより，前向きに世界へ出て行って何事かをなす姿勢がより強まる。それが時（時代）の要請であることも間違いない。しかし労働は単に時局的問題ではない。ハイデガーの労働は人間存在，そして存在を全体的に捉える大きな視野のもとで論じられる。2004年にハイデガーの『ユンガー書』(Zu Ernst Jünger, Gesamtausgabe, Bd.90) が公刊された。未発表の手稿を含む大きな巻である。30年代からハイデガーがユンガーと対決したのはよく知られている。私はユンガーの主著『労働者』(Ernst Jünger: Der Arbeiter.Herrschaft und Gestalt.Hamburg 1932) に目をとおしたことがない。「労働」を考察するには本格的な取り組みを必要とする。人間論の片隅に収容できるようなものではないので，再度挑戦するしかない。それで今はこの言及にとどめる。

その引き受けは人間のあり方そのものである。それゆえ動物・植物，また機械も労働しないとされる (LFWS133)。

　人間の使命には何が含まれるだろうか。気分は度外視するとして，そこには委託，送り，労働が含まれる。それらには時間的意味がある。「委託 (将来)，送り (既在性)，労働 (現在ないし瞬視)」(LFWS153f.) である。労働が現在なのは「存在者を存在させること」(LFWS154) だからである。「労働においてそれをとおして存在者ははじめてその特定の領域において露わにされ，労働者として人間は存在者とその骨組の露わさのうちに移し置かれる」(ibid.)。「労働は存在者への関連を遂行するゆえに，労働を欠くこと〔無職〕はこの存在者へのこの連関を空無にすることである」(ibid.)。労働 (仕事と訳すことも考えたが) は，これほどまでも大切である。単にそれによって稼ぐというようなものではない。時代状況を離れてもそれは真実と思う。ここでは主語は「人間」であるが，ときどき「現存在」といわれることもあるのは，事柄にかなっている。労働は「受け継がれたもの」に結ばれている。「伝統としての既在性と課題としての将来 (私たちに到来するもの) が現存在を根底において，そしていつもすでに制限を突破させるようにする」(LFWS155)。労働は存在者との連関を築くが，「共同存在と相互存在の可能性にたいする根拠」(LFWS156) でもある。そして存在者のただなかに曝しおかれて伝統と委託から労働する者は，「主観」や「多数の主観の集合」(LFWS156f.) ではなく，「一つの民族」(LFWS157) なのである。「民族の存在は人口や衝動的な存在でなく，単なる現れでもなく，時間性と歴史性としての規定なのである」(ibid.)。ただしむろん集団主義ではなく，歴史的存在には「関心」や「自己性」(LFWS163) が帰せられる。ところが最後に国家が登場する。「国家は民族の歴史的存在である」(LFWS165) というのである。国家は「抽象物としてではなく，捏造された，そして無時間的なそれ自体で存在する人間本性に関連する法から導かれているのではなく，歴史的存在の本質法則としての国家は，その本質法則に接合されてはじめて歴史的持続とすなわちその送りとその委託をめぐる戦いを自らに保証する」(ibid.)。ハイデガーの国家についての基本的な考え方が示される。民族の言葉と文化は大切であり，そのために自己決定・自治権のようなものをもつ，それはとりあえず

は国家であるという筋は理解できる。しかしあまり一体化することには私はやはり危惧を感じるが。この辺ではハイデガーは駆け足であるが、最後に言葉に言及して講義は閉じられる。「言葉は、民族の歴史的現存在を保持する中心、世界形成する中心を統べている」(LFWS169)。言葉については本章のⅢaで戻ってくることにする。

　最後にこの講義の97頁の図をもう一度眺める。解明が進んで歴史のところを論じるとき、「民族」という語はあまり多くは現れず、人間、ときどきは「現存在」と語られる。歴史の生起性格に突き当たり、私たちがそれを自ら経験するなら、人間と民族は重なる。歴史的である具体的あり方は伝統から汲まれるから、それを生きるのは確かに民族であって、決して人間ではないと思われる。ただし生起性格やその根底・時間性を突き詰めれば、それは人間むしろ現存在に属するものであるが。ではハイデガーは具体的にこの歴史的状況において（それは国家における状況でもある）何を使命と告げるのであろうか。個々の者の決断にかかわるような事柄に哲学者が具体的に指示を与えないという態度は一般に正しい。それぞれの労働（仕事）をせよというようなメッセージはむろん聞き取れる。国家の要請に応えることが促されてもいる。しかしハイデガーが時局にたいしてすでに一歩ひいた態度を示すように思うのは私の気のせいではないだろう。そもそも講義題目を突然「論理学」に変更したこともそれを表す。民族であることの切迫度はそれこそ時・時代によって異なる。戦争といった場合は明らかに切迫する。ハイデガーは人間と民族を重ねるけれども、同視はしていない。私はその区別を残すことが大切と考える。また人間の側には科学的研究の対象になるような「人間（ヒト）」（ハイデガーはそうしたものの成り立ちに説明をもっていて、それは批判的な部分ではあるが、ポジティブな側を裏打ちするものとして無視できない）への通路を開いたままにしている。実存の論者の端くれである私はそのようなものを私たちの存在の最も大事なところとは思わないけれども、排除はできないのである。

　(e)「芸術作品の根源」から　　私は「血」、つまり人種はまともに議論する気はない。しかし「血と地 (Blut und Boden)」ではないが、「大地 (Erde)」はハイデガーの思想から外すことはできない。「大地」はへ

ルダーリンがらみで重要である。「功業に満ちている，しかし詩人的に住む，人間はこの大地に」(「愛らしい青空が……」)[*34]，この詩句をハイデガーは非常に愛する。ハイデガーの思考はここに極まる。今回私はできるだけヘルダーリンを敬遠したい。それでも「大地」を全く素通りすることはできない。

ハイデガーの「芸術作品の根源」[*35]を「大地」に焦点をおいてみてみる。この論究は真理論である。ハイデガーは常に身近な例から始めることを忘れないひとであるが，道具が本当に何であるか，つまり真理を解明するために，農婦靴というありふれた道具を例に取る。しかもゴッホが描いた靴の絵を手引きにする。漠然とした背景に一足の無骨な靴を描いているだけの絵だ。ハイデガーはこんな記述を与える。「靴－道具の踏み空けた開口から労働の辛さが覗く。靴－道具の粗野にのさばる重さには，どこまでも延びる単調な畑の畝のなかをとおっていく（そのうえには荒い風が吹いているのだが）ゆっくりした歩みの辛抱強さが浮かぶ。革のうちには地の湿り気と飽和がある。靴底には暮れる夕べを通る野道の孤独が随行する。靴－道具には大地の沈黙した呼びかけ，大地による熟しつつある穀物の静かな贈与，冬の畑の不毛な休閑には大地によるにべもない拒絶が揺れ動く。パンの確保を不平もいわずに気にかけ，困窮に耐えたことの言葉にならない喜び，迫る出産の不安と死の脅威のおののきがこの道具を通り過ぎる。大地にこの道具は属し，農婦の世界のうちにこの道具は守護されている。この守護された帰属から道具そのものが，その安らいのうちに生成する」(HW19)。美しい文章である。（この靴が農婦のものなどではなく，実は画家自身の靴であったというのだが，そんなことはたいした問題ではない。）ハイデガーは場所を特定しないが，農婦のいるこの風景はやはりなだらかな丘陵に畑の広がる郷里・メスキルヒのものであろう。私もその地を幾度も訪れた。

さて，これは真理論である。真理，すなわち存在の解明性は芸術作

---

34) Hölderlin, Sämtliche Werke, Bd.2, S.375, Stuttgart (1953). ハイデガーは『ヘルダーリンの詩の解明』でこれを取り上げている。私は前書『ハイデガーと倫理学』第2章と第3章で，「住むこと」の究明という視点からヘルダーリン解釈に取り組んだ。

35) Heidegger, Der Ursprung des Kunstwerkes (1935), Gesamtausgabe, Bd.5, Holzwege (略語 HW).

品において生起する。あるいは芸術は「真理を作品のうちに据えること」なのである。「とすれば芸術は真理の生成と生起である」(HW59)。そしてハイデガーは「すべての芸術は，存在者そのものの真理の到来を生起させることとして本質において詩作である」と主張する。そしてこれを立論するため，絵画ばかりでなく，さらにギリシャの神殿や詩を考察する。

　ハイデガーは農婦の靴から大地と農婦の世界を呼び出した。ギリシャ神殿という建築作品では大地と世界はもっと鮮明である。神殿は岩のうえに立つ。「建築作品は，そこに立ちながら一つの世界を開き，そして同時に世界を大地のうえに戻して立て，そのようにして大地自身を初めて故郷の大地として出現させる」(HW28)。大地とは「人間がそのうえに，そしてそのうちに彼らの住むことを根拠づけるものである」(ibid.)。大地はまた素材的なもの，作品の素材，すなわち石，木材，色，言葉，音である。このような素材から作品は造られる。「作品は作品として世界という開かれたものを開けて立てる」(HW31)。しかし作品となることによって素材は使いつくされない。「素材は消えず，作品世界の開けのうちで初めて現れ出る」(HW32)。「岩は担い，安らうようになり，そのようにして初めて岩になる。金属は光りきらめくようになり，色は輝くようになり，音は響き，言葉は言うようになる」(ibid.)。ハイデガーは大地を「閉鎖するもの」，世界を「開けたもの」と規定する。「世界は自らを開くものとして閉鎖したものを許容しない。しかし大地は隠すものとしてそのつど世界を自らのうちに引き入れ，留保する傾向がある」(HW35)。したがって「世界と大地の対立は闘争である」(ibid.)。闘争といっても，両者は「単純な相互帰属の親密性」のうちにある。作品が創作されることは，素材に形態を与えることに他ならない。それは世界を開くことと隠れようとする大地を引き立てること（製作すること）の闘争の生起である。ただしそうしたものとして創られた作品は安らっている[*36]。

---

　36)　日曜陶芸家の私は実感としてそれを理解する。土は特有の粘りと重さがあって，形づくられることに抵抗する。私は壺を轆く。とりわけ大物の場合，格闘がある。私は素人だからこのせめぎ合いを感じるが，名人はもはやそんな意識をもたないのかもしれないが。体験からいえば，散々苦労して轆いたときは出来が悪く，苦労なく素直に轆けたときは，出

世界と大地はそれぞれ『存在と時間』の投企と被投性の契機に対応するのは明らかである。ここでは『存在と時間』より「大地」，したがって被投性がずっと重みを増しているのは疑いない。ところで人間はどこにいるのか。そしてこうした考察全体の足場はどこにあるのか。確かに農婦は大地を踏みしめて農婦の世界に存在する。ギリシャ人たちは神殿に集まり神々を祭り，そこを中心にして生活を送る。どちらも特有の歴史的生である。どちらもそれぞれの生を営むばかりである。だが生きることとそれを哲学的に考察することは完全に同じではありえない。しかしハイデガーは『存在と時間』でのようにこうした光景を観取する超越論的「現存在」を確保することに努力を払ってはいない。すでに超越論的性格は払拭されている。ハイデガーは，芸術作品は造られたものなので，作品，その創造者，その保護者，ないし作品，芸術家，保護者（鑑賞者）の三つ巴を提示する。ハイデガーは鑑賞者以外ではなかろうと思われるが，保護者という名を与えたことも含め，決して自分をいわゆる鑑賞者の立場と同視していない。芸術作品とは存在者（存在）の真理が生起すること，芸術とは真理を作品のうちに据えることであった。三者はこの出来事に互いに送り返し・送り返されつつ包含される。解釈者はここに巻き込まれる。鑑賞者の立場に固定したりすれば，再び主客関係といったものに逆戻りしかねないのである。

　「芸術作品の根源」は後期の著作とは呼べないが，後に展開すべきもの，すなわち「四者連（Geviert, すなわち大地と天，死すべき者と神的なもの）」[37]につながるものが登場しているのは見落としようもない。このテクストは豊富な内容を含み，もし真理論や芸術論が狙いとすれば，論じなければならないことが沢山ある。しかし今はただ大地，そこに人間たちが住まう基盤を見極めたかったのである。ハイデガーはもはや「自己本来性」をとかないけれども，このような形で根を下ろして生きているのは間違いない。

来がよい。本当に土が成りたかったように形づくられたとき，成功なのである。さもないと土は倒壊するか，ひびを生じて復讐する。

　37）　岡田紀子『ハイデガーと倫理学』150-153, 155頁参照。

(f) 顧慮の補遺・権威論　　世界内存在を人間（現存在）の側の営為に着目して名を与えれば，直接的には配慮と顧慮ということになる。配慮は事物とのかかわりであるが，それは自分あるいは他人のために行われるのであり，顧慮は他人にたいしてのものであるが，多くの場合は何事かを処置することを含むので，配慮と顧慮は結びついている。もちろん専ら他人を顧慮することはある。顧慮についてもすでにこれまで論じた。神谷美恵子のライ患者とのかかわりもその一つである（本書，第3章Ⅱa）。顧慮について，あるいは広く共同存在について残された問題は多い。とりわけ愛と尊敬，約束と嘘，嫉妬，復讐と許しなどの考察が繰り広げられるべきである。人間論にふさわしい主題であろう。これらは具体的なかかわりであって，「現存在の基礎的存在構造」としての「共同存在」には収容しにくい。しかし残念ながら，以上の列挙は料理の出で来ないただのメニューなのである。ハイデガーからこれらの理論を期待できないのである。したがって通過ということになるが，私が割って入らなくても，こうした主題ならば，古今東西硬軟を取り混ぜて多くの文献が揃っている。

　ただし一つだけ補遺のようなものがある。顧慮の一つの積極的可能性としての「前に飛び〔模範を示す〕−開放する顧慮」（SZ122）が師弟関係のようなものであることを私は指摘した（本書第1章e）。そこには尊敬が含まれているに違いないと思われるが，尊敬は通常尊敬感情として知られるのであるけれども，そこは感情を論じる場所でない故に，ハイデガーは尊敬に言及していない。ここで差し挟もうとするのは，尊敬の要素は含まれているけれども，尊敬そのものの考察ではなく，「前に飛び−開放する顧慮」の補足なのである。「前に飛び−開放する顧慮」は顧慮する側を捉えるが，当然背中をみてその模範に従おうとする者が存在する。ここで考えてみたいのは「権威」という問題である。ハイデガーはそれとして論じてはいない。私が今念頭に置くのは，権威が当然介在する子供の躾・教育の場面ではない。

　今日「権威」を説くのは全く流行らない。私は個人的には職務上の上下関係や年齢などにかかわらず一対一で対等にものをいうことをよしとする者である。しかしそれはそれとして「権威」といったものを全く知らないのは不幸だと思う。ただし権威が働く領分は限定される。

権威論といえば、私にただちに思い浮かぶのは、ハンス・カロッサの『指導と信従』[*38]である。美しい作品である。幼年時代から軍医として従軍した第一次世界大戦末期までの、様々な出来事、様々な人々との出会いを回想した書である。教育書ではなく、ことさらに教授が主題なのでもない。出会った人々が教師として、まして権威としてふるまったというのではない。しかし無名の人々、著名な詩人や芸術家との出会いを「指導と信従」と呼んだカロッサの謙虚な姿勢が作品の神髄を現している。その眼差しは透徹しているが、温かさを失わない。ところどころにユーモアが覗く。医師として常に病とひとの死に接しなければならないが、一人に一人として向き合い、生命への畏敬を忘れないひとである。多くのひとが登場する。15歳のとき父から全集を与えられたゲーテ、未熟な医者として死なせてしまった若い金銀細工師の患者、最良の物たちを愛惜する年下の詩人・マクシミリアン・ブラントン、デモーニッシュな画家のアルフレート・クビン、ホフマンスタール、エルンスト・ベルトラム、ゲオルゲ、リルケ、戦地に従軍するマイアー神父等、多彩である。それらの出会いがどれも作家が受けた指導と信従として描かれている。文学作品なので、具体的な記述を引かないとそのよさは伝えられないのだけれども、あまり紙面を割くことはできない。しかし一つだけ、リルケとの出会いの場面に触れよう。自ら詩人であるひとならではの洞察が光る、得がたい報告である。カロッサはリルケを讃える。リルケが自分の創作を手仕事(アルバイト)と語ったこと[*39]、しかしそれにどれほどの苦闘が必要であったかを察し、リルケの作品は「ドゥイノの悲歌」のようなものさえ生きるのに重要な器官を

---

38) Hans Carossa, Führung und Geleit — Ein Lebensgedenkbuch, Jubiläumsausgabe zum hundersten Geburtstag von Hans Carossa, Bd.3, Insel Verlag, 1980. ハイデガーとカロッサとの関係は分からないが、『形而上学とは何か』(1929年) の第5版 (1949年) 以来「ハンス・カロッサに—70歳を記念して」という言葉が添えられている。1953年11月18日ミュンヘンでのハイデガーの講演、「技術への問い」(学界復帰を告げる重要な講演) の会場には、カロッサがヴェルナー・ハイゼンベルク (当日の講演者の一人) と並んで座っていたそうである。(ハイデガー『技術への問い』、関口浩訳、平凡社、2009年で、訳者は後記でハインリヒ・ウィーガント・ペツェットのこの報告を紹介した。)

39) ハイデガーは、自分の哲学的思考の仕事(アルバイト)をコケラを削る農民の手仕事(アルバイト)と同種とみなしている。(「創造的風景。私たちはなぜ田舎にとどまるのか」Heidegger, Aus der Erfahrung des Denkens, Gesamtausgabe, Bd.13, S.10, 1983)。

犠牲にして生まれたと感じる。そしてリルケの優しさ。リルケはカロッサの詩集を取り出し，若い頃の詩「Morgen-Gedicht」のかなり不揃いな詩節をゆっくり朗読した。その朗読によって不安定にきらめくリズムの構成体が本当の詩のように現れ出るのにカロッサは驚嘆するのだ。リルケはすでに世界的名声に包まれた詩人であり，カロッサはまだほとんど無名であった。しかしカロッサは自分がリルケとは全く違ったタイプの人間であることを知っている。夢想に沈みがちな性分を医者であることによってバランスをとり，現実にしっかり足をつける。優しい妻と子供のいる家庭もある。その謙虚さと努力して獲得したバランスが，全く自分と異質な人たちを包容することを可能にしているのだと思う。

あまり懐古しない性だが振り返れば，幼年時代以来，私の生は華やかではなくそんな有意味な彩りに満ちていなかったが，小さなナズナの花を嘆賞する目からすれば，感受性が乏しかっただけなのかもしれないとカロッサを読んで思う。それでも若い日一つの「指導と信従」が私の将来を決めたということはある。一人の老教授への憧れからうかうかと哲学の世界に迷い込んだのである。アカデミックな環境に恵まれていたわけではない。

私は教団や伝統的芸道・芸能の習いごとの門をくぐったことがない。ピラミッド型の秩序は好まないし，自動的集金装置になっていることにも反撥を覚える。しかしそこで押しつぶされた多くのひとがいたに違いないとしても，伝統を今に遺してくれた功績も認めるべきなのであろう。さて，俳人の長谷川櫂が自分の体験から習うことについて興味深いことを語っている[*40]。俳句を始める場合一番大事なことは師を選ぶことである。しかし初心者は師を選ぶ力がないのに師を選ぶという無理難題を突破しなければならない。勘と運が大いにものをいうというのである。

長谷川は飴山 實（本業は発酵醸造学の学者）の句に出会って，入門する。しかし先生は結社をもたず，遠く山口に住む。句会もなにもないので，そこで句を原稿用紙に書いて送る。丸がついて返ってくるのも

---

40) 長谷川櫂『俳句的生活』（中公新書1729, 2004年）。

あるが，直してくる．ときには納得がいかない．

　　穴子裂く大吟醸は冷やしあり　　　　櫂

その句は初めは次のようなものであった．

　　穴子裂いて大吟醸は冷やしある

　後になってみれば，二つの形の優劣ははっきりしている．師に直された句は，作者が穴子を裂いて白焼きにして大吟醸を冷やして友人に対する，もてなしの句に変容している．元の自分の句は散文にすぎなかったと悟る．長谷川は何ごとであれ，習うことは自分を捨てることであるという．自分という砦に立てこもって受け容れられるところだけ受け容れ，受け容れがたいところを拒むということでは，その人はなにも変わらない．これでは習うことにならない．自分を捨てることは不安である．飴山實に呑み込まれ，虚子に呑み込まれることになって終わることになるかもしれない．しかし捨てたくらいでなくなってしまう自分などももともと大した自分ではないのであると，長谷川はいい切るのである．
　権威に服従することに必要なのは，自発的であること，自分を失うことを受容する覚悟，その師がふさわしい師であることの漠然とした直感はあっても洞察的でないにもかかわらず信じること，洞察的でないゆえに実存的な決断であることである．権威に服従することが強制，制度や習いになっているゆえに権威に服従することは，ここでは論外である．権威主義は権威の頽落態なのだ．私は俳壇については何も知らないが，習うことが機能する一つの稀な領分なのであろう．哲学の原書講読・演習のような場合では，先生がいて学生とは学識や経験がどんなに勝っていたとしても，理屈を戦わすのが本意である領域なので，同じことは成り立たないであろう．学生は疑問をぶつけなければならない．いうだけ虚しいかもしれないが，そればかりでなくそもそも教師は大学生を対等の大人として扱うべきである．
　アレントには優れた権威論がある[*41]．アレントは権威とは何かとい

う問いを提起した後で,権威とは何であったかと問う方が賢明であったかもしれない,権威は近代世界から姿を消しているからというのである。同感する。私は権威を個的実存の問題として扱った。アレントはそれを歴史と政治という枠で論じる。したがって観点がずれるので,アレントの権威論を全面的に取り上げるつもりはない。それでもアレントもまず一般的に権威に触れているので,参照したい。アレントは子供の養育や教育のような前政治的領域でも権威が失われたことを認める。そして大人と子供,教師と生徒の関係を律してきたこの前政治的領域が確保できなくなったことを危機とみなしている。それにも私は共感する。確かにそれは日本の現状でもある。

アレントは,重要な指摘をしていると思う。権威は常に服従を要求するため,一般に権力(パワー)や暴力(ヴァイオレンス)と取り違えられている。しかし権威は外的な強制手段の使用をあらかじめ排除する。強制力(フォース)が使われると権威は損なわれる。他方権威は説得と両立しない。説得は平等を前提し,論議の過程を通してはたらく。論議のさなかにおいては,権威は留保される。説得の平等主義的な秩序に対して,権威主義的秩序は常にヒエラルキーをなす。ゆえに権威は,力による強制と説得の両方に対立する。命令する者と服従する者との権威に基づく関係は,共通の理性にもまた命令者の権力にも基づかない。両者が共有するのはヒエラルキーそのものである。両者が承認するのは,このヒエラルキーの正しさと正当性であり,両者ともこのヒエラルキーのうちで前もって安定した場所をもっている。人々を服従させるなら,暴力は権威である,権威とはひとを服従させるものであるというのは,間違いであるとアレントは力説する。アレントは暴力が権威の代替物になるなどとは信じない。大衆社会の問題を解決するためには命令と服従の関係を回復することだと説く人々に反対する。本当にそうだ。世の中が荒廃しているからと,すぐに軍隊式の秩序や暴力的な,なんとかスクールに救いを求めようとする輩は尽きない。さて,ここまでは一般論である。

しかしアレントが論じようとするのは権威一般ではなく,西洋世界

---

41) ハンナ・アーレント『過去と未来の間』の第3章「権威とは何か」(引田隆也,斎藤純一訳,みすず書房,第7刷,2005年,ただしもとは1959年の独立の論文)。

で妥当してきた特殊な形態の権威である。そこで歴史的に権威とは何であったのか，権威に力と意味を与えた源泉を問おうというのである。アレントは，権威は不動の過去を基盤とすることによって世界に永続性と耐久性を与えるところに役割があると認める。それゆえ権威論は共同体全体の秩序の形成にかかわる。したがって全体主義は重要な話題ではあるけれども，権威主義的体制，すなわち自由の制限や排除対自由主義という対立だけに限定されない。さて，権威主義的統治形態はヒエラルキー，あるいはピラミッド型をとる。頂点から権威と権力が底辺にいたるまでしっかり統合されて，すべての階層が相互に結びついている。これは非平等的体制であり，不平等と差別がある。暴政＝僭主性(ティラニー)では支配者（一者）以外は平等である。それよりも全体主義の支配にぴったりするイメージは玉葱の構造，つまり指導者はがらんどうの中心にいて，タイラントのように上からでなく，内部から支配するものである。つまり様々な組織（全面組織，各種の職業団体，党員，党官僚機構，精鋭組織，警察集団など）が正面になったり，中心になったりして結びついている。それが現実世界から全体主義システムを組織的に守る防壁となっている。アレントはこれも全体主義と呼ぶ。ピラミッド型の支配でないから全体主義でないなどということはない。これらの組織の内容はわからないが，個々人はシステムに捕えられている。アレントのいうように，個人をがんじがらめに支配することでは現代こちらの方が一層問題なのであろう。

　アレントは権威の概念がすべての政治体に認められるわけではないとする。ギリシャの家政と家族生活には権威主義的支配があった。アレントによると，ポリスはそのようなものではなかった。市民は自由でなければならない。プラトンは家政に起源をもつデスポティズムを樹立しようとしたが（哲学を救い出すため，またポリス間の争いをなくすため），ユートピアにとどまった。僭主ではなく，法やイデア（権力の領域を超えたもの）に服するならよかろうというわけだった。それが哲人王の支配である。アリストテレスの政治哲学では支配する者とされる者は政治に先行する領域に属するが，ポリスは同等の者の共同体であり（アレントの私的領域と公的領域との区別），その成員は自由人，家長である。同等の者の共同体はむろん追求されるべきだが，現代まさか

ギリシャ・ローマ風に私的領域の内部に生と消費のみに専従する人々（奴隷と女性）を囲い込むわけにはいかないのも重々承知であろう。

　権威が最も大切にされたのは，ローマである。父祖がすべての後代の人々にとって偉大さの範例である。権威(アウクトーリタース)とは，すべてはローマの神聖な創設に由来し（そこにはギリシャ文化の受容がある），後代の人々の権威はそれを増設し伝承することにのみあるということである。創設を続行し子々孫々に伝え，伝統が続くかぎり権威は損なわれない。ギリシャ人は人口が過剰になれば移民して新しい都市を創設するのが普通であったが，ローマ人は土地に根差し，一回限りの始まりに固執した。現代は明らかに伝統が権威をもたないことをアレントは認める。プラトン的なピラミッド型の秩序は西洋の正統になったが，マルクスで完全に終わりを告げた。その現代にいたる紆余曲折のある歩みを哲学的・政治学的にアレントは縦横に考察するが，そしてそれは興味深くはあるけれども，このあたりで打ち切ることにする。

Ⅲ

(a) **言葉と人間**　人間論が言葉の問題を黙過するのはやはり許されないであろう。とはいえ言葉は広範な問題性を抱える大問題なので、ここで言葉論を十分に展開することはむろんできない。第１章で私は『存在と時間』における現存在の基礎的存在構造を取り上げた。その存在構造・世界内存在は全体として明るくされている、つまりそれゆえ現存在は勝手を心得て存在できるのだが、それをハイデガーは「開示性」と呼んだ。開示性の契機は了解と情態性である。それらについてはすでにかすめる程度には論じた。しかし第三の契機として「語り（Rede）」があるが、それは広い意味では言葉の現象に属する。しかし語りないし言葉の問題は保留した。そこでわずかばかり補うと、『存在と時間』の開示性は次のような構成になっている。

開示性 $\begin{cases} 情態性（Befindlichkeit） \\ 了解すること（Verstehen）\Rightarrow 解釈（Auslegung）\Rightarrow 言表（Aussage） \\ 語り（Rede） \end{cases}$

⇒は派性を意味する。明らかに言葉である「言表」と「語り」が分断して現れるという、一見奇妙な構成になっているが、開示性は全体として言葉（語り）の問題に他ならないと理解することによって全体が把握可能になる。「語りは世界内存在の情態的分かり（Verständlichkeit）の意義に応じた分節である」（SZ162）によってそれが知られる。言表は判断または命題に近く、哲学の伝統的課題・認識の問題をハイデガーなりに捉え返すものである。「言表は、伝達的規定的呈示（mitteilend bestimmende Aufzeigung）である」（SZ156）。根幹である「呈示」とは「存在者をそれ自身から見えさせる」働きである。「規定」とは主語について述語づける、つまり規定することである。それゆえ「述語づけ（Prädikation）」を意味する。「伝達」はそれを語り出して他人にともに見えるようにする。「語り」は1. 語りがそれについて語るもの、語られた事柄、2. 語られたこと自体、3. 伝達、4. 表明という構成契機からなる。1 は「主語」

Ⅲ (a) 言葉と人間

より広く解されるべきであろう。それゆえ命令文のようなものにもそれは欠けていない。2は語られたかぎりでの意味内容である。1と2の間が乖離しうることが重要である。そこで真偽が問われるであろうし，皮肉・反語・冗談といった語りが可能にされる。伝達はすでに明らかであるとして，「表明」は語る者の気分のようなものの表明であって，これも伝達されるのである。それゆえ命令や願いのようなものも含んで，このように語りは世界内存在と同じ広がりがある。

では「言葉（Sprache）」とは何を表すのだろうか。語りは語りだされて音のようなものを具えた「語」となって世界のうちに見出されるが，ばらばらな語ではなく音韻・語彙・文法の体系を備えた諸言語として存在する。それが言葉であるが（これが厳密な意味での言葉であるが，ハイデガーも私もそれに拘泥せず，一般的に「言葉」と広く用いることも多い），言葉はそのようなものとして歴史的変遷を示す。私はここで『存在と時間』の言葉の問題をこれ以上追わない。真理論という枠組みにおいてではあるが，私は旧著『ハイデガーの真理論』では当然言葉の問題を論じた。それ以後新たな知見を付け加えることができるわけではないので，ここでそれを蒸し返したくない。また本書第3章Ⅱd節で「民族と人間」を考察したとき，『論理学講義』をテクストにしたが，そのときも言葉の問題は回避した。それゆえこの講義から言葉の問題を取り上げることにするが（むしろ簡略な扱いなのが好都合），『存在と時間』の言葉の考察を前提にしているのはいうまでもない。そこで必要なら適宜『存在と時間』を参照することにする。

では，1934年の『論理学講義』から言葉の問題を少しばかり省みる。むろん『存在と時間』をすでに越え出ているところがある。講義の題目は論理学であるが，論理学はロゴスの学として言葉の本質を問うが，言葉が「問われるもの」であるとすると，問うことにはすでに問う者がいるわけで，「問う者」にまず聞けということになる。すなわち「問いかけられる者（das Befragte）」，人間をまず問うことに向かう。それで人間への問い，すなわち「予備的問い（Vorfrage）」へ乗り出すという段取りになっている。講義の探究の歩みをハイデガーは自ら図示したが（本書148頁参照），「私たち自身は誰か」が要の位置にある。このような背景のなかでの言葉の究明である。それゆえそれを背景として今度は

言葉の議論に的を絞ることになる。本書の目論みは人間論であることを忘れないようにと自分を戒めながら。

　論理学はロゴス(ロギケー)にかかわる。ロゴスは一般的には「言うこと・語ること(Sagen・Reden)」である。しかし論理学で問題にするのは，特別な意味での言うこと・語ることである。それは言表(ロゴス・アポパンティコス)であり，「証示(Aufweisen)と呈示(Aufzeigen)の働きと傾向をもつ」(LFWS1)語りである。それは「命令すること，要請すること，乞うこと，称賛すること，叱責すること，申し立てることの意味での語りから区別される」(ibid.)。(ハイデガーにおいては常に動詞形が先である。)このようにハイデガーはいわゆる実践的－価値的語りも視野に入れている。それらをここで論じないけれども，『存在と時間』風にいえば，語りは現存在(人間)の世界内存在を全般的に覆っている。言表するロゴスは語り出され，また「他人によって繰り返される」(ibid.)。言表されると，「命題(Satz)に沈殿化される」，そして本，山等々のように見出される(ibid.)。そこで物在者のように受け取られた言表・命題(判断)と，多くの命題から推論によって引きだされる推論の規則が，つまり論理学が成立する。論理学の講義なのだから，ハイデガーも伝統的論理学を簡単に考察する。私は論理学には立ち入らない。ただ注目に値する点を拾っておく。そこで言葉の本質を問うが，言葉は「言語哲学の対象」であるわけではない。こう考えるのは，言葉を他の諸々の対象(芸術，宗教，国家，歴史)の一つであるかのようにみなすからである。言葉が「特殊分野」(LFWS15)であることをハイデガーは否定する。また言葉の考察であるからといって，「文法」に依拠しようとするのではない。文法は「ギリシャ的思考」に貫かれ，つまり言葉への接近が論理学によって規定されているのである(LFWS17)。この論理学自身が認識というところに狭められている。またハイデガーは，言葉は「了解しあうことの手段」，「叙述の道具」，つまり常に「何か他のものへの手段にすぎない」(LFWS16)と考えることを拒否する。言葉の本質への問いを開け放とうとするなら，言葉を「特殊科学の観点」のもとにみてはならない。それでも探求があるとすれば，それは哲学的と呼ばれよう。ただしいわゆる言語哲学ではない。「哲学は科学〔学問〕とは別物である」(LFWS21)とハイデガーはいうのである。

Ⅲ (a) 言葉と人間

　言葉の本質を問うとはどのようなことか。「真正な，しかも本質的な問うことは，かの暗い命令（Geheiß）に担われ，その命令から問うことが発現する。問いを初めて立てる個別者はその命令を意のままにするのではなく，彼はそれのために一つの民族の歴史のための通路となるにすぎず，かの放射する不穏（Unruhe）に導かれている。不穏は態度の持続する厳格さと心意の真正さを本当に要求する。」（LFWS18）。この引用文は，この講義でのハイデガーの問いと言葉にたいする姿勢をよく表している*42。言葉を話すことは人間にとって任意のあり方ではない。そしてもうすでにその境遇にあるゆえに，その事態を問い確かめることに真剣であることも任意的なことではない。言葉の本質を問うことは個人の思いつきではなく，そう促されて問うのであり，それに応えるのであって，それは単に私の存在ばかりでなく，民族の（さらには人間の）将来がかかっているような問いなのである。ここには「対話」という出来事が考えられているのだと思う（後述）。

　「言葉は語られるところに，それが生起するところにのみある，つまり人間たちのもとにある」（LFWS24）。言葉の存在は「人間の存在仕方から規定される」（LFWS25）のである。それゆえ形而上学は「言葉は人間の活動である」（ibid.）と断じ，「人間は言葉をもつ動物である」（LFWS25f.）という人間の定義を与えたのである。ここでは「言葉をもつ」が動物との種差となっているが，ハイデガーも動物が言葉をもつことを否定する。動物は互いに了解し合うが，言葉の本質は「了解しあうこと（Verständigung）」（LFWS139）にはないとする。そして「動物は，記号，ごろごろ喉を鳴らす音，警戒音を出しても，何かについて（über）了解し合うのか」（LFWS139）と問い，否定的に答える。科学に馴染んだ現代人にはこの見解は認めがたいであろう。ハイデガー的には，動物たちが「隣の部屋からバナナを取ってきてくれない？」「はい」とか，「今年の桜はきれいだね」「本当に」などと語りあえば，言葉をもつと

---

42) ハイデガーにとって言葉を話すことは思考することと切り離せない。そもそもこの講義は「言葉の本質への問いとしての論理学」である。論理学は思考の学である。したがって思考にも自分が意のままにできない到来の性格が属する。次のようにいうとき，ニーチェはこのことを理解した。「思想は〈それ〉が欲するときやってくるのであり，〈私〉が欲するときにではない」（Nietsche, Jenseits von Gut und Böse, Kritische Studienausgabe, Bd.5. S.31）。

認めることになろう。この「ついて」はたしかに判別点になりそうだ。そこで言葉を問うために人間を問わなければならない。しかし人間の本質を問うために，言葉を手掛かりにしようというのである。明らかに循環である。しかし『存在と時間』の言及を思い出しても，ハイデガーにとって循環は避けられるべきものではない (SZ153)。

　人間にかかわるところは重複にならないようにしたいが，どうしても人間を経由しなければならない，言葉にかかわる問題が一つある。それは「人称」である。「人間とは何か」ではなく，「誰か」と問わなければならないと宣言してから，ハイデガーは，しかしそれは無規定な「誰」ではない，と付け加える。つまり「君は誰か」，「私たちは誰か」などと問わなければならないと主張するのである (LFWS34)。「私たち，君たち，私，君」(LFWS35) が問われる。そしてそれら「誰かの問い」はめいめいの「自身，自己（selbst, das Selbst）」(ibid.) を匿っている。たとえば「私たち自身は誰か」のように問う。「誰か」の問いは，「自らの自己」(LFWS36) へ差し向けられる。（「誰か」の問いには「岡田です」という返答が適当な場面はあるが，それはここでの人称の問題ではない。）『存在と時間』では議論されなかった「人称」が正面から考察され，とくに複数の人称代名詞が俎上にのぼる。それがこの講義の『存在と時間』とは異なる関心のありようを仄示する。「私たち」は個別的私が数えられて，「私たち」に集合されるのではない (LFWS40)。「私，私，私」といっても，私自身を繰り返すにすぎず，「私たち」にはならない。また「私が君そして君，そして私といっても私たちであるということではない」(LFWS41)。「君たち」も個別的な「君」の集合ではない。「君たち」には「講義にともに属していることが本質的である」(ibid.)。そこには講義をするハイデガーという教師がいるわけだが，立場は違っても，講義への所属によって「私たち」も存在するわけであろう。しかしだらけきった教室でこれが成立するわけもない。なお「君（du）」と「君たち（Ihr）」は数の違いとは限らないことをハイデガーは指摘する (LFWS42)。若い農夫が祖父を「Ihr」と呼ぶこともあり，「君たち」が「Du, 私の民」と単数になることもある。

　「私たち」問題は，ハイデガーのように「私たち」の成立を民族と国家の方向へ収斂させること（本書第3章Ⅱd）をどう考えたらよいのかと

Ⅲ (a) 言葉と人間　　　　　　　　　　169

いうところまでを含む。現代世界も国家を単位としている。市場のようなものはどんどん国境を超えるが，それゆえにこそ，国家の役割は終わっていない。関税と公定歩合は一応国が握る対抗手段であろう。しかし国益ばかりで動くのは困る。そして内向きには，たとえば日本国憲法第25条「すべて国民は，健康で文化的な最低限度の生活を営む権利を有する」の実現は，とりあえず国の果たすべき役目である。——これはいきがかりのコメントにすぎない。国家問題は措いて，もう少し一般的に言葉の用法から攻める。さて，「私たち」は，言語学者のいう「指示詞」・「デイクシス」の一つであるから，そのつど状況によって異なったことを表す。「私たち」は一人称複数なので，いうまでもなく，「私たち」と発言するところの問題というものがある。「私たち」が「私」の発言であるかぎり，そこへの包摂を喜ばない人々を常に潜在させる。「私たち」は実際呼びかけであり，レトリック（説得術）であることはよくある。このことを十分承知のうえで，私は「私たち」は様々なところで成立し，また成立させなければならないと思っている。「私たち」は人称代名詞としては親友の二人，30人のクラス，労働組合員，一つの町の住民，日本人，女性全員などにまで用いうる。普段そこに「私たち」の意識は欠けているかもしれない。しかし何かのきっかけで，たとえば犯罪被害者たちが訴訟をきっかけに「私たち」となることはあるであろう。政府の政策に抗議するデモ隊は「私たち」である。この講義は歴史の場に立つので，単に形式的な構造を考察するのではなく，具体的に何か仕事をすることによって世界に何かをもたらし，また自己実現を図るところでの考察であろうとしている。そこで大きな，また小さな「私たち」を成立させ，複数の「私たち」に属することを積極的に推進するのが重要なのだと私は思う。その際「私たち」のためから仕事をするかどうかは，大変に違うことなのである。自発性と所属感がそこにはあるはずである。ハイデガーの「飛び入って〈関心〉を取り去る顧慮」（SZ122, 本書第1章 e）とは違うのである。たとえばある芸術家は脇目もふらずに，ときには周囲を蹴散らして自分の仕事に没頭するかもしれない。そんなエゴセントリックなひとは勝手にさせておこう。しかし多くの場合，ひとは自分の行為をなんらかに共同存在の必要と重ね合わせるであろう。神谷美恵子のライ病者

へのコミットメントは，たまたま身近に出会った人々への献身であったが，基本的に国家や民族に束縛されるようなものではない。国境なき医師団の活動のようなものは，そういう性格のものであろう。大上段に平和，環境破壊，貧困にたいして立ちあがる「私たち」でなくても，もっとささやかに町の古い街並みの保存活動のグループ，様々な同好会，自分の老いた親の介護といった「私たち」もあろう。任意加入とそこに投げ込まれた（被投的）ものの区別は消えないであろうし，常に「私たち」が成り立つとは思わないけれども。「私たち」の成立は私の「決意性」に基づいているのでなくてはならず，また自分が何をしているのかの自覚は不可欠である。それでも常に盲目性が付き纏いはするであろう。特に「私たち」とその業績を誇大に評価しがちである。この段の「私たち」は私による補完である。

　では人称と自己はどういう関係になっているのか。「自己という性格はある仕方で，すべての私，君，私たち，君たちをこえて，それらに先立っている」(LFWS43)とハイデガーはいう。これが二つの間の秩序である。ハイデガーはどうしてこのように考えることができるのか。それは「私，君，私たち，君たち」（三人称に言及しないのは，それは本来人称でないと思うから，正しい）は，語られたもの，つまり表現の身分に属するからである。『存在と時間』でハイデガーは，言葉を開示性のところへ，つまり開示する（露わにする），開示されてある（露わにされている）のところから考えた。決して内面化などではない。言表は「伝達的規定的呈示」と定義された。第一義は呈示にあるので，呈示は開示性の働きそのものである。言表は通常は口にされ（さらには書かれ），伝達される。伝達は第三の契機である。人称代名詞は当然コミュニケーションの場面で働く。さて「私」と発言する。自己がそう発言するのである。しかし自己は発言されなければ，存在しないわけではない。ハイデガーは語ること（語り）に四つの構成契機の他に，三つの「可能性」を挙げた。「語ること（話すこと），聞くこと，沈黙すること」(SZ 161)である。これはむろん共同存在する現存在の可能性である。「聞くこと」には「語ること（話すこと）とは異なる性格がみられる。ハイデガーが指摘するように，聞くことは了解することを意味することがあり，従うことであることもある。日本語でも同じである。日本語の

「聞く」は他動詞であるが，進んで音・声を受け入れようとする行為へと発展し，さらに相手に同感し，同意し，相手の言葉を受け入れようとする段階へ進むといわれる[*43]。能動的に受動的態度を受け容れる点が興味深い。「聞こえる」(自動詞)は「聴覚刺激が自動的に耳に感じられる状態」である。たしかにそれは私のところで起きているとしても，主語「私」を立てるのは不適切であろう。「話す」にはそれは当てはまらない。ドイツ語の「話す」は自動詞でもあるが，それでも「聞く」の場合のように私や話す者を後退させないだろう。そして語り合っているとき，相手の「沈黙」は何かを語っているが，音声表現は欠けている。そのうえハイデガーは，最も自己本来的な語りにおける沈黙を「おしゃべり(Gerede)」を打ち破るものとして強調する。そして「沈黙」を最も自己本来的開示性，つまり決意性の契機としている(SZ301)。自己はそこで本当に捉えられる。しかしそこでは「私」と発言したりしない。こうした自己を「私」と呼ぶ用語法を採ることは可能である。しかしそれは通常のコミュニケーションの秩序には属さない。君も一個の自己であって，「私」と発言でき，一人称と二人称が交替することによって会話が成立するという次元の事柄ではない。呈示，ないし開示性のところで比類ない人称が登場する「対話」はあると思う(これについてはこの節の最後に譲る)。「私」は存在の明るみなのである。これはむしろ「自己」と呼ばない方がよいのだと思う。なぜなら動物もなんらかに自己性格をもっていて，自己保存や自己再生が帰せられる(動物については次章を参照のこと)。しかし動物は「私」と発言しない。生としては人間も，身体レベルでたとえば免疫があり，自己と自己でないものを弁別するという[*44]。また人間は認知的・実践的主体として

---

43) 森田良行『基礎日本語辞典』角川書店，1989年，369-371頁参照。
44) 免疫については多田富雄『免疫の意味論』(青土社，2008年，第49刷，1993年初版)を参照。免疫学の知識が皆無なので，大まかなイメージを摑んだにすぎないが，その面白さに驚嘆した。「自己とは何か」，この書を通じて問い続けたのはこの問題であると，著者はいう。身体的「自己」を規定しているのが免疫に他ならない。ところで個人の行動様式，つまり精神的「自己」を支配するのは，脳である。二つの「自己」の関係は？ ウズラの脳の原基をニワトリの脳に移植する。生後しばらくしてニワトリの免疫系が完成すると，ウズラの細胞を「非自己」と認めるようになって，それを排除する。身体的「自己」を規定しているのは免疫系であって，脳ではない。脳は免疫系を拒絶できないが，免疫系は脳を異物として拒絶したのである。身体的「自己」が脳を拒絶し，脳が拒絶されることによって，身体的「自

己」の方もやがて死ぬ。したがって「脳の死」は、間もなく成熟する「身体の死」より少し先に起こる。このことは脳死議論に示唆を与える。

　免疫系は個の全一性を守るための生命の機構である。「自己」と「非自己」を識別し、「非自己」を攻撃・排除する。免疫の中枢臓器は「胸腺」である。そこで免疫細胞が造られる。それが知られるようになったのは、1960年以降だそうである。胸腺という臓器は、胎生期の初めに上皮性の細胞から造り出される。幹細胞から分裂してできたリンパ球という細胞が蓄えられる場所が胸腺である。ここからサプライされる細胞が血流に乗って免疫臓器（リンパ節、脾臓など）に移る。「自己」と「非自己」を区別して排除する免疫。その反応の主役がT細胞である。しかし胸腺から出てくるのはすでに役割分担の決まった様々な種類の細胞である。驚くことには、T細胞は直接に「非自己」である異物を発見して反応することはできない。異物が入ると、マクロファージという白血球の捕食運動をする細胞に取り込まれ、酵素で分解される。マクロファージの表面には自己のマークであるHLA抗原の一揃いが存在する。分解された異物はこのHLA抗原に結びつき、表面に出る。異物の断片が結合していなければ、T細胞は「自己」と認めるが、結合しているときには、T細胞表面のアンテナ（抗原レセプター）がそれをみつけて反応する。つまり自己のマークであったHLAが、異物によって「非自己」化したのを認識する。それゆえ免疫系は単純に「非自己」を認識して排除するのではなく、現代の免疫学は、「自己」を認識する機構が「自己」の非自己化を監視するというのである。「自己」のHLAと強く反応する細胞はすべて死ぬ。胸腺のなかでは「自己」が侵害されたときのみ反応し、「自己」そのものを破壊することのない一握りの細胞のみが選び出されて外へ出ていくことが許されるが、残りほとんど（96-97%）の細胞は死ぬ。

　人間ひとりのなかには約二兆個の免疫細胞があり、ほぼ一キロの重さがある。抗体が認識できる抗原の数は、少なくても一千万種類以上ある。一千万種類の異なった抗体分子の有機的集合体として免疫系は存在する。これがネットワークを形成しているらしい。ネットワーク説が提唱された。さて、個を造っているのはDNAであるとされる。しかしDNAは設計図にすぎない。一卵性双生児はDNAが同じである。しかし免疫は異なる。免疫学的「記憶」があるからである。一度ハシカにかかると、一生ハシカにかからないというわけである。したがって一卵性双生児でも生後の経験、たとえばひとりだけがかかった感染症などをとおして違ったネットワークのパターンを形成する。ネットワークは一度成立してしまうと、常に直前の平衡状態を基礎にして行動する。すなわち「自己」に言及しながら反応を終息させるように動く。とするとネットワークでは何が指令するのか。実は反応性の方向を決めるものは何もない。すると「自己」も「非自己」もない複雑な指令と受容、シグナルの転換と受容の世界がみえる。それは曖昧さと冗長さによって特徴づけられる分子群によって運営される混沌の王国であったのか。

　混沌は言い過ぎである。著者は「超システムとしての免疫」という考え方に至る。一種類の造血幹細胞から多様な細胞が分化し、その相互作用によって反応体系が造り上げられる。その体系は環境に応じて刻々と経験を蓄積し、変容していく。それを決定するマスター・プランが遺伝子のなかに記入されているのではない。突然変異も多い。すべてが分化の過程で、たとえば何細胞になるかなどが偶然によって決定される。その過程に応じて多様化する流動的システムを造る。この「自己」は「自己」の変容に言及しながら、終生自己組織化を続ける。これが超システムである。「自己」は経験を積み、「自己」を維持する。ところがこの超システムは常に破滅の危機を内包する。特に老化とエイズが重大である。老化（老い）とは何か。胸腺は十歳代を最高として縮小する。老人では痕跡程度になる。ゆえにT細胞の免疫機能が低下する。低下するだけならまだよい。それによって活発化するものがある。「自己」の様々な成分に反応が造られたりする。これが超システムを崩壊させる。個体の同一性が失われる。生殖年齢が過ぎると胸腺が急激に衰えるというのは、なるほどと思わせる。エイズ

自己である。人間は自己のためを計り，自己啓発し，自己実現し，また自己責任，自己破産などに直面する。この日常的自己は共同存在するので，必要ならば，「私」と語り出し，「君」と語る。このように「自己」は生までを視野におく広い裾野をもち，したがって基盤といえる。これが人称的な存在より自己を先立てる一つの理由である。しかしそれ以上に人間的「自己存在」の根底にハイデガーは「関心」をみている。「存在者に曝され，存在に委ねられている，人間の存在」（LFWS162）は「関心」と呼ばれる。このような自己は，当然「私，君，私たち，君たち」，すなわち人称の次元のものではない。この自己存在はこれに先立つ。この自己存在が比類ない意味での「私」ないし「私たち」であるということは，通常の人称とは別の用法に属する。

　ここで「問うこと，問い」をもう一度省みる。問うことは語ること

（人口増の心配をよそに，人類の短命化と人口減の危険が懸念される），癌，アレルギーは免疫のかかわる病気であるが，省略する。
　免疫学がみた「自己」とはどんなものか。本当に連続性をもった「自己」というものが存在するのか。免疫学的「自己」というものが存在しているわけではない。反応する「自己」，認識する「自己」，認識される「自己」，寛容になった「自己」というように，「自己」は免疫系の行動によって規定される。「自己」は「自己」の行為そのものである。その行為は「自己」と「非自己」は先見的には区別されないという曖昧な条件のなかでも一応うまくいって，ウイルスや細菌などの感染の防御にとりあえず成功している。しかし禁じられているはずの自己免疫の方も決して稀な例ではない。「自己」と「非自己」は互いに曖昧につながっている。それにもかかわらず「自己」の同一性はその時々で保たれている。その「自己」も時とともに変貌する。行為の集合としての「自己」，その行為を規定しているのは，内的および外的環境のみである。免疫系はこの危険なバランスのうえに成立している。以上は私に重要と思われたところの抜き書きにすぎない。細胞や機能の名前などの詳細を省いたが。それらはどっちみち私には理解できない。「免疫学的自己」を私が大変面白く思ったわけは伝えられただろうか。
　脳が心的活動や身体の運動などを支えているので，脳の機能が破壊されたら，「私」などただちに消失する。また免疫が働かなくなったら，個としての生存は不可能になる。これが現代科学の知見である。実存の人間論はこうした領域には手出しができない。その知見は措くとして，人間の存在の問題が，日常を生きる人々それぞれの自己の生死の問題として関心事であり，また哲学者の関心事であることがなくなりはしない。これは私の哲学的立場の表明である。私の脳とその活動や免疫系は私の経験には属さない。しかしもしかして近い将来に「あなたは脳腫瘍です」と宣告され，レントゲン写真で病状を丁寧に説明され，治療方針は相談でなどといわれ，私の実存の問題となる，そういう可能性のある歴史的共同社会に生きていることは承知している。いうまでもなく医師は医学がこれまで蓄積した知識に基づいて私に提言する。ただの一個人として素手で私に対面してはいない。しかしときには迷ったあげくこれが最良という実存を賭けた判断を平静な顔の下に隠していることもあろう。二人称を介在して脳が私の実存の問題になる。

の一様態である。問うことがなければ，探求は始まらない。それでハイデガーは問いとその構造を『存在と時間』でもこの講義でも執拗に問題にする。ところで問いは「さあ，問いましょう」といっていきなり問うことができるようなものではない。湧き上がってこなければならず，問うこと自体一つの生起と考えられる。すでに問うことにたいする「命令」には先ほど触れた（本書167頁）。根源的には問いは問う自己の存在を巻き込むようなものである。ところで幼い子供は常に問いを発する。目に触れるすべてが不思議と驚きに満ちているのであろう。しかし人間はこの時期をすぐに通過してしまう。この子供らしさをいつまでも保って科学者になる少数のひとはいる。しかし科学研究は多くは客観的事柄に向かい，自分の存在に還ることはあまりなさそうだ。自分の存在から立ち昇ってその存在を問うことが目覚めさせられなければならない。ハイデガーは「気分」の働きにそれを委ねる。こうしたところは既知として今はもはや追求しない。そして問いが生じるならば，探求し，答えを求める場が開かれる。開かれて私たちをつまり自由にする，解放する。ハイデガーはここではこのような自由をそれとしては述べていないけれども。当然当たり前，自明と思っていたことが緩められ，私が改めて問い，態度をとりうるものにする。そして問いは答えと対なのだから，答えることを要求する。ハイデガーが「答える，答え（Antworten, Antwort）」に「責任をとること（Verantworten）」を連動させたのを私たちはみた（本書151頁）。問いと答えは切り離しえない関係にある。私は世の中に氾濫するQ&Aを本当に有害だと思う。問いと答えが切り離せないといっても，これは全く別物である。問いも答えもできあいで偽物に他ならない。瑣末な実践的指示や小中学校の教室では有用ではあろう。それを越えた領域ではそれを多用してはならない。研究における問いの重要性は誰でも知っている。問いの根源性が研究の水準を決める。まして自己の存在，人間の存在がじかに巻き込まれるようなのっぴきならない問いにおいてはQ&Aなど論外である。

　もう一度『論理学講義』の道程を振り返る。論理学→ロゴス→言葉→人間→私たち自身とは誰か→民族→決断→決意性→歴史とは何か，であった。言葉への問いはこう問う。「どの領域に言葉は属するのか。

Ⅲ (a) 言葉と人間

そして言葉とは何か」(LFWS114)。その答えは「言葉は人間の存在の領域に横たわる」(LFWS115)である。それゆえ人間を問い、「人間は歴史的である」ゆえに、歴史が問われ、「歴史は人間の際立った存在であり、歴史はそれとともに言葉の際立った存在である」(ibid.)と論じられる。言葉は人間の存在と重ねられるから、言葉が歴史的であることも自ら明らかであろう。音韻・語彙・文法体系を備える言葉は世界的な存在者として独自の変遷を示す。言葉の歴史は民族の移動や興亡と歩みをともにするであろう。言葉の変遷は独自な研究の課題となる。これはむろん正当な営みであるが、ハイデガーがここで述べようとするのは、言葉の研究に属する存在的言明ではない。「言葉は歴史的なものとして、存在に引き渡されて存在者全体のうちに曝されていることという出来事以外の何ものでもない」(LFWS168)。言葉についてはこれが結語のようなものであろう。それゆえ一切の物事は言葉の出来事のうちにくっきり姿を現す。「谷の愛らしさ、山岳と荒れる海の威圧、星々の崇高、植物の沈降と動物の偏狭、機械の計算された横暴、歴史的行為の厳しさ、創られた作品の抑制された陶酔、知を求める問いの冷静な大胆、労働の強固にされた即物性、心の沈黙——これらすべてが言葉であり、言葉の出来事のうちにのみ存在を得、または失う。言葉は、民族の歴史的現存在の、世界形成的で保存的中心を統べているものである。時間性の時熟が自らを時熟させるところでのみ、言葉が生起する。言葉が生起するところでのみ、時間性が自らを時熟させる」(LFWS168f.)。ここに数えられた物事は、人間を取り巻く一切のもの、人間が行うすべてのこと、創りだしたものすべて、心のありようそのものに亘る。しかも直観的で具体的な物事である。それにこれは普通の言葉である。つまり『存在と時間』でのような探究のため設えた特別な言葉ではない。それゆえハイデガーが詩を持ち出しても唐突ではない。最後の節（第31節）で、ハイデガーは「根源的言葉は、詩作の言葉である」(LFWS170)と語る。ハイデガーの思考がこれから進む道を示唆するのであろう。

先ほど後回しにした比類ない人称が登場する「対話」にここで触れたい。それはヘルダーリン論に現れる。私は本書ではヘルダーリンには立ち入らない方針であった。しかしハイデガーが『論理学講義』の

最後に詩・詩作に言及したが，念頭にあるのは間違いなくヘルダーリンであるのだから，それを無視してはおさまりがつかない。

「ヘルダーリンと詩作の本質」[*45]でハイデガーが取り上げた詩句は「融和するものよ，かつて信じられたことのない者よ……（Versöhnender, der du nimmergeglaubt...）」で始まる，未完の詩の一部である（ヘリングラートによる全集第4巻343頁）。その詩句はつぎのようなものである。

　「人間は多くのものを経験した。
　　多くの天上的なものが名づけられ，
　　私たちが一つの対話であって
　　互いに聞くことができてから。」

ハイデガーは「私たちが一つの対話であって……から」に着目する。「私たち－人間たちは対話である。人間の存在は言葉に基づく」（EHD 36）。さて対話が生じる。しかし対話とは何か。対話とは「何かについて互いに語り合うこと」である。こうして「お互いというものになる」。そして私たちは「聞くことができるようになる」。しかしハイデガーは，対話が可能になるのは「それに向かって私たちが一つに結ばれる一つのもの，同一のものが露わになってのことである」とヘルダーリンは洞察した，と解き明かす。そこで「私たちは一つの対話である」(ibid.)。それなしに「私たち」はない。この対話はまずは世に行われる誰かと誰かの対話のごときものではない。また現代風のコミュニケーション哲学ではないのだから，人々が話し合いを重ねればそのうち一つのものに到達するであろうといったことでは全然ない。

ところでヘルダーリンは単に「私たちは一つの対話である」といっているのではなく，「私たちが一つの対話であって……から」といっていることにハイデガーは注意を促す。言葉，つまり対話が「出来事」となった「とき」からである。対話は一つの同じものに関連づけられていなければならず，そこには時間が関与するのである。「一つの同じ

---

45) Heidegger, Erläuterungen zu Hölderlins Dichtung, Vittorio Klostermann, 3.Auf.1963. 略号EHD. 最初に1936年ローマで行われた講演である。詩句は「五つの導きの言葉」として拾い上げられた三番目のものである。

ものは留まるもの，恒常的なものの光のうちにのみ露わにされうる」（EHD37）。恒常性や留まりが露わにされるとき，人間は「変転するもの，来り・行くものに曝される」（ibid.）。それは「時（時間）」が自らを裂き開くことなのである。変転する，来り・行くということは，時間が現在・過去・将来に分裂することである（ibid.）。私たちが「一つの対話であること」は時間がある，時間の裂き開けと一つのことである。時間が成立してから，それ以来私たちは歴史的である。

「私たちが一つの対話であってから〔以来〕，人間は多くを経験し，多くの神々が名づけられた。言葉が本来的に対話として生起して以来，神々が語へ来り，世界が現れる」（EHD37）。このことは私たちである「対話」の成立と一つのことである。そして神々が語へと到来するとき，私たちへ応えることを要求する。さてこれは開闢のストーリーである。これは原場面である。それを開き，この場面に立つのは詩人以外ではない。ヘルダーリンはずっと「私たち」と人間について語ったけれども。この「私たち」を改めて考える。「私たち」は人称代名詞である。しかしそれは「私たち，君たち，私，君」の一つではない。こうした対立が開かれる基である。もちろん私たちは語り合い，聞き合うが，「私たち」とともにただちにそれらは成立する。「私たち」は複数表現である。すべての人間を包摂するから，当然である。しかし「私たち」と歌う詩人が存在する。それは個，「私」である。というのは「人間は，自ら固有の現存在をまさしく証明するところの者である」（EHD34）。そして「人間存在の証明」は，「決断の自由から生起する」（ibid.）からである。決断は個，私の事柄である。それはまずは詩人のところで生起する。それゆえ詩人という資格で「私」と「私たち」は重ねてよい。それゆえこの「私たち・私」を私は比類ない人称と呼んだのである。

ではヘルダーリンとは誰なのか。ハイデガーによれば，「ヘルダーリンは際立った意味で，詩人の詩人なのである」（EHD32）。というのは「ヘルダーリンの詩作は詩作の本質を本来的に詩作する，詩人の使命によって担われているから」（ibid.）なのである。

「融和するものよ……」で始まる詩には三つの草稿があるが，ハイデガーが取り上げた部分は第三稿の最後に位置する。第一・第二の草稿にはそれはない。私はここでその部分が含まれる段全体を検討してみ

たい。本格的にヘルダーリン解釈に踏み込む用意がないので中途半端にはなるが，ハイデガー理解の助けになると思う。そればかりでなく詩句自体が圧倒的に素晴らしいのだ。シュトゥットガルト版のヘルダーリン全集を用い (Hölderlin, Sämtliche Werke, 2, Stuttgart 1953)，ここからは手塚富雄・浅井真男の訳を使わせていただく（『ヘルダーリン全集』2, 河出書房新社，1981年，第9版。今取り上げている下から四行は私が訳したものと相違するが，同定に困難はないと思う）。

「しかし　愛しあう者たちのあいだに行われる掟
　あの美しい融和の掟は，そのとき地から
　天の高みを貫いてあまねく行われるのだ。
　そのとき父はもはや独りで君臨しているのではない。
　他のものたちも彼らの傍にいるのだ。
　多くのことを人間は学び知った。多くの天上の者たちの名が言わ
　　れるのだ，
　われらが一つの対話となり
　たがいのことばに耳を傾けるようになってから。」(S.142f., 訳書171頁)

「父」は訳者のいうように，キリスト教の神ではない。（ハイデガーもヘルダーリンをキリスト教的に解釈はしない。）[46] 父は融和し，包容するものである。天と地が名指され，上と下の区別が開かれる。多くの天上的なものが言われるが，天上的なものとは神々である。そして父とともにいる。人間も登場している。しかし人間は地に住む。この場面が開かれることは即，人間たちは「対話」となり，人間たちのあいだにも愛の，融和の掟が統べるようになることである。ハイデガーは愛を語らない。ヘルダーリンははるかに平和主義者的であり，和合を希求する気持ちが強い。それが胸を打つ。ハイデガーは「父」を打ち出

---

46) 以下が参考になる。ハイデガーによれば，ヘルダーリンはドイツ人を歌うようになってギリシャ精神から離れたようにみえるが，「このギリシャ精神からのある離反は，キリスト教への回心でなく」(Heidegger, Hölderlins Hymnen ›Germanien‹ und ›Der Rhein‹, Gesamtausgabe, Bd.39, S.220)，「唯一者」と題された詩では「キリストは唯一者ではない」(ibid.) といわれている，「キリスト教と異教の一切の対立」のごとき主張は「短慮」(S.221) であって，ヘルダーリンを捉えていない。

さない。余計な誤解を招くばかりだから，それはよい。しかし前の部分を取り上げないので，「一つのもの」とは父とその掟であることが隠され気味になる。この詩には有名な「神々の逃亡」は語られないけれども（ただしこの詩では「かつて信じられたことのない者よ」と呼びかけられているので，その信仰が確立されているとは思っていない），ヘルダーリンはまだ逃亡という形でも神々を語れるが，ハイデガーは直接にはそれさえできない。またそのような時代にいる。ハイデガー自身それを知っているし，私たちも知っている。ハイデガーは神々が名づけられることと対に世界の開けをいうが，それはそれでよい。そこに時間の契機を深く掘り下げたのは（この短い解明においてだけということではない），それこそが哲学的思考の仕事に他ならない。

ところでこの段の直前の段がまた素晴らしいのである。その段の後ろの部分を読んでみる（S.142, 訳書170f.）。

「けれども　ここにまたひとりの神が無常の人間たちとおなじように日常の仕事を選びとって　運命のいっさいをかれらと共にすることがありうるのだ，
そのときすべての者たちはたがいを知り，そして
静寂が帰ってくれば，生きている者たちのあいだに
一つの言葉が生まれてくる。そのときかれは巨匠のように
仕事場から現れる，卑近でありながら偉大なのだ，そしてかれのその装いは
まさに祝祭の晴着にほかならない。そして生の道を歩む人間たちのすべては
すなわち見よ，いまは時代の夕べなのだ」

「ひとりの神」とはむろんイエスを指す。「ひとりの息子」が送られたと少し前にいわれていた。彼は偉大すぎる父から人間たちのもとへ下りてくる。しかし唯一の息子として特権化されてはいない。人間が「死すべきものたち（Sterblichen）」と呼ばれ（訳では「無常の人間たち」である），また生きている者たちのあいだに言葉が生まれるとされる。この部分の詩句に分かりにくいところはない。本書第3章Ⅱd節でみたよ

うに，ハイデガーが日常の月並み・卑小さをしぶしぶ容認したのにくらべて，人間たちとその暮らしを見詰めるヘルダーリンの優しさが輝く。ただし畔道を歩む農婦とその慎ましい暮らしを語るハイデガーには同種のものがあろう（本書第3章Ⅲe節）。だがハイデガーはまず雑駁な日常性と闘わなければならない。詩人・ヘルダーリンはそのようなものを軽々と飛び越えるのに。

　最後にハイデガーの典型的言葉の思考を引いてこの節の結びとしたい。詩句の解釈を与えるのではなく，そこから獲得された洞察である。「思考は存在の人間本質への連関を完遂する。思考はこの連関を造ったり，生じさせたりしない。思考は，存在から思考自身に手渡されたものとしてのみ，この連関を存在に差し出すだけである。この差し出しは思考のうちに存在が言葉にやってくることのうちに存立する。言葉は存在の家である。その住居に人間は住む。思考する者と詩人はこの住居の番人である」(W313)[47]。この言葉遣いに躓いてはならない。存在が露わにされていること，それはそれを思考し言葉にすることと一つであり，それは現－存在という出来事の生起以外を意味しない。

　（b）忘却の問題　　ハイデガーによる非自己本来的な時間性の時熟は「忘却的－現前化的予期」(SZ339)である。つまりそこには既在（過去）の忘却の契機が入っている。すなわち「非自己本来的既在性としての忘却性」(ibid.)が横たわる。忘却に基づいて「保持（Behalten）」があるとされる(ibid.)。これは忘れないで記憶に保つというほどの意味だが，配慮といったあり方が成り立つには世界で出会う存在者の保持は不可欠である。それにたいして自己本来的「過去」は，「既在（Gewesensein）」(ibid.)，つまり「あったのであること」である。あるいは「反復」と呼ばれる。ハイデガーには忘却してはならないという考え方が顕著であるように思う。まず日常的場面を省みる。

　忘却は誰でも経験があることだからであろう，ハイデガーはその心理学的な説明を与えない。全く日常的でありながら，忘れるというこ

---

[47]　「ヒューマニズムについての手紙」（もともとは1946年のジャン・ボーフレ宛の手紙）。間もなくこれとは正反対の，言葉嫌いのベルクソンの思考に出会うであろう。

とは不思議な現象である。忘却したことは全く無ではない。久しぶりに昔の級友と会い、「こんな出来事があったね」とか、「あなたはこんなことをいった」といわれ、それが蘇ることもあるが、全然覚えのないこともある。どちらにしても驚きがある。ハイデガーは「忘却性は保管である」(HW54) と述べる。これは直接には芸術作品がどこかに埋没したりして、人々に知られなくなったことがその保護となったことを意味するが、一般化することもできよう。

　想起するということは、一旦は現前したということである。私たちには現在多くのことが目に留まっているが、特に関心のあること以外は忘れられる。保持は非常に選択的である。忘れられた何かが沢山あるはずで、それが私の生のうちで今も働きを及ぼしていると考えることに不都合はない。精神分析学はそう考え、方法的にそれを取り戻そうとする。ハイデガーの本来的既在性、「あったのであ・る・こ・と・」は、私の存在の丸ごとの取り戻しである。したがってそれは明らかに心理学的な意味で想起される以上のものを含む。それが私の「あったこと」であると主張する。実際に想起されることは少なくても、それの地平を解明することがある程度においてできる。私たちの存在体制が世界内存在だからである。その解明はいわゆる内観的な方法によるのではない。たとえばある日私が道を歩いていて車に接触されたとする。私による状況把握、私の痛みは私の経験である。警察官による聞き取りや相手の証言なども含めて「交通事故」である。私の知り得ない多くの細部があろう。しばらくして、その事故は仕組まれていたことが判明する――安手の推理ドラマになってしまうが。すると気がつかなかった様々な点が私にも見えるかもしれない。これも解明に属する。およそ生の出来事が名づけられて（これが重要）、いろいろの仕方で解明される。私が自分の経験を一生懸命思い出そうとすることもあるが、共同存在から多くの情報がもたらされる。なお隠されていることもあるのかもしれない。直接私の想起の及ばないところも含めて、これらの全体が事件の解明である。ハイデガーはこのように具体的に想起を論じてはいない。

　既在が忘却され、あるいは保持がひどく失われるなら、認知症であろう。知覚が損なわれていないとしても、その場合は親しまれた有意

義性の世界（共同存在も含めて）はもう親しい相貌を示さない。程度は様々であろうが，物や他人は名前をもたず，何かのための連関も理解されない。これではもはやまともな存在可能の投企はできない。何もかもただちに忘れれば，一人で生きていくのはおぼつかない。しかし過去があまりに保持されれば，将来に向かって生きていくことを妨げる（極端になれば，健忘も過去への固着も精神病理学の助けを必要としよう）。ニーチェは生の健康のため，忘却の大切さを説く。歴史（学）の過剰を戒めて「適当なときに想起すると同様に，適当なときに忘却することを心得ること」[48]を説く。「非歴史的なものと歴史的なものは，個人と民族と文化の健康に同様に必要である」と主張する。ハイデガーはニーチェ的な意味で忘却を肯定的に語らない。全存在の肯定は，ニーチェと異なって，ハイデガーの場合，特有の歴史的思考となる。

『存在と時間』を後にすれば，このような日常的・個別的な平面を越えて，忘却は存在忘却としてはっきり問題にされる。ハイデガーは，「芸術作品の根源」の本文の最期をヘルダーリンの詩句で結ぶ。「根源に近く住む者は，その場所を去りがたい」（「さすらい」，ヘリングラート版, Bd.4, 167頁）[49]がそれである。これはハイデガーの思考の最も基層である。この詩句は私たちの歴史的存在について歌っている。根源とは存在を意味する。人間は本来存在の開けのもとに存在するはずの者である。したがって根源に帰るとは「現－存在」へのそれ以外のことを意味しない。

ここまではいいのだが，存在忘却はハイデガーによって「存在の歴史」を組み込んで思考される。ハイデガーの「存在の歴史」は存在忘却

---

48) Nietzsche, Vom Nutzen und Nachtheil der Historie für das Leben, Unzeitgemässe Betrachtungen II, S.252. (KSA)

49) Hölderlin, Die Wanderung, Hölderlin Sämtliche Werke, Bd.2, S.144-148, Stuttgart 1953.「祖国の歌」と題された一群の詩の一つである。これらには「帰る」というテーマがあり，河のさすらいに託して，詩人はドイツの行く末を考えている。しかしヘルダーリンの詩に民族主義の偏狭さなどない。気宇広大である。河はアルプスから発して，コーカサスやアジアに出ていくが，帰ることを常に思う。そして血縁者を求めてギリシャに赴く。途中黒海地方で言葉の通じない人々に出会うが，「冷気」が下りてきて人々を微笑ませ，和合させるというのである。それゆえ「根源」は諸民族を争わせるようなものではないのである。現実はそんなに甘いものではないと抗弁しないでほしい，だからこそヘルダーリンの気高さはますます輝くのである。

Ⅲ (b) 忘却の問題

の歴史として存在忘却が深まっていく歴史である（形而上学の歴史。本書第3章Ⅰbでちらりと触れた）。ハイデガーはその始まり，存在の開けという決定的出来事をギリシャの早期に見出す。「存在〔存在者〕とはなにか」という問いがそこでのみそれとして問われた。どんなに素朴でも人間は感じ思考する存在者であったろうが，その水準を抜け出て人間の本質的可能性がギリシャにおいて開花したのである。それゆえそこからのみ存在の歴史が展開されて，現代「ゲシュテル (Gestell)」[50]へ延ばされた。ハイデガーのゲシュテルという把握は私たちの現代の窮境を言い当てていると思うし，私たちの存在の境位を根源的に問い直すように迫るものであると私は認める。それはすでに地球全体を支配している。形而上学はヨーロッパ起源の出来事であるが，世界歴史的意義をもつ。それゆえこの伝統の外に生まれ育った者もそれとの対決を回避できない。

さてしかし，根源に帰ること、存在の近みに住むことをハイデガーの「存在の歴史」と重ねて論じることが私はまだできない。帰るといっても文字通りの意味で昔へ帰ることはありえず，ヘルダーリンの河の歌においてのように，ハイデガーにとって常に将来に向いて戻るのであるが，それを十分に咀嚼する歴史的思考が私にはまだ熟してはいない。またハイデガーの思考が同行していくヘルダーリンの詩作との並行関係を跡づける用意もない。以上は人間の存在に深い次元でかかわる問いではあるが，私はそこに踏み込むことができない。本書がもう少し手前の卑近な存在のあり方に中心を置いたことはある。ただ残されたものの大きさは承知している。

もう一つ考えてみたいことがある。存在の開け、根源の近くに住むことが言葉をもつことと一つであるとすれば，その原場面はハイデガーのようにギリシャのみを特別視することができるのか。むろん単に特別視しているのではなく，ハイデガーは自らの由来と向き合ってそのストーリーを紡いでいるのだから，その営為に実存的必然性はあるとは認めるのだけれども。それでも敢えて辺境には別の可能性が隠さ

---

50) 「ゲシュテル」については，Heidegger, Die Frage nach der Technik, Vorträge und Aufsätze, Teil 1, Neske. 1953年の講演。

れているということはないのかと尋ねてみたいのである。（ハイデガー的な意味では「始まり」ではなかったが。）そしてそれはおそらく固有の言葉の作品が花開いているところへ遡ることによってなされないのか，と。私にとっては日本の伝統を顧みることである。それは同時に他者の伝統に心を開くことである。ハイデガー自身そのような試みに真剣に取り組んだとはいえないが，たとえば日本語の「コトバ」や「イキ」への興味はその一端を示している（US Aus einem Gespräch von der Sprache. Zwischen einem Japerner und einem Fragenden）。単なるリップ・サービスとは思いたくない。

第 4 章

生・生物

　人間も一つの生・生物であるが，それは私たちの被投性に属している。今日人間が生物であることが改めて強く意識されるが，それはとりわけ環境問題の切迫や遺伝子工学の展開，人間というものが長い歴史の果てに成立したという科学の知見によって私たちに突きつけられたことによる。生・生命をどう理解するかは，人間を考えるうえで重要にちがいない。さて，これから考察するのはそれはもはや人間の歴史的世界ではない。ハイデガー自身，生・動物の考察を行いもした。そこで私は，全集29・30巻[*1]におけるハイデガーによる動物の考察を取り上げ (1)，それから生物進化と進化論を少々散策する (2)。被投性の背後に遡ることはできないと，『存在と時間』は宣言した。人間も動物なので，動物論はまだいいとしても，進化論に立ち入るのはその柵を越えることであり，「合理的説明において〈どこから〉〔人間の由来〕を知っていると思う」(SZ136) 人々を追いかけることを意味する。しかしこの解明は人間の存在に何ほどか洞察を与えてくれるはずである。しかしもちろん実存の立場から動物論・進化論のようなものへ無反省に横滑りすることはできない。

　「生の哲学」と称する一群の哲学がある。ハイデガーは次のようにいう。「あらゆる学的に真剣な〈生の哲学〉には――この語は植物の植物学といったことをいうのだが――その傾向が正しく了解されれば，現

---

　1)　Heidegger, Die Grundbegriffe der Metaphysik. Welt-Endlichkeit-Einsamkeit, Gesamtausgabe, Bd.29/30, 1983,（略号 GM）

存在の存在の了解への傾向が非表明的に横たわる。奇異であるが,〈生〉自身が存在仕方として問題にならないことが,その根本的欠陥である」(SZ46)。『存在と時間』のハイデガーは自らの立場を確立するために,自らの血脈でもある生の哲学から距離を取ろうとする。ハイデガーも生の哲学に属すると主張したいのでは決してないが,私たちは今日生・生命の問題に攻め立てられていると思うので,ハイデガーを生の問題に戻して考えてみようとしている。ハイデガーはディルタイに触れて,生の体験を「構造連関と発展連関から」,「この生そのものの全体から理解」(SZ46)しようとしたと認める。「諸要素やアトム」に定位するのではなく,「〈生の全体〉と形態を狙う」(ibid.)ことによって,彼は「なにより〈生〉への問いの途上にあった」(ibid.)と評価した。最近はディルタイ研究が再び盛んなようであるが,私は今人間的生を越えて生へ手を伸ばそうとしているので,人間の歴史的生の哲学者・ディルタイにはここでは用がない。しかしハイデガーが生や生物を考察する場合,常に全体を先行させる姿勢を貫くことを忘れてはならない。

　生と生物へ接近するために,ハイデガーは『存在と時間』で次のような指針を与えた。まず「現存在の存在を存在論的に十分に規定する」(SZ58)。そして「剥奪(Privation)の途ではじめて〈生〉の存在論的体制がアプリオリに限定されうる」(ibid.)と。生物学の研究でないので,当然求めるのは生のアプリオリのみである。このようにハイデガーは生・生物については,引き算によって捉えねばならないと主張した[*2]。

---

2) 同じく引き算,あるいは「剥奪的仕方」(EP123)で捉えねばならないとされる「子供」についてのハイデガーの言及にここに触れておきたい。珍しい言及だからである。すでに述べたように,『存在と時間』は,子供やその成長を論じない。現存在はすでに諸々の存在者や他の現存在との付き合い方を心得ており,言葉を話すことのできる存在者である。存在論の探究が存在了解を明確にもつ存在者に手がかりを求めるのは当然である。さて,生まれたばかりの子供についてハイデガーは次のようにいう。「この現存在〔この言葉に注意!〕をさしあたり規定するのは,安らぎ,温かさ,栄養,睡眠とぼんやり状態(Dämmerzustand)である。ここからこの現存在がまずいわばなお自らのうちに閉じこもっていて,主観はなお全く自らのうちに封入されていると推量された」(EP125)。しかしこれは全くの誤りである。「子供の反応」は,「ショック・恐怖の性格」をもつ。それは「妨げられていることの感受性」(ibid.)である。なんらかに「驚かされていること,襲われていること」であるが,「何に襲われているかのその何は,まだ隠されている」。「この襲われていることはすでにまさしく一つの情態性である」(ibid.)。子供が「ぼんやり状態から引き剥がされること」は「主観状態から出ていく」(EP126)などということではなく,すでに外にでている。そして「なんらかの

第 4 章　生・生物　　　　　　　　　　　　　　　187

　生物学者たちは，生物が「〈環境世界をもつ〉」(ibid.)ことを強調するようになったが，それにたいして現存在は「世界をも・つ・」(ibid.)とハイデガーはいう。したがって現存在が世界をもつことを前提し，引き算によって生物が環境世界をもつことを捉え，生に迫ろうとするのである。全集29・30巻の生と動物の解明はまさにこの方針に従っている。ただしすぐみるように，まず「動物の世界貧困」から着手するけれども。ハイデガーの解明はいうまでもなく，現存在ないし人間も生であるかぎり，人間存在への問いの一環として生を問う。しかしその際人間について，足し算方式，つまり動物に何かをプラスして考える（たとえば理性的動物）のをハイデガーは断固拒否する。ハイデガーは生であるかぎり人間と動物を連続的に考えるが，その間を峻厳に切断する面もある。その連続性と切断を見届けなければならない。

　「世界をもつこと」と「環境世界をもつこと」はこの講義に関するかぎり疑念がないが，「もつこと」・「所有」もハイデガーにとって一般に何も問題がないわけではない。所有となれば，勝手に処分できることを含意するので，ただちに自分自身の表現として用いることはできないと感じられてくる。この点を強調すると，ハイデガー後期風に解釈することになろう。全集版『存在と時間』には，長い間手元に置いて書き込みを加えた，1929年の『存在と時間』第2版の欄外注が収録されている[3]。そこでハイデガーは，生物学のいう生物の環境世界の所有に疑義を呈した。「そもそもそこで正当に〈世界〉について語っているのか。環境（Umgebung）にすぎない！　この〈与 Gebe〉に〈持 Habe〉が対応する。現－存在は決して世界を〈もた〉ない」（SZ 欄外注78頁。SZ58頁への注である）。この箇所では生物が属する環境はなお世界でも

存在者がすでに露わになっている」（EP125），むろんそれとしてその存在者に態度をとっているとはいえないけれども。それゆえハイデガーが開示性について情態性を真っ先に取り上げるのは当然なのである。ただし情態性に属する「添い・背き」ほどにも「志向性」が帰せられるのかは，ここではまだはっきり論じられてはいない。ぼんやり状態とはそれが非常に乏しいということなのだろう。子供の反応に最初に「ショック・恐怖」の性格をみるのはハイデガーの感性を語っているようで面白いが，その当否は私には判定できない。ちらりと覗いた0歳児の場合でも，最初からもっと能動的であるようだった（本書第3章Ⅱa注）。このような事柄についてハイデガーに追従することはいらない。

　3）　Heidegger, Gesamtausgabe, Bd.2, Sein und Zeit の欄外注。1929年から晩年まで書き記された。

環境世界でもないとされる。生物は与えられた環境にとどまり，それをもつのみであると述べている。したがって「環境」を現存在に帰属させることはない。現存在はそれ以上の存在者である。間もなくみるように，第29・30巻は人間の「世界形成」を説いている。この講義や『存在と時間』は現存在が世界をもつこと＝世界形成，そして動物は環境世界をもつという見解をとる。欄外注によれば，現－存在は世界をもたないとされた。これを受け止めるとすれば，「所有」の主観（主体）主義的な姿勢を後退させることを意味しよう。ただし注はこれだけが短く投げ出されており，書かれた年代も不明なので，意味の確定はできない。世界の性格は重要なので，今は今後のため，この不確定を記憶しておくことにしよう。

　第4章の考察は次の二つの問題に取り組む。I. ハイデガーの生，とりわけ動物の存在の解明。II. その系としての生物進化，である。

I

(a) 生とハイデガーの動物論　『形而上学の根本諸概念——世界－有限性－孤独』(Bd.29/30, 1929・30年フライブルクの冬学期の講義)[*4]の第2部は,「世界とは何か」という問いを究明する。ハイデガーはそこで「1. 石は世界を欠く, 2. 動物は世界貧困である, 3. 人間は世界形成的である」という三つのテーゼ[*5]を提出し,比較によって「世界」概念に到達しようとした。したがってハイデガーの動物論と呼んでいるものは,このような枠組みにおいての考察であることを忘れてはならない。

さて,ハイデガーの狙いは「世界」である。伝統的に世界は神との区別のもとに考えられる。「世界とは神的でなく,神的以外の存在者の全体」(GM262) である。キリスト教的には「創造されないもの」にたいしてそれは「被造物」である。人間はそのような世界の「一片」である。しかし「人間は世界の一片として世界のうちに現れて世界をともに構成しているばかりでなく,人間は世界に対立する」(ibid.)。この対立は「世界の所有 (Haben)」(ibid.) である。世界を所有するとは,「人間がそのうちで動き,それと対決し,それを支配し,同時に仕え,引き渡されていることである」(ibid.)。それゆえ人間は「1. 世界の一片

---

4)　この講義はその第1部で形而上学的問いを眼覚ますものとして (哲学することを目覚ますものとして)「退屈」の気分を詳細に論じてから,形而上学の根本概念である「世界」の解明に進む (その第2部)。しかし講義は世界の解明で終わって (講義というものはめったに予告どおりに完了しないものだ),有限性と孤独を論じていない。察するところ,有限性については,世界が「世界形成」という観点から主題化されるため「投企」が表立つことにつながったが,それはそれ自身有限なものであるし,陰におかれる被投性は本来有限性の規定であることが浮き上がらせられるはずであったのであろう。「孤独 (Einsamkeit)」は「個別化 (Vereinzelung)」と交換可能のようである。退屈論の最後に,退屈の気分をとおして「人間にたいして現存在そのものが要求されている」(GM246) と述べられる。それは「現存在の自由の最も内的必然性」(GM247) を理解することであり,すなわち「なにより自らを再び開かれたものへもたらす,現－存在として把握しなければならない」(ibid.) ということを意味する。人間のうちに現存在を呼び覚ますことは,自分の可能性を闘いとる,孤独・個別化を含む。「覚醒はめいめい個別的人間の事柄」(GM510) なのである。それゆえ考察は表面に現れているものから掘り下げていく構成になっているので,講義で論じられなかったとはいえ,「孤独」は重要でないどころではない。

5)　『ハイデガーと倫理学』の第一付論「人間はいずこへ――環境と人間」(1990年) で私は,この三つのテーゼを簡単に取り上げた。ユクスキュルについても少し論じた。

であり，2. その一片として同時に世界の主人，そして召使である」(ibid.)。そこでハイデガーは，人間の世界を所有するあり方を石のような物質的事物や動物・植物のあり方と比較する道を選ぶ。そこで件の三つのテーゼ「1. 石は世界を欠く，2. 動物は世界貧困である，3. 人間は世界形成的である」(GM263)が，提示されたのである。この究明の中心は第2のテーゼにおかれる。かなりの分量の動物論を含むゆえにこのテクストはハイデガーの著作のなかで特異であり，人間論の試みにとって貴重な手掛かりを与える。動物の存在を問うことは，生とは何かという問いを問う。生物はたしかに「物質的自然と人間実存の間の中間位置」(GM283)を占めるが，ハイデガーは，シェーラーがしているように，「物質的存在，生，精神の段階」という風に積み重ねて統一的に把握することを退ける(ibid.)。ではハイデガーはこれらの連続性と区別をどう考えようとするのか。まず「生をそれ自身から，それ自身の内的実質においてまず確保する」(ibid.)課題を掲げる。それは何を意味するだろうか。

　まず石は世界を欠くこと，この「無世界性(Weltlosigkeit)」を動物の「世界貧困(Weltarmut)」から区別しなければならない。ハイデガーは，世界をとりあえず「存在者の接近可能性(Zugänglichkeit)」と性格づける。それゆえ動物には接近可能性がより少ない，制限されているということを意味する。人間と較べれば，動物は食べることでも棲むことでも，固定していることがここから理解される。それゆえ世界貧困はむしろ世界を欠くことに等しい。だからといって貧困は欠乏や不完全などを意味しない。動物はそれで立派に生きているのだから。ハイデガーは「貧困(Armut)」のうちに，「気持(Mut)」，「どんな気持ちか(wie zu Mute)」を聞き取り(GM287)，「貧困は単なる性格でなく，人間のあり方・態度」(GM288)だと規定する。接近可能性はそれなしにはない。そして接近可能性という観点から石については，世界を欠くと述べられた。しかし石にとっては厳密にはそもそも世界を欠く，欠かないが問題にもならない。どういうことだろうか。石が路上に横たわる。石は地面に触れている。石を水たまりに投げれば，沈み，水底に横たわる。石はただあるとおりにある。他のものに混じって存在するが，ただそれだけのことで，「他の存在者への無接近可能性」(GM290)が属す

る。そのような石の存在をハイデガーは「物在性」と名づける。この無接近可能性が「物質的・物理的自然の存在連関とその法則性を可能にしている」（GM291）。

ところがトカゲが太陽に温められた石のうえにいる。トカゲは石を捜したのである。トカゲに私たちと同様に「太陽は太陽として」接近可能か，「石は石として」接近可能なのかといえば，そうではないと思われる（後にはっきりするように，「として」は人間を特筆することになる）。それでも石とそれを温めた太陽との関係と異なるのは明白である。トカゲは太陽，石，その他のものとの独自の関係をもっている。私たちはトカゲが石を捜した，といわなければならなかったのである。擬人化したのではない。「感情移入」でそういったのでもない。ここでは感情のようなものが問題ではないからである（ibid.）。やがて明らかにされるように，人間は世界を所有するゆえに，他の存在者に，つまり他人や動物の身になって理解できるのである。どの程度においてかは別としても。

あるいは一匹の甲虫が草の茎のうえを登っていく。甲虫にとってそれが草の茎であること，ましてお百姓が牛に与える牧草の茎であることは知られていない。それはただ通り道，餌を探しに行く道路なのである。「動物は動物として，彼の餌，獲物，彼の敵，彼のつがいへの特定の関係をもつ」（GM292）。そればかりでなく，彼の生存のために「特定の媒体」（ibid.），つまり水や空気といったもののうちで生きている。したがって生と呼ばれるあり方は，あるいは「動物は彼の環境世界をもつ」（ibid.）。それゆえ動物は環境世界という意味での世界を所有しているのであり，それはやはり人間の「世界」とは異なることが解き明かされる。

ハイデガーは接近可能性を析出した。そこには「自分をあるものに移し入れる」ことが属する。それゆえに他の者と「同行すること（Mitgehen）」（GM297）ができる。感情移入は否定しているので，それはその身になって考えることができることを意味しよう。そこでまず石をみれば，石は人間が自分を移し入れることを許さない。他人はどうかといえば，現存在（人間）が共同存在であるということは，「他の人間に自らを移し入れることができること」（GM301）であり，他人と「同行

できることである。そこで動物について自分を移し入れる可能性，同行の可能性が問われる。

　主題は動物の世界貧困であった。それを明らかにするためには，生の，とりわけ動物の本質を究明する必要がある。まずハイデガーは「すべての生物は有機体（オルガニズム）である」（GM311）というテーゼを提示する。ではオルガニズムとは何なのか。それは「諸器官をもつもの」（GM312）のことである。「オルガン」とはギリシャ語では「用具（Werkzeug）」（GM314）を意味する。では用具は道具（Zeug）や機械なのであろうか。ハンマーは用具であり，道具である。しかしどんな道具もすべてが用具であるわけではない。ペン軸やそりは道具であるが，機械ではない。機械は道具であるが，どんな道具もすべてが機械であるのではない。道具は何かに役立つものであるから，有用性（Dienlichkeit）によって規定される。機械も同じである。機械は複雑な道具であるというのではなく，「特定の運動へ調整された組織の自立的な作動」（GM315）がなくてはならない。そうして特定の仕事をするようになっている。では生物の諸器官は用具なのか。諸器官をもつ動物は機械なのか。むろんそうではない。

　目は「見るためにある」（GM319）。見るために役立つので，目は道具なのか。これに答えるまえにハイデガーは「動物は目をもつから見ることができるのか，見ることができるから目をもつのか」（ibid.）と問う。ハイデガー「見ることができることが，目の所有をはじめて可能にする」（ibid.）と結論する。動物が特定の環境で生きようとする努力が（ハイデガーはここではこんな言い方をしていないが），見ることの可能性を展開させたと考える。それが目を発生させた。むろん必ず目を発生させなければならないことはない。「見る－，聞く－，嗅ぐ－，触れる可能性が動物性に属する」（GM320）のはそれ以前に認めている。

　何かに役立つ，有用という性格によって器官は道具に近くなるが，それらの間には「決定的な区別」がある（ibid.）。「ペン軸はそれ自体で存在する何ものかであり，多数の異なった人間の使用にとって用在するものである」（ibid.）。目は「それを用いる存在者のうちに造りつけである」（GM321），「器官は使用者に造りつけの用具である」（ibid.）。ペン軸は書くために「用意されている（fertig）」が，目は「見る能力（Fertigkeit）

をもつ。ペン軸は書く能力をもつのではない。器官は一つの能力をもつといっても,「有機体に属するものとして」(GM323) である。そして器官と能力があることの連関は「奉仕性 (Dienstháftigkeit)」であって, 道具の有用性 (Dienlichkeit) ではない。また「有機体は器官を自分自身で造る」(GM325)。この点で機械とは異なる。機械は別の者によって造られる。また自分で作動せず, 壊れれば他の者によって修理してもらう (ibid.)。有機体は「自己製造 (Selbstherstellung), 自己主導 (Selbstleistung), 自己更新 (Selbsterneuerung)」(ibid.) がある程度できる。これらの性格が, 道具 (ハンマー) が打つための機能をもつというのとは異なる, 有機体と道具の関係をつくっている。そこに「自己」というものが登場したように, なんらかに「自己性」(GM332) の性格を備える。(それが何を意味するかは, 少し後回しにする。) 有機体と器官では, 全体 (有機体) が先である。全器官は, 有機体との関係において奉仕性格をもつ。有機体 (動物) は有能なものであるが,「有能性は衝動 (Trieb) があるかぎりでのみ」(GM333) ある。「有能であるものは自分自身を特定の……への有能であることへと駆り立てる」(GM334)。それに対してハンマーは打つことへ駆り立てられない, 衝動をもっていない。衝動性格を基礎に諸器官は動物において諸有能性のために奉仕している。

　それではなんらかにあるとされた自分, 自己とはどのようなものなのか。私たちは自己ということで「私自身 (ich selbst)」(GM339) をまず考えてしまうので, 自己を「自分の自我, 主観, 意識, 自己意識」と解し,「有機体にこの〈自我〉,〈魂〉」を差し入れる (ibid.)。有能であることに自己性格があるとは, 有機体では「自らにおいて自らを駆り立てつつ」(GM340),「何かのために衝動的に向かっていく (Hin-zu)」(ibid.) ということなのである。それゆえ有能性には「自らが自らのものであること (Sich-zu-eigen-sein),「独自性 (Eigen-tümlichkeit) が属する」(ibid.)。独自性は動物にも人間にもあるが, ハイデガーは人間の独自性にのみ, その名に値する自己や自己性を認める。それらの間の区別はこれからもっと明瞭にされなければならない。

　ところで動物は一つの有能性を示すのではなく, 多数の能力,「栄養, 成長, 遺伝, 移動, 敵との闘い」(GM341) の能力を示す。個々の器官はばらばらでなく,「多数の統一」である。諸能力は物在するのではな

く，有機体の統一のうちに集まってある。つまり動物は「組織されている」のであって，「能力があるようにされて」いる。動物のあり方は，「能力があるように組織された独自性」（GM342）である。有能であるとは，動物には「可能存在，できること」（GM343）が属するということである。

　人間も動物も諸器官と諸能力をもっているが，両者を分化しなければならない。ミミズがモグラから逃げるのは，逃げるように「振る舞っている（Sichbenehmen）」（GM344）のであって，単に離れる運動があるのではない。そこでハイデガーは動物の「見ること，聞くことやまた栄養，生殖」を「振る舞うこと」と呼ぶことにする。それに対して人間の場合には「態度をとること（Verhalten）」と呼ぶことにする。あるいは「行為」と呼ぶ。動物は駆り立てられて振る舞う。動物が振る舞うものであれば，そのあり方を突き詰めれば，動物の本質への洞察が得られるであろう。振る舞いは動物が「自分のうちに取り込まれていること（Eingenommenheit）」（GM347）によって可能になっている。それによって「動物はその本性上一つの環境において振る舞うが，一つの世界において振る舞うのではない」（GM348）が帰結する。ハイデガーは振る舞いを可能にする有機体の本性を「とらわれ性（Benonmenheit）」と呼ぶ。心理学で意識のあることと意識のないことのぼんやりした「中間状態」（ibid.）をそう呼ぶそうである。動物はとらわれ性によって非常に的確に振る舞うにもかかわらず，明晰な意識性からは遠いのである。

　そこでハイデガーはユクスキュルの研究（J. v. Uexküll, Theoretishe Biologie, gänzlich neu bearb. Auflage. Berlin 1928. S.98.）からミツバチの餌を集める振る舞いを例にしてそれを明らかにしようとする（GM351）。ミツバチが花へ飛んでいって蜜を吸い，蜜を集めて巣箱へ帰る。この振る舞いには匂いと蜜と「……へと外へ出ていくこと」が関与する。この振る舞いにはそう取り込まれていることが横たわる。それはどのようなことだろうか。さて，ミツバチが3，4キロも隔たる巣箱への帰路をどのようにして見出すのか不思議に思われよう。確かに空中をミツバチが飛んでいくのは確認できる。ハイデガーはミツバチが帰巣の振る舞いにおいて「空間を空間として切り開き，それを自分の飛空間として

貫き飛ぶのか」(GM354)と問う。ラトルがそれを解明した(Em. Radl, Untersuchungen über den Phototropismus der Tiere. Leipzig, 1905)。こんな実験をする。巣箱を牧場に据えて，その場所に慣れさせる。しばらくして後ろへ箱を数メートルずらす。ミツバチたちはちゃんと戻ることができるだろうか。彼女らは巣箱のあった草地に戻り，うろうろ探してやっと巣箱をみつける(GM356)。そもそもミツバチはどのようにして方向を見つけるのか。彼女らは太陽を目印とするのである。「ミツバチは巣箱から餌場へ飛んでいくとき，太陽が彼女らに対している方向を覚える」(GM357)。「たとえばミツバチが餌場へ飛んでいくとき，太陽が左30度後方にあったとすれば，帰路で彼女らは太陽が自分に右30度前方にあるように方向を定める」(ibid.)*6。彼女らは太陽の方向ばかりで

---

6) ハイデガーがここで言及していないが，ミツバチがきちんと巣に戻るというだけでは話は終わらない。同じく太陽を用いる，ミツバチのダンス言葉は興味深い。フリッシュの研究が有名である (K. v. フリッシュ『ミツバチの生活から Karl von Frisch, Aus dem Leben der Bienen』，桑原万寿太郎訳，岩波書店，1975年。この本の初版は1927年であるが，訳は大幅に書き換えられた1968年の第8版によっている)。名著の誉れが高いが，素人が読んでもミツバチ王国は非常に面白い。

ミツバチ王国においては働くのは働蜂(メス)であるが，働蜂の生涯は羽化したときから，三期に分けられる。羽化1日目から10日間は巣の内部で清掃をおこなう。数日経つと働蜂の頭部の乳を出す腺が成熟し，蜂児の乳母として育児をする。10日ぐらいから20日までに乳腺は退化し，かわって蠟腺が発達して巣作りをする。仲間が持ち帰った花蜜や花粉を巣房に貯蔵する。この期間の終わりには巣の入口で見張りと防衛にあたる。20日目ぐらいから死までは採集蜂となり，花蜜と花粉を集める。寿命は羽化してから4・5か月である。この分業は通常乱れないが，急に収穫が多くなったりして新しい巣房が必要になると，乳の腺や蠟の腺が急に発達する個体が増えたりして，需要に間に合うようにされる。巣に一匹しかいない女王蜂の仕事は卵を産むことだけ，雄蜂の仕事は春に結婚飛行に出て女王蜂に精子を渡すことだけである。この国はすべてが働蜂の主導で営まれる。ここまでは理解のための前提である。

問題はコミュニケーションである。ミツバチは色と香に誘われて訪花するが，ミツバチは嗅覚能力が強いそうである。触角が嗅覚器官である。同時に触角は触覚器官でもある。ミツバチは甘さを感じるが，人間には甘く感じる2%の蔗糖水を純粋な水と区別できないという。薄い蜜を巣に貯蔵してはならないので，濃い甘さしか感じないのだそうである。ミツバチの色彩感覚と目の構造は人間と非常に異なっていて興味深いが，伝達には直接かかわらないので，省略する。ミツバチは花蜜を巣箱に運んでくる。その蜜源のある場所を仲間に伝達しなければならない。定位のためにミツバチは太陽の位置に頼る。方向を見つけ出すのは生まれつきなのか。フリッシュによると，若いミツバチは数日野外を飛び回り，一日の太陽の運行を学習しなければならない。なぜなら太陽の軌道は一年の季節によって変わり，地理的な位置によって変わるので，どうしてもそうでなければならない。ミツバチは青空の一片が見えさえすれば，偏光によって太陽の位置がわかるそうである。

さて花蜜を吸って巣に帰る。ミツバチは花蜜を内務の仲間に渡す。ミツバチは体に花の香を携えてくる。蜜にも香が含まれる。それがまず仲間に花の種類を，探索の目標を伝える。

なく,「飛行距離の長さ」(ibid.) を覚えている。ハイデガーはこの振る舞いに「とらわれ性」を認める。「ミツバチは太陽と飛行の長さに単純に委ねられていて,そのようなものをそれとして捉え,捉えたものとして熟慮のために用いることはない。彼女らがそこに委ねられているのは,彼女らが蜜を集める根本衝動によって駆り立てられているからに他ならない。駆り立てられてあることにおいてまさしく —— 確定や吟味に基づいてではなく —— 彼女らは太陽が彼らに引き起こすものによってとらわれてありうる」(GM359f.)。(それゆえ動物は迷うこともないのだと思う。) したがってハイデガーは次のように結論する。「動物は

そして円舞を踊る。8の字のような軌道を描く。踊り手に隣接するミツバチが後につづいて踊る。次々に踊りに加わる。このダンスは非常に良質で豊かな蜜源をみつけたときにしか触発されない。大仕掛けの採集に値しないときには踊らない。彼女らは蜜源が近いときには円舞,遠いときには尻ふりダンスをする。採集蜂の円舞は50メートルと100メートルの間で次第に尻ふりダンスに移行していく。100メートルの距離では尻ふりダンスは非常な速さで繰り返されるが,距離が大きくなればなるほど,荘重となり,ゆっくりと繰り返されるようになり,直線的な尻ふり前進の継続期間は長くなる(正確な数値が与えられている)。距離にかかわる信号は尻ふりダンスの前進の継続期間の長さによる。なおこのダンスは方向への指示も与える。巣箱の入り口のような水平な場面では,尻ふり前進を太陽の方向(たとえば左40度)にとる。踊りに追従する仲間は蜜源への方向を得る。ところで巣箱の中は暗闇であり,巣脾(巣房の並んだ巣板)は垂直に立っているので,真上が太陽の位置である。真上に向かう尻ふり前進は太陽の方向を,真下に向かう尻ふり前進はその反対に餌場のあることを示す。上方への方向に60度左にずれていれば,太陽の方向から60度左よりの餌場を示す。しかし真上に,つまり雲のうえに蜜源はないので,実際は真上でなく少しずれる。ミツバチは重力方向にかんする鋭い感覚をたよりに,重力方向を太陽の方向に読み替えて役立てる。こうして数百の個体が飛び立つ。ところがなぜか円舞のときに遠くへ飛んでいく二,三の個体や,尻ふりダンスのとき近辺や誤った方向を探す二,三の個体があるという。それは有用な変わり者だとフリッシュはいうのである。つまり別の蜜源の場所をみつけるかもしれないのである。(人間社会のことを考えて私は面白く思ってしまう。) またミツバチは時刻記憶をもつ。花を訪れるのに適切な時間帯があるので,「体内時計」で時刻をよむということである。特定の時刻に餌づけして確かめる。フリッシュの研究は多くの観察・実験に裏づけられ,著書にはたくさんの写真や図が付加されているので,それら抜きに正確な内容を報告できないが,詳細は必要なかろう。私はそれに適任でもない。さてダンス言葉は表現によって意義を伝達するものであるから,通常の意味では明らかに言葉である。しかも驚くべき精緻さである。ハイデガーはやはり動物のとらわれ性をいうであろうか。もちろんである。また動物が了解し合っているのは確かであるが,それを言葉と呼ばないのである。(この点については本書第3章Ⅲa「人間と言葉」を参照されたい。) さて,このダンス言葉はその種に生得的である。そして特定の用に固定されている。人間(ヒト)は種であるが,言葉の能力は生得的なのであろうが,言葉は民族によって多種多様であり,特定の用に固定されず,また歴史的変遷が著しい。ミツバチ(セイヨウミツバチ)は五千年以上も前から飼育されているが,同じような歴史的変遷は考えられないだろう。

動物として存在者の開明性（Offenbarkeit）のうちに立っていない。動物のいわゆる環境も彼ら自身も存在者として開明的にされていない。動物はそのとらわれ性に基づき，その能力の全体に基づき，衝動多数の内部で駆り立てられているので，動物は根本的に自分でない存在者や自分自身である存在者にかかわりあうことの可能性をもたない」(GM361)。存在者の開明性，存在者とのかかわりをハイデガーは人間のために取っておく。

　動物は環境のうちにいるとはいえ，環境もそれとしては開明的にされていないとされた。ミツバチは人間のように太陽を認め，それに基づいて行為するのではない。「衝動から衝動へ駆り立てられることとして，駆り立てられることが動物をつかみ，動物を一つの環のなかへ駆り立てる。その環から飛び出すことがなく，その内部で何かが動物に開かれていることはない」(GM363)。とらわれ性によって「動物は決して本来的に何かとしての何かを自らにかかわらせない」(ibid.)。そしてハイデガーはそこには「除去（Beseitigung）」(ibid.) の性格があるという。最も顕著な例では性衝動の領分で昆虫の雌が交尾の後雄を食べてしまうことが知られている。交尾の後雄は性的性格が消えて，獲物の性格をもち，「除去される」(GM364)。それが意味するのは，他の動物は「単なる生物としてそこにいるのではなく，性的相手あるいは獲物として，何らかの〈除き〉の形で存在する」(ibid.) ということになる。振る舞いはこんな除去であるとハイデガーはいう。それゆえこんな形で他の動物への連関は欠けてはいない。さらに「他者は抑止解除（Enthemmung）」(GM369) というかたちで動物の解明性に取り込まれている。（餌－空腹の解除等。）したがって衝動的な能力は抑止解除しうるものによって「刺激される」(GM373)。「個々の動物と動物種は，全く特定の，可能的刺激の多様性へ制限されている」(ibid.)，つまり動物は可能的な抑止解除の環，つまり特定の刺激可能性の円環のうちに囲まれている，すなわち取り込まれている。ハイデガーは，「……囲み〔環境〕に結ばれていること，抑止解除に開かれた自己を囲むことが，振る舞いの内的本質に属する」(GM375) というのであり，「有機体の組織は形態学的，生理学的形成のうちに成立するのではない」(ibid.) と結論するのである。

ここでハイデガーは生物学における二つの本質的前進に触れる。第一歩は「有機体の全体性格の認識」(GM380) である。ハンス・ドリーシュがウニの胚の研究からそれを示した。有機体の統一性と全体性は先立つものであり，後に獲得されるものではないということなのである。第二歩は，ユクスキュルが動物は環境に結ばれていることを洞察したことである。ダーウィニズムではそれは「適応」という術語で捉えられたが，「有機体はそれ自体で何かであって，それから適応するのではなく，逆に有機体はそのつど自分に特定の環境を適応させる」(GM384) というのがユクスキュルによれば正しいのである。また「動物の誕生・成長・成熟・老化・死」という過程の「特有の仕方の動性」(GM385) が見極められなければならない。動物における「とらわれ性は，それ自体において特定の動性であって，それ自体自らを展開し，萎縮する」(GM386)。それが本質的に動物に属することは確かであるが，それはなお解明を要する。見逃せないことがある。以上のような動性からハイデガーは動物に人間的歴史性を帰することはないが，それは誰も賛成するであろう。またとらわれ性を理由として，ハイデガーは「動物は死ぬ (sterben) ことができない」(GM388) と主張する。動物については「生き終わる (verenden)」と呼ぶのである。

　それでは「動物は世界貧困である」というテーゼはどう確証されることになるのか。まだ道のりは遠い。すでに世界は「存在者の接近可能性」(GM390) と規定された。動物は存在者へのある関連をもつことは認められたが，衝動的－とらわれ的な取り込まれによって，「世界をもつことはない」(GM391) とハイデガーは断定する。このことは結局「人間は世界形成的である」というテーゼが究明されなければ，本当に決着しないのである。さて，「世界現象」の究明にかえり，ハイデガーはその人間的性格を総括する。「1. 存在者としての存在者の開明性，2.〈として〉，3. 存在させることと存在させないこととしての存在者への関係，……へと態度を取ること，態度と自己性，そうしたものは動物性と生一般には全く見出されない」(GM398)。私たちは日常多様な存在者にかかわっている。1. が意味するのは，日常性を越えて人間は存在者そのものの開明性と存在者の異なったあり方へ態度をとることができるということである (GM400)。動物はどうであろうか。それぞれの

Ⅰ (a) 生とハイデガーの動物論

動物と動物種は，それぞれの囲み〔環境〕をもつ。キクイムシはカシの幹に孔をあけて棲むが，それが彼の特殊な囲みである。しかしキクイムシと彼の囲みは虫を食べるキツツキの囲みのうちにある。キツツキの囲みはリスの囲みのうちにある。リスはキツツキを追い払って餌探しの仕事をする。この動物界のとらわれた囲み，開明性の全連関は，私たちには予感できない豊かさをもつ。しかし人間の世界形成的な存在者の開明性とは全く違う（GM401）。このようにハイデガーは動物と人間の間をむしろ切断するように思考する。進化論を本格的に論じず，原形質から動物→人間への進化論的発展という描き方をしない。むろん実証的研究が提示する進化の展開に立ち入って文句はつけない。ハイデガーが進化論を批判する点は，「動物にとって存在者がそれ自体において物在するのではないというばかりでなく，動物は彼ら自体その存在において私たちにとって物在者ではない」（GM402）のであり，「動物界の内部において特有のはめ置きゆえの振る舞いの囲みの戦いが支配する」（ibid.）ことを理解しないことにある（ハイデガーはユクスキュルがそれを理解したと評価した）。動物のこのあり方は「存在の根本のあり方」（GM403）であり，この生物のあり方に「生自身のうちに自然が自ら自身を越えた生きられた自然の崇高性が顕われている」（ibid.）とさえいうのである。しかし人間の自然にたいする存在関係は全く異なるのである。「……人間的現存在はそれ自体において生物の囲み連関のうちに移し置かれている」（ibid.），たしかにそこに捕えられている。しかし「人間は特有な仕方で存在者のただなかに実存する」（ibid.）とハイデガーは語る。

「世界形成への問いは，私たち自身である人間への問いであり，したがって私たち自身への問いであり，しかも私たちはどうなっているのかへの問いである」（GM408）。「私たち自身」をハイデガーは「現存在」と呼ぶ。どうなっているかは気分（情態性）において露わにされる。そして「私たちの現存在の根本気分を目醒ますこと」（ibid.）が，講義の第一部の「退屈の気分」の解明であった。現存在の核心には「内的有限性」（ibid.）がある。ここまでは復習である。ここから世界形成が立ちあがってくる。

世界形成すること，つまり世界形成が「生起すること」と，人間が

実存することは一つの同じことである。「人間は世界形成的である」といっても，「通りを歩き回っているような人間が世界形成的なのではなくて，人間における現−存在が世界形成的である」(GM414)ということを意味する。とりあえずハイデガーはそれを次のように述べる。「人間における現存在が世界を形成する (bilden) とは，1. 現存在は世界を作成する (herstellen)，2. 世界の像を，その眺望を与える，それを提示する，3. 彼が世界を構成するが，世界は囲むもの，包むものである」(ibid.)。それゆえ世界はなんらかに全体的なものである。「意図的に多義的に」用いた (ibid.) とハイデガーはいうが，予備的に通俗的了解に添うかたちで世界形成と世界を了解させようとするのであろう。

　次にハイデガーは開明性の契機である2の「として」の考察に進む。「存在者としての存在者」とか，「bとしてのa」といった表現に現れる。実はこの巻の「として」の解明は，アリストテレスの命題（ロゴス・アポパンティコス）を中心にする，かなり詳細な考察である。それで本格的に扱うつもりがなければ，手出しはできない。言語論は本書の構想には収まらないので，断念せざるをえない。しかしとらわれ性を越えるのはまさにこの「として」によるのであり，それゆえ完全に無視することもできないので，わずかばかり触れる。「として」は言葉の分節性の根本的な働きである。「人間には，……にたいして開明的であることが属する」，そしてそれは「……にたいして開明的であることは，何かとしての何かの認取 (Vernehmen) の性格をもつという仕方で」(GM443) なのである。動物には存在者としての認取は欠けている。ギリシャ人が動物と区別して言葉(ロゴス)をもつことで人間を特筆したのは，これゆえである。動物もある開明性によって性格づけられるが，私たちが囲みの環と呼ぶものにたいして振る舞うという仕方で開明的であるのである。それが動物の「振る舞い」と人間の「態度」の区別をつくっている。

　「世界形成」はさらに明確にされなければならない。じつはハイデガーが「現−存在」を呼び出したとき，世界形成はすでに潜んでいたのである。「私たち人間の人間性をそのつど私たち自身の現−存在へと変転させること」(GM509) は，この根本生起のなかで「世界形成が生起する」(ibid.) ということ，現存在の根本生起は「世界が司る (Walten der

Welt）という生起へ参入すること」(GM510) を意味する。世界形成とは，このように世界の生起である。ここには三重の契機がある。すなわち「拘束性を差し出すこと，全体化，存在者の存在の露呈」(GM509) である。これが現－存在ということ，ないし存在者のただなかで実存することを可能にしている。「……世界形成が生起し，それに基づいてはじめて一人の人間は実存しうる」(GM414) といわれていたのである。そして三重性のこの世界形成を動物は決してもたない，とらわれ性という意味での開明性が属するばかりだからである。それでは「として」はどこで働くのか。世界形成ないし世界の生起は，結局存在と存在者の差別を思考したものに他ならない。言葉の働きとして「として」はもともと存在論的にも存在的にも用いられた。「存在者としての存在者」（この講義では「存在」というより，この言い方をすることも多い）ということもあるし，存在的には個別的な物事について「として（として見ること，捉えること）」は常に現れる。むろんこの「として」はハイデガーにとって命題（判断）にのみ属するのではない。それ以前の場面にも働き，こちらの方が根源的である。次のとおりである。「存在者の前論理的開明性は〈全体において〉の性格をもつ。すべての言表のうちに私たちがそれを知ろうと知るまいと，そのつど様々に交替しつつ，私たち全体から，そして全体へと語る」(GM513)。そして「……すべてのそのつど接近される存在者は，私たちも共に含めてこの全体に包まれている」(ibid.)。「……この〈全体において〉，すなわち世界がまさしく多様な存在者の開明性を，その異なった存在連関の開明性を生じさせる――他の人間たち，動物，植物，物質的事物，芸術作品を，すなわち私たちが存在者として出会いうるすべてを」(GM513f.)。これが世界の，ないし存在と存在者の存在論的差別の生起であるが，私たちの日常の存在者とのかかわりは，常にそこにおいて成り立っている。ハイデガーにとっては，これが現存在の体制に他ならない。ハイデガーにとってそこには言葉が同行しているというか，言葉をもつことと一つなのである。

　注意すべきなのは，この講義ではハイデガーは三重の契機をもつ世界形成に「投企」(GM526f.) の術語をあてがうことである。すなわち「投企の原構造の統一」のうちにまとめあげられる。「投企において存

在者の存在が，存在者のそのつどの可能的拘束性の全体のうちに支配させるようにすることが生起する。投企において世界が支配する」(GM530)。『存在と時間』では「投企」は「被投性」と一つではあるが，対立的に用いられている。しかしここではすでにそうではなく（投企の有意義性連関のようなものは影をひそめている），投企は被投性を取り込んでいるのだと思われる。生起性格と，とりわけ第一の契機「拘束的なものに自らを差し出し保つこと (Sich-entgegenhalten von Verbindlichem)」(GM525) を強調することによってである。それに「強制なしに自分を結びつける」(ibid.) といわれるのである。「私たちの態度は，すでにいつも拘束性によって貫き通されている」(ibid.)。それゆえ何か「として」捉えること，かかわることはとらわれ性から脱出させるものであるとはいえ，なんでも勝手に処理できるという意味で恣意的ではありえないのである。それでは，「投企」概念について述べている最後の段落へ急ぎたい。

　開明的なもの（世界）が現−存在とともに生起する。それは諸々の存在者の「遊動空間」である（「自由の遊動空間」という言葉が EP307 にある）。現存在はそれに拘束される。というのもその開く働き，そして存在者の露わさの生起にそもそも関与・参入したからであると理解されようか。このように人間（現存在）は存在者のただなかに実存する。「彼は実存する (existiert)，すなわち脱して−存立する (ex-sistit)」(GM531)。ということは，「彼の存在の本質において自分自身から歩み出るが，自分を見捨てることができないこと」(ibid.) を意味する。「人間はかの留まることが−でき−ないことであるが，しかしその場から立ち去ることができない。人間のうちなる現−存在は投企しつつ絶えず諸可能性のうちに投げ，人間をそのように現実的なもののもとに服するように投げられた (unterworfen) 者にする。そのような投げ (Wurf) において投げられて，人間は一つの超え行き (Übergang) であり，生起の根本本質として過渡 (Übergang) である。人間は歴史である，あるいはむしろ歴史は人間である。人間は過渡のうちで押し出されて茫然とし (entrückt)，したがって本質的に〈不在的〉である。根本的な意味で不在なので——決して物在的でなく，既在性と将来性へと離脱現成する (wegwest) ことによって不−在的であり，つまり物在しているのではなく，不在

Ⅰ (a) 生とハイデガーの動物論

性において実存的である (existent) のである。可能的なもののうちに移し置かれて (versezt) いるので，彼は絶えず現実的なものを恵まれている (versehensein) のでなければならない。そのように恵まれ，移し置かれているゆえにのみ，人間はぎくっと驚く (sich entsetzen) ことができる。そしてぎくっと驚く危険があるところにのみ，驚愕の至福が－すべての哲学することの呼気であるあの醒めた恍惚がある。そしてこれが，哲学者のうちの最も偉大な哲学者が熱狂（エントゥシアスモス）と呼んだものであるが，それを偉大なもののうちの最後の者－フリードリッヒ・ニーチェがツァラトゥストラのあの歌で告げている。それはニーチェが「酔歌」[*7]と名づけた歌であるが，そこで私たちは同時に世界とは何であるかを経験する」(GM531 f.)。歌の引用で講義は閉じられる。

この最後の部分はほとんど翻訳不可能に思われるが（川原訳を参照してみても，原語の付加の多さに苦労がしのばれる），ハイデガーは別の表現で言い換えられるようには語っていないのである。平板にするばかりでもあろうが，それでも簡単にまとめてみる。現－存在となることは世界が開かれることであり，歴史的世界が開かれることである。人

---

7) ニーチェ，『ツァラトゥストラ』全集（ムザリオン版）13巻，410頁。歌は『ツァラトゥストラ』第4部19章12の最後にある。苦痛をも渇望するほどの快楽は，あらゆる事物の永遠を欲するという永遠回帰を歌う。
「おお人間よ！ 心せよ！
深い真夜中は何を語るか？
「私は眠った，私は眠った―，
深い夢から私は覚めた。―
世界は深い，
そして昼が考えたより深い。
世界の苦痛は深い―，
快楽は―心痛よりもさらに深い。
苦痛は語る，過ぎ去れ！ と。
しかし一切の快楽は永遠を欲する―，
―深い，深い永遠を欲する！」(Nietzsche, Also sprach Zarathustra, Kritische Studienausgabe, Deutscher Taschenbuch Verlag, Bd.4, S.404.)
本書はニーチェには立ち入らない。ハイデガーのニーチェへの態度にも変遷があるが，それにも触れない。しかし一言だけ付け加えたい。ニーチェの歌が語るのは「生きていることは，何人，何者に対しても罪がある」（本書第2章 c 注5）という意識だろうか。全く正反対に思われる。しかし反対は反転を生じうる。酔歌のニーチェは「生成の無垢」への道を辿ることが予感される。だがハイデガー自身は？ 確かにこの歌への共感は認められる。しかし私はこの確認を越えて何もいわず，仄めかしもしない。

間は歴史的である，それゆえまた世界は歴史的である。人間は投げられて現実的なものに捕えられつつ，既在性から将来に（可能的なものへ）投企する（これは歴史的であることに他ならないだろう）。したがって人間は越え出ていく。それゆえ物のごとくにあるとおりにあるのではなく，不在的に存在する。ただし可能的なものに出ていくには現実的なもののもとに移し置かれていなければならないが，それは恵まれることなので，そのつどの存在者との出合いに，存在することに驚愕させられうる。そうしたあり方に自らを解き放つことには「驚愕の至福」がある。哲学することが始まるのは，ここにおいてである。

──動物について考察してきたところからみれば，何と遠くへ，形而上学的な次元に踏み入ったことであろうか。実際，以上の現－存在と世界形成の部分は，内容上，本書第6章にそっくり移すのがふさわしい。しかしこのテクストでは動物と人間のあり方が比較して論じられて，私もそれに添って考察してきたので，片方のみを移動するのは好ましくない。しかし本意をそう了解していただきたい。最後に登場する「醒めた恍惚」は，本書第6章 b の「遊び」で述べられることと近いのだと思う。なぜなら根源的な次元で人間が世界のうちにあることを露わにするものだからである。

この節の最後に再び人間と動物の考察の実際的な平面に帰る。最近は地球環境の有限さと人間も生物であることが強調されるようになった。今や快適な生活どころか，人間の生存そのものが脅かされているという危機感からである。しかしハイデガーの動物論，ないし動物と人間の考察を読んだ今，そんな言説は事柄を考え抜いたのかという疑念が浮かぶ。たとえば寝たきりで24時間介護の必要な人々を生かしていくことを私たちはよしとしている。全く植物状態か，なんらかに生きたいという自分の意思を表明できるかでは同じではないのかもしれない。そんな一人を支えるためたとえば健常な一人あるいは二人を（家族であっても）そのために専念させることが正しいのかという問いは，表立っては口にしなくてもくすぶってはいる。とりあえず判断停止ということなのかもしれないが，しかし皆なんとか介護をしようとしている。このことを考えると，私たちが生であることは否定できないけれども，自分を動物とは思っていないのである。動物は自分で食べ物

を獲ることができなくなれば，死ぬ，いや「生き終える」のは必定である。それが，とらわれ性のうちにある動物の生だ。必死に生き，必死に子孫を残そうとする。しかし動物は必要以上に貪らない。獣性などというのは誰だ，動物は人間ほど強欲でも残酷でもない。人間は不埒な生物なのだ。ライフスタイルを欲望の全開から抑制と縮小の方向へ転換させる必要があるのは確かだが，自覚的にやるしかない——人間だから。生活を簡素にして省資源化を図る，動植物に依存するのは不可避だが，利用はできるだけ彼らの生態系に影響を少なくする，そしてそれら特有の生を尊重する，暴力を放棄する，戦争と破壊を止める，こうした努力によって人類の生き残りに寄与するのかもしれないが，それでもやがて人間は絶滅するのかもしれない。地球上の生物は人間がいなくても全然困らないであろう。私もこの地上での人類の平和的な，できるだけ長い生存を願ってはいる。しかし私は人類のサバイバルこそが，何を差し置いても優先すべき課題だと主張しようとしているのではない。寝たきりの人々を介護するあり方，弱肉強食でないような人間関係，とりわけ存在することへの感嘆，過度に有用性・有意味性や効率を重んじないようなあり方が，たとえ滅亡への道であるからといって，それで行こうという覚悟だってありうる。私たちはそんな覚悟を決めているのか。寝たきりの人々を排除する共同社会が，より豊かに暮らせるばかりでなく，人類の生き残りにより有利な社会であることは大いにありえよう。しかしひょっとしたら，攻撃的で慰めのないその社会で，人々は心の落着きを失い，働けるはずの若者までも精神的に変調をきたして元気に働いたりできない，それゆえ人間の生存に有利ではないということはありうる。そんなことをだれが予視できよう。むろん有利さを判断基準に据えるのは私は断固反対である。しかし私は近未来のSFを書くつもりはない。この先の見えない現在の人間の存在仕方を見据えようとしているだけだ。

II

(a) **生物進化と進化論**　進化論を少しばかり顧みるのは生の問題の系としてであって，動物論の続きであるが，ハイデガー研究としては大脱線に違いない。それは私にとっては被投性の内実を探る試みの一環である。人間はどこまで自由かという問いがそこには横たわる。進化論が私たち現代の人間についての見方に浸透しているのは否定できない。実存の論者とはいえそれに目をつぶって済ますことは許されないだろう。さて，人間が現在あるような人間であることは，生命の進化の長い歴史を経て成立したと説くのが進化論である。進化論といえばダーウィンであるから，『種の起原』(1859年) と『人類の起原』(1871年) を読んでみる[*8]。私はこの分野には全く素人なので，わずかその表面を撫でることができるだけである。(哲学に携わる者は，誰にもまして，素人として越境することを敢えて引き受ける責務があるのだと思う。ただしあくまで哲学的厳密さを求めるべき領分とは区別しながら。)

　ダーウィンは，おのおのの種が個々に創造されたという見解が誤りであり，種は不変ではなく，生物の進化によって現在のような生物が生存するようになったと考え，それを立証しようとした。遺伝的な変化を見定めるため，家畜と栽培植物の変異にまず手がかりを求めた。最良の変種を栽培し，その種を播き，利用の観点から優れた変種を選び抜くのが，育種である。自分でも色々な種類のハトを飼ったりした。進化にはまず変異がなければならず，それから選択であるから。自然選択はマルサスの原理を応用している。どの種でも生存していかれるより多くの個体が生まれるので，生存闘争が起きる。有利な変異をした生物が生存の機会をより恵まれ，自然に選択される。改善が劣った種類の生物は絶滅に至ること，変種が形態の分岐になることを説く。あらゆる種は特徴の著明になった永続的な変種である。生存闘争は，同種の個体と個体との間に，違った種の個体との間に，また生活の物理的条件との間に生じる。それは同種の個体間においてもっとも厳し

---

8)　ダーウィン『種の起原』，八杉龍一訳，岩波文庫，上2007年第26刷，下第24刷，ダーウィン『人類の起源』，今西錦司訳，世界の名著50巻，中央公論社，1979年。

いとダーウィンはいう。気候の変化やとりわけ隔離も，選択の過程では大切である。隔離は移住を妨げる。大きな区域の方が変異が多くなるので，新生物の形成のために有利なのではあるが，隔離された区域では生物種の少なさが競争を妨げるので，変種が改良されるための時間を与え，絶滅を少なくするからである。

　ダーウィンはどの生物も同類を増やそうと努力していることを認める。それが生物に内在する傾向であることは前提しているわけである。本能と呼ぶことはできるだろうが，ダーウィンは，もう少し狭く，ミツバチが巣を作る本能，カッコウが渡りをする本能というレベルで「本能」を考えることが多い。（次の著書では「自己保存の本能」が頻出する。）遺伝の仕組みはまだあまり知られていない。ダーウィンはメンデルの業績も知らなかったようだ。何が進化を証拠だてるのか。何よりも化石の存在である。化石と現生種の類縁がそれを教える。絶滅した生物が古ければ古いほど，現生種との違いが大きいが，絶滅した種を入れると，生物の系列がより完全な体系になる。地上に生存した全生物が一個の原初形態に由来する可能性を，ダーウィンは直感した。さらに島（ガラパゴスのような）の固有の生物が，最も近い大陸あるいは他の近隣の島々の生物と類縁をもつことが進化を示唆する[*9]。

　9）　ちょうど進化論への興味が湧きあがってきたのに応えてくれたように，上野で「ダーウィン展」（2008年3月-6月22日）が開催された。本だけを読んでいるのとは違った，一目で展望できるビジュアルなものの楽しさがやはりある。大きなガラパゴス・ゾウガメが一匹（？）いて，教育熱心な親に連れてこられた子供たちの人気を攫っていた。世界苦を背負う賢者のような風貌をして，のっしのっしと歩く。ダーウィン・フィンチの思いのほかの小ささ（標本である）。そう教えられているので，嘴の形が確かにそれぞれ異なるのが分かるけれども，とても地味な鳥で，違いに気づくにはよほど注意深くなくてはなるまい。驚くほど小さなビーグル号，家族の肖像，ささやかな書斎，愛情の感じられる標本の造りなど。
　以下は追記である。『ビーグル号航海記』ではダーウィンの進化論はまだ固まっていず，ガラパゴスの島ごとに鳥が異なっているのに気づいたが，フィンチの分類をきちんとしなかったばかりでなく，標本の採集も杜撰であったそうである（内井惣七『ダーウィンの思想——人間と動物のあいだ』，岩波新書，2009年8月）。著者は生物学者ではなく，「科学哲学」の研究者であると自ら名乗っている。ダーウィンがどのようにその学説を築いたか，その紆余曲折，その思想内容を教えられた。（ただしダーウィンの著書の素人流の読みを私は以下では変更しないでおく。）では，種の分岐の原理はなにか。同種の個体に形態の小さな差異がランダムに生じる。それは常に生じる。種は，これまで利用してこなかった新しい場所を自然界で獲得すれば，個体数をさらに増すことができる。どんな種も，形態を分岐させることによって自然界での新しい場所に適応しやすくなる。種の起源と分岐の説明が変異と自然淘汰なのである。ここにはデザインする神はいない。首の長い変種が生き延びたから，キリ

『種の起原』は人間については触れない。時代を考えれば，慎重になるのは当然であろう。『種の起原』には育種学や博物学に属する観察が長々と述べられ，私はどちらかというとそのようなものが好きな人間ではあるが，いささか退屈させられる。

『人類の起原』で，人間は他の種と共通の，古い時代の，下等な，すでに絶滅した種の子孫であるという考えは決して新しいものではないと，いまや自信をもってダーウィンはいう。人間の身体が類人猿と近いが同じではないこと，人間がサルと同じ病気にかかること，人間の胎児が哺乳動物の胎児に似ているばかりでなく，下等な動物の大人の体に似ているという発生学的な知見，痕跡器官の存在などがその証拠である。人間については，抽象，一般的概念，自意識，高度の心理的能力を認める。これらすべては，自然主義的傾向の人間論が顧みるものである。高度の心理的能力は，目にみえない霊を信じ，さらに多神教，さらには一神教を信じるところにまで至る。人間についても，自然淘汰は同じである。人間の祖先も生きるための生活物質を入手できる以上に増えるので，生存闘争を余儀なくされる。ダーウィンは人間と動物の共通点を強調する。しかし人間の祖先は最も優秀な動物なのである。知的資質や仲間を助ける社会的習慣や身体構造（二足歩行によって自由になった腕，器用な手），とりわけ言語の発達によってである。社会についてダーウィンは，こんなことを述べている。社会生活が有利であるという動物の感情が発達して，いっしょに生活するようにな

ンの首は長くなった。ダーウィンは動物と人間を連続的に考え，道徳も進化の延長線で考える。内山はこの側面の考察に力を注ぐが，私は進化論による道徳の基礎づけのような方向に関心があるわけではないので，批判的な吟味はしない。

2008年4月9日，「アクアマリン・ふくしま」を訪れた。水族館は美しい，あるいは珍奇な生物を鑑賞することに傾きがちだが，この水族館は設備が立派なばかりではなく，極めて学術的である。植物をたくさん植えて，沢，田圃，マングローブ地帯などを再現し，棲む環境ごと理解させようとする。一つの柱として，生物進化を海の生物を中心に年代順に，系統的に，化石と現存の近縁種を並べて展示する，など。「ダーウィン展」の後だけに，最古の脊椎動物である魚の祖先やシーラカンスの標本などを熱心にみた。水族館ほど，万物の霊長とやらの人間の栄光と傲慢を実感させる場所はない。水族館・動物園に反対する運動があるのもわかる。しかし水族館は楽しい！　同じ方向に整然と泳ぐカタクチイワシの大群やヤリイカの遊泳。ヤリイカどもは半透明の体で，前にも後ろにもすいすい泳ぐ。どちらが前か後ろか，足をすぼめているので，両方が尖った先頭である。この水族館はサンマの飼育・展示に初めて成功したそうである。

ったと，有用性を盾に取る。人間はむろん社会的である。ときには自己保存を無視して仲間を助けるような道徳的観念を示すが，同情心や人間における道徳も，一般的な利益のために発達したのだと考える。社会的本能という言葉もある。文明が進めば，同情心はすべての人間にまで広げられよう。しかし時間がかかろうという。ダーウィンは動物と人間のあいだ，また未開の人間と文明化した人間のあいだを連続的に考える。しかし動物より人間を，未開の人間より文明化した人間をよしとしているのは疑いない。

　残るのは性淘汰の問題だけである。ハイデガーは事実的現存在には生殖と性が属することを認めているが論じてはいないため，本書は生殖と性の問題は除外したので，立ち入ることはできない。以下わずかだけ触れる。ダーウィンにとって「性淘汰」とは形質の変異を獲得するための，自然淘汰の補説なのである。オスが現在もっているような特徴（たとえば鳥の美しい羽根，ダンス，歌など）は生存闘争のなかで生き残るのに都合がよいからではなく，他のオスにたいして優位になるためである。目的は子孫である。その変異は性淘汰のためである。メスは最も魅力的なオスを選ぶ。力強さなら有用性でもあろうが，ダーウィンはメスの選択に美的な要素を認める。人間の場合，男の方が体力や知力などもより優れているとダーウィンはいう。原始時代から相手の男たちと争うためにそれらは強められた。選ぶのはオスである。女は美しさを中心に淘汰された。美しさ*10の好みは民族によって異なっても。（むしろ女の方が一層真剣に男を選んだのではないかと私は思う。男が社会の実権を握っていたので，長い間女には結婚がほぼ唯一の生存の条件だったから。ただし個人の選択という観念はきわめて近代的・西欧的と思われる。しかしこれはもはや生物学的性淘汰の話ではなかろう。）

　　10）　人間美についての補足。人間，とりわけ西欧人は，人間の猿との類似性をひどく苦にしているようにみえる。人間にとって猿とは「お笑い草，一つの痛ましい羞恥である」(Nietzsche, Also sprach Zarathustra, Vorrede, 3, S.14, Kritische Studienausgabe, Bd.4, de Gruyter)というのが，ニーチェの有名な言葉である。（むろん容姿のみを問題にしていない。）それゆえ人間の美の理想は類人猿から最も遠いところに求められるのであろう。直立歩行は人間の証であるゆえに，すっきりした二足歩行と脚長（類人猿は脚より腕が長い），横顔の垂直性，色白ですべすべした無毛の顔などがそうである。これは私の新説ではない。どこかでそれに類したことを読んだ覚えがあるが，思い出せない。この容姿が白色人種の優越感の基礎にあるのは疑えない。

ところで今西錦司は，メスはオスを選ぶかと問い，否定的に答える。（『人類の起原』の解説でも，ほどなく取り上げる彼の著作でも。）その批判がなかなか面白い。強力な，魅力のあるオスにメスは惹かれるので，オスが多ければ，争って勝ったオスをメスが選ぶというが，それは嘘だというのである。オス同士の争いは順位の争奪戦であり，一番強いオスが広い領土を占め，そこに多くメスを収容できるというのにすぎない。大きな網の方が，小さな網よりたくさん魚が掛かるのと変わらない。一夫一婦で暮らす鳥のような場合，オスのなかにメスに選ばれるような変異をもつものがあってそれを一羽のメスが選んでも，残りのものが適当に結ばれるなら，その選択は淘汰にはならない。人間の場合，ダーウィンがいうように，かりに女の方が美しいとしても，美しい女には数限りがあるので，美しくない女と結婚した大部分の男は未来の女を美しくすることなどできないというのである。またほどなく取り上げる長野敬も，「ダーウィンのセクス・アピール理論」に賛成していない（長野，266頁以下）。生活に不便になるほど過剰発達があれば（絶滅したシカの大きすぎる角など），たとえメスへの誇示にプラスになっても生存に優利どころではないので，発達は限界がある。形質（たとえばスズメの大きさ）については，平均的な大きさの個体が丈夫で，よく生き残るというのである。

　現代の進化論に少しばかり目を通す。今なおダーウィニズムが力を失っていないらしいことは公平のため言い添えておかなければならないが，私はダーウィンの適者生存には好意をもてないので，書店の棚にたまたま並んでいたものから批判的な傾向のものをピック・アップした。しかし創造神話による説明ではなく，生物の自然発生と進化を認めるかぎり，進化生物学者は誰でもダーウィンの弟子には違いないのである。

　読書はなかなか楽しかった。以下は独断と趣味に従う報告である。長野敬『進化論のらせん階段』（青土社，1994年）は，最初の創造（つまり種の不変性）を否定する見方から始まり，ダーウィンの闘争と淘汰による進化論や進化論の研究史を辿り，現代の分子遺伝学と社会生物学への展開を軽快な筆致で解説する。たとえば自然選択を実証してみせたとされる「シモフリガ」の黒化の研究（この蛾にはもともと黒っぽいも

のと白っぽいものがいるが，イギリスの工業地帯では環境汚染のせいで，目立つ白っぽい個体は鳥に食べられてしまい，黒っぽい個体ばかりが生息するようになった）を詳しく検証した。しかし実際はかなり複雑で，それほど確定的でもないようである。なぜなら環境が少し改善されると，また白っぽい蛾が増えることがあり，ということは種が変化したとはいえないのかもしれないのである。

　さて，生物進化の歴史は分岐と絶滅と形容される。何がそうさせるかである。生物の複製のための情報は，遺伝子としてパッケージされている。最初の遺伝子がどう造られたかに答えはないので，とりあえずそれが成立したことにする。それからの成り行きは？　ダーウィニズムは遺伝子 DNA のランダム変異と選択の組み合わせで説明する。問題は，それに一定の方向があるか，偶然かである。そこに木村資生の「分子進化の中立遺伝子説」（1968年）が提唱された。遺伝子は複雑な機構であるが，遺伝子には進化的に中立な（生存に有利でも不利でもない）変異が沢山あることが発見された。中立的に変異が定着する。中立説は今では広く認められている。ただし分子レベルの進化と表現型（生物の形態）との関係はまだ十分解明されていないようである。環境の影響がなんらかに遺伝子に及ぶのは確かであろう。獲得形質のそのままの遺伝（ラマルク説）は否定されたとしても，遺伝子は身体のうちにあるのだから，身体という環境にまったく閉じていることはないであろう。そして進化の行程に方向があらかじめ決まっていないと考えるのが現代進化論の常識であるが，突然変異はランダムであっても，それでも秩序が形成され，秩序が高度化することは疑えないので，これをどう説明できるのかが相変わらず難問なのである。

　偶然という契機を少し考えてみたいという関心が日頃からあったこともあり，長野にも言及があるが，「中立説」のことを紹介されたとき，私は非常に興味をそそられた。木村資生『生物進化』（岩波新書19，2007年第30刷）を読んでみた。初版は1988年に出版されたものである。一般向きの著書であるから，進化論の歴史から説き起こし，DNA の解説もあり，人類の未来にまで説き及んでいる。結論は，適者生存という自然選択説ではなく，進化には偶然要因がある。つまり生き残るのは幸運によるということになる。中立説は，DNA の塩基の置き換えは中立

進化の結果であると考える。(その立論は数学的なものなので,細部は私には理解できない。)有利な,つまり適応度が高い突然変異の個体が生き残って進化を推し進めるのではない。突然変異はたいていすぐ失われるが,変異のあるものは長い時間のうちに集団に広まることもある。ただし生物には同じように保つという保守性があるから,大進化は,たいてい新しい適応帯の開拓(たとえば海から陸への進出)に結びついている。中立進化と全く新しい環境とのたまたまの結びつきが生き残る種を決める。それゆえ全面的には反ダーウィンではないと言う。木村の研究は分子レベルにとどまり,年代からいって,形態のところにまでは及んでいない。この日本発の学説が欧米では頑強な抵抗に会い,なかなか認められなかったそうだが,さもあろうと面白く思った。

　牧野尚彦『ダーウィンよ　さようなら』(青土社,1997年)は正面きった反ダーウィン説を展開する。また反中立説である。「自然選択にしろ,中立説にしろ,進化はまったく偶然の無方向的変異で起こるという点では一致している」と両方を切る。「進化における真の問題は,生命体にみられる合目的性の起源」である。それを牧野は「生体高分子系の自己組織原理」にみる。これは長野の問いにたいするひとつの答えだろう。生命体の合目的性という観念は古来珍しくないばかりでなく,日頃私たちは生物の体や生態の合目的性に感嘆することが多いが,現代の進化論であるゆえに,分子レベルに定位する。そして「非生命的物質から生命体が生まれたのと,その生命体が進化し得たのとは,基本的に同一のメカニズムによるという仮定をたてる」と述べる。ここでは「仮定」といわれるが,口調はかなり断定的である。生命とはシステムであり,無作為な集合体ではない。生体高分子は「相互認識能と自己組織能」をもつ。つまり多種類のタンパク質が順序正しく生産される。タンパク質をコードする遺伝子は整然と転写される。分子は相手の分子種や配置を認識しているとしか思われない。牧野は,高分子に認識するとか,考えるという述語を与える。物質が考えるはずがないというのはドグマである。人と他の生物を峻別する理由はないと断言する。進化とは組織の高度化・効率化であったようだ。

　牧野は生体高分子が考えているかを決める基準を挙げる。1. 自身の主観的体験から,考えているという実感があること。2. 考えているた

めとしか思えない合目的的な行動や，創造物がある。生体高分子はどうなのか。第一の主観的な体験は，生体高分子には適用できない。それは絶対的に不可能である。それが考えているかどうかは，外からの類推的観察によるしかない。牧野は科学者として第二の道を採る。生物学の研究をするかぎり，私はそれに反対しない。しかし私は「考える」という言葉を 1. の方向で用いる。(ただし牧野の書は哲学書ではないから，こちらの「考える」の議論は当然一切ない。)私はそのような「考える」が働く領域を手放さない。とはいっても，これまでの考察から明らかなように，ハイデガーは内観的哲学を唱えているのではなく，行為的ないし実践的なのである。「自己存在や知的認識の基盤として，自意識のみを至高の拠り所として絶対視しすぎていないか」と攻撃されなければならないとは思わない。

　最後に今西錦司『私の進化論』(新思索社，2000年)を取り上げる。もっと本格的な理論的著作もあるが，素人には格好の入門書であった。「今西進化論」と呼ばれるが，学問や学説に個人名が冠されると，科学というより思想の身分に移行するようだ。長野は「思いつきみたいな感想」(前掲書248頁)，木村は「生物は〈変わるべくして変わる〉というのは科学として無意味」(前掲書16頁)と一蹴している。しかし人気が高いようだし，一度読んでみたいと以前から思っていた。私には非常に面白かった。

　この進化論ははっきりと反ダーウィニズムの立場をとる。進化を考える場合に，個ではなく，種を基本にする。種の社会は生物の個体によって構成されている。個体はばらばらな生活をしているといっても，繁殖可能な範囲内に棲む。これがその種の社会の広がりである。個体は雄雌の別はあってもほぼ同じであり，単独生活能力をもつ。ダーウィンは個体を重視し，その進化論は適者生存という考えを中心にする。しかし今西は自然淘汰がつきまとうのは，種のレベルであり，適応できなかった種は滅亡するという。ダーウィンが考えたように，同種の個体内に自然淘汰が働くのではない。つまり新しい適応型の個体が現れ，その子孫が繁栄することによって種が変わるのではない。というのは今西によれば，個体には甲乙がない。つまり種に共通の特徴をもつ。どの個体が生き延びても，その種が生き残れるように。さて，生

物は繁殖によって，自分と同じものを作り出す．しかし常に生物は過剰生産していて，他のものに利用される．たまたま食べられないで生き残るのは，運のよいものである．種は必要があるとき，新しい環境に応じて変わる．そのために個体はそれぞれ同じように反応するので，個は一斉に同じ方向に変化しなければならない．突然変異が生じる．それに導く突然変異は，もともと環境にたいする生物の側からの働きかけである．このように生物の側の主体性を認め，方向をもった突然変異に基礎をおくので，ラマルクに同情的である．

　社会や家族の起原の考え方も面白い．繁殖のため種の個体が出会える広がりが，すでに社会である．この意味でどんな生物も社会的である．子供が生まれてひとりで生きていかれれば，生みっぱなしでよい．しかし子供の世話をしてやらねばならないとすると，親と子の関係ができる．群れをつくるのも，単独生活能力の不足からくる．群れにおいて個体の組織化が行われる．これはもう少し限定された意味での社会である．オオカミ，ニホンザル，ニンゲンはそれぞれに群れをつくる．直立二足歩行のためだろう，人間の赤ん坊はとりわけ未発達で生まれる．人間は群れを解体しないで，家族を作る．最初は食物採取の水平な社会からやがて支配関係のある社会を作る．やがて生物社会から人間社会が独自に進展する．封建社会，あるいは重層社会は，生物の全体社会に似ている．しかし現在，社会がそれぞれの環境において分化して，大量生産，マスコミの時代に達し，再び共通文化に進んでいる．そして文化が全部均一になると，人類が何かで共倒れになることが起こりうると，今西は警告する．これは心して耳を傾けるべき点だと思う．しかし今西が非常に保守的な傾向をもつとはいえない．人類が進化によってすでに後にしたものに戻ることは考えない．たとえば自分の家族起原論からいえば（群れから家族へ），子供を社会が預かって育て，男も女も単独生活能力をもてば，家族を作らなくてもいいと言ったりする（全く目新しい考えではないが）．

　今西は人類も最後に亡びるという．そのあとで地球に，また別の星に人類にかわって繁栄する生物があるのであろうと．「進歩や発展だけをみて，衰退や滅亡を考えないというのは，一面的なものの見方である．なにもやるだけのことをやって滅亡するんなら，いわば天寿を全

うしたようなもので，大往生をとげるのであるから，人類は滅亡してもいいじゃないかというのが私の考えなのであります」（前掲書74頁）と聴衆を前にして語る。これは確かに学説の開陳ではなかろう。しかしこの公言は爽やかですらある。仏教的諦観というのだろうが，今西は退嬰的ではない。また種を強調しても，生物学主義や集団主義を肯定してはいない。「一人一人の人間の自己開発を大幅に認めることをとおして，ある程度まで進歩と調和のバランスをとっていくことができる」（同書224頁）と。しかしむろんどのようにして実現されるかが語られることはないが。その内容が無規定だから，その希望に唱和することはできないけれども，宴の食卓を食い荒らし，残骸をいっぱい散乱させっぱなしで，人類が地球を去るのは美しくないとは思う。

　今西は自分の立場を「多発突然変異説」と呼んでいる。それは「直進進化説」と呼ぶベルクソンへの批判を含む。「環境とか適応とかいったことから超越して生物体内にひそむ，なにかある力，たとえばエラン・ヴィタール（生の躍動）といったものを仮定し，この力が進化を一方的に導いてゆくのだと，と考えた」（同書181頁）と。今回言及した他の進化論者たちも，おそらくベルクソンを念頭におくのだろうが，生物のうちに内在する力，完成を目指す傾向を謳うことについては，科学的研究には無意味と撥ねつける。科学者がそのような語彙を拒否するのは理解できる。仮説と実証に基づいて「こうなっています」と告げればそれで済むからである。

　ところでベルクソンの名前が登場したので，全く触れないで通り過ぎることはできなかろう。ベルクソンの思想は進化論者たちに一言で却下されていいようなものではない。しかしベルクソンの独特な生の哲学をこれらの進化論生物学者と同列に扱うことはふさわしくない。場所を変える（次章を見よ）。自由論の観点から取りあげるのだが，進化論の考察がそこには当然含まれる。

　(b) 優生学とハバマス　　行為は世界のうちに何かの物事を作り出すが，行為には当然行為者がいる。家を建てるには建てるひと，ピアノを演奏するにはピアノ演奏者，物を盗む行為には盗人が存在する。ある行為がひとの重要な活動になり，そのための技能の向上などに努

め，仕事（職業）となるなら，そのひとは自他共に認める大工，ピアニスト，泥棒である。そしてたいていはいかにもそれらしい態度や人柄が備わってもくる。しかしここでは目指されるのは作り出される物事の方であり，また行為によって得られる報酬である。

　さて，このような行為をつうじての行為者の形成でなく，人間の形成をじかに目的とする営みがある。それには誕生以前と以後の区別がある。誕生以後については，生まれて一人前の思慮や行為のできる人間となるために，親による躾や教師による教育がある。成長し自らを形成するのは当人であるが，彼が幼ければ幼いほど，その過程を掌握するのは他人である。何でも思い通りになるわけではないが。

　自立的な行為者となっても，自らを形成することは続く。他人の手助けが必要であっても，躾や教育と違って当人が主体的に行う。それは多岐に渡るが，読書して教養を高める，宗教的修業（今はあまり一般的でないかもしれない），車の運転のような技能・資格の取得から，健康や美容のためのダイエットや運動，もっと突出してドーピングや美容整形手術（この節の最後をみよ）のようなものがある。程度は様々であっても，今まであった人間とは違った人間になることが目指される。この形成（改造・改良）には現代社会のあり方と連動して，多様な問題が見出される。1. 何ができるのか。科学技術の進歩によって可能にされたことは多い（とりわけ医学関連で）。自然に与えられたものとして甘受するしかなかった，好ましくないものを何ほどか克服するという意味をもつ。2. 変えることによってなにが得られるのか。活動の範囲が広くなる。何か達成したいことがあるとすれば，その条件が満たされる。つまり新しい技能や資格を得れば，新しい就労の機会が与えられよう。医療によって（たとえば人工の歯や骨によって），自分で食事をし，外出できるようになる。病気や加齢による障害をある程度克服する。長生きや延命も可能になる。（不死はいまのところ一般には目標にはなっていないだろう。）ドーピングでスポーツの記録を打ち立てることができる（筋肉増強剤のような薬物はすでに禁止されているが）。整形によって美しくなれば異性にもてる。異性に気に入られるばかりでなく，一般に外見はかなり重要だから，就職の面接のまえにプチ整形をする若い人たちが結構いるらしい。人々の見る目が違ってくることによってセル

フ・イメージが上がる。これらのことから人々がどんな生を望んでいるか分かる。元気で，活動的で，自立して生きていけること。何かが達成できること，自己実現。生きることにおいて有利・優位であること。他人に認められ，愛されること等。3. しかし形成（改造・改良）に関しては，可能であるとしても，そうすることがよい・悪い，あるいは許される・許されないという議論が避けられない。その判断は人間をどんな存在と考えるかによるであろう。1や2においてもむろん人間観が基礎にある。そもそも人間の形成が問題になることが，際立って人間的事柄なのだ。

ところが現代，これまで知らなかった誕生以前の形成（改造・改良）といったものが可能となる時代となった。私たちは遺伝子操作の知識・技術を手に入れた。ハバマスは『人間の本性の将来—リベラル優生学への途上？』[11]という刺激的な表題の本を公刊した。人間の本性（Natur）の将来である！ ということは人間の本性（自然）がいまや揺らぐ，変化するという含意がある。それはどのような意味なのか，問い確かめなければならない。本性（自然）は変わらないというのが，私たちのこれまでの了解であったのではなかったのか。ハバマスが考察するのは，直接には胚・胎児の遺伝子操作によって遺伝病を治療したり，積極的に望ましいとされる特質をもった人間を誕生させることのできる技術を人間が所有してしまったことが孕む諸問題なのである。生まれてくる子供に望むのは，子供の教育や大人が自分を改造して得ようとしたものに他ならないのであろう。そこにある問題のひとつは，それを行うこと，それをどこまで行うかを決めるのは，親などの他人であることにある。誕生以前の変更を自分で選択できないのは，生まれることを選択できないのと，当人が関与できないという点では全然変わりがない。つまり他人の恣意に委ねられる，同意が求めようもないことなのである。これはハバマスにとって大いに問題である。人間の本性の変更云々については，その操作が成功すれば，自然に任せたのとは違った人間たちが将来存在し，かなり異なった社会を作るであろう。

---

11) Jürgen Habermas, Die Zukunft der menschlichen Natur—Auf dem Weg zu einer liberalen Eugenik?, Suhrkamp, 2005.

重大な遺伝病や障害をもたないはずの人間たちであり，優れた能力・美質をもった人間たちであろうから。そのためには，今は人間には適用されないが，種の壁を越えて（その壁が大変薄いことが判明した）別の生物の遺伝子を組み込むことさえもできるのである。細部を予見することはできないとしても，人間が変わることは確かだ。それらの人間が造る未来の歴史も変わるはずだ。そしてその事実を知ったとき，将来の人間がそれをよしとするかは知りようがない。よくないと思ったとしても，元に戻すことはできない。自分が受容したものが神様か偶然のせいなら，抗議の気持ちも萎えよう！（と，私が口を挟む。）そこでハバマスは問う，優生学的操作は一般的に，あるいはどこまでなら許されるのかと。そして全面的な否定ではないけれども，「抑制」を説く。

　ハバマスの議論にはむろん前提がある。よい（正しい）生や正しい社会について形而上学が一義的な教えを与えてくれることがもはやなく，私たちは世界観の多元論の時代に生きていることまず認める。失われたものはもう帰ってこない。そこでハバマスは，キルケゴールがしたように，「〈自己存在可能〉のポスト形而上学の概念」(17) を受け容れ（ハイデガーもその後継者の一人とみなされる），自由な自らの行為に責任をもつ個人を据える。同時に私たちは共同存在なので，正義が不可欠であり，「みなにとってよいこと」を求めなければならない。しかしカント風に「正しいことと義務の包括的われわれ－パースペクティブ」(14) を一気に求めるのでなく，まず自分の生を配慮する「一人称のパースペクティブ」から「私たちにとって」最良を探す。自分からであるが，ハバマスはキルケゴールのようにむろん神へは向かわない。私たちはみな「言語的に構造化された生世界」にいて，「世界にあるものについて，私たち自身について互いに了解しあっている」(25) あり方にハバマスは定位する。言葉は「了解の共同の媒体」である。「私たちは言葉と行為の能力のある主体」(26) なのである。話し合いは，一人称と二人称の間で行われる。ハバマスはそれを何より重視する。こうして皆が合意したから，よい，あるいは正しいことにはならない，真理であることにはならないのはただちに生じる反論であろうが，多数の人間に影響する事柄に決定を下す他の方法があろうか——世界観

の，価値観の多元論を認めるかぎりは。自ら行為し，自らの行為に責任をもつ個人というのは，まさしく近代西欧の理念に思われるが，その点は今は追究しない。

　遺伝子操作の技術を手にした現代の優生学を考察するのは，このような前提においてである。ハバマスは優生学をどう評価するのか。何が問題なのか。遺伝子はまだ人間ではないが，その配列が人間の形質を定め，形質の発現の仕方まで決めている。しかしひとつの遺伝子がひとつの形質を作り出すという風に一対一に対応するのでもなさそうであり，発現の仕組みも十分に解明されてはいない。実際にどんな赤ん坊が生まれるかには，遺伝子以外の外的要因が加わりもしよう。しかし遺伝子を操作することによって形質を変化させられることは確かであり，今は人間には実施されていないとはいえ？，デザイナーズ・ベイビーという言葉も流通する。ハバマスは「私たちが〈ある〉ところの自然と，私たちが自分自身に〈与える〉有機的装備に限界がぼやける」(28)と指摘する。それは身体(Körper)と肉体(Leib)の区別を消すことであり，ひいては「人格と物件の限界をなくす」(30)ことである。人間を操作的に扱うことは事物化を含む。「〈自然のままに生成したもの〉と〈作られたもの〉の区別」(45)が怪しくなる。人間の「種の同一性」(人類というが，人間は生物学的には種である)があやふやになる。ハバマスは，人間の遺伝子操作を人間の自由の増大として推進すべきか，制限すべきかと問う。それは極めて今日的問いであろう。遺伝子操作には治療を目的とするものと，人間の改良を目的とするものがあるが(その区別を認めないのがリベラル優生学である)，ハバマスは前者を承認し(どの程度ということは別にして)，後者を退ける。それが優生学にたいする「抑制」の意味である。極端な害悪・欠陥(遺伝病のようなもの)を除くのは，未来の人間の苦しみをなくすためであり，行為と責任の能力ある自立的な個人として生きていけるためであり，その限りで是認するということを意味する。ハバマスは「一人称の権威」(99)を大切にする。他人のそれも含めてのことである。したがって異なった関心，意図，パースペクティブをもった他人(彼はノーを言える)を巻き込む事柄を決めるには，同意が必要であると考える。コミュニケーションの哲学者・ハバマスにとってそれは，三人称でなく，二人

称の関係なのである。遺伝病の治療のようなものを越えて，遺伝子操作によって他の人間のあり方をプログラミングするのは，他人への侵犯である。未来の人間に同意を求めるのは不可能であるから。それゆえ両親であっても子供にそれをするのは許されない。ハバマスは親の，また社会のパターナリズムを拒否する。

　人間を操作的に扱うこと，人間の事物化が遺伝子操作による優生学では極端に発揮されているのは確かである。自然に生成したもの（自然に生成すること）と彼がいうとき，その背景に自然，生への畏敬のようなものがあるのか，ハバマス通でない私にはわからない。また人間の事物化や操作的に扱うという，とりわけ近代的な傾向は優生学に限らず，社会の基調でさえある。ハバマスはこの書で批判的な態度を表明しているけれども，それがどれほどの射程をもつのかも私にはわからない。個人の自由や自立を損なうことに反対することを越えないように思われるが，ハバマスの哲学に立ち入るつもりはない。しかし人間を造るという問題，またそのとりわけ現代的な展開は決して看過しえない。

　なお，「分子進化の中立説」の木村資生は，将来人類が宇宙的な植民に乗り出すような場面を考えて，積極的優生に賛成している。今後の人類の運命は人類自身の手に握られている。ハバマスが認めているような，特定の欠陥遺伝子を正常型に変えるというような遺伝子治療は，一代限りのものであり，人類の遺伝的素質の改善にはならないのである。そこでたとえば精子銀行といったものを創って（H・J・マラーというひとの提唱），優れた子供を得るようにする。リスクや費用がかかりすぎる理由から，遺伝子組み換えの提言でないことは注目される。分子進化の中立説とこの提言は切り離すべきだが，私は木村のあまりに前向きな姿勢と科学技術への無邪気な信頼にいささか驚いた[*12]。

　12）　むろんすべての分子生物学者が同様な解答を提出するわけではない。私はこのような領域には全く不案内であるが，柴谷篤弘『反科学論―ひとつの知識・ひとつの学問をめざして』（ちくま学芸文庫，1998年）を読んで感銘を受けた。現代の科学にたいする根源的な反省は啓発的であり，ちょうど進化論の散歩を終えるのにぴったりなので，感想を述べてみたい。
　自然科学者は，宇宙と地球と動物の進化の過程から人間が出現し，知を発達させて文明を発展させて，人間の活動が自然の過程に影響を与えるまでに至っていることを認める。そこ

から発生する諸問題（経済問題，環境問題，医療問題，核兵器等）について今日誰も目を背けることはできないが，科学者の態度は二派に分かれる。一方は現代が抱える問題を科学と技術によって克服できると楽観する。他方は今の科学技術をこのまま推進することはできないと主張する。それゆえかなりの抑制と，人間のあり方としては少々引き返す必要を説く。柴谷は後者の立場の最も尖鋭な科学者であるようだ。

その科学（技術を含む）への反省とは，学園闘争のなかで突きつけられた科学の善性への疑問である。1920年生まれの柴谷は自身その渦中にいたのではなく，オーストラリアに研究の場を移した分子生物学者として科学の意味を見詰め，論陣を張る。（あまりに片隅の存在であり，知性・感性が未熟であったためその闘争をやり過ごした私は，忸怩たる思いがあるが，それは別問題とする。）さて，科学は人間社会の変革をもたらした。彼の科学への批判は，科学の善性・客観性を根源から問い質す。科学研究の結果，研究対象となる自然が変化し，研究対象自体が拡大する。新たな知識の獲得は，幾倍もの未知・未決の問題を創出する。科学自体に内在する機構と対象の創出のゆえに，科学は自己増殖的・発散的であり，勢力の増大の形をとる。すなわち科学の，そしてその専門分野の勢力拡大，専門家の勢力拡大を求めることになる。その研究をすることが人間にとって本当に善いかどうか吟味されない。それは膨大な予算や人員の獲得を伴う。金を出し渋れば，乗り遅れたら大変です，国益を損なうなどと脅かす。門外漢は反論できない。科学の客観性といわれるものは，生身の事実ではなく，ある約束事のなかで，現実から切り取られ，隔離され，こうして分析の容易になった系における事実である。科学は政治的に中立であり，その応用は科学的知識に責任がないという見解は誤りである。純粋に知識のために知識を追究しているという幻想のもとに，実は特定の集団の利益に奉仕している。食料，医薬品，自動車，武器であれ，何であれ，それを研究・開発し，またそれを売りさばき，また利用できる人々に奉仕する。すなわち富と力のある者のためである。一国のなかでもそれは妥当するが，大きくは南北問題にいたる。これらから排除される開発途上国の人々は資源を奪われるばかりで，恩恵には浴さない。科学研究はかくも政治的である。

その反省をふまえて，柴谷は次のような知のあり方を提言する。「一．対象を要素に分解したうえで，要素ごとの性質をこまかく詮索することがない。二．対象全体の性質を，部分の完全な理解を介せずに，つかんでいこうとする。三，対象への接近について，客観的であろうと努力しない。むしろ自分の感じかたに忠実であろうとする。四．結果としては，対象に対するある種の実践的理解に到達し，実用的な予言の能力をもつ。五，対象の理解能力を身につけるには，長い時間の訓練と錬磨を要するものであって差支えないが，教育による個人間の伝達の可能なものであることが望ましい」（同書，113頁）。この知が科学と呼べるのか分からないというが，それは通常哲学的知と呼ばれるものであろう。こう述べることで，私は科学に対する哲学の優位を示唆しているのではない。明治期に近代化の付録ないしお飾りとして大学に導入され，今も市民権を得ているとはいえない哲学の研究者がそのような発言をしても，誰も耳を傾けまい。発言が科学者自らの実践の苦闘のなかから生まれたゆえに貴重なのである。そもそも哲学者が科学を内在的に理解するのは今日通常は無理であろう。提言された知は哲学的なものであると私は認めたが，やはりそれは合理的・実証的・実践的な性格のものにみえる。形而上学的，また宗教的次元に触れるところはない。自然の研究に携わる自然科学者の見解として当然なので，批判しているのではない。しかし哲学はその次元に沈潜しなければ，存在の，人間存在の全的経験にはならないと私は信じる。柴谷が表明したような立場に哲学の知を限定する哲学研究者が多くいるのは承知しているが。柴谷の発言は広く社会的・倫理的問題に及ぶ。科学研究にかかわる発言に，むろんそれが最も大切な部分であるが，的を絞ったのは私である。

自然環境は明らかに有限である。経済成長と物質的繁栄をめざす時代精神の中心にすえら

付・美容整形論　アメリカの最近の美容整形事情を報告した一冊の本を読んだ。アレックス・クチンスキー『ビューティ・ジャンキー――美と若さを求めて暴走する整形中毒者たち』(草鹿佐恵子訳, バジリコ株式会社, 2008年) である。自らの整形体験も交えた行動力溢れるレポートである。アメリカは何事でも最先端をいく国であるが, 現代の人間のあり方を鮮烈に露呈する。たかが美容などと侮れない。大袈裟でなく, 人間存在の根幹にかかわる。

美容整形手術・施術は美と若さを追求するもので, 健康上は全く不要なものである。脂肪吸引, 豊胸手術, 鼻の整形, フェイスリフト, 人工的日焼け, 体重を落とすための胃のバイパス手術と伸びた皮膚の切除, 最近はお尻のインプラント, ボトックス注射 (A型ボツリヌス毒素注射によるしわとり) など数限りがない。整形をするのは, 35歳から65歳ぐらいの人々が多いが, 両親が18歳の娘に胸のインプラントをプレゼントしたりすることもある。女性が多いが, 男性も結構いる。女性の方が整形するひとが多いのは, 女性の方が外見で値踏みされやすいからであろう。時間とともに老化は進むので, 整形を一度行うと, 繰り返し行う必要がある。完璧を求めて全身を吟味し, ついには先の尖ったハイヒールを履くためにつま先の一部の骨を除くことから, 陰部のアンチエイジング整形などといった手術を受ける女性までいるそうである。美の理想がそんなに定かかは分からないが, 女性の容姿につ

れた科学信仰の時期は永久にすぎさったと思われると, 柴谷はいう。社会および科学の両側からする, 事後調整が必要であるとする (科学者らしくそう悲観的でもなさそうだ)。本当にそうだと思う。根本には豊かになりたいという人々の欲望があることを柴谷も指摘している。しかし近代科学の展開以前にはそれはまだ一定の埒内にとどまっている。私は思うが, 人間は拡大や進歩を基調にして生きているときには元気で, 概して幸福に感じるであろう。制限や縮小はたいてい苦痛を伴う。人類として縮小の課題にどう取り組めばいいのか, 途方に暮れる。これまでになかった事態に違いない。恒常的に貧窮に苦しむ人々を救出し, そのために豊かすぎる人々には何程かの制限を強いることになるのは確かだが, 心構えの問題を越えて, 制度的変革となると私には考える能力が欠けている。真面目な学者が立派なプランを考えてくれよう。政治家は人々のニーズに応えようとするから (どんなニーズであっても), その制限のようなことはいいにくいだろう。しかも人々が納得して静かで質素なライフ・スタイルをよしとするのでなくてはならない。しかし豊かな生活を享受することに慣れている人々はそれゆえに, あるいは恵まれない生活に苦しんできた人々は自分も豊かな生活をと願うゆえに, 質素な暮らしを望むことができるのか。その上現代では強権的強制によって従わない者を排除・抹殺するわけにはいかない。

いては，皺のないすべすべの顔，ぱっちりした目，ぽってりした唇，大きな胸，すらっとして少年のように小さなお尻が望ましいようだ。男性は，長身で引き締まった体をしていなければならず，大きな腹回りは嫌われる。ただしアメリカでは超肥満の人々がますます増加している。顔の皺を伸ばしたので，怒り顔をすることのできる女優がほとんどいなくなったなどというのは笑わせる。

　美容整形業界は，アメリカの150億ドル産業なのだそうである。あらゆる施設・設備，機械・器具，装着品，薬品，化粧品を供給する人々，カウンセラーやときには外国への手術旅行のための旅行業者など，あらゆる人々が群がる。医者には魅力ある金儲けである。保険で支払われないので，保険会社と面倒な交渉をする必要がない。医療でないから，高い料金がとれる。ビジネスであり，しかも本来不必要なものを売るため，マーケティングや広告がかかせない。人々をその気にさせなければならないばかりでなく，同業者との競争にも勝たなくてはならない。手術には失敗もあるので，訴訟を覚悟しなければならない。必要な法改正のため，議員に働きかける費用もいる。

　美は現れであるから，手術・施術によって美が得られるのでもあろう。しかし若さはみかけのみである。アメリカ人がこれほど美と若さにこだわるのには，アメリカ的な事情もあるようだ。一つには職をよく変え，また転勤などでしばしば引っ越しをする。美と若さは就職に有利であるし，職場や近所との浅い付き合いには外見で足りる。そして離婚が多く，二，三度結婚する者もざらであり，みなが年中相手を探すので，その競争は熾烈となり，美と若さは何よりの武器である。

　クチンスキーは，自分のことしか頭になく自己愛に溺れるあまり，毎日毎日ほとんど一日中せっせと容姿の手入れに励むだけ，それがニューヨークに住むある種の女性の姿であると認める。それはもう一つの生き方になっていると。そして彼女は依存症でないといいながら，自らが美容整形にはまっていったことを告白する。彼女は上瞼を治し，お尻の脂肪を抜き，ボトックスを幾度も注入してもらう。ある日上唇を豊かにするレスチレンの注入をしてもらったが，唇が大きなイモのサイズに膨れあがり，5日間死ぬほどの痛みに苦しんだ。とうとう目が覚め，美容整形は卒業というわけである。その後上瞼が再び不均衡に

なっているのに気づき，日が経てばそうなるのを悟る。また仕事で成功したアメリカの女性たちは，男性面（権力）と女性面（美と表現）の両方を見せなければならない，容姿，髪形，ファッションなど完璧でなければならず，しかも苦労の跡など見せてはいけないのだ。苦労のない完璧などありえない，それは病んでいると彼女は悟る。しかし美容整形の反対論者にはならない。自由の国・アメリカの住人らしく，それをどう使用するかは本人次第といい，富裕層のみが享受するのも経済の現実として容認する。（人間観・社会観では基本的にアメリカ人に根強い保守派なのであろう。）

　アメリカは外見にこだわる文化の国であるそうだが，そこにはどんな思想が横たわるのか。私のコメントを付け加える。神様は美の配分については相当不公平だ。生まれたままの劣った容姿にとどまったり，加齢のために衰えた容姿をそのままに放置するのは，アメリカ的には向上心の欠如である。人間はまず外見であり，人生は外見によって大きく左右されるのだから，自分で向上を図るべきである。普通ひとは危険や苦痛を避けようとするものであるが，この手術・施術に限っては，人々が勇敢なのに驚かされる。生まれた条件に屈するのは，道徳的欠陥であるとみなされるかのようである。民族性さえ自分にとって望ましくないなら克服されるべきであり，たとえば民族特有の鼻（ユダヤ鼻）を治すひともいる。見かけの克服ではある。今日大金持ちばかりでなく，それほど高収入でないひとも美容整形を行うが，その費用を払えない貧乏人もいる。そのような人々はほとんど人間扱いされない。これが政治・経済における自立・自己責任論にまでつながるのは明らかであろう。

　美と若さへの執念は，自分の外見という一点に固着した自己関心の表れにはちがいない。しかしそれは他人志向なのである。したがってハイデガーのいう「人－自己」に他ならない。求めるのは自分の満足ではあるが，他人の目を経由する自己満足である（極端にはナルチシズム以外の何ものでもなくなっているようだが）。しかも巨大ビジネスに踊らされているのである。美容整形の普及によって似たような容姿のひとがそこここに増殖しているのに違和感はないのだろうか。流行の服装や化粧に入れあげるひとにもそれは当てはまるが。ハイデガーによ

れば,「人」は「隔離性（格差）」によって動かされる。したがって乗り遅れてはならない。しかし整形を行ったりできない人々への優越感と整形の仕上がりについてのわずかな差が大切であり，自尊心の満足になる。美容整形といったものを可能にするのは，豊かさと技術である。それゆえこの美容整形熱は最近の，しかもいわゆる先進国の現象である。文明は必要を越え，不要な多くの物事を創るものであるとはいえ，これが現代の文明社会が，したがってまた人間が行き着いた一つの最先端の姿であることは間違いない。人間は自分自身を造る者であるという了解の一つの結末である。

　日本人は敗戦以来アメリカを追いかけてきたが，すでに日本人もこの熱病に感染しているのか。その兆候は見える。ところでハイデガーは被投性に徹するところがあり，受け容れるべきものを受け容れようとする。若さはむろん美しい。しかし若さの美のみを尊重する文化には世阿弥の『風姿花伝』（野上豊一郎・西尾実，校訂，岩波文庫，1958年）を対置してみたくもなる。「能には花を知る事，無上の第一なり」と世阿弥は説く。求めるのは「花」（幽玄とも呼ばれる。美しさ）である。少年の花は「時分の花」，年齢がすぎれば散っていく花である。老齢にも花はあるのである。これは能の稽古の指導書であり（誰のために書かれたのかという問題は措くとして），したがって表現を追求しているのだが，世阿弥は「物數を盡し，工夫を極めて後，花の失せぬ所を知るべし」と教えるのである。いいなと思う。そして一つには身体の線を露わにしない装束の問題もあるかもしれない。「秘すれば花，秘せねば花なるべからず」といわれる。（ただしこの文言で『花伝書』は衣装の話をしているわけではない。）大きな露出は健康的，ときには刺激的であっても，色っぽくはないであろう。しかし満員電車に乗るような生活をする私たちは，和服で暮らすわけにはいかなかろう。日本人は，高齢の人々さえ，この美学どころか，精神的成熟からもすでに遠く隔たり，アメリカ人に近いのかもしれない。無精者なので，美と若さのために努力したり犠牲を払ったりはしないが（私は化粧さえ一度もしたことがない），私自身精神的成熟に無縁であるのは自覚している。――若さとはむろん美だけでなく，エネルギーであり，行動力であり，現代人はそんな生をよしとしているのだ。

第5章
自由の諸相

―――――

　本書はハイデガーの思考から出発し，その基盤に立つ人間論の試みである。ハイデガーは現存在（人間）の存在を，世界内存在としての被投的投企として提示した。私はこれまでそれを解き明かそうとし，ときには道草しながら，そこから触発された諸問題に首を突っ込みながら，人間論という課題に取り組んできた。ところで本書序章「予備的考察」で，私はその人間存在の構造は核心に人間の自由という問題を潜ませることを述べた。人間はどこまで自由か，あるいはそもそも自由とは何を意味するのか改めて問わなければならない。『存在と時間』に限られるが，すでに自由について何も言及されなかったわけではない。それを顧み，そしてハイデガーの思考と類似するところのある他の哲学者の自由についての見解を参照し，自由の問題を少し掘り下げたい。

　まず，自由について何がいわれたのか。表向きに自由として論じられたことは乏しいが，基本的なことは確保されている。被投的投企の「被投性」の契機では，現存在は世界に投げ出されて存在し，自らが存在していることも，存在の条件も一方的にすでに与えられてしまっている。現存在は全く無力であり，自由はない。しかし投企的存在としては，諸可能性から選択していくことがあり（諸可能性は事実的なものであり，限られているが），やはり選択の自由はあると思う。そしてそれを実現していくとき，当然因果的規則のようなものを当てにして行為するが，それは必要な前提であって，自由を否定しない。そのような点についてはある程度論じたつもりである。しかし投企と被投性を繋ぐ

とき，投企における自由は，ひょっとして何かによって条件づけられ，決定づけられているのであり，自由は否定されるか，あるいは人間の自由は認められるが，自由の概念の変更を迫られるということになるのかもしれない。ただしハイデガーにとって投企における自由は実は二次的である。ドイツ語の「自由（frei-Freiheit）」は，空いている，開かれていることを意味する。選択すべき諸可能性が遊動する場の開けという自由こそが第一次的である。自己本来的死への存在には「死への自由」（SZ266）が属する。死への先駆において「死にたいして自由に〔開かれて〕，彼の有限な自由の威力において現存在は自らを了解する」（SZ384）。「死は現存在の最自己的可能性である。それへの存在は彼の最自己的存在可能，すなわち現存在の存在そのものがかかわるような存在可能を現存在に開示する」（SZ263）。頻出する，先駆の「開示する」，「露わにする」という表現は，自由の働きである。「先駆的開示作用」（SZ263）という言葉がある。現存在が存在可能としての自らの存在を露わにするばかりでなく，同時に「〈現（Da）〉」（SZ263）の開示として諸々の存在者が開かれる。死の可能性との絶対的差別のもとに諸可能性の場が開かれる。これがハイデガーにおける根源的な意味での自由である。同時にそこで被投性の「無力」を自覚し，それを引き受けることができる。これを前提としていわゆる選択の自由はある。運命としての引き受けも私はいわゆる運命論的には理解しなかった。さらに決意性は押し迫ってくる配慮や顧慮から解放するという意味でも自由である。それは「人」の支配からの自由である。「決意性は人へと迷い込んでいることから自らを呼び起こさせることを意味する」（SZ299）。すなわち自由の三つの相が示された。まず死への自由において出来する，開かれた場の開き・開かれという自由，そしてその遊動空間における諸可能性の選択・投企の自由，さらに「人」，すなわち日常において私たちがそこに埋没しているもの「からの自由」である。「人」からの自由は，共同存在であることの否定ではありえないのだから，何らかに共同存在の再建を要求する。『存在と時間』以後の自由は今は考慮しない。

　　(a) ベルクソン　　とりあえず選択の自由を切り口として，ハイデガーの見解をよりよく理解するためにも，ベルクソンの『意識に直接

(a) ベルクソン

与えられたものについての試論』(1889年)*¹ からその自由の把握を検討する。ハイデガーはベルクソンを読んでおり，言及もあるが散発的なので，それには触れず，以下ではまとまった形でベルクソンの考え方を提示する。それが両者の近縁性を示唆するはずである。同時にどこに相違があるのかも見届けねばならない。

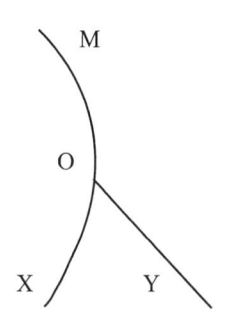

```
           M
            \
             \
              O
             / \
            /   \
           X     Y
```

これは，ミルのような哲学者が自由な行為をどう考えるのかを示す，ベルクソンによるイラストである (133)。(私なら天地を逆に描いたであろう。「こそあど」の体系をもつ日本語を使用する日本人であるからなのか，私の幼児性ゆえか，地図は進行方向になければ見にくいので，そうなっていない場合には逆にして文字がさかさまになって読みにくいにもかかわらず，私を起点にして進むように地図を広げる。) さて，行為者が O のところに達すると，X と Y のどちらの方向へも同等に開かれていて，どちらの方向を選択することもできる。行為者は O のところで躊躇し，熟慮し，どちらかを選択する。自由な行為とはこのようなものであると考えられている。しかしベルクソンはそれに真向から反対する。自由の独自な考え方がそこにはある。

さて，私は X の方を選択した。それゆえ実際に X をなしたのだが，Y を選ぶこともできたはずである。その場合には X はなさなかったことになる。ベルクソンは問う，「一度なされた行為について，なされな

---

1) Henri Bergson, Essai sur les données immédiate de la conscience, puf, 8ᵉ édition, 2003.（初版は1927年。）アンリ・ベルクソン『意識に直接与えられたものについての試論』，合田正人・平井靖史訳，ちくま学芸文庫，2002年）。頁づけは原書。この書は『時間と自由』という表題で流布した著作でもあるので，間違いなく自由は中心テーマである。

かったこともありえたということによって，実際自由な行為は定義されたのか」(165) と。しかし OX を選んでしまったあとで OY を選べたかと問うことはナンセンスである。意識生を空間化する根強い把握からくる誤りに他ならない。そもそも MO という道も，O点も OX や OY も全く存在しない。ベルクソン的にはそれが自己の本来の深みから発するようなものであれば，他になすことなどなかった。どちらでも選べるような二つの可能的な行為から選ぶ，選択しうるというところに自由をみることをベルクソンは批判する。それは理解できるであろうか。ある日私は道端に一人の女性が苦しそうにうずくまっているのに遭遇する。大切な予定があって私は非常に急いでいる。自分の不利益などまるで脳裏をかすめることがなく，そのひとを助けるとすれば，私がそのような人間であったからである。私がそのような人間であるかぎり，そう行為する以外はない。したがって可能な二つの行為の間で選択する自由などなかったのである。行為が私の全存在の内から出てくるような，そうするしかないというその行為こそまさに，ベルクソンによれば自由な行為なのである。それはどう理解すればいいのか。

　そうするしかない，そう必然化されるということは，通常は自由の否定を意味する。自由に反対する議論は，一方は心理的決定論，他方は物理的決定論である。すなわち前者では「……私たちの行為が私たちの感情，観念，また私たちの意識状態の先行する系列全体によって必然化される」(107) ので，自由が否定される。後者では「物質の基本的様態やとりわけ力の保存則と矛盾する」(ibid.) ということから自由が否定される。後者の場合は人間とその行為は，自然の物体の場合と変わらない。いずれにしても行為は一定の意識状態によって導かれている。二つの必然化は意識に自発性を認めるかどうかにかかっている。物理的決定論では意識の自発性は認められない。現在の意識状態が先行状態によって必然化されると理解されるとき，意識の自発性はあるといえるのか。ひとつの先行の意識状態というものが別の意識状態を決定すると考えるとすれば，原因と結果の通常の把握に他ならず，事物の変化と変わりがない仕方で捉えられているとベルクソンは考える。「自己はその表面では実際に外界に触れている」(123)。そして「その表面は事物の刻印を保持する」(ibid.)。ここでは感覚が与えられているが，

(a) ベルクソン

じかに反応というかたちで一義的に意識を決定すると考えれば，物理的決定論であろう。しかし感覚が与えられるとき，自己はそれらを連合する態度をとっている。そのかぎりで能動的である。しかしここではなお自己は事物的である。「自己の意識状態は併置されている」(ibid.)からである。しかし「その表面から内へ帰るにつれて，自己が自己へと立ち返るにつれて，意識の状態は併置されることをやめて，浸透しあい，互いに融合する……」(ibid.)。ここには様々な感情や観念があるが，流動的でそのつど個別的な色合いのものであるので，言葉で名指したりできるようなものではない。ベルクソンには明白な言葉嫌いがある。意識状態は融合している。したがって「……私たちは私たちの魂が感じることを全面的に翻訳することに失敗する。思考は言葉と共約不可能なものにとどまる」(124)。これはベルクソンの確信であり，よく知られてもいる。この点は十分吟味しなければならないが，私はむろんハイデガーとともにその確信を共にすることはない。二人の哲学者の言葉についての態度の違いは，その哲学の全体を規定するほどの重要性をもつ。

　そこで自由な行為はどうなるのか。意識は根源的には相互浸透しているとされた。ベルクソンはそれゆえ，人格は意識状態のひとつのうちにも「全面的に存在する」(124)という。行為がなされるとすれば，むろん一つの行為への限定がある。「この内的状態の外的顕現が，まさに自由行為というものであろう。というのも，自己のみがその作者であったし，この顕現が自己を全体的に表現するからである」(124f.)。内的状態の外的顕現ないし表現が自由な行為であることになる。それゆえ「自由は度合を容れる」(ibid.)とベルクソンは説く。行為は常になんらかにはこの状態を表現するであろうが，表現が全体的であるとはかぎらず，度合いは全体を表現しないとか，表面に近いものしか表現しないことが生じる。自由は全体の意識的生に属する。自由な行為は，主体が可能な行為から贔屓なしに選びうる，選択の自由といったものではない。自己もまた，日常のそのつどの必要から行為するような表面的自己と生の深みに浸された自己は区別される。といってもここでも両者の間は連続的であるが，自由は度合を容れること，またどんなあり方において私たちは最大限に自由であるかを見極めることが重

要なのである。

　ところでこの意識状態は持続であるから，時間的である。多様な意識状態はくっきり区切られるようなものではないが，始まったり，展開したり，終わったりするであろう。それはどのようにして成立しているのか。私の生は他の生命や命のないものとともに織り合わされている。それらとのかかわりはたいていは私の生の必要に迫られてそうするのであり，扱いうる固定的なものに着目する外向きの，表面的なものであろう。しかしときには魂の全体を震撼させるようなものかもしれない。何かの感情を抱くことやさらに何かをなすことは展開して全体の意識状態を推し進めるのであって，そのことがなかったときとは生が同じであることはない。このようにして生は前進する。この展開はむろん自動的，盲目的ということではない。なぜなら意識なのであるから。常に明晰に意識的であるとはかぎらないとしても。そこでは「自由な決意が発出するのは魂全体からなのである」(125)といわれるように，「決意(décision)」というモメントを排除しないようである。しかし特定のことをなす(またはなさない)決意のようなものを私たちは経験すると思うのだが，ベルクソンの「決意」はその経験とは隔たる感じがするけれども，ベルクソンはどう説明するのか。やはり点的には考えられない。「互いに浸透し，互いに強化しあい，自然な発展によって自由な行為に到達するような諸状態からなるひとつの動的系列が形成される」(129)のであるから，いわゆる決意はこのような形成に添う意識以外ではなかろう。熟慮も決意もダイナミックな進展のうちに織り込まれているのであり，「自己とその動機そのものも連続的に生成のうちにある，本物の生物のように」(137)といわれる。そしてそれが真正に生(生命)そのものに属する動向であることが告げられている。

　ベルクソンの図に帰ろう。サルトルが「あなたは自由だ，選びなさい，つまり発明しなさい」[*2]というとき，この図とぴったり合うようにみえる。生が O のところに到達したとき，自分のこれまでのあり方にかかわりなく，つまり無記に行為を選択しうる自由が主張されているように思われる。つまり自由とはそういうことだ。すでに見たように，

---

2) Jean-Paul Sartre, L'existentialisme est humanism, Gallimard, 1996, p.46.

(a) ベルクソン

ベルクソンはそう考えない。意識に，あるいはそのひとに積もってしまったもの，身についてしまったものの威力を私たちはどう評価したらよいのか。ハイデガーの考え方を解明するためにもそれを問わなければならない。ハイデガーもサルトル風な自由の把握をするのかが問題なのである。すでにみたように，ハイデガーは明らかに，無記の選択の自由を主張していなかった。行為は被投性からなされ，そして伝統や運命が強調されるのをみた。私はベルクソン研究をするつもりがなく，サルトルにはこれからも立ち入らないが。一般的には持続の哲学者・ベルクソンはハイデガーよりもずっと連続性に傾くといえよう。すでにハイデガーの決意と決意性については吟味した。言葉の哲学者・ハイデガーは切断をより強く組み込む。この切断を私は評価するのである。

ベルクソンによる人間の自由は，人間の個別的意識ないし行為の場面において考察されるかぎり，以上のとおりである。しかしベルクソンの哲学は大きな生（生命）の哲学である。それゆえ人間の自由を生全体の視野のなかでもう一度捉え返す必要がある。そして生とは「創造的進化」に他ならないから，人間の自由をそこに位置づけて理解する必要がある。そこで私は，ベルクソンの『創造的進化』[3]を少しばかり省みる。『意識に直接与えられたものについての試論』とこの著作には成立時期の隔たりがある。ベルクソン自身にとってもそれは大きな視野のもとへの船出なのだと思う。

ベルクソンは人間の生を創造的進化のうちに置きいれたばかりでなく，それをさらに推し進める最先端であるところに人間固有のあり方をみた。それゆえ人間の自由は生の創造的進化に裏打ちされねばならないのである。ということは生（生命）自体が自由の体制という性格をもっているのでなければならない。それを見届けよう。（「生」と「生命」は同じである。科学者は「生命」，哲学者は「生」を用いることが多いが，同じ語の訳である。それゆえ本書ではこだわらないことにしている。）

生命は（それは実際には個々の生物であるが），生みつないで時間的連

---

3) Henri Bergson, L'évolution créatrice, 1941, 11ᵉ édition 2007, puf. （ベルクソン『創造的進化』，真方敬道訳，岩波文庫，第8刷，1987年）以下，引用の頁は原書による。

続体をなしている。生命の持続は一つの方向をもち，全体として進化をするものとして捉えられる。部分的には停滞，また後戻りするものが認められるとしても。生命の連続は創造的進化とみなされ，その創造的進化の要は「生命の躍動 (l'élan vital)」[*4]に他ならない。自由もここにある。それゆえ私が狙いを定めるのは進化運動に内在する「躍動」ということになるが，そのためにはベルクソンの描く進化の道筋を最小限だけは辿る必要がある。

　生命にたいしては通常物質・物質的自然が基盤に考えられよう。しかしベルクソンは，物質に生命が生じ，生命体に意識が発生して……という風に説かない。また生命の進化についても，植物・動物・人間という進化の段階を考えるのではない。そう考えるのは間違いであるとベルクソンは断言する。ではベルクソンではどうなっているのか。まず原理はこうである。生命は「その発現以来一つの同じ躍動の連続であり，その躍動が分化して進化の諸線に分割されている」(53)。まず動物と植物が分かれる。ベルクソンは「ある特性の所有によって」というより「それらの特性を強化する傾向 (tendence)」によってそれらを「生命の分化した二つの発展」(107) とみなす。傾向とは，植物の「固着」と動物の「運動性」(111) である。運動性と意識は明白な関係がある。植物は大地に固着したままで養分が得られるので，動く必要がない。感覚・意識もなしで済む。動物は行動のために意識を発達させる。生命の進化は扇形に方向を開く。進化は単純なものから複雑度の高いものへの進化である。さて動物は二つに分化する。本能によって生きる昆虫と知性を発展させる脊椎動物に，である。それぞれの頂点に膜翅類（ハチとアリ）と人類がいる。本能は有機的なものに向かい共感に

　　4）　ベルクソンは「エラン・ヴィタール」がイメージであることを認めるので，概念的説明を求めるのは無理なのかもしれない。ベルクソンがそれによって理解させたかったのは，生命と生命が進化途上で不連続的飛躍によって創造した「形態の予見不可能性」である。それは機械論でも，目的論でもない。どちらの場合も生命の創造は前もって決められている。未来が，計算によって現在から導出されるか，観念の形で現在のうちにすでに描かれているかである。つまりどちらの場合でも時間が存在していない。躍動は過去が「衝くこと (impulsion)」でも，未来が「引っ張ること (attraction)」でもない (Bergson, Les deux sources de la morale et de la religion, 1932, 9e édition, 2006, puf, p.119)。「衝くこと」はここでは機械論的な，コースを予め決めてしまう力である。しかし『創造的進化』において「衝くこと，衝力」はしばしば現れ，ここでのような否定的意味はもたない。

よって働き，知性は無機的なものに働きかけ，それを分解し，道具を作って生きるために利用する。

　ベルクソンは生命の連続ないし進化をどこから，どのようにして把握することができるのか。私たちは人間である。分化は一つの生命の展開であるので，どの特性を主として発達させたかという違いはあっても，人間は他の生命の特性を完全に失ってしまいはしない。人間は知性を高度に発達させた生物であるとはいえ，本能・直観を失ってしまいはしない。さらに人間にも植物状態はある。さて，生命の持続全体を考察するのは哲学的思考であるが，自然的生命の営みに逆らってそれは本能と知性以前の根源的直観に立ち戻る以外にはない。知性の仕事を理解するが，同じ仕方で仕事に携わるのではなく，それに同行することができるのでなくてはならない。その直観はむろん動物の本能ではない。本能は直観であるが，動物がそれぞれの仕方で生きるのに仕える。今は生命を全体として理解しようとしている。さて直観 (intuition) も知性 (intelligence) も意識と呼んでいい。それらは意識として働きが別様である。ベルクソンによれば，直観と知性は相反する方向を示す。「直観は生命と同じ方向に進むが，知性は逆の方向に歩む」(267)，つまり知性は「物質の運動に調整される」(ibid.)。ベルクソンは哲学が依拠するものとして直観に優位を置く。知性は物質とその過程を扱うだけ，また物質でないものをも物質のように扱う。私ならハイデガー風に対象化というであろう。直観は生命の全体に自らを浸す。ゆえに「直観は精神そのもの」，「生命そのもの」(268) である。それゆえ生命を捉えるには，あるいは哲学は「自らを直観のうちにおいて，そこから知性に進むしかない。知性から決して直観へ移れないから」(ibid.)。しかし人間は普段知性を発揮して生を営んでいる。ベルクソンの知性のあり方とその批判はこれではまだ説明されていない。

　ベルクソンは直観によって自ら自身である生命を通して，生命全体を把握しようとする。ここでもう一度，ベルクソンが物質・生命・意識という段階を立てたのではないというところに戻る。物質も生命も含めた全体は何と呼ばれるのか。事象 (la realité) と呼ぶしかないであろう。次の通りである。「私たちが私たちの存在を私たちの意欲におきなおし，私たちの意欲自身をそれの延長である衝力 (l'impulsion) のうちに

おきなおすとき，私たちは事象が不断の増大であり，終わりなく遂行される創造であることを感じる。私たちの意志がすでにその奇蹟をおこなう」(240)。この「事象」はすでに生命なのかもしれないが，ほどなくベルクソンが「意識」の独特な把握を披瀝するので，そこに限定しないと解する。「私の存在」という言い方，「生物 (être vivant)」という言い方も普通なので，「事象」の代わりに「存在」でもよいであろう。それは動態なので「生成」でもよい。(実質的な言い方をとれば，諸々の天体，物質的事物，生物を含む「宇宙」となろう。ハイデガー的には存在者の全体であろう。) さて私たちは自らのうちに意欲を感じる (意志でもよい)。それは生命の衝力の延長である。事象は衝力を秘めていて，不断に増大し，終わりなく創造する。私たち人間はそれを続行する。ベルクソンはその事象を「よりよい語がない」という理由で「意識」と呼ぶ (238)。それは「私たちめいめいのうちに働く減少した意識」(ibid.) ではない。個々の生物のうちにはそのような意識がある。ベルクソンが意識と呼ぶのは，いわゆる意識的意識ばかりでなく，「弛緩しさえすれば広がる原理」(ibid.) として名指すのである。いうまでもなくそれは物質である。全体を意識と呼べるのは，ベルクソンは次のようにいうからである。「意識あるいはむしろ超意識が生命の根源である。意識あるいは超意識は打ち上げ花火の点火であり，その残りかすが落ちて物質になる」(261)。そして点火は，つまり意識は，「残りかすを貫いて，これを照らして有機体のうちにある」(261f.)。生命は「上昇する流れ」，「物質は下降する運動」(269) という表現もある。したがって生命の側からこのように物質が位置づけられ，視野に取り込まれる。この意味で全体は捉えられている。そしてそれに接近することのできる場所は，いうまでもなく人間の意識である。さて意識は「生命が自動仕掛けに押し込められている間は眠っている」(262)。しかし「意識は創造の要求なのであって，創造が可能となるところでしか，自らに現れない。選択の可能性が蘇るや意識は目醒める」(ibid.)。そこで「意識は人間において，人間においてのみ自らを解放する」(264)。それゆえベルクソンは，人間は「進化の〈終わり〉，また〈目的〉である」(265) というのである。あるいは「人類は進化の存在理由」(266) と表現される。人間の意識は物質の下降運動に逆らって自由になる。「意識は本質的に自

(a) ベルクソン

由であり，自由そのものである」(270)。ここに自由がそれとして露わにされたわけである。生命の歴史はここを目指している。といっても進化の他の分枝を貶めているのではなく，それらが人間のためにあると主張するのではないと付け加える。しかし膜翅類でなく，人間のみがこの自由を実現するゆえに，人間を進化の終わりとみなす。

このように人間の生命のところに（むろんこれが考察の出発点）辿りついた。そして人間は進化の終わりだといっても，進化の創造はここで止むという意味ではない。それは閉じない。また生命は流れであり，そこには「予定も計画もない」(266)。ベルクソンが自由をどこで考えようとしたのかを一応見渡したとして，いよいよ生命の歴史において，また人間において自由とは何を意味するのかを究明しよう。

ところで進化は持続であり，時間的である。持続は「一つの瞬間が一つのそれに置き換わる瞬間」(4)ではない。これだと「現在」しかなくなって，持続も進化も考えられない。ハイデガーのいう「今時間」が拒否される。「持続は過去が未来を齧って前進しながらふくらんでいく連続的進展である」(ibid.)。過去は絶えず増大していく。したがって過去が常に「保存される」(ibid.)ことを意味する。ここにはベルクソンの独自な記憶の考え方がある。過去を保存するのは記憶であるが，ベルクソンは「過去は自分自身を自動的に保存する」(5)というのである。過去（つまり記憶）は積み重なっていくので，何も失われないと考える。全過去は「私たちの最初の幼年時代からそこにある」(ibid.)。しかし私たちは忘却があるのは明らかであると思っている。失われた記憶も多いと思うので，どうしてベルクソンはこう主張できるのかと反問したくなる。ベルクソンはそれを実践的に説明する。「脳のメカニズムは正確に造られていて，まさに意識のうちで過去のほぼ全体を無意識に押し返して現在の状況を照らし，準備される行動を助け，有用な仕事をできるようにする性質のものしか入れない」(ibid.)。これはベルクソンの根本確信である。さて，ベルクソンによれば，実践的な必要からある記憶はストックから呼び出されるのであり，その他は「余計な思い出が現れる」(5)程度というのは，やはり極論である。関心が関与するのは確かである。生存を左右するようなことの他に，小さくても忘れ難いのは楽しかった出来事，振り落とすことのできない不愉快な出来

事，自分の恥ずかしい言動など強く感情が伴う類のものであると私には思われる。それは私の生のかなり重要な部分を占める。そしてこうした記憶があまり心を満たすと，行動を阻害する。老人は積極的に行動することが少なくなるので，思い出が大切になってくるのであろう。私の亡母が最晩年に口にするのは，故郷の町で過ごした少女時代の思い出ばかりであった。すでに認知症であり，故郷を遠く離れた町で入院しているのに，故郷の町に今現在住んでいると信じているように見えた。懐かしげな口調でぽつんと語られる瑣末な思い出は——不思議だが，瑣末なことばかりであった。また強い感情が伴うもののようには私には思われなかった。実践的必要と同等に，あるいはそれ以上に生にとってそれらは大切なのかもしれないと感じた。ひとを生きさせるのは案外そんなものなのかもしれない。

　ベルクソンの記憶は射程が非常に長い。「私の誕生以来生きた歴史，それどころか私たちの誕生以前の歴史」(5) がそこにある。それが「私たちの性格」(ibid.) を造っている。つまり私たちの全過去が保存され，それが私たちの生命を推し進める。過去がこう後ろから随いてくるとすれば，自由はどうなるのか。「私たちの人格はたえず，推進し，大きくなり，成熟する。その各瞬間は前からあったものに付け加えられる新たなものである」(6)。人格は一瞬ごとに経験を蓄積するので，新しくなるという点はいい。しかしコースが決まってしまっているのでないかと疑問を呈したくなる。したがって自由ではないのではないかという疑問が生じる。しかしベルクソン的にはこれでいいのである。大きな生命の進化を背景にして考えよう。要は「生命の躍動」の登場である。こんなに充実した一方向の前進であるにもかかわらず，生命の持続には躍動がある。そこには予見不可能性がある。実際どのようなものが成立するのか，どんな形態が現れるのかは予め分からない。予見ができるとは何を意味するのか。「予見するとは過去に知覚したものを未来に投影することである」(6) とベルクソンはいう。これは結局時間を除外している，時間が存在しないことである。持続は刻々新しくなって繰り返さないので，予見ができないことは理解できる。ところでベルクソンは生命の連続性をこう表象する。「ある瞬間に，空間のある点にある目立った流れが生じた。この生命の流れは，物体を次々と

(a) ベルクソン

組織しながら通りぬけ，世代から世代へと移り，その力を失うというよりむしろ進むにつれて強くなって，種に分かれ，個体のあいだに分散した」(26)。生命は全体として一つであっても，実際に存在するのは個々の生物である。生物は一つの延長を具えて他と結ばれている。ただし「個体性は無数の度合を容れる」，そして「人間においてすら，それは決して完全には実現されていない」(12)。しかしともかく個体が成立して生存している。生命の進化においてはどんな生物でも，人間について述べられたことと同じである（意識性の差は別）。常に新しい形態が創造される。それは予見不可能である。自発的である。ベルクソンはこの生物のあり方（創造性，活動性，自発性，予見不可能性）を自由と呼んでいる。それに対するのは物質の必然性である。あるいは「機械的必然性」である。物質とは「無延長から延長への弛緩（relâchment）であり，すなわち自由から必然への弛緩である……」(219)。生命の進化にはこのような一つの傾向が貫かれる。ここには偶然を容れる。ベルクソンは「進化には偶然の役割が大きい。非常にしばしば偶然に形態は採用され，むしろ発明される」(255) という。生命とはエネルギーを蓄え，それを放出して仕事をする，「努力（effort）」(254) なのである。それは生命の躍動そのものである。「しかし躍動は有限であり，しかも一度に全部与えられてしまっている」(ibid.) という。（ベルクソンは当然のごとくこういうが，その訳が私には理解できていない。）それゆえそれはあらゆる障害を乗り越えるわけにはいかず，反抗を受け，分裂する (ibid.)。物質本来の抵抗もあろうが，環境の変化や，それぞれの生物が生きようとしてせめぎ合うので，それに対処して行動し形態を造っていかなければならない。それで「あらゆる種類の後退，停止，事故」(255) がありうる。何をそのような形態また生物とみなすかといえば，次の世代に引き継がれ展開されないようなものであろう。以上自由はまずこうした平面に確認される。

ところで「生命の原初的躍動」は「本質的に自由な行動を目指している」(255) とされるが，はっきりした意識，とりわけ知性を発達させた人間には自由が帰属させられる。これは人間の自由である。それは本能的行動と知性による行動との対比から考えられる。狩をするハチ（いくつかの種名が挙げられるが，省略）は，幼虫の新鮮な食物にするた

めに，獲物の神経中枢を的確に刺して殺さずに麻痺させる。ハチの本能は「利害のあるものしか摑まない」(176)，そして「内側から知る」(ibid.)。ベルクソンは，「本能は共感 (sympathie) である」(177) と述べる。これは明らかに人間のやり方ではない。本能が意識的と呼べるのかは議論があるようだ。だが人間の行動は意識的であり，知性による。意識はどこで現れるのか。「動物界の全領域において意識は生物が所有する選択の能力に比例しているようにみえる。意識は行動を取り囲む潜勢的地帯を照らす」(180)。したがってここには選択の自由があろう。とはいえ，ここには過去の全記憶が控えているのだから，散々に躊躇してある行動を選択しても，この全過去が選ばせるものを選ぶということになる。ベルクソンの自由は結局，選択の自由と記憶を繋ぐこのようなものである。前書『意識に直接与えられたものについての試論』でもこの点では同じである。ところで意識は脳のうちにあるから「意識は，意識が生気づける有機体の様々な変化を蒙るけれども」(270)，したがって意識状態には「可能的行動の素描が含まれる」(ibid.) とはいっても，「意識の命運は脳物質の命運に結ばれていない」(ibid.) とされる。それゆえ「つまり意識は本質的に自由であり，自由そのものである」(ibid.) と結論される。

　脳について私は知識がないので，行動との関係をベルクソンのように断定することができるのか論じる資格がない。それゆえ私が省みるのは，意識や行動のレベルだけである。さらに本能と知性の区別をもう少しみてみる。知性は「人工物を造る能力であり，とりわけ道具を造るための道具を製作し，その製作に無限に変化を与える能力」(140) である。それにたいして本能は「自然的に組織された道具を用いる能力」(151) である。道具とは器官のことである。それは特定の仕事に専門化している。本能と知性の区別について，「知性のみが探す能力がある」，「本能は決して探さない」(152) という指摘は的確である。では知性にどうしてこんなことができるのか。知性は行動のためのものである。「知性は不動しか明晰に表象しない」(155)。そして知性は物質（事物）を相手にして分割する。任意の部分に切り分ける。つまり物質は広がっているということである。分解して「構成し直せる」(158)。このことによって人間は多くの仕事を実現できるのだから，これは人間

(a) ベルクソン

の自由を意味する。しかしそこにはベルクソンの知性にたいする批判がある。知性は持続を，生きているものを捉えることがない。ここにまた言葉が加わる。言葉は知性に属する。「言葉がなかったら，知性は考察する関心をもつ物的事物に釘づけにされていたことだろうと推定できる」，「言葉は知性の解放に大いに貢献した」(160) とベルクソンは認める。というのは言語は「一つのものから他のものへ移動できる自由」(ibid.) だからである。しかしここにベルクソンの有名な言葉嫌いが表明される。言葉は持続を捉えない。一つの状態(形態)を一瞬に固定して名づけるだけだからである。知性や言葉は人間の実践的自由を表している。しかし事象には届かない。私は知性や言葉についての有名な批判には立ち入らない。またベルクソンが言葉を批判しながら，言葉によって自分の思考を表現しなければならないという周知の困難も議論しない[5]。

ではベルクソンにおいて自由は最終的にどのようなものであろうか。(これはむろん上記の実践的自由ではない。)「さて，私たちが所有するもののうち，外面性から最も離れ，同時に知性的なものが最も浸透していないものに集中しよう。私たち自身の一番の深みに，私たちの固有の生命の最内奥と感じられる点を探そう。私たちが飛びこむのは純粋持続にである，すなわち過去が絶えず前進し，絶対的に新しい現在によって不断に増大する持続に飛びこむ。しかし同時に，私たちは極限まで私たちのばねが緊張するのを感じる。私たちの人格を自分自身に激しく収縮させることによって，逃げる私たちの過去をとり集め，そ

---

5) ハイデガーはシュテファン・ゲオルゲの詩「言葉 (Das Wort)」を取り上げ，結びの詩行「言葉のないところには，ものはない (Kein Ding sei wo das Wort gebricht)」の重要さを際立てた (Heidegger, Unterwegs zur Sprache, Das Wort, Gesamtausgabe Bd.12, S.207-225)。言葉(語)と言われるものとの外的関係は否定される。私は断然ハイデガー派なのである。
ただしハイデガーとベルクソンにはある局面では，言葉について同じような捉え方がみられる。ハイデガーは，「諸意義がさしあたり・たいてい〈世界的〉であり，世界の有意義性によって予示されたものであり，それどころかしばしば圧倒的に〈空間的〉でさえある……」(SZ166) のは何故かと問い，ひとはまずは世界に差し向けられた存在であるからと解答している。ハイデガーもベルクソンもひとはまず実践的必要から世界に向かい，事物とかかわり，その情報を伝え合うために言葉を用いるのであり，それゆえ心的・精神的現象を表す語彙は乏しく，世界的意義を転用したりして賄っていることを認めている。ベルクソンの比喩の多用もそれに他ならない。

れを密に不可分にして現在に押入れなければならない。すなわち現在が自らをそこに差し入れることによって創る現在のうちに。私たちが私たち自身をその点まで再認する諸瞬間は稀である。それらの瞬間は私たちの真に自由な活動とひとつである」(201)。私は私自身の生命を過去から現在へと持続する純粋持続として直観する。それは極度の緊張によってのみ可能である。「現在に過去のできるだけ大きな部分を押し入れる努力を妨げてみれば」、すなわち「緊張が完全に緩んで、記憶も意志もなくなってしまうだろう」(201f.)。この緊張は無論現在のあり方である。そして過去のどの瞬間も同じようであれば、完全な自由[*6]であるということになるのであろう。すなわち、「……私たちの全人格が一つの点に、あるいはむしろ切っ先に集中して、絶えず未来に手をつけつつ未来に挿入される。それが自由な生命、自由な活動なのである」(202)。ベルクソンは省察しながらこう書き記す。しかし行為の場面でも稀な瞬間にはこのような観照 (spéculation) が可能なのであろう。ただし実践においては実用的必要から知性と言葉に依存し、その習性に馴染んでしまう。この自由な生命は人間において現れるが、意識を欠いても、生物は時間的持続であるかぎり、創造的であるので、この自由に何程か与るとベルクソンは考えるのだと思う。

　実はベルクソンの自由の探究は、これだけでは終わらない。人間は共同 (社会的) 存在なので、社会における自由の実現という問題が残る。それが、ベルクソンの「閉じた社会」と「開いた社会」(生命進化の二つの路線が辿りついた社会、すなわちハチやアリの社会と人間の社会)、あるいは道徳と宗教の考察である (ベルクソン『道徳と宗教の二つの源泉』1932年)。しかしこのユニークな著作は、ハイデガー研究が取り上げるにはどうみても不向きであろう。

　そこでベルクソンに別れを告げることにするが、最後にハイデガーの「忘却」を対比のために省みる。ハイデガーにおける忘却の問題はすでに簡単に論じた。ベルクソンにおける忘却むしろ記憶の問題は心理学的に接近される。ハイデガーは心理学的な接近法を採らない。ハ

---

6)　ベルクソンにおける実践的な自由と完全な自由 (あるいは自由な生命、自由な活動である自由) との差別は、ハイデガーにおける投企の自由と開示性の差別と構造的には並行するのだと思う。

(a) ベルクソン

イデガーにおいては記憶には何も問題がなく，活動的な日常生活を営んでいても，日常性そのものに潜む自己本来的な自己や本来の人間のあり方の忘却が問われる。ただし忘却ないし記憶の問題は二人の哲学者にとって存在を丸ごと捉えようとする思考の戦いのうちに横たわる。哲学的思考として日常の自然的な思考と行為に逆らう営みであることでは同じである。(ベルクソンは記憶からは何も失われないと主張したが，日常の行動・実践においては生命の真相は忘却されていることを認めている。)さて，ハイデガーによれば，日常性の構造そのものに含まれるので，忘却は常態である。忘却に抗して既在性は取り戻されねばならない。すなわち既在性，「あったのであること」は，ある仕方で私の在った全存在ばかりでなく，私を生んだ歴史的生と伝統にまで及ぶ。ただしハイデガーは歴史的存在と生の間を切断するので，人間と生物を同じ仕方で扱わない。そしてむろん進化を論じない。進化ばかりか，進歩はどうもハイデガーには属さない。さて，勝義に記憶が問題になるのはそこにおいてであるから，今とりあえず，私の生・生涯を考える。ハイデガーはベルクソンのように記憶から何も失われないと主張することができるのか。すでに「忘却性は保管である」(HW54)という言葉を拾っているが。人間の生，歴史的生の「生起」は，生の「伸張」を構成する。それは「生の物在的軌道や道のり」のごときものではない。それは「伸張された，自らを伸張する特有の動性 (die spezifische Bewegtheit des erstreckten Sicherstreckens)」(SZ375)である。既在の取り戻しはこの構造に裏打ちされてある。歴史性の，ないし時間性の時熟の構造はある特権的場面において一気に把握できる。(その時間的構造は周知とみなす。)ここにはベルクソンの場合と同様，極度の緊張があるとみなすことは間違っていないだろう。日常性の分散的あり方を「弛緩」と表現するのさえ，間違いとはいえない。ただしハイデガーの場合，その取り戻しには，常に解釈の契機が入るのだと私は考えている。それを去ってということにはなりそうもない。それは結局言葉の哲学者であるかどうかにかかる。ベルクソンは言葉を去って直観に飛び込めば，生命の連続が捉えられると信じることができるが，言葉の哲学者・ハイデガーはより不連続を容れるのだと思う。もっともベルクソンにおいて生命の進化は「非連続的飛躍」と性格づけられてはいたけれども。

ベルクソンは全く正直に,「私たちが生命の躍動と創造的進化の観念に達したのは,生物学によって与えられたものを可能なだけ近くで追跡することによってであった」(Bergson, Les deux sources de la morale et de la religion, puf, p.264) と述べる。実際ベルクソンは実証的研究を広く視野に収める。本章ではそのようなものを取り入れることはできなかったけれども。ただしベルクソンには,すでに見たとおり,これとは方向を逆にする勝義の哲学的直観ないし観照がもう一方にはある。

(b) フロム　　自由についてベルクソンと類似した見解を打ち出したフロム[*7]をここで検討する。フロムは,人間は善か悪か,それとともに善・悪とは何かという問いを提起する。その問いには自由が深くかかわる。というのは,フロムは人間は本質的に善,あるいは悪であると答えるのではなく,オリエンテーションの問題とみなすからである。オリエンテーションであれば,すでに何程かの自由の存在が前提されているであろう。自由の根は深い。フロムによると,旧約聖書ではアダムとイヴの神への最初の不従順は腐敗と断罪されてはいず,人間の自己自覚,選ぶ能力,したがって自由への第一歩であるとされている (19f.)。天国では人間はまだ個人として存在していない (20)。

フロムは,三つの最も邪悪で危険な人間のオリエンテーションの形を挙げる。すなわち「死の愛,有害なナルチシズム,共生的・近親相姦的固着」がそれである。三つのオリエンテーションは結合して「衰退のシンドローム」を形づくる。これは生を愛さず,破壊のために破壊し,憎しみのために憎む。その反対は「成長のシンドローム」である。後者は生の愛 (死の愛にたいして),ひとを愛すること (ナルチシズムにたいして),独立 (共生的・近親相姦的固着にたいして) である。ごく少数者のみがこれらのシンドロームのどちらかを十分に発達させる (23)。多くのひとはその混合である。

生の愛は「ビオフィリア (biophilia)」,死の愛は「ネクロフィリア (necrophilia)」と名づけられる。生の愛も死の愛も存在の全的あり方である。

---

7) Ehrich Fromm, The Heart of Man, Its Genesius for Good and Evil, Harper & Row, 1964. (フロムからの引用は,この書の頁を付す。)

(b) フロム

　子供に生の愛を発達させる最も重要な条件は，子供が生を愛する人々とともにあることである。子供時代の温かい愛情溢れる接触である。愛を発達させる条件として自由，すなわち「からの自由」(必要の満たされること，安全，脅かされていないこと) ばかりでなく，「創造し，構成する自由，さまよい，冒険する自由」(52) が必要である。フロムは現代の産業社会がどんなに生を妨害する傾向に満ちているかを強調する。知性化，量化，抽象化，官僚主義，物化がそうしたものである。戦争にはまだ生の防衛の意味があるかもしれないが，原子爆弾には絶対に破壊しかないことを指摘する。

　ナルチシズムは生 (生命) にとって必要である。生き残るために，自分を愛することは不可欠である。また自分の仕事や作品を愛することは，つまりその温和な形においては生を創造的にする。しかし悪性の場合は，「理性や愛と矛盾する」。自分だけがすべてであり，現実と触れず，現実をあるがままにみることができない。近親相姦的絆で最も問題になるのは，母への固着である。保護，無条件的な愛への欲求は基本的なものである。フロムは，フロイトのいう男の子の母への性的欲望よりも，男の子・女の子にかかわらず，それを基本的欲求とみなす。しかしその悪性の固着を「近親相姦的共生」と呼ぶ。それは独立への発達を妨げる。フロムは独立性と自由を重ねるところがある。この近親相姦的共生においては母以外の誰をも愛さない。他の何物にも興味を抱かない。できるなら母の子宮に帰りたい (105)。生まれること，進化すること，成長することと矛盾する。また母は支配的でそれを許さないものでもある。

　フロムはナルチシズムがまた社会的なものに展開することを指摘する。それが集団のサバイバルに寄与するかぎり全面的に否定はされない。しかし個人的に無価値と感じる者がある集団へ帰属していることのみをプライドとするのはやはり病的である。また集団 (民族，人種など) の非現実的な自己イメージをもてば，それを守るため他の集団にたいして攻撃的になる危険がある。

　フロムは，人間は善か悪か，人間は自由か，それとも環境によって決定されているのかという問いを問う。それは本性上どちらなのかという問いと理解されよう。しかしフロムは，人間の本性 (自然) という

考え方をまず吟味する。フロイトのようなひとは，人間の本性を想定する。しかしフロムは，それは性質または実体として考えられるのではないという。すなわちそれは「人間の実存のうちに内在する矛盾」(116) として考えられるべきである。すなわち一方では人間は動物であるが，他の動物と比べて生存という点では不完全である。それゆえ物質的欲求を満たすために手段を必要とし，言葉や道具を発達させる。他方では人間は知性をもつ。他の動物と違って，自分を意識する。過去と未来（死）を意識する。自分の小ささ，無力を意識する。他者を友，敵，よそ者と分別する。「自分を意識する生」(117) である。この自己意識は人間を世界における「よそ者(ストレンジャー)」にする。人間はこの矛盾に答えをみつけなければならない。「退行的答え」と「前進的答え」がある。前者は動物の状態，個人以前の状態に戻ろうとする。後者は，十分に人間になり，この分離を克服しようとする。すでに善とは生を愛すること（成長，創造），悪とは死を愛すること（破壊，攻撃性）と規定された。人間は最初から善あるいは悪だというのではない。退行的，アルカイックなオリエンテーションをとるか，前進的オリエンテーションをとって自分を発達させるかである。フロムによると，衰退のシンドロームを最大に発達させた最も典型的な人物がヒトラーなのである。

　これが人間の自由への答えを与える。通常自由は「選択の自由」と理解される (124)。A あるいは B を選択する自由である。これを想定するのは，人間を行為の責任者にするためである。神が善と悪を選ぶ自由を与えたという宗教的根拠が与えられる。人々は人間は自由を意識すると思う。しかしスピノザのような哲学者は自由を幻想と考える。というのは，人間は欲望を意識するが，その動機に気づいていないだけだというのである。フロムは，一般的に「人間の選択の自由」をいうのは誤りであり，「特別な個人の自由」があるばかりだという。たとえば喫煙が習慣になっているひとに，喫煙することとしないことの選択の自由などない。単に吸わないことに決めたなどといっても駄目である。（それはそうだが，すべての行為が喫煙と同類だろうかという疑問が生じる。中毒からなされるのでない行為も同じように強制的であろうか。）選択の自由は，「ひとがそれを〈もつ〉か〈もたないか〉というような形式的能力」ではなく，「人格の性格構造の機能である」(131)。したが

(b) フロム

ってあるひとは善を選ぶ能力をもたないし，あるひとは悪を選ぶ能力をもたない (ibid.)。両者とも「彼らがそう行為するとおりに行為するように規定されている」(132)。愛し，生産的で独立的な人間が自由な人格であるが，彼には選択の自由はない。最善の人間と最悪の人間は選択の自由をもたない (ibid.)。これが自由の第一の意味である。第二の意味は，通常の対立する二者の間の選択の自由である。多くの人間は中間的である。矛盾する傾向によって引き裂かれている。その場合本当の，つまり隠された動機を自覚することが大切である。すると思い留まることができるかもしれない。行為には段階があるので，最初の小さな一歩を踏み出さないことはできるのかもしれない。最初の段階では彼はまだ自由であるかもしれない。そこでフロムは，ある男性がある女性に惹かれて性的交渉をもとうとする例を出したが，早い時期に本当の動機（隠された虚栄心など）に気づくことが肝心というのである。つまり部屋に行く前に，さらにそれより以前，アルコールをいっしょに飲んでしまうより前なら，情事を避けられたかもしれない。思い止まること・思い止まることができることの心理学は，フロムの説明は簡単で不十分だが，追究すると面白いかもしれない。さて，私たちの選択する能力は人生の実践でたえず変化する。悪い決定をし続けることが長くなればなるほど，「私たちの心は硬くなる」(135)。正しい決定をすることが多ければ，「心は柔らかになる」。人間の行為は彼の人格のうちで作用するたいていは無意識な力に根づく傾向によって引き起こされるので，それがある程度の強さになれば彼を決定する。

　スピノザ，マルクス，フロイトは決定論者とみなされている。スピノザの場合には人間は自分の意識しない原因によって，マルクスにおいては歴史的な法則によって，フロイトにおいては心的傾向（コンプレックス）によって決定されているとされる。しかしフロムによれば，彼らがなぜ本を書いたりするかといえば，決定的要因を解明しているだけでなく，変革しようとしたからである。人間を自由にするためであったと結論する。三人にとって鍵は「自覚」である。ただし彼らは「懐疑論者」であって，完全な自由・解放を信じたわけではない。「彼らの立場は決定論でも，非決定論でもなかった。リアリスティックな，批判的なヒューマニズムの立場であった」(147) と結論する。

悪は人間的現象である。特種的に人間的なもの，「理性，愛，自由」（こちらはしたがって善）から人間以前的なものへの退行である。これが悪である。しかしそれはなお人間的であり，人間でないことではない。したがって悪には程度がある。退行の程度であるから。退行が深くなれば，もはやそれに反した選択などできない。このような事情であれば，自由もまた程度を容れる。

　以上がフロムであるが，人間の自由に関してはベルクソンの自由の把握との類似は明らかであろう。ただし精神分析学の立場からフロムは当然もっぱら人間精神に定位したが，ベルクソンの哲学は生全体を視野に入れるので，当然この部分の突き合わせはない。

　(c) アレント　　アレントの自由論[8]は自由をどこに定位するのか。それは政治や人間の行為の領域である。行為と政治は自由が存在すると仮定しなければ考えることができない。政治の存在理由は自由であり，自由が経験される場は行為である。それなのに哲学の伝統は，自由を内的領域，つまり意志，すなわち内的自由に移し替えて，自由の概念を歪めてしまったと，アレントは主張する。内的自由の体験，つまり人々が外的強制から逃れて自由と感じることは，人々が世界性から自分の内部へ移した派生的なものである。自由，すなわち意識という内面の領域は，自らを自分の力の及ぶところに限定して妨げられないようにすることによって得られた。アレントは，伝統の内的，非政治的自由を，つまり自由であるために公的領域から逃れることを批判する。

　政治にかかわる自由は，意志の現象でないと，アレントはいう。すなわち善と悪をはかりにかけ，一方を選び決断を下す選択の自由ではない。アレントが説くのは，行為に内在する自由である。行為が自由であるのは，一方で動機づけから，他方で可能な結果としての意図された目標からも自由でなければならない。これらは行為の局面を規定する要因であるが，そうした要因を超越しうるかぎりでのみ行為は自

---

8) アーレント『過去と未来の間』（引田隆也，齊藤純一訳，みすず書房，1994年）の第4章「自由論」による。もともと1958年の独立の論文である。権威論の部分は本書第3章Ⅱfですでに扱った。自由論と内容上密接な関係がある。

(c) アレント

由である。それはどういう意味であろうか。行為は将来に実現されるべき目標ないし目的によって導かれている。知性はこの目的が望ましいことをすでに把握している。意志がこの目的を意志する以前に。意志は判断，つまり正しい目的の認識を受け容れ，その実行を命じる。命令する力，行為を指令する力は自由ではなく，意志の問題である。特定の目標を実現するためには，知性による指導と意志による指令を必要とするが，行為は自由であるかぎり，知性の指導や意志の指令のもとにはなく，別のものから生まれる。それは「原理」と呼ばれる。アレントにおいて行為の目標とこの「原理」の区別は基本的である。原理は，行為の経過のなかで行為を鼓舞するが，外部にあるのであって，行為の目標のようなものではなく，普遍的であり（特定の人格や特定の集団に結びつかない），消耗されない。それは，名誉や光栄，モンテスキューが徳と呼んだ平等への愛，傑出や卓越であり，それとともに恐怖や不信や憎悪でもある。原理が現実化される際はつねに一方では自由，他方ではそれに対立するものが世界のうちに現れる。自由であるのは人々が行為するかぎりである。自由であることと行為することは同一の事柄である。ではこの自由はどこで本来考えられるのか。物を造る芸術ではなく，パフォーマンス芸術における「至芸(virtuosity)」，卓越性においてなのである。アレントがそこで念頭におくのは，政治なのである。それは他者の現前を必要とする一種のパフォーマンスである。ギリシャやローマの政治的活動がその典型であった。政治的なものの存在理由は，至芸としての自由が現れうる空間を樹立し，それを存続させることである。この空間は自由が世界性をもつ，リアリティとなる領域である。自由は他者に聞かれる言葉と他者に見られる行為に具体化され，それは記憶されて，人間の歴史となる。このようにアレントは自由を政治の領域に，行為することや他者との交わりに定位する。それはアレントが人間の存在を三つの次元と考えたことによって裏打ちされる。下に生命の領域がある。これは私的領域である。生命の必要に駆り立てられ，生命の維持とその利益の保全を目的とする。自由主義（リベラリズム）は，自由の概念を政治（アレントの意味での）から締め出し，生命の維持を専らとし，それを政治の目標にする。人々の生活の必要が満たされ，それに支配されないことはむろん必要な前提にはなる。

しかしアレントにとってはその上に永続的な事跡（制度や文化物）を造る次元がある。さらに政治的自由の領域がある。これは人間の基本的活動力の区分，すなわち労働・仕事・活動（labor, work, action）に対応する。

　アレントはキリスト教の伝統に逆らい，意志の属性としての自由という考えを廃して，行為の自由，政治的伝統に帰ろうとする。ただしアウグスチヌスには選択の自由という影響の多かった思想の他に，『神の国』には全く異なった自由の概念があると指摘する。アウグスチヌスはローマ的に，自由を人間の内的性向ではなく，世界における自由と考える。アウグスチヌスによると人間は一つの始まりであり，宇宙が出現した後にそのように創造された。始まりが存在するために人間が創られた。人間が一人一人誕生するごとにこの最初の始まりはあらためて確証される。そのつど世界のうちに新しい何かがもたらされる。人間であることと自由であることは同一である。人間はそれ自らが始まりであるゆえに，始めることができる。アレントによる誕生の強調はアウグスチヌスを継承する。ただし地上における人間の生命は有機的自然の一部であり，その諸力によって突き動かされる。したがって人間の生も，歴史的過程も自動的になりがちである。しかし行為によってそれに抗することができる。地球の生命の過程から人類が進化し，自由な行為が生じたのはほとんど奇跡だとアレントはいう。奇跡を実現するのは人々，自由及び行為という二つの天分を受け取っているゆえに，自ら自身のリアリティを樹立できる人々なのである。

　以上はアレントの自由の考え方を大雑把に要約したものである。これをハイデガーの自由の理解を突き合わせよう。ハイデガーも自由を行為において捉える。世界内存在は世界から自らを閉ざす内的自由ではない。表立って意志を言わないが，可能性の投企のところに存在するためという意志（意欲）はあり，投企的な行為に自由は語られる。選択の自由にも言及されている。行為的自由の前提になる「存在の開け」という自由を，内面の自由，自分のうちへの閉じこもりと理解するのは，全くの誤解である。アレントがそんな誤解をしているといっているのではない。ハイデガーについてここでは何も触れてはいない。アレントは「世界内存在」を取り入れていると思われるが，アレントは

そこに三つの活動的生の契機の区分をする。しかしハイデガーは実存のそのような区分をしないので，アレントのように労働と仕事を分化させない。アレントが「原理」と呼んだものを立てることはない。予め導くものとしてそのような原理を謳わない（すでに触れた「現存在が彼の主人〔英雄〕を選択すること」には類似があるかもしれない）。アレントにおいて人間と人間の歴史がどう展開するかは分からないとされるけれども，原理のようなものの導きが想定されている。さて，ハイデガーは自由な者としての現存在が結ばれた相互存在を示唆したけれども，それはアレントの政治的生のようなものだろうか。共同的な「住むこと」には住むことのためのあらゆる配慮・顧慮があろうから，政治的な部分は含まれはする。ただしアレントのような，多数者の登場するパフォーマンス芸術に類した政治のイメージは湧かない。またアレントは世界のうちに事績を打ち立てることについてはハイデガーより積極的にみえる。ハイデガーはむろん歴史におけるその重要性を認める。世界歴史に登場するのはそのような事跡に他ならない。

　では，人間の行為と政治の領域に定位するアレントのこの自由を，ベルクソンの「創造的進化」を視野にいれた自由と並べたときどうなるであろうか。ベルクソンは自由を生命進化に内在的に考えている。アウグスチヌスへの言及にみられたように，アレントは自由を生命やその進化とは切っている。生命の進化の過程のうちにそれが生じたことには言及はしているけれども。

　(d) **シェリング**　　これから「シェリングの自由論」を取り上げる。ただしハイデガーによる『シェリング論』[*9]における自由の解釈を瞥見しようというのである。ベルクソン，フロム，アレントの場合には当然ハイデガーによるこれらの哲学者についての考察はないので，私の側の招来であったのとは異なる。このハイデガーのシェリング論は大変な力作であると誰もが認めると思う。それだけに手強い。さて，ハイデガーよれば，1809年に出版された「シェリングの自由論」は，「シ

---

9) Heidegger, Schelling:Vom Wesen der menschlichen Freiheit, Gesamtausgabe Bd.42. 1936年のフライブルク夏学期講義。（略号 SWMF）

ェリングの最大の業績であると同時に，ドイツ哲学の，それとともに西洋哲学のもっとも深い著作の一つである」(SWMF3)と評価される。シェリングはドイツ観念論の探究という文脈において取り上げられ，さらにはギリシャ哲学の視野が控えている。私としてはそこまで目配りする余裕はない。しかし表題に「人間の自由」が掲げられているこの探究を黙過はできない。ハイデガーはシェリングの思考の道のりを注解のように一つ一つ辿るが[10]，そういうやり方はできないので，大雑把な扱いにはなるが，その「自由」の解明に着手する。

最初にハイデガーは「人間の自由の本質」への問いが意味するものの誤解を正す。自由への問いは通常「自由意志の問題」という名で知られていて，「人間の意志は自由か，不自由か」(SWMF14)議論する。ハイデガーはこれをきっぱり退ける。すなわち，シェリングの論文で

---

10) シェリングの自由論を研究者が分担して注解するユニークな研究書がある(Schelling：Über das Wesen der menschlichen Freiheit, Hg. von Otfried Höffe und Annemarie Pieper, Akademie Verlag, 1995,『注解』と呼び，以下では頁のみを表示することにする)。これを読みながら，ハイデガーの注釈スタイルのシェリング講義を再び辿り直すのは興味深かった。以下，それを参考にする。シェリングの自由論は，自由を悪とからめて論じた。しかも単に道徳的に悪を論じるのではない。もともと悪をもっぱら道徳的に理解するのか(カント)，形而上学的に理解するのか(シェリング)という対立がある。前者なら悪は個々の人間の意志に責任がある。後者なら人間の意志だけに依存しない前提がある。したがってシェリングは人間の自由ばかりでなく，神の自由や弁神論へ赴かなければならない。『注解』は，現代「哲学はテーマとして悪 (das Böse) を失った」(14)と指摘して，「哲学は悪をテーマとして再獲得すべき」(16)と主張する。悪は悪意 (Bosheit)，禍あるいは害悪 (Übel)，苦 (Leid) のような問題をも包摂する。シェリングのような自由論の「拡張は注目すべき思弁的深化をもたらす」(2)けれども，「自由の社会的，政治的概念が直接眼差しに入ってこない」という「代償」(ibid.)を払う。形而上学的なところを重視すれば，当然悪をそのような社会的視野で議論しない。ハイデガーの解釈も形而上学的と呼ばれる路線で動く。

この『注解』もハイデガーの解釈には特別に注意を払う。ハイデガーがシェリングの自由論から七つの自由概念を拾い上げたのを引いている (50f.)。ハイデガーは第六の概念，「善と悪への能力としての自由」を中心として特記する。『注解』はそれに異議を唱えるのではないが，ハイデガーの解釈の問題点をいくつか挙げる。私はそれらを逐一考慮しないが，その二つに注目する。一つは，シェリングが，形而上学の，すなわちドイツ観念論の伝統にしたがって存在-神学になお属するというシェリングの位置づけの当否である。二つめは「自由一般は，したがって善と悪への自由もまた本来の存在の本質として，したがって神の本質として思考されなければならないというハイデガーのテーゼは維持されるのか」(51)というものである。結局ハイデガーの存在論的シェリング解釈を退けて，本来のキリスト教神学的解釈を採ろうとしていることが分かる。(キリスト教神学・哲学にも様々な考え方があるのだろうが，私は全く無知であるけれども。)この種の論争を捌く能力が私にはないが，これからの考察においてこの点は省みるべき問題として念頭におく。

(d) シェリング

は，自由は人間の性質ではなく，逆に「自由が包括的な，貫通する本質であり，そこに置き戻して人間ははじめて人間になる。すなわち人間の本質は自由に基づく」(SWMF15) というのである。問いは，最初から「人間の自由」ではなく，「人間の自由の本質」を問うことを宣言している。ちなみに「本質(Wesen)」とは，そう訳すのはやむをえないが，「存在」に他ならない[*11]。「自由自身が本来の存在一般の，すべての人間的存在を凌駕する規定である。人間は，人間で・あ・るかぎり，存在のこの規定に参与しなければならない。そして人間は自由のこの規定への参与を遂行するかぎりにおいて，人間で・あ・る」(ibid.)。ハイデガーは『存在と時間』では確かにこんな言い方はしなかった。そこからずいぶん遠くへ来たと感じる。おそらくそれはハイデガーのうちにずっと潜在していたのであり，シェリング論ではお里が知れたという印象だ。ここからみれば『存在と時間』の方がある限定された局面を切り取ったということなのかもしれない。さて，私たちは存在への問いのただ中へ連れ込まれたのである。人間の自由への問いを問う場面は設えられた[*12]。

では自由を問う出発点はどこにあるのか。それはシェリングの指摘する「自由の感情の事実」，すなわち「私たちは自由であるという直接経験」(SWMF24) にある。しかし人間は自由の感情を確かにもつのではあるが，それほど露わにはなっていないのだから，シェリングによれ

---

11) この点については第6章aを参照のこと。
12) 第3章Ⅱbの注で私は「形而上学的自由」にたいするバーナード・ウイリアムズの否定的言及を引いた。いわく，「私たちの自由にたいする真の障害は，ジョン・スチュワート・ミルがいったように，形而上学的ではなくて，心理学的，社会的，政治的である」。ハイデガーの自由の思考はこれに該当するのではないか。むろんである。本書の主題は人間論なので，ウイリアムズが重視するような日常的平面を考察することに力を注いでいる。ただし「心理学的，社会的，政治的」という述語で私は人間を捉えない。しかし「形而上学的自由」を切り捨てるつもりは毛頭ない。特定の心的（また身体的など）の特性を具える存在者・人間とまたそのような人間たちの相互関係を考えれば足りるとは，私は最初から全然思っていない。私たちは存在者全体のただ中にいることを抜きにはできない。ただウイリアムズとの付き合いは浅いので，引用文をそれとして受け取ったかぎりで参考にしたばかりである。その思想が形而上学的自由を本当に排除するのかは知らない。しかしシェリング＝ハイデガーの存在論の問いのようなものは拒否しそうではあるが。十分なものとはならないが，シェリング論を省みることは，ハイデガー哲学のあまりに人間論的な印象を捏造しないためにも是非とも必要なのである。

ば，二つの課題が生じる。「1. 自由の概念の限定，2. この概念を〈学的世界観全体〉の閉じた連関に組み入れること」(ibid.) である。もう少し詳しくは，「人間の自由の本質の哲学的探究は，1. この本質を十分に限定しなければならない。そして 2. この概念の場所を体系全体のうちに規定し，すなわち，いかに自由と人間の自由は存在者全体と連関し，存在者全体のうちに接合されるか示されねばならない」(SWMF33) [*13]。自由の事実が何を意味するかさしあたり描く。2. は「体系性」と呼ばれる問題である。体系は存在者全体と個々の事実を包括する。ところで自由の概念は，それが事象性をもつなら，単に体系のうちに場所をもつというばかりでなく，「体系の中心」でなければならない。「体系自身が自由の体系である」(SWMF37)，「自由の体系」，これこそシェリングが戦い取ろうとする当のものである。自由の概念は体系と矛盾するのではないかというのが，シェリングの懸念である。というのは，「自由は基礎づけへの遡行を排除する，それにたいして体系は一貫した基礎づけ連関を要求する」(SWMF37f.) と思われるからである。

　ハイデガーによれば，体系は極めて「近代の本質的特徴」(SWMF50) を表している。すべての哲学は存在者の全体的結構（Gefüge），枠組みを捉えようとするので体系的であっても，体系であるとは限らない。体系形成の条件は，ハイデガーによれば，次のとおりである。1. 数学的なものの先支配。(知りうるものを基礎づけ不要の第一命題から自ら基礎づけること，その始設)。2. このような自己基礎づけは，全存在者の内部

---

13) 「存在者全体 (das Seiende im Ganzen)」というのは，ハイデガーの用語である。シェリングでは「万物 (Alles)」である。ただしハイデガーにとって「万物」は「存在的」であり，「存在者全体」は単に万物ではないであろう。シェリングは人間のような個別的存在者には「Wesen」を用いる。これは「存在者」という訳でよかろう。あるいは個別的存在者は「事物 (Die Dinge)」である。ただし自然の本質 (Wesen)，人間の自由の本質といった場合はもちろんある。また根拠と実存の区別（後述）に先立つ神の存在は Wesen といわれる。実存の根拠である限りの Wesen，実存であるかぎりの Wesen ともいわれる。この場合「存在者」は適切でなかろう。「存在」の方がよいが，そうはいかない。シェリングのテクストに名詞「存在」は出番が少ないが，ある。「根源存在 (Ursein)」もある。「存在」は「非存在」に対立するが，「生命」，「生成」に対立して用いられることもある。たとえば SW401, PB75。SW は，ハイデガーが引用したシェリングの原文の頁 (Sämmtliche Werke, hg. v. K. F. A. Schelling, Bd.7, Stuttgart, 1860)。PB は私の用いる Philosophische Bibliothek 版。なおハイデガーはこのテクストではほとんど「存在 (Sein)」を「Seyn」と書く。私は区別せず，「存在」で通す。シェリングの「y」による表記は，古い形のドイツ語である。

(d) シェリング

に自ら基礎づけをする知りうるものを求める，すなわち自らを知るようなもののみを知られたと認めることによって基礎づけられたものとなる知を求める。知は自らを知るとき，基礎づけられたとみなす。そんな確実性が求められる。3. その要求を充たすものとして，「エ・ゴ・コ・ギ・ト・」が始設される。デカルトがその原理を立てる。4. 思考の確実性が，何が〈存在する〉か，を決定する。5. これまでキリスト教が担った真理と知の秩序が崩れる。とはいえキリスト教が与えた存在者全体の秩序，すなわち神（創造者），被造の世界，人間（世界に属し，神にたいして定められた）が失われたのではない。それが自らを基礎づける知によって新たに我が物にされねばならないとされる。6. それは，人間を自・己・自・身・へ解放することだと解釈される。人間の形成する諸力が事物自身の根本法則となる（SWMF52-55）。

さらに，ハイデガー自身によるより簡潔なそのまとめが理解の助けになるかもしれない。1. 知の尺度としての数学的なものの先支配。2. 真理にたいする確実性の優位としてこの要求の意味での知の自己基礎づけ。事柄にたいする手続き（方法）の優位。3. 〈われ思う〉の自己確実性としての確実性の基礎づけ。4. 存在の本質規定としての思考，ラチオ。5. 知の形成における教会の独占的支配の崩壊，それとともに存在者全体のこれまでのキリスト教の経験を新たな問いと同時的に受け継ぐこと。知と信（intellectus, fides）の間の区別が今や初めて成し遂げられるのではないが，知の自己把握とその可能性と権利が別のものになる。6. 人間の解放が，人間の現存在のあらゆる領域における創造的征服と支配と再編へのそれになる（SWMF57-58）。

体系形成への要求は人間の変化と一つである。そこで体系がカントとドイツ観念論の目標となる。しかしその部分を辿るのは本書では断念せざるをえない。そしてただちにシェリングの体系形成への努力に向かう。さて，問題は，自由の概念と体系は両立できないのではないかということであった。シェリングはそれをすべての存在者の根拠のうちに，神のうちに探し求められるのでないかと考える。「体系思想のうちに〈神学的方向転換〉」（SWMF87）が導入される。これは不思議ではない。「形而上学としてすべての哲学は，次のような本質的な意味において神学である。すなわち存在者全体の概念把握（ロゴス）が存在の根

拠（すなわち根－源（Ur-sache）を問い，この根拠がテオス，神と呼ばれる」（SWMF 87）からである。「神－学（Theo-logie）」は「存在者全体を問う」が，この問いは「存在者そのもの，存在一般の本質への問いなしにはない」，それゆえそれは「存在者であるかぎりの存在者（オン・ヘー・オン）への問い，〈存在論〉である」（SWMF88）。したがって哲学の問いは，「存在－論的」かつ「神－学的」であり，「哲学は存在神学（Ontotheologie）である」（ibid.）。ハイデガーはそれをこう図示する（ibid.）。

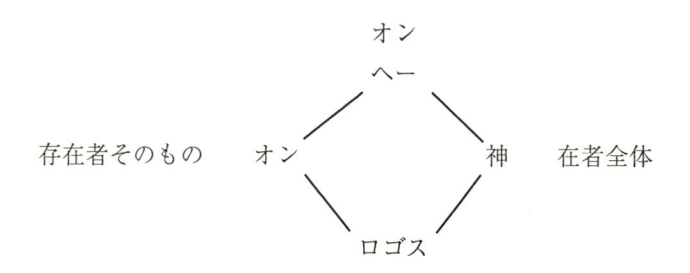

```
                    オン
                    ヘー
存在者そのもの    オン        神    在者全体
                    ロゴス
```

　近代哲学の「存在－神学」的体制はハイデガー研究者にはよく知られているので，解説はしない。人間の自由，つまり個々の人間の自由をシェリングはこの体制のなかで考えようとしていると，ハイデガーは解釈しているのである。すなわち人間の存在者全体への関係を把握することが問題なのである。シェリングは「根拠を必要としない始まりとしての自由と閉じた基礎づけ連関としての体系の相克」（SWMF107）を問題にしている。今や人間の自由への問いが，存在者一般の根拠，神にたいするものとなった。神学的方向づけは何をもたらすのか。エゴ（われ，私）は考えるものであり，自然（広がるもの，したがって思考しないもの）に対立しているということでは，自由の体系はありえない。「シェリングは自然と精神の同一性を示唆する」（SWMF103）。すると唯一可能な体系は「汎神論」ということになるが，それは「不可避的に宿命論」（SWMF108）と通常考えられる。そこでシェリングは存在者の根拠（神）をある特定の仕方で捉える汎神論を構想しようとする。汎神論とは，「すべては神である」と主張する。汎神論には様々な捉え方があるが，「すべての存在者，すべてのものは神のうちにある」，すなわち神のうちにおける「内在」（SWMF117）を説くものとする。「もしも神

(d) シェリング

が一瞬でも力を停止すれば，すべての存在者ともども，明らかに人間は存在することを止める」(SWMF119, SW340, PB12)。この前提のもとで人間の自由は認められなければならない。そこでシェリングはいう，「……全能と対立する人間の自由などありえないので，人間をその自由とともに神的存在そのもののうちに救いとり，人間は神の外にではなく神のうちにあり，彼の活動そのものは神の生命に属するというより他の出口などあろうか (SWMF119f. SW340, PB12)」，と。シェリングはそのような汎神論の可能性を探究する。そして人間の自由，それは「無制約的なもの」であるとともに，「なにか有限なもの」(SWMF122)，すなわち「制約された無制約性」(SWMF123) といった考えに至りつく。ところで汎神論といえば，スピノザ，ないしスピノザ主義であり，それは宿命論と解されるので，シェリングはスピノザと対決する。スピノザ主義の議論に立ち入ることはできないが，それは「神はすべてである」，「神はすべてのものの根拠である」の「ある」の，その同一性の再考となる。正しく理解された汎神論では，「神は人間である。すなわち人間は自由なものとして神のうちにある」(SWMF151) である。これはまだ論証されたとはいえず，解明は続いていく。

　ここでハイデガーは，五つの自由概念を提示する。1. 自ら始めることができることとしての自由。2. 非拘束性としての自由，……からの自由 (消極的自由)。3. —に自己拘束としての自由 (libertas determinationis)，への自由 (積極的自由)。4. 感性を支配することとしての自由 (非本来的自由)。5. 固有の本質法則からの自己規定としての自由 (本来的自由)。自由の形相的概念。これは上述の四つすべての規定を自らのうちに含む (SWMF152f.)。これらは私たちが自由の概念を求めるとき見出すことのできるものであろう。まとまった形での言及はなくても，本書・本章のこれまでの叙述においてもすでに周知のものであろう。1. から 4. の内容は明瞭である。5. は言い換えれば，「自らの根拠における自立性，自己立法としての自己規定」(SWMF145) である。

　ところがこれでは形相的 (形式的) 自由概念でしかない，観念論のそれでしかないとシェリングはいう。つまり「自由はまだ人間の自由へと，つまり人間的自由として現実的であるような自由として規定されていない」(SWMF166)。人間は自由の感情をもつという事実から出発

したはずだが，形式的自由概念によってその感情が汲み取られているようにはみえない。そこで第6の自由概念が登場させられる。これが最も大事な自由概念である。すなわち「人間の自由とは，善と悪への能力である」(SWMF167)，がそれである。ハイデガーは「善と悪」の「と」を強調する。ここからは悪の問題がシェリングの考察の中心に躍り出る。しかしまたここからは理解が格段に険しくなるのを私たちは感じる。シェリングの人間の自由の論文の核には「悪の形而上学」がある(SWMF169)ということだが，その解釈を辿るまえに，ハイデガーは予め結論を先取りして次のように述べる。シェリングが携わるのは自由という個別的問題ではなく，存在への問いであることを理解すれば，「なぜシェリングがその哲学に挫折せざるをえなかったのか，すなわち彼が挫折したような仕方で挫折しなければならなかったのか」(SWMF169)理解される，と[*14]。そして「というのはすべての哲学は挫折する，それが哲学の概念に属する」(ibid.)と続けるのである。その理由をこう説く。「哲学は，その終わりがその始まり，すなわち問いであるものとして成り，それに留まるときには常に完成されている。というのは，哲学は真に問うことに留まることによってのみ，哲学は問いに値するもの(das Frag-würdige)をみえるように強いる。しかし哲学はこの最高の問いに値するものを開示することによって，根本から無と空しいものを克服し乗り越えるものの開明性の遂行に，存在の開明性の遂行に共働する。存在は最も値するものである。というのも存在はあらゆる存在者に先立って，またあらゆる存在者のうちで，そしてあらゆる存在者にたいして最高の位階を主張するものである。存在は，人間がそのうちで呼吸するエーテルであり，そのエーテルなしでは人間は単なる獣に下落し，彼の全行為は単なる飼育に下落する」(SWMF169)。これはハイデガーの姿勢を告げる結語でもあろう。問うことに留まる哲学のたたずまい，これは私の気に入る。ただしここでは存在

---

14) 挫折はネガティブに評価されているどころか，その正反対である。シェリングとニーチェ(権力意志書の挫折)を挙げて，ハイデガーはこういう。「偉大な思想家のこの二度の偉大な挫折は，決して不首尾でも否定的なものでもなく，逆である。それは一つの全く別のものの到来の標であり，一つの新しい始まりを告げる稲妻なのである」(SWMF5)。したがってハイデガーはシェリングが存在－神学に完全に属しているとは解していないと思われる。

(d) シェリング

がなお無と分離されているようだし，存在を位階のように語るのは通俗に流れているように思われるけれども。

「善と悪への自由」，「悪の形而上学」こそが，これから始まるシェリングの論文の「本論」の主題である。それが挫折かどうか判断するにはまずその内容を見届けなければならないので，それを追いかけなければならないのだが，本書の構成は形而上学の領域に深入りを許さないので，以下できるだけ切り詰めた扱いにしたい。

さて，悪を体系のうちに組み込まなければならない。存在者全体の根拠が神であるので，悪は神から由来すると考えなければならない。「悪が現実に存在しているとすれば，神がすべての存在者の根拠なので，〔神の〕根源意志そのもののうちに措定されたのであり，神が悪であると証明されねばならない」(SWMF 172)。しかしこれは認めがたいので，それを人間の側にもってくる。こうである。「神は人間を自由な存在者として創造することによって，神は自分自身を悪の創始者であることから解放し，悪を人間に委ねる」(SWMF 178)。これはかなりポピュラーな見解である。これは「無差別の自由 (libertas indifferentiae)」として知られるものであり，第七の自由概念である (ibid.)。しかしここでは自由は全く消極的な，単なる「未決定性 (Un-entschiedenheit)」，「自分から決して出ていくことのできない完全な無規定性」(ibid.) 以外ではないのである。これは「まだ善への自由でも，悪への自由でもなく，そもそも何かへの自由でなく，何かからの自由でもない」(ibid.)。それゆえシェリング＝ハイデガーはこの概念を却下する。そこで悪，悪への能力を神から発生させることができないとすれば，神に依存しない根源をもつとしなければならないのかもしれない。しかし二元論，「神と並ぶ，第二の力を措定する」(SWMF 179) のは困る。善の原理，悪の原理の二元論は許容できない。神はすべてなのである。

シェリングの自由論はこれをどう解決しようというのか。シェリングの自由論において初めて導入される区別によって，シェリングは問題を解こうとする。それは哲学史においてはかなり有名なものでもあるけれども，神における「根底 (Grund) と実存 (Existenz)」[15] という区

---

15) ハイデガーはシェリングの「実存」について「〈実存〉は存在の仕方というのでは

別である。Grund はもはや概念でなく，神が「そこからでてくるもの（Woher）」（SWMF190）なので，これからは「根底」と訳すことにする。その前に「存在（Seyn）の根源的本質は意欲である」（SWMF189）を思い起こさなければならない。シェリングは「いかに神が自分自身にやってくるのか」，「生として神がいかに自分自身へ到来するかを思考しようとする。したがって生成する神だ！」（SWMF190）。神は「それゆえ〈自分から歩み－出て〉，自らを露わにして〔実存し〕，そして自分自身のもとにある」（SWMF191）。こんな風に自分自身へ到来しようとすることは，意欲と呼ぶことを正当化する。自分の実存の根底としての神はまだ自分自身としての神ではない。「実存する者としての神が絶対的な神，あるいは自分自身としての神，すなわち神－自身である」（ibid.）。根底はシェリングによって「神のうちの自然」（ibid.）とも呼ばれる。

　ここで人間的自由の本質は「善と悪への能力」と捉えられていたことに帰る。したがってこの自由をシェリングは神における実存と根底の区別のなかで改めて考えることになる。神は永遠なものでありながら生成する神である。そして神の生成（自分自身でないが，神の外であるものではないものから自分自身への生成）と被造物の生成を同時的に考える。それゆえ諸事物にも根底と実存の区別がある。諸事物は存在する限り，神のうちにある。諸事物も生成しなければならない。諸事物の生成はどうなっているのか。神は無限であり，諸事物はそうではない。ゆえに「諸事物は実存する神，純粋に彼自身である神から生成しえない」（SWMF203）。神のうちの根底こそ，「事物がそこから生成するもの」（ibid.）である。ところで，シェリングが自覚しているように，こうした思考は，「人間により近づける」（SWMF204）ことを意味する。「擬人観」（ibid.）とみなされても当然である。それはひとまず措いて，この枠組みで人間の自由をどこまで理解することができるかが問題である。

　悪は存在するとすれば，諸事物のなかでも，人間のうちにあるに違いない。そこで「人間存在の可能性」（SWMF206）が問われる。シェリングによれば，人間は創造の最高点・終息点であるとされる（SWMF

なく，特定の観点でみられた存在者自身——実存するものとしての存在者自身をいう」（SWMF187）と説明している。したがって『存在と時間』で定義された存在の仕方である「実存」とは異なる。

(d) シェリング

206, SW368/9, PB40)。そして「創造とは神が自らを開示することである」(SWMF207)。ハイデガーは創造ということで「製作」と考えることを「遠ざける」(ibid.) ように警告する。さて神の実存と根底に帰れば、一方は明るいものであり、他方は暗いものである。神は自ら歩み出る者として、自らを開示する者として「純粋な意志」であり、「精神」(ibid.) である。精神は次のような働きをするとき、悟性 (Verstand) と呼ばれる。すなわち悟性は、「規則の能力であり、法則の能力であり、すなわち異なったものの結合の意味での規則づけ結ぶ統一の能力である。この分節の統一は混乱しているもの、暗いものをくまなく照らす」(ibid.)。これは神が歩み出ること（顕現）、すなわち創造に他ならない。「しかし神が現れ出るには、そこから神が歩み出る神自身でないもの、別の存在者が存在しなければならない。この存在者が人間なのである。神が現れるため人間が存在しなければならない」(ibid.)。というのは「すべての Wesen はその反対のものによって露わにされる」(SWMF207, SW373, PB45) から、つまり神はそこにおいて自分を観ることができるということであろう。「神の最も内的中心から発－現しはするが、そして人間のあり方で精神として存在してはいるが、すべてにおいて神とは分離し、特殊的なものにとどまるようなものが存在しなければならない。この存在者が人間である」(SWMF207)。そこでハイデガーはこう付け加える。「人間なしの神とは何か。絶対的な退屈の形式である。神なしの人間とは何か。無害なものの形態をとった純粋な狂気である」(ibid.)。退屈を創造の原点に置くのは擬人観の表れに他ならないとは思うけれども、案外深いところを突くのかもしれない。神が人間を創造したのは、退屈を免れるため、または寂しかったからだとどこかで聞いたような気がする。狂気については、先ほど「混乱したもの」が出てきたが、神が欠けているのだから、統一のようなものがなくとりとめないからであろう。しかしそれが無害といわれるのは、悪、悪意も欠けているからであろう。さて悪の根源的場所は人間存在の根底であり、それは神の最も内的中心に横たわるに違いないということが明らかにされる。それゆえ悪は消極的なものではない。単に有限性ではない。積極的なものである。物体的なものでなく、精神的なものである。

神は根底と実存によって規定されているが、その二元性に先立つ

「根源存在」としては，「根源根底」，むしろ「無底（Ungrund）」（SWMF 213, SW407, PB78）と呼ばれる。ここで神の生成に戻る。神の根底には「憧憬」があるとシェリングは指摘する（SWMF211）。むろん人間的な理解によって捉えられている。それは「永遠の一者が自ら自身を産もうとして感じる憧憬である」（SWMF211, SW359, PB31）。ところでこの生成は存在に取って代わったということではない。存在は「存在のあり方として生成と把握されねばならない」（SWMF214）。存在を「物在的存在」と考えるから，生成が「存在の反対」と理解されてしまうのである。さて神のうちの根底の本質規定は「憧憬」であるとされた。「憧憬（Sehnsucht）」のうちの「求めること（Sucht）」は，自分から出て自分になろうとして，自分を表現しようとする，それゆえ「一つの意志」（SWMF217）である。この意志・憧憬は悟性を欠き，「自己存在を予感」するだけである（SWMF218）。「憧憬には言葉の可能性が欠けている」（ibid.）。しかし自分を表現しようとする意志は「自分を前に−立てる（sich Vor-stellen, 表現する）」（ibid.）。この根底と実存の間を取り持つ働きは「精神」と呼ばれる。精神とは「存在者を根源的に結合する統一」（SWMF222）なのである。「しかし精神がいまだ最高のものではない。精神は精神に過ぎない，あるいは愛の息である。愛がしかし最高のものである」（SWMF222, SW406, PB77）。「永遠の精神は〈愛によって動かされる〉」（SWMF222）。愛が登場するのは不思議ではない。古来愛は結合するものだからである。神の生成とは神の創造に他ならない。

　創造とはどのようなことか。神の生成とは諸事物の生成である。被造物（自然）の生成は「そのつど規定されたもの，個別的なもの，これ」（SWMF228）を創造する。それは，形而上学で「個体化の原理（principium individuationis）」（ibid.）と呼ばれている。神の言葉は，別のもの，根底に「自分を語り入れる」（SWMF229）。それは「分割と規定」（SWMF229）をもたらす。諸事物は光のうちに現れる。ところが自然の形態が明るいものとなると，「根底はその最も内的中心へと閉じることが深まる」（SWMF231）。この自然の生成の段階を逐一辿らなくてもいいだろう。ともかく「自然の最高の段階においてその創造が静止し，変貌するときに，人間が成立する」（SWMF233）とされる。創造の運動において，「神，創造作用と被造物，諸事物，そのうちに人間も」（SWMF234）が見

て取れる。神は「物を造る白髪の老パパ」ではなく，「その本質には根底が，つまり彼自身ではない，創られない自然が属する，生成する神」(ibid.) なのである。

　被造物の創造の生成を背景にして「善と悪への自由」はどう解明されるのか。まず悪の可能性は「一つの存在者において二つの原理，根底と実存が分離可能」(SWMF254) ということから成立する。すなわち対立する一方が他方に代わりうる，それは単に切り離されるというのではなく，その統一が転倒される。このことは存在者が精神であるときにのみ起こる (ibid.)。「根底の意志が悟性の意志に反して利己的に自分を特殊化するような精神は，被造の精神である」(ibid.)。それは存在者全体の本質的統一に逆らう。それゆえ「人間のみが悪をなしうる」(SWMF255)。すなわち「人間は善でも悪でもありうるような存在者である」(ibid.)。これはなお可能性である。しかし「人間は存在するかぎり，未規定に留まることはできない」(ibid.)。したがって現実性へ移行しなければならない。「悪」は「人間の決定性〔決然性〕(Entschiedenheit)」としてのみある。それは「肯定するか，逆らう (für und gegen) 決断 (Entscheidung)」(ibid.) としてある。それゆえ精神の事柄である。悪は「自分固有の意志を普遍意志を越えて高めること」(ibid.) にある。つまり我欲である。では悪の現実性への移行はどう考えられるのか。「自由は本質的に能力 (Vermögen) でなければならない」(SWMF258) ということに答えが含まれる。能力は性向に支えられるが，傾向，自然にそう向かうということではない。「自己規定，すなわち自由」がある。したがって木材の可燃性と同じではない。木材が可燃であるとは「燃焼への能力」(SWMF257) をもつことではない。自ら燃焼しようとするのではないから。人間の自由は善と悪への能力であるといわれるとき，しようとしてする決断がある。そして「決断は決断としては常に個々の人間のそれである」(SWMF258)。悪はある転倒であるとすでにいわれた。「全体にたいする我欲の専制としての悪は，一般に根底の欲望に基づく。というのも根底は被造のものの内部で，まさに根底に留まるかわりに支配する原理に自らを高めることに努めるかぎりにおいて」(SWMF261) 悪となる。他の被造物においてはこのようなことは生じないので，したがって動物は決して悪ではありえない。悪は有限性その

ものではなく,「我欲の支配に高められた有限性」(SWMF250) なのである。この人間はもちろん現実的な,歴史的存在者である。

　結論へと急ぐ。自由は「純粋な恣意 (Willkür)」ではない。「空虚な偶然」(SWMF266) ではない。しかしむろん強制的な因果関係の系列によって決定されてはならない。「自己規定」でなくてはならない。恣意でも偶然でもないとすると,「必然性」が属さなければならない (ibid.)。どのような意味か。能力としての自由がいわれた。それは「善と悪との能力」である。「もし人間が自由であるとすれば,そして自由が善と悪への能力として人間存在の本質をなすとすれば,個別的人間は自分自身へと原初的に彼の本質の必然性へ決断したときにのみ,自由でありうる」(SWMF268)。いわゆる選択といったものはここにはない。「まずなおも選び,選ぼうとする者は,彼が欲することをまだ本来的に知らない。……本質的知に基づくゆえに選択をもはや必要としないこの決然性は,あらゆる宿命論からははるかに隔たり,それどころか宿命論とは正反対のものだ」(ibid.)。人間は彼の本質の必然性へと原初的に自ら自身に決定したとき,自由なのである。この決断は時間性への決断である。すなわち「時間性が本質的に現成するのは,既在性と将来が現在においてぶつかる瞬間においてであり,人間に彼の本質がこの彼の本質として閃くときであり,そのとき人間は自らをこの者に規定したものとして常に既在したのでなければならなかった者であることを経験する」(ibid.)。この自己規定においては「必然性が自由であり,自由が必然性である」(ibid.)[*16]。『存在と時間』の把握でも変わらない

---

16) それが人間についていわれるなら,現に存在している以上,稀な場合にはこういう自覚が成り立つのであろう。『注解』によれば,神において自己規定が自由＝必然であるとは,次のような意味である。神が現れ出ること,あるいは「自由な行為」は「諸可能性の間の恣意的選択」(『注解』209) ではなく,「〈あれ！〉」,「〈命令〉(fiat)」(ibid.) である。あるいは「無とすべての間の選択である」(210) というのは,神であればふさわしくもあろう。この選択は決断,積極的な行為であり,自由である。この解釈は神の人格性を強く押し出す。シェリングは機械論的に考えない。「創造はしたがって一つあるいは多数の諸現象の〈連続〉の実現として現出するのではなくて,唯一の形態がその阻止から起き上がることとして現出するのであり,その交通力動からの解放として現出する。この解放が自然の変容の全体性へと導く。自由は必然性と交差する。というのは対立させられたものの全体性にかかわるが,対立させられたものは神的原形が土台の阻止から解放されて展開するのだからである」(211)。ここにはハイデガーへの批判が含まれる。Pareyson というひとから示唆を得ているそうであるが,こう主張される。ハイデガーは「彼の存在の問いの根源化と形而上学批判に

のだと思うが，自らがあったところのものでこの瞬間にある，そのような自分の本質を了解＝決断していることは，「決意性(Entschlossenheit)」(SWMF269)である。それは本質的な自己認識であるが，稀なひとのみ，そして稀な場合にのみその洞察に達する。これは空虚な自我の認識ではなく，「決意性」とは，「歴史の真理の開けのうちに内在すること」(ibid.)に他ならない。

　ただしこれは「中間」であるとシェリングはいうのである，すなわち「誰も彼の善の高みに到達していず，彼の悪の深淵(Abgrund)に到達していず，その中間に置かれている……」からである(SWMF269, SW433。ただしPBではこの部分は入っていない)。ここでシェリングが人間の自由を「善と悪への能力である」(SWMF270)といい，「善か悪への能力」であるといわなかったことの意味が判明になる。つまり人間が自由であるのは，どちらかへ決定するのではない。それゆえ通常の道徳的善悪の解釈とは異なる。「現実的な能力としての自由，すなわち善を決然的に好むこととしての自由はそれ自体同時に悪の定立である」(ibid.)。「悪を克服し，抑止するため」(ibid.)でもあるけれども。これは悪の存在についての弁神論を提供するのでもある。なぜなら「神は悪を許容しなければならない」(SWMF277)。というのは，存在者がそもそも存在するかぎり創造が行われていることに他ならないが，そのためには根底がなければならない。「創造は自己顕現(実存)への意志を前提とする。そして同時に，創造が自らとは他のものに自分を表出する，かの別のものを前提する。この別のものが根底，土台である。創

もかかわらず，存在論にとどまっているので」，「最後の段階」，「完成した自由の哲学」が欠けている(213)。「シェリングの自由論は，存在論の克服を結果としてもつ。しかもハイデガーが代表するような反形而上学的存在論のあの根源化された形のそれである」(214)。こちらは明らかに神学ということになる。ハイデガーが考えたのとは違って，「存在と存在者の間の存在論的差異が主分割でない」(ibid.)のである。「自由の作用は〈存在者〉を成立させるのではなく，閉ざされたものを開く，神の貌を世界の形態のうちに啓示する，その際世界に被造物は物在する事物として現れるのでなく，〈神の面影〉として，神的原形の模造として現れる……」(ibid.)。シェリングをめぐる「ハイデガーの存在論」対「シェリングの自由の哲学」という『注解』が提示した構図とその軍配の当否を，シェリング研究者でない私が判定することはできない。ただしどちらがシェリングの思想にそくしているかという解釈としての正しさを争うことはできるだろうが，どちらの方向をよしと考えるかにはもっと根本的な選好が潜むように私には思われる。私の場合は，キリスト教神学的色彩は排除して理解する。

造する者が創造されたものであるためには，根底を働かせることが必要である。絶対者はむろん自分自身に依存しない根底を自分自身となす。それにたいして被造物は根底を決して完全に支配することができない。被造物は根底に当たって砕ける。そして根底から締め出され，その重みに委ねられている」(SWMF277f.)。このように神ではない人間においては根底が克服されないゆえに，その自由は「善と悪への自由」であるのである。

　最初の問いに帰れば，「体系」はどうなったのか。すでに述べられたように，体系とは「自ら自身を知る存在の結構の統一」(SWMF278)である。ハイデガーによれば，シェリングはそれをはっきり見抜いてはいなかったが，「根底と実存の統一という存在結構の始設が，体系としての存在結構を不可能にしている」(SWMF279)。なぜなら体系は知の体系であるが（悟性のうちにのみあるが），それは根底と「逆方向」なので，根底は体系から排除されてしまうからである(SWMF278)。ところで，体系の問いに十分に答えるには，実は神における実存と根底の区別では済まない。なぜなら，こういうことである。「最高の統一は，絶対者の統一である。しかし絶対者の永遠の生成とは，この生成するものの存在が，すべてのものを発現させるような統一として根源的統一が現成するように把握されなければならない。この統一はそれゆえ根底と実存の二者性になお先立つ。それゆえそのような統一はもはや共属するものの統一（同一性）ではなく，共属的なものがそれ自身この根源的統一から発現してくるはずのものである。この統一性は〈絶対的無差別〉(absolute Indifferenz)である」(SWMF279f.)。したがってこの無差別ゆえ絶対者は自分を捉えることも，述語することもできない。「述語づけ不可能性」のみが唯一の述語である (SWMF280)。ハイデガーはこういう。「……すべての存在の本質は有限性である。そして有限的実存者のみが，存在そのもののうちに立ち，存在者を真なるものとして経験する特権と苦悩をもつ」(ibid.)。絶対者の生成は根底と実存の二元がこの無差別[*17]から生成してくるようなものであるが，元来対立ではな

---

17)　最後に絶対的無差別について少し補いたい。「すべての根底に先立ち，すべての実存するものに先立ち，したがってあらゆる二元性に先立つ Wesen がなければならない」，それが「原根底」，むしろ「無底」(SWMF213, SW407, PB78) である。そしてシェリングは愛と

(d) シェリング　　　　　　　　　　　　　　　　267

い。「根源的二者性は，愛の意志が絶対的に優越するものの決然性のうちへと歩み出て，根底を根底であらしめるとき，初めて対立となる」(ibid.)。この対立は「創造する者が，被造的精神の固有性のうちに自らを押し入れ，人間的自由が現実化するとき初めて成立する」(ibid.)。すなわち善と悪の対立が生成する。したがって人間の自由は，シェリングの哲学の中心である。ただし「自由の事実が把握可能になったということではない」(SWMF281)。なぜなら自由の事実は対象的に「把握すること (Be-greifen)」(ibid.) ができるようなものではないからである。すなわち「自由であることは，私たちを存在の遂行のうちに移し入れ

しての無底ということを語る。「愛がしかし最高のものである。愛は根底があった以前に，また実存する者が（分かたれたものとして）あった以前にあったのである。しかしいまだ愛としてあったのではなく——私たちはそれをなんと呼ぶべきであろうか？」(SW406, PB77)。そこでシェリングは「私たちはここで遂に全探究の最高点に出会う」(ibid.) という言葉を放つ。
　大橋良介は『注解』の参加者であり，シェリングの自由論の最後の部分を担当している (12.Der Ungrund und das System〔403-416〕)。大橋はシェリングの上記の言葉を捉え，ハイデガーが「シェリングの論文の重点が，内容上，構造上，序論と最初の四章にある」(SWMF281) と述べるのに対して，ハイデガーの解釈と対決する（『注解』237f.）。すなわち最高点とは無底の箇所を指す。そもそもハイデガーのシェリング論では最後の部分は本当に駆け足であり，分量も僅かである。さて，体系を不可能にしたのは，ハイデガーによれば「根底と実存の統一として存在結構を始設」したことによるが，「根底と実存の統一が〈無底〉として開かれた」(『注解』243) ことによるとする大橋の見解は，説得的に思われる。というのは，ハイデガーは存在-神学としての形而上学の克服を考えるが，無底は「存在者でもなく，最高の存在者の意味での神でもない」(『注解』246) から。そして愛が登場するが，それもなお無底である。シェリングの自由論は「……飛躍であり，存在-神学としての形而上学を破り裂こうとする思考の新しい次元として無底への飛躍である」(『注解』247)。ただし実際シェリングがこの破り裂きを成し遂げたかというと，そうはいえないという評価である (ibid.)。結局大橋は，シェリングの無底の思考の重要さをハイデガーは十分把握していないという批判をしている。また無底は「具体的生経験」(『注解』251) であり，「単にキリスト教的経験」(ibid.) でない。ベーメに近い（『注解』242）ばかりでなく，禅仏教にも近い経験であると指摘する（『注解』236, 251）。シェリングの挫折を無底のところにまでもってくるのは確かに説得的だと思う。神秘思想や禅仏教について私は何も語ることはできないが。ただし無底についてさらに思弁するつもりでないなら，ハイデガーのように述語することもできないものの前で立ち止まるのは有意味な態度であるとは思う。結局ハイデガーの場合，学はもちろん，やがて哲学さえも手放しで肯定的に語らなくなっても，思考と言葉は残る（基本的には思考と言葉は，本書第3章Ⅲaの最後に現れているようなものである）。しかし射程を延ばしてその思考と言葉の可能性を見極めなければ（たとえば「哲学の終わりと思考の課題」1964, ZSDに収録，などを含めて），これ以上踏み込んだ発言をするわけにはいかない。シェリング論はその主題に取り組むのにふさわしいテクストではない。「経験」を押し出す大橋も，経験と思考と言葉との関係を突き詰めることを要求されよう。

るのであって，単なるそれの表―象 (Vor-sellen) に移し入れるのではない」(ibid.) のである。したがって自由の体系といったものは否定される。人間と神を近づけるシェリングの思考は「擬人観」でないのかという疑いにさらされる。確かにそうには違いないが，その批判にたいしてハイデガーはこう答える (その一つを抽出すれば)。「人間とは，人間がますます根源的にまずもって彼自身であれば，彼はまさしく人間に過ぎないのではなく，まずもって彼自身ではないという，そんなあり方で存在するのではないか？」(SWMF284)。「人間が自分自身を超えようとするものにおいて経験される」(ibid.) と。人間の自由の事実が意味するのは，次のとおりである。「人間は物在する観察対象であって，それを私たちが日常の小さな感情で飾り立てるといった者ではなく，人間は存在の深淵と高みをみやって経験され，神性の恐ろしさ，あらゆる被造物の生の不安，すべての被造の創造の悲しさ，悪の悪辣と愛の意志をみやって経験されるのである」(ibid.)。学的体系の否定は，このような陰翳豊かな情景を示す。

　講義の最後はヘルダーリンの詩句で締めくくられる (SWMF285)。
　「……なぜならば，
　こよなく至福なものたちはおのずからにはなにも感ぜず，
　こう言うことが許されるとしたら，
　必ずや神々の名において
　ある他者が心を寄せて感じてなくてはならない。
　この他者を神々は必要とするのだ。……」[*18]

　シェリングの自由論において人間と神 (神々) についてヘルダーリンの詩句と同じ主旨が語られるのを私たちはみた。神々は相変わらず働き，創造し続けているのかもしれない。ハイデガーはここではこの部分の詩句のみを引いているが，しかしそれは現代の人間にはすでに取り戻すべくもない遠い光景ではないのか。ヘルダーリンは人間のあり方をこう歌ったが，人間がこの使命に安んじているとはむろん考えて

---

18) ヘルダーリン「ライン」(手塚富雄・浅井真男訳『ヘルダーリン全集2』191-192頁，1981年，第9版，河出書房新社)。

いない。
　シェリングの自由論の解明をとおして私たちは形而上学と形而上学的人間へ導かれた。しかもまさにそこに収まれなくなった人間存在を目撃した。そこに姿を覗かせたのは紛れもなく，本来の実存的人間に他ならない。なお，七つの自由概念を拾い上げることができたのも，収穫であった。

第6章
現－存在と哲学

　少しばかりシェリング論を探索し，形而上学の高みを垣間見たあとで，出発点の世界内存在に再び戻る。しかしこの道程を踏破してきたゆえに，世界内存在でありながら，そしてそれを逃れるわけでは決してないけれども，世界内存在でありながらそれを超出する境地を浮かびあがらせることができる。それが「現－存在」[*1]の解明である。さらに私は第6章 b で「遊び」の概念を取り上げる。それは「被投的投企」という体制から自由を考える考察の補足であり，さらにそれを少しばかり超え出る境地を示唆するであろう。

　(a) ハイフンの意味　「現存在」ではない「現－存在」とは何を意味するのか。「現－存在」はハイデガーの後期に特徴的な考え方である。ずっと後に成立したものを『存在と時間』に投げ入れるのは詐欺以外の何ものでもないであろう。しかし『存在と時間』にも「現－存在」という表現は多くはないが現れる。そして『存在と時間』には後の「現－存在」に転換されるものが横たわる。本節は挿入された「ハイフン」の意味を改めて追求する。この観点で振り返れば，第1章で析出した現存在の存在構造の諸契機にハイフンを観取できるのである。そしてさらに新たな，ハイデガーの「現－存在」の思考を掘り下げなければならない。

---

　1)　すでに本書第4章Ⅰaのところで人間の世界形成とのからみで「現－存在」への変転が語られ，また「実存」が捉え返されたことは記憶に残っていることであろう（189頁注，202以下参照）。

現存在の現 (Da) は「そこ」という空間性 (SZ132) を表すのでもあるが，それ以前に開示性 (露わにされていること) という意味を表す。現存在は「彼の現である仕方で存在する」(SZ133) といわれる。すなわち「現存在が〈照らされている〉ということは，世界内存在として現存在自身において，つまり他の存在者によってではなく，現存在自身が明るみである」(ibid.) ことを意味する。それゆえ「現存在は自らの開示性である」(ibid.)。現存在の現において一切のものは，もし露わにされるとすれば，露わにされる。つまり露わにされない，暗いままでとどまることもあることになる。それゆえ開示性の各契機は「情態性としての現－存在」(ibid.)，「了解としての現－存在」(ibid.)，言葉も現であるあり方として，頽落も日常的に現である存在仕方として探究される。

　開示性は「〈明け開くこと (Aufschließen)〉・〈明け開かれ (Aufgeschlossenheit)〉」(SZ75) であるので，能動的でも受動的でもない，あるいは能動的でも受動的でもある。(ハイデガーが避けている能動・受動という言葉を仮に用いれば。能動・受動，どちらの場合にも通常作用者がいるので，ハイデガーには好ましくない。) 振り返れば，現存在は存在「にかかわる (um)」，あるいは訳し方によっては「問題にする」，「関心を抱いている」という最初の現存在の性格づけは，すでにハイフンを仄示したのである。物のようにあるとおりに鎮座しているのではない，現存在の「かかわる，へ向かう」存在性格は常にハイフンを含む。了解の場合，投企的な存在のうちに働くので「へ向かう」をしのばせ，能動的・志向的である。それにたいして情態性は，投げ込まれてしまっている自らの存在を見出すので，受動的である。情態性は通常哲学のいう感性の部分にあたる。それゆえ現存在には自分の存在が開示されているばかりではなく，物との最初の出会いも生じる。言葉が「明け開くこと」と「明け開かれ」という分節の働きそのものであることはいうまでもないであろう。すでにこれまでの探究が示したように，現存在は有意義性を切り拓くという仕方で物を用在性において摑んでいたのだが，その物へのかかわりも「現」に他ならない。そしてこのようにして開示して (物にかんしては正確には発見というのだが)，物の方へ出て行ってしまうことを成立させるゆえに，すなわち「頽落」にもハイフンが効いている[*2]。

(a) ハイフンの意味　　　　　　　　　　273

　そして現存在の存在は時間性である。時間性が現存在の構造契機の統合を担うこともすでに明らかにされた。時間性の「脱自（Außer-sich）」(SZ329)にはハイフンが表示されているが、その脱自性が抜け出し、隙間をあけ、こうして明るみを、開かれた場をつくり、明るみのもとでの諸々のかかわりへの分散とその基への元締めを可能にしている。時間性の脱自構造、「……へ（zu…），……へ（auf），……もとに（bei…）」(ibid.)全体が現－存在である。（なぜ現存在は脱自・脱出するのだろうか。その存在が時間性だから。それはそういうものだという以外にはいいようがない。）そして強調されなければならないが、現－存在という存在は決して自らが選んでもたらしたのではない。この存在の根源的受動性はハイデガーの後期では一層鮮明になる。

　さて、開示性は以上でなお十全に把握されてはいない。なぜならこれはなお一般的な構造である。つまり開示性には自己本来性と非自己本来性（頽落）という問題がある。頽落にはそれなりの開示性が属するのである。自己本来性の獲得はすでに論じられた。死の可能性に臨んで有意義性の世界を無に沈ませるところに成立する新たな眺め、それは開示性の浄化とともに生じる。現存在が歴史的世界において自己本来的実存として行為的に生きていく場合、有意義性の世界に戻らねばならないので、自己本来の開示性は消失しないけれども、やや陰におかれる。

　ハイデガーは開示性の自己本来的なあり方を決意性と名づけた。それは先駆的決意性としてそれがあるところのものとなる。この道程はすでに第2章で辿った。さて、それは「根源的真理」(SZ297)と呼ばれ、「閉鎖性」(SZ222)に対立するものとして規定された。したがって決意性（Entschlossenheit）もハイフンを入れて、閉鎖性や覆いを取り去る・脱するという意味を含む（Ent-schlossenheit）。「決意して、現存在は彼自身に彼のそのつどの事実的存在可能において暴露されていて、しかも

　2）　全集版『存在と時間』欄外注（S.77）は、『存在と時間』57頁の、現存在の世界への存在、配慮について（ここではなお「頽落」と性格づけられない）「人間－存在と現－存在がここでは同視されている」と指摘した。「人間」が根源的には「現－存在」から考えられなければならないということであり、また日常的・実践的人間のあり方がまず配慮であることを改めて確認させる。

現存在自身がこの暴露すること（Enthüllen）と暴露されてあること（Ent-hülltheit）である」（SZ307）といわれている。暴露することと暴露されてあることの自同性の成立が要である。決意性は決意した状態であり，決意の契機を含むのではあるが，むしろ閉ざす・開くから捉えられている。それゆえ「決意・決意性」という訳語は「閉鎖」や「覆い」への繋がりを示唆しないので，幸福とはいえない。しかし行為的な世界内存在には決意や決意の状態（両者の違いはすでに触れた）のようなものは確かに存在するし，ドイツ人が日常その意味で理解するので，その訳が間違っているとはいえない。

『形而上学入門』（1935）[*3]にはハイフン入りの決意性（Ent-schlossenheit）がある。「決意性（脱-閉鎖性）は行為することの単なる決定ではない」（EM23）。（逆に決意や決定の意味が含まれることを語ってもいるが。）すなわち「決意性（脱-閉鎖性）の本質は，存在の明るみに対して人間的現存在が曝されていることのうちに（in der Ent-borgenheit）あるのであって，決して〈行動すること〉の力の貯えにあるのではない」（EM23）。ここにもハイフンが挿入されて，隠れを取ることを意味する。ただし取り去る・脱の能動性よりも，その受動態へ重心の移動が明らかに認められる。『存在と時間』には閉鎖や覆いへのハイデガーの言及が確かに見出せるのだから，私が遅く成立したものを『存在と時間』に投げ入れていないのは，明らかであろう。ただし上の引用文全体は，『存在と時間』にそれ自体としては現れない，典型的に後期的な思考である。「人間的現存在」という表現も，やがてもっぱら単に「人間」と語るようになるハイデガーの過渡的表現である。

現存在の開示性は，「現存在の」と語られ，人間論という接近では主としてそれにとどまるのではあるが，底が抜けて別のものに付き纏われる。ハイデガー後期はそこを主題的に捉えようとする。いまや現-存在はまさしくその表記にふさわしい。私は「ヒューマニズムについての手紙」（1946年）[*4]でそれを明らかにしたい。そこではすでに

---

3) Heidegger, Einführung in die Metaphysik, Bd.40（略号 EM）。同じくハイフン入りの「決意性」は，「芸術作品の根源」（最初は1935年の公演）にも現れる。「『存在と時間』において思考された脱-閉鎖性は，主体の決意する行為ではなく，存在者に囚われていることから存在の開明性への現存在の開き（Eröffnung）である」（HW55）。

4) Heidegger, Wegmarken, Bd.9, 1976（略号 W）。

(a) ハイフンの意味　　　275

　ハイフンは現存在の脱自的動性を中心に思考するのではない。第3章で歴史的世界において具体的人間のあり方を主題にしたとき、表立ってはこの脱自的な動性が中心になりはするけれども、人間存在を丸ごと捉えるには、「現－存在」の思考が不可欠だと思う。さもないといわゆる実存主義風の、やたらに行動主義的な人間観をハイデガーに押し付けてしまいかねない。それは私が同意したい類の思考ではないのである。

　ハイデガーは「ヒューマニズムについての手紙」において『存在と時間』における「現存在」と「実存（Existenz）」を再解釈する。それはいわゆるハイデガーの「ケーレ」であり、形而上学、すなわち近代主観主義との訣別を意味する。それはまたそこにおいて思考された人間観との訣別に他ならない。

　ハイデガーは『存在と時間』で「現存在の〈本質〉はその実存にある」（SZ42）と書いたが、そこで「本質（Wesen）」という語をわざわざ引用符に入れたことに改めて注意を促す（W325）。いわく「ここでは現実存在（エクシステンチア）と本質存在（エセンチア）の対立が問題ではない」（ibid.）という。この命題が述べているのは、次のことである。すなわち「人間は〈現〉である、すなわち存在の明るみであるという風に本質現成する（west）、現存在のこの〈存在〉は、そしてこれのみが、脱－存（Ek-sistenz）の根本動向をもつ、つまり存在の真理のうちに脱自的に（ekstatisch）内在的に立つことの動向をもつ。人間の脱自的本質は脱－存に存する、脱－存は形而上学的に思考されたエクシステンチアとは異なるのである」（ibid.）。ハイデガーはここで人間の存在を「脱－存」と再規定したのである。この手紙はヒューマニズムをどう理解するかという問題を中心に考察がおこなわれるが、ハイデガーは人間中心主義という意味でのヒューマニズムを退ける。むろん非人間的言動を擁護するわけではないが。「人間は存在者の主人ではない。人間は存在の牧人である。この〈より少ない〉〔主人ではない〕において人間は何ものをも失うのではなく、人間は存在の真理に達することによって、獲得するのである。人間は牧人の根本的貧しさをうるのであり、その尊厳は存在そのものによってその真理を守ることのうちに呼び入れられてあるということに存する。この呼びかけは現－存在の被投性が由

来する投げ（Wurf）としてやってくる。人間は彼の存在の歴史的本質においてその存在が脱－存として存在の近みに住むことに存する存在者である。人間は存在の隣人である」（W342）。以上で現存在（現－存在）と実存（脱－存）に挿入されたハイフンの意味は明らかにされたとしよう。ハイデガーが人間をどういう方向で考えようとしているのか，もはや人間の首位ではなく存在から存在のうちにという動性が明瞭にされたと思う。またそれは存在史的な動向から規定されている。本書は人間論として存在者論を主眼とするので，これらの点について主題的に詳論したとはいえないが，その思考は本書のこれまでの探究によってすでに親しいものにされていると信じる。

　この節の最後に私は以下を確認する。人間論は，人間という存在者の心身の構造と態度・行為，そして同類の存在者・同朋との関係を探究するだけでは十分でなかった。生・生物を省みたのは視野のある拡大ではあったが，それだけでもまだ足りない。全く別の次元が存在するのである。現－存在として存在に開かれて立ち，そこでおそらく人間を越えたものに触れている。とはいえ世界内存在であるかぎり，ハイデガーが『存在と時間』の死の考察のところで述べたように，「純粋に〈此岸的〉な立場」に留まり，死後の生や不死については立ちいらないという制限を私は堅持する。

　とはいっても，ハイデガーにとって「実存する人間が存在の隠れなさに脱自的に応じること」（「芸術作品の根源」，HW55）が最終的ではなさそうである。神という問題がまだ残されている。神を死後の生や不死との関連でのみ捉えるのは正しくなかろう。ハイデガーの著作から神ないし神々への言及は散見される。先ほど検討したばかりのシェリング論では，人間の自由を論じる連関から神という主題が表立って論じられた。触れなかったが，「ヒューマニズムについての手紙」にも神への言及はある。「芸術作品の根源」でギリシャ神殿を論じるところでは，神殿なのだから，神への言及はある。その区域に当然神は現存する，むしろ現存したのである。そしてニーチェの「神は死んだ」（「ニーチェの言葉〈神は死んだ〉」HW。成立は1943年ごろ。ニーチェにおける存在忘却を論じることが表立つが），またヘルダーリンの「神がやって来ないこと」，「神の欠如」（「Wozu Dichter」HW）を承けて，ハイデガーは私た

ちの近代・現代に神が不在であることを認める。しかしハイデガーは神，神々，神性（それらの区別は問わないとして）への希求を語ることを止めない[*5]。私はむしろこの希求の姿勢に留まること自体の方が本意であるという解釈をしたいぐらいだ[*6]。存在にはなんらかにかかわってしまっているのだから。ちなみにハイデガーは神問題には立ち入らないことを早くから表明していた[*7]。

(b) **超越と遊び**　予告したように（第1章 h「世界観？」），講義『哲学入門』でハイデガーが提出した，哲学，むしろ哲学することと世界観との関係という問いに帰り，その探究のなかで捉え返された世界内存在，歴史的現存在を見届けよう。『存在と時間』の把握を少しばかり超えて豊富にするところがあると思う。世界観を明らかにするには，

---

5) 『哲学への寄与』には「最後の神」という表題の一章がある。神が登場するというより，正確には「最後の神」という名前が告示される。「最も唯一的唯一性」(BP411) をもつとされるが，「〈一一神論〉,〈汎一神論〉,〈無一神論〉」といった規定の外にあるとされる。これでは姿を現しようもない。「最後の神が現れることの準備」や「予感」(ibid.) が語られるのだから，それとしては不在ではある。「単なる不在とは別」(ibid.) であるとはいえ。

6) 「存在がいま一度神 (ein Gott) となることができるのかどうか，存在の真理という本性が人間の本質をより原初的に要求するかどうかという，存在が根源的な問いに値することに対する可能的近所」(Die Zeit des Weltbildes, HB112) を語る。

7) 1921・22年の講義で神問題についてハイデガーは次のように述べる。「私が哲学者として宗教的人間でありうるとしても，私は哲学することにおいて宗教的にふるまうことはない」(Heidegger, Phänomenologische Interpretation zu Aristoteles. Einführung in die phänomenologische Forschung, Gesamtausgabe, Bd.61, S.197)。「哲学は，その根本的な，自らが拠って立つ疑問状態 (Fraglichkeit) において原理的に無一神論的であらねばならない」(ibid.)。これはまだ学的哲学を一途に追究する時期のハイデガーの言葉である。私自身は，哲学のこのような学的志向をすでに抜け出しており，また全く宗教的でないわけではないが，神問題を議論したくないという立場である。神については，実証研究も含めて宗教学的に携わるか，あるいは信仰者として（あるいは信仰者となるべく）特定の神学に携わるかであろう。どちらも私の哲学することにはかかわらない。さらに学的ということに限らないとして，論じたくないというのは，こういう意味である。存在の思考というのはいい。神の思考というのはどうであろう。存在についてと同じに「思考する」という言い方はふさわしくない。態度の違いがあるように思われる。ところで不思議にも，「神」という言葉がある。誰かが神に出会った，またはそんな気配の体験があったゆえに，そのような名前が与えられたに違いない。「神」という語は一般名なのかもしれないが，どこか固有名的である。神には呼格をもって呼びかけることができる。呼びかけるゆえ，一神，多神にかかわらず，人格神というところまでいかなくても，何ほどか人格的であろう。私は確固とした人格神を好まないが，また神に呼びかけることはないけれども，ここまでは許容する。ハイデガーの「存在」は次第に呼応的になるけれども，やはり呼びかけることのできるものではないように思う。

当然「世界」が明らかになっていなければならない。そのためハイデガーはカントの世界概念をかなり詳細に論じた。そこでハイデガーはカントの自然の総体としての世界ではなく、「世間概念」というべきものの方を高く評価した。それについては一度すでに触れた（本書第 1 章 c. h）。理論的認識のところも含めてだが、ハイデガーは思考が直観に差し向けられていること、「人間の認識の有限性」（EP258）を強調し、その見解ゆえにカントに共鳴する。カントによれば、「有限な直観」（EP261）をもつ存在者には何かが与えられなければならない。カントでは「受容性」である。そこには「偶然性」が介在する。「すべての経験は偶然的である、すなわち特定の事実の参入に差し向けられている、すなわち私たちは特定の状況のうちで特定の事物によって触発される」（EP275）。（行為的実存においても常にこのとおりである。）思考は「規定すること」（EP262）である。思考・規定は「自由な行為、自発性」（ibid.）である。ただし思考も有限である。予め与えられたものの規定であるからである。したがってカントにおいて「アプリオリ的－存在的認識はなく、存在論的それのみがある」（EP275）。カントにそくして認識問題の文脈で捉えられているが、その制限を取り払えば、ハイデガーの「被投性」と「投企」にもその性格づけは妥当する。

　さて、現存在の存在体制は世界内存在である。ハイデガーはそれを改めて「超越」（EP306）と呼ぶ。（『存在と時間』でも現存在の存在体制を「超越」と呼ぶことはできる。しかし「超越」を前面に押し出すのは『存在と時間』以後である。この超越は『存在と時間』の方法論的・超越論的超越からはすでに隔たる。）「現存在が超越する」のは、「存在者全体を超出する」（ibid.）ことである。「……この超出によってはじめて現存在は存在者に態度をとり、したがってまた存在者として自らに態度をとりうる、すなわち彼自身、自己でありうる」（ibid.）。超越に属する全体が世界である。「本質的に超越する現存在がそこへ向かって超越するところのものそのもの（Woraufzu）を私たちは世界と呼ぶ」（EP307）。そして「超出が向かっていくところは、現存在そのものがそこに自らを保つところ」（ibid.）である。この超越すること、ないし「世界内存在には存在了解が属する」（ibid.）。それにより世界、すなわち物在者ばかりでなく、多様な存在種「物在、他人の共同存在、自己存在」（EP322）に応じて態度

(b) 超越と遊び　　279

をとることができる。(『存在と時間』でも事柄上変わらないのだが，この講義はこの三肢的分節を好んでいる。)現存在の超越によって世界は「自由の遊動空間」(EP307) という規定がふさわしいであろう。

　ハイデガーは超越を哲学することと結ぶ。「人間的現存在そのものは哲学する。実存することは哲学することである。現存在は超越するゆえに哲学する」(EP214)。超越することは，「実存の根本生起である」(ibid.)。ハイデガーは哲学することを現存在そのものに帰属させるが，存在者にふさわしく，たとえば用在と他の現存在を区別して扱うことができるからといって(私たちは日常不十分にではあっても，その区別は知っている)，哲学するとはいえまい。「哲学することは，超越のうちに本質的になることである」(EP218)，あるいは「哲学することは表明的な (ausdrücklich) 超越することである」(EP354) とハイデガーはいう。つまり超越や存在了解を明示的に，自覚的に解明することが要求される。これは全体のテーマであるが，今はこの指摘だけにとどめる。哲学することと世界観との関係も超越からやがて説明される。

　さて，ここでハイデガーは「遊び (Spiel)」の概念を投入する。実は遊びの概念にはすでに出会っている (本書第 1 章 c「カントの人間知」。ただし文脈上そこでは「演劇」と訳したが[*8]。また本書第 1 章 h「世界観？」で予

---

8)　ドイツ語の「Spiel」は遊びとともに演劇や楽器の演奏を意味する語である。日本語の「遊び」は演劇や演奏をただちには喚起させない。しかしもともとその意味が全然なかったのではない。遊人とは楽器の演奏をする芸人であるし，遊芸は広く芸能をカバーしよう。遊びと歌・踊り・劇は同じ起原なのであろう。『基礎日本語辞典』(森田良行，角川書店，1989年，42・43頁) によれば，「遊ぶ」は，そのものの機能を発揮させない状態におく。発揮すれば「働く」である。したがって「遊ぶ／働く (＝かせる)」の対立になるという。(土地が遊んでいるなど。) それはそのものを活用する立場の「人」対「そのもの」の関係を前提する。「そのもの」が人間である場合は，働かない，無為の状態にあることになる。自主的にその状態に自分をおく場合にも。遊ぶことが積極的行為として進められるとき，好きな行為に打ち興じるになる。「遊ぶ」と「働く」(労働の意味も含め) の対立がある。日々の暮らしは主として労働であるから，それも理解できる。それゆえこの辞典は述べていないけれど，遊びにたいする蔑視と逆に聖なる次元への関連を示唆するように思われる。坊さんの「遊行」のようなものも，真面目な日々の実業にたいしてはぶらぶらすることなのであろう。日本語の「遊ぶ」はネガティブに規定されているようで，以下のハイデガーの形而上学的な「遊び」概念と直接関係はないが，日常性が仕事の世界であるのにたいして，遊びは別物であるという対照はやはりあると思う。
　そのものの機能を発揮させないというのは面白い。人間の場合，動かないとか，寝ていることを意味しているわけではなかろう。私はこんなことを考えた。歩くとき，足を交互に出して前進する。隣室やコンビニに行こうというのである。歩くことは移動の行為である。散

告した。）カントの「実存的世界〔世間〕概念」を究明したとき、ハイデガーは「生の遊び」(EP309) と特徴づけた。「実存的世界概念」とハイデガーが呼ぶのは、むろんカントの「世界」（自然、ないし物在者の総体）の方ではない。ハイデガーいわく、「カントの実存的世界概念はむろん哲学的に決して仕上げられなかったし、問題にされなかった……」、しかし「生の遊び」で「自然」とは全く違ったものを示唆している (EP308)。すなわち人間の歴史的現存在を。「世界は存在体制の全体性である、すなわち自然、歴史的相互存在、固有の自己存在、使用物の全体性であるばかりでなく、他人との共同存在、……のもとにある存在、自己存在において統一的に了解された存在多様の特殊的全体性である。問題はまさにそのような現存在に本質的に定位された全体性なのである」(EP309)。つまり多様な存在者の全体のみを意味しているのではなく（これでは存在的であろう）、現存在の存在了解のうちにおける存在種の多様の全体性をも意味するのである。

　ハイデガーはこれを承けて世界を「生の遊び」と呼び、「超越の根源的遊びとしての世界内存在」(EP311) ということをいう。現存在には遊び性格が属し、世界内存在とは「遊ぶこと」だというのである。では遊びとは何か。遊び・遊ぶことなら私たちは誰でも知っているが。ハイデガーは次のような解明を与える。まず遊びは遊ぶこと、遊びの遂行である。そして遊びは、遊びが遂行される規則の全体である。遊びには規則と遊ぶ者が属する。さらにもっと根源的なものがある。「遊びの喜び (Freude)」がある、すなわち遊ぶことそのもののうちにおける「喜び」がある。ハイデガーは遊ぶことは、「気分のうちにあること、気分づけられてあること」(EP312) と性格づける。それどころか「あらゆる気分には全く広義の遊びが属する」(ibid.) とすらいう。したがって「遊ぶことは 1. 過程の機械的連続ではなく、自由な、すなわち常に規則に結ばれた生起である。2. この際この生起には行為することが本質的なのではなく、遊ぶことにおいて決定的なことは、まさに特殊な状態

歩やリハビリなら、どこかに行くことではなく、歩くこと自身が目的である。それが「ケン・ケン・パー」とか、「チョコレイト」と数えて歩いて止まるなら、これはもう立派に遊びである。歩けなければこの遊びはできないが、歩くことの日常の機能は浮いてしまっている。外に目的も、有用性もない。これがただ楽しい。

(b) 超越と遊び　　281

性格，すなわち特有の自らをそこに見出すこと〔情態性〕である。3. 遊ぶことにおいてはふるまいが本質的なものではないので，規則づけも別の性格である。規則体系があらかじめあるのではない。すなわち規則は遊ぶことのうちではじめて形成される。独自な自由な束縛である。4. 遊びの規則は固定した，どこからか引き出された基準ではなく，遊ぶことのうちで，遊ぶことを通じて変化しうる。遊ぶことは自ら自身にそのつどいわば空間を創り，そのうちで自らを形成しうるのであり，また同時に変形しうるのである」（EP311f.）。これは「根源的な，広い，そしてある形而上学的意味での」（EP312）遊びであるが，事実的現存在はこれを生きているのである。むろん遊んでいることの自覚のもとにおいてではない。「世界」とは「超越が遊ぶ遊びを表す名称である」（ibid.）。「世界内存在は，各事実的現存在が自ら遊び続けられるためには遊び慣れなければならない遊びの，この根源的な遊ぶことである。すなわち彼の実存の持続において現存在が事実的にこれこれしかじかに共に遊ぶように遊び続けることができるためには遊び慣れなければならないようなそれである」（ibid.）。遊びは，「超越を根底において規定する一つの生起の統一への指示」（EP316）を与えている。ハイデガーは遊びをもう一度総括する（ibid.）。「遊ぶことは，自由な形成であって，それがそのつどそれ固有の一致をもつ。遊ぶことにおいてその一致を自らに形成するかぎりで。2. 遊ぶことは自由な形成ではあるが，それとともに束縛である。しかし分離された形態ではなく，遊びつつの形成そのものにそくし，そのうちで形成する自己束縛である。3. 遊ぶことはそれゆえ決して一つの対象へのふるまいではなく，一般に……への単なるふるまいでなく，遊びを遊ぶことは，そして遊ぶことの遊びは同時に根源的なそれ自身において切り離されない生起である。4. この意味での遊ぶことを私たちは世界内存在と名づける，すなわち私たちはさしあたり常に存在者を超える超出としての超越と名づける。世界内存在は常にすでにまず存在者を越えて遊び，囲んで遊んでいる。この遊ぶことにおいて世界内存在はまずもって空間を形成する。しかも現実的な意味においてである。つまりその内部で私たちは存在者に出会う空間を形成する」（ibid.）。ここでは何がいわれたのか。超越としての遊ぶことで観取されたのは，存在者を超出すること＝そこに存在

者が現れる空間を創設することである。現存在の存在者にたいするかかわりはそれによって可能になっている。遊ぶことは生起であるから，とにかく生起するわけである。それ以前に予め定まりのようなものがあるわけではない。それゆえそれは自由であるが，生起は同時に束縛を生じさせるのでもある。遊びの生起は定まりを創るから。ここではそう呼ばれないが，これは間違いなく存在論的差別の生起である。ハイデガーは現存在の存在に生起する，この差別の開けを見据える。

　これは歴史的世界内存在を深い次元で呈示したものに他ならない。『存在と時間』でハイデガーは歴史を現存在の歴史性へ連れ戻したが，現存在が歴史性であるのは，そこに生起（Geschehen）といったものがあるからである。『存在と時間』では生起はまだあまり目立たないが，確かに言及されている。『存在と時間』の歴史と歴史性は事実性の領域として具体的実存の場面ではあるが，存在の，したがって存在者ではない存在のうえに乗っているのは確かである。それが盤石な土台のようなものでなく，生起であるとしても。遊びの概念を打ち出すことは，それをはっきりさせる。「遊びとしての超越は性格ではなく，また人間存在の根本性格にすぎないのではなく，人間は現存在の遊びへと指定されている……，すなわち存在了解の遊びへ指定されている」（EP325）。（性格でないと否定されたのは，存在的な性格・規定である。）現存在の遊ぶことと「世界の遊び性格」（EP322）は一つなのだ。

　ハイデガーは遊びにおける「喜び」を指摘した（Ep311f.）。この次元の遊び・遊ぶこととしての世界内存在に「喜び」を帰属させることができたのは大変重要と思う。『存在と時間』は世界内存在の根本気分を「重荷性格」や「不安」に見たけれども，自覚の始まりとしてそれは重要であるが（それは存在者と存在の存在論的差別の始まりである），『存在と時間』はまだこの遊びの次元を際立てていないということなのではないのか。なぜなら不安のようなものは存在の明けにおいて現存在を孤独にするけれども，遊びは存在のなかでの遊動だからである。遊びであるかぎり，喜びがあるであろう。世の中は苦しいこと，腹立たしいことに満ちていて，それゆえ暗い気分に満たされていると抗議することによって，それは否定されない。

　以上の考察を背景にして，いよいよ世界観の問題を手掛けることが

(b) 超越と遊び

できる。ハイデガーは「世界観は，世界内存在，すなわち超越の必然的成分である」(EP323)と話を進める。これはたった今携わった次元から再び事実的実存の場面に定位することを意味する。まずカントの事実的人間は「彼自身の目的」(EP324)であるということを，「自分〔彼の〕ため(Umwillen-seiner)」と自身の術語に置き換え，自己ないし自己性を特筆する。すでにお馴染みであるが，「現存在は彼の存在において彼の存在そのものにかかわる存在者」(EP326)である。それは何を意味するだろうか。存在者を超越することは超出であり，それは自分から歩み出ることであるが（ここでは指摘されないが，明らかに時間的契機が隠されている），こうして存在者を全体として超出し，存在者が露わにされる。ところが「存在者を超越することは，すなわち世界内存在は存在者に犠牲にされるということである」(ibid.)とハイデガーはいうのである。「……現存在は歩み出たので，現存在は存在者とその威力に犠牲にされる，しかもたとえば自然暴力の威力にばかりでなく，現存在が存在者として自分自身のうちに匿う諸力や暴力に犠牲にされる」(ibid.)。(珍しい言及だが，後者の自分自身のうちの諸力や暴力の指摘は大切だと思う。)「彼自身のために基づく現存在が存在者の，また自分自身の犠牲に付されていることは，存在者との対決や存在者へのふるまいを可能にする。そのような対決的ふるまいからのみ，そのつど事実的な屈伏，あるいは勝利の可能性が発現する。また危険のなさ，安心や安全，順調，存在者の支配といった諸可能性が発現する」(ibid.)。存在者を超出して自己となることは，このあり方を免れない。

この「犠牲に付されていること」は，「世界内存在そのものの内的規定」(EP328)に他ならない。ハイデガーは改めてそれを，「現存在は存在者へと投げられていること」(EP329)，すなわち「被投性」と同視する。現存在が投げられて存在者に曝され，犠牲に付されていることにおいて，また存在者へのふるまいが育つ。現存在が投げられている，被投性であるとは何を意味するのか。ハイデガーは，「現存在は身体，肉体，生である」，しかも「現存在は超越する存在者として，自然であり，自然によりくまなく支配され，気分づけられている」(EP328)というのである。『存在と時間』でも現存在が被投性であることは変わらないが，はるかに被投性が重みを増しているばかりでなく，自然がこん

な形で言及されることはなかった。むろん投企の契機が消失するのではないが。さて「現存在は情態的に気分づけられたものとして自由になんらかに態度をとる……」(EP330)、これは投企のあり方である。けれども被投性を完全に克服することはできない。被投性であるとは、現存在は実存しつつ常に「存在しえないこと」に曝されているということである。それは「現存在自身に横たわる無性の本質体制」であり、「現存在の有限性」(EP332) を表す。

また被投性には、世界内存在である現存在が「分散 (Zerstreuung)」(EP333) せねばならず (諸々の存在者に曝され、それらとのかかわりを余儀なくされるから)、「個別化 (Vereinzelung)」(EP335) が属する。現存在は個別者である。こうした存在のあり方から帰結することは何だろうか。「遊びへと措定されたこと、すなわち世界内存在は、それ自身において支え－無さ (Halt-losigkeit) である、すなわち現存在の実存することは自らに支え (Halt) を作らなければならない」(EP337)。それが世界観の形成を促す。しかし世界観はどこから形成されてくるのだろうか。世界観は「自然的で、すべての現存在に等しい」(EP345) ということはない。なぜなら「めいめいの現存在は事実的に実存する者として必然的に状況に個別化されているのだから、自然的世界観といったものは事実的に存在しない」(ibid.)。世界観は「歴史的」(ibid.) である。ただし個別的といっても、「グループ、部族、種族、国民、民族に共通な世界観が実存しないということはない」(ibid.)。この事実的実存が世界観を要求する。

支えがないゆえに支えを求めるところに世界観は形成される。しかし支えはどのようなものであろうか。二つの行き方が注目されよう。一つは「神話」、あるいは「神話的思考」(EP358) である。プリミティブな民族について民俗学的知識がそれを教えてくれる。「すべての神話において存在は、威力、力強さ以外を意味しない」(ibid.)。プリミティブな民族はそれを様々な名で捉えた (マナ、ワカンダ、オレンダ、マントウ)。彼らはそれに脅かされている。そこで「世界観の第一の根本可能性は、支えが存在者における救助 (Bergung) の性格をもつというように特徴づけられる」(EP359f.) とハイデガーは喝破する。それゆえ自らを支えることは、「存在者の威力のまえに庇護を求める下属」(EP360) という形

をとる。これは宗教の起源になる。これはおよそ学（科学）ではない。「神話的現存在には学に属する世界内存在のあり方は可能でない」（EP362）から。確かに学はそのような庇護を求める態度から出てこない。

　支え－無さが露わにされるとき、もう一つ別の可能性がある。「支えること（Haltung）としての支えは、まずもって自らを支えること自身に支えをもつ」（EP366）というものである。今度は支えることに力点が移動する。「救助と支えることは世界内存在の世界内存在の根本的あり方である。」（EP367）。（支え－無さに曝されるとき、荒っぽい言い方をすれば、それへの態度は他力か自力かという対立になるのであろう。）第二の可能性では、現存在の自ら支えることが優位となる。したがって聖なる神話的威力は消える。威力への明確な態度は、現存在の対決的姿勢となる。「すでに露わにされた存在者は、今や支えることによって規定された、すなわち対決的な現存在のうちで、また彼によって克服され、支配され、操作されうるものとして示される」（EP368）。そして存在者の生成の経過に秩序が見出される。そんな形で世界内存在に自らを支えることは、存在者がそのようなものになることと一つの同じことであるから、「真理の変化」が生じたことを意味し、ここで「研究、学」（EP369）の可能性が開ける。それは「実存形式の変化」である。「支えることは現存在に存在者のうちにおけるある優位を与える、人間自身が重要になる。すべてが人間に関係づけられ、彼の目論みや狙いから説明される」（EP373）。ハイデガーはこれが人間学主義に陥ることを警告する。支えることとしての世界観は学より根源的である。学より以前である。それはじかに現存在に属している。

　ところでいよいよ哲学と世界観の関係を詰めなければならない。ハイデガーは「哲学は支えることとしての世界観であり、際立った意味でのそれである」（EP379）というのである。また世界観は哲学の「〈前提〉」（EP381）ともいう。すなわち括弧つきの「前提」とは、哲学は世界観において準備されるという意味であろう。世界観が存在者と向き合うことのうちで「存在問題が目覚める」（EP382）、これが哲学の前提となる。この世界観の評価は、『現象学の根本問題』のそれとはかなり違ってずっと積極的なのは明白である。

では支えることとしての世界観自身はどのようなものか。ハイデガーは世界観形成を自らの課題としていないので，ハイデガーの世界観といったものを提供することはできない。世界観は存在者全体に対処する。被投的な，特殊的な歴史的世界に棹さし，それを総括して一つの形態に連れ込む。それが世界観である。生を導くため，誰もが世界観のようなものを必要としても，「世界観の形成はさしあたり，またずっと学と学者の仕事である」(EP345)とハイデガーは認める。そこで一節を当てて，ディルタイの世界観概念を解明する。「ディルタイはいう，〈世界観の構造には，生の経験の世界像への内的関係が常に含まれている。そこから絶えず生の理想が引き出される関係が含まれる〉(Wilhelm Dilthey, Das Wesen der Philosophie. In: Die Kultur der Gegenwart 1, 4, 1907, S.38. (Gesammmelte Schriften V, S.380)。世界像，生の経験，生の理想，そして現実，価値，意志規定がディルタイによれば〈様々な地方〉と様々な性格の世界観の構成要素である」(EP347)。ディルタイはこれらを統一的把握にもたらそうとするが，根本要素が「十分に根源的に規定されていない」ばかりか，また「ときに客観的，ときに主観的」(EP348)であるとハイデガーは批判する。また構成要素を心理学へ，「その根底に遡ることのできない意識の事実」(EP349)へ連れ戻すことを批判する。ハイデガーにとって世界観は意識の事実にではなく，現存在の世界内存在に基づかなければならないのである。ディルタイには公平ではないかもしれないが，その思想に立ち入るつもりはない。ただその世界観概念を一瞥することによって，欠如していた世界観の内実を幾分か観取できれば満足なのである。

『哲学入門』を参照したのは，歴史的世界内存在の解明を豊かにするためであった。といってもそれはその細部を充実するという仕方で豊かにするのではない。何を得たであろうか。現存在の被投性が『存在と時間』においてより重要性を増したのは，『存在と時間』の投企の優位と見えたものをあるべきバランスに戻したのだと思う。人間は自分ではどうしようもないことに包囲されていると考える方が人間の生の真実であろう。人間は存在者から超越するが，それが力を与えもするが，存在者に曝され，犠牲にされる。支え－無さから支えを求めるところに世界観が形成されるが，それは岐路である。存在者の威力に屈

(b) 超越と遊び

し,「救い」を求める方向は, 宗教の源にもなる。これも一つの世界観である。そうではなく, 支えることに, 自分自身を支えることの方向に世界観を形成するのは, 哲学の前提となる。露わにされた存在者を探究し, 支配するという方向を推進すれば, 学を成立させるであろう。これはもはや哲学ではない。また支えることとしての世界観を形成することが哲学の任務ではない。世界観の成り立ちを解き明かし(ハイデガーはそれを行った), その根源の場所に留まることこそが肝要なのだ。事実的世界内存在には常になんらかに世界観は生じるのであり, それゆえ哲学することの必然性をもハイデガーは説いた。

しかし結局哲学することとしてなにが残ったのだろうか。「哲学が学でもなく, 世界観の形成でもなく, 倫理学の告知でもないとすれば, 哲学は何を果たし, 何を行うのか。哲学は哲学する」(EP379f.)とハイデガーは答える。例によってこれは多くのひとを苦笑させるか, あるいは立腹させるだろうが, 大真面目な答えを与えたのである。「哲学は哲学することにおいてのみ理解される」(EP380)とすれば, その意味は？「哲学することは表明的な超越することである」(EP354)に帰る(表明的・表明性は強調される)。ということは表明性に先立つものがある, つまり遊びである。世界内存在, すなわち存在と存在者の差別の開けという生起, この生起＝遊びを現存在はともに遊ぶ。「遊び, 遊ぶこと」の存在性格はすでに見たとおりである。ただひたすら遊びという境地において実存することが本来の実存と考えられている。事実的な被投的投企として現存在が自らを形づくるとともに歴史を形づくっていくこと, その形成と破壊も, 築かれたものに目を奪われずにその根源を糺せばこの遊びを遊ぶこと以外ではない。生真面目な日常性の実存はそれを自覚しないとしても。しかし『存在と時間』のハイデガーは「先駆的決意性」でもって情況に身を挺する行為的実存を説いたのではなかったのか。そのとおりである。それは世界内存在の表街道ですらある。ただこの行為的実存は, 世界における行為であるかぎり, 存在者のもとにあること, したがって頽落を引きこまざるをえない。遊びはそれらすべてからふわりと浮いて*ただ存在する*だけである。それゆえ遊びには*存在論的優位*がいわれうるのだと私は考える。ただしこのような境地を専らとする生き方は聖そして／あるいは賤[*9]であり,

9）聖そして（「あるいは」ではない）賤の典型として良寛が挙げられよう。遊ぶひとでもあった。伝承や伝記には子供たちと手毬をつく良寛さんの姿がある。（水上勉『良寛』中公文庫，1989年，荒井魏『良寛の四季』岩波現代文庫，2008年）水上勉の『良寛』は名作である。少年時代に禅寺に入った経験と良寛への敬慕が作品を潤す。作家は詩と信仰を中心に肉親とのかかわりをからめて良寛の生き方に迫ろうとするが，社会派の目を失わず，被差別部落の人々に差別的戒名をつける寺院のあり方や底辺の人々の経済状況をも直視する。さて，良寛は優しいばかりのひとではなかった。住職でない，乞食の生涯は，徳川為政下の寺院・僧侶の堕落にたいする痛烈な批判であった。詩には激しい罵倒の表現もみえる。38歳で故郷に帰る良寛。寺院の組織のなかで生きることも，耕すこともできない己を見据えたのだ。「乞食托鉢で，痩身ひとつを何とか生きのびさせ，歌と詩づくり三昧で日をおくろう。詩文に己の境涯を彫りこんで果てよう，そういう覚悟だ」（同書164）と，水上はその心中を解き明かす。結局文芸者・良寛が立っている。後年の和歌を水上は「澄んでいる」（同書158頁）と形容する。『ふるさと』の一首（同書158頁）。

　　黒坂山のふもとに宿りて
　　あしびきの黒坂山の木の間より洩りくる月の影のさやけさ

さらに最晩年には，表現者であろうとする努力さえ消えて，歌をつくることも，生も死も，独座することも，ただ自然のままの悟境に到達したとされる。
　私には隠者への憧れが昔からある。富岡多恵子『隠者はめぐる』（岩波書店，2009年7月）は，私の淡い夢想を粉砕する。隠者とは，ひとびとが生産にかかわって暮らしている世界からの脱出，離脱をするひとのことだが，なかには学問や歌など様々な仕事を後世に遺した者がいる。それらの学問や歌がまだ職業とはなっていない時代に，世を遁れて生産体制にかかわらない彼らがどうやって食べていたのかを，下世話な疑問と興味から詮索したと，富岡はいう。帯の文言はこうである。「脱俗・孤高の精神の台所。橘曙覧，契沖，鴨長明，西行，本居宣長……さまざまな〈なりわい〉と性の形を見つめ，文学が生成する場所，無用者の回廊をめぐる」。彼らは生活能力がないので，親族・知人に生活手段を仰がざるをえず（契沖は僧侶，宣長は医者だったので，一応生活できた），芸（歌・文・書）を後援者に売り，したがって貧乏で（宣長は貧乏ではなかった。西行も），人間関係はややこしく悩ましかった。富岡多恵子の鋭い洞察力と切れの良い文章にいつも感嘆するばかりである。その筆は，彼らの折々の歌と世相を読み解きながら，隠者たちを生活の場で生身の姿で立ち現れさせる。富岡は次のように現代の危険を指摘する。隠者たちの芸を買ったのがすべて個人であったのに，現代ではそれらすべてが商品という観点で作られ，売られ，買われるので，かつては「社会外に居る者」がもっていたかもしれない反社会性や批評性が不要になってしまっている。これは作家として自分自身がそのただ中にいる者の発言であり，決して高みから批判しているのではない。富岡多恵子は文学の力，豊かさ，潔さで私を圧倒する作家だ。
　哲学者も同じく人間の存在を根源的に考えようとする。考えるために少々の閑却を必要とする。しかし多くは単に隠者・無用者にはなりきれない。ハイデガーも当然そうである。人間のあり方を見据え，共同的に生きていく基本的原理・形を追求したいと思っているからである。その意味で体制志向を全く放棄してしまうことはできない。実際に現実に乗り出して行動するかは別として。原理的なところと状況依存的なところは区別される。原理的なものを提示して批判者であることは十分ありうる。私自身前書『ハイデガーと倫理学』では，一応倫理学書なので（倫理学という学を志向することはない），「人間の居所」（ヘルダーリン解釈をとおして）を考えるという意味でその志向を離れていない。ただそれが「根源的倫理学」であるゆえに，いわゆる現実の体制の考察といったものから隔たるけれども。今回の人間の存在の探究はその部分は前提しているので，表面からはみえにくくなっているかもしれない。しかし捨ててはいない。かといって文学の「反社会性」を羨望することもやめられない（相

(b) 超越と遊び　　　　　　　　　　　　　289

あくまで共同社会の周辺に留まる。働いて自分と家族を養い，慎ましく生きるのが常道に違いない。聖・賤の生を専らとしない者は，表街道の顔の下にそれを常にそっと忍ばせて生きることのみができよう。それゆえ私はそれを未来のユートピアの情景として描いてはいない。

　ただこの聖・賤の境地は実存的である。ここからは存在の探究の途が開かれるであろう。その営みは哲学と呼ばれるであろう。哲学することが表明的であれば，そこへ進まなければならない。しかし私は今はこの実存的な境地を歴史的世界内存在の真相として確保することに踏み留まる。人間の存在に哲学することの可能性を認めることに吝かではないが，人間論を課題とする本書が，これ以上主題的な探究として哲学に踏み込むことはできない*10。むろん世界や世界内存在などの構造の分析が哲学に属する考察であることはいうまでもない。なお遊びの概念も簡単な扱いになったが，哲学的に由緒ある概念なので，展開すれば面白くないはずがない。しかし人間論の枠内ではこれ以上の探究は断念せざるをえない。

変わらず社会的発言はところどころに挿む）。最後にヘルダーリンについて一言述べたい。ヘルダーリンは実生活では生活能力などないひとだったろう。しかし日本的隠者詩人ではなかった。若い日の革命への熱い思いの名残を秘めて人類の行く末を思考し歌う。ハイデガーが傾倒するだけに，最高度の詩人でありながら最高に哲学的である稀有な詩人であった。
　10）　ハイデガーの基本的な「哲学」の把握は次のようである。
　ハイデガー自身は哲学を「世界観」とも「学問（Wissenschaft）」とも規定せず，「思考」あるいは「知（Wissen）」と規定する。すなわち「哲学は直接には無用だが，それにもかかわらず事物の本質の支配的知である」（Heidegger, Grundfragen der Philosophie. Ausgewählte ›Probleme‹ der ›Logik‹, Gesamtausgabe 45, Freiburger Vorlesung Wintersemester 1937/38, S.3）と述べる。真理論でもあるこの講義は，支配的知である哲学をあるいはまた「存在そのものの真理を問うこと」（S.6）と規定している。私は本書では最後の場面を「遊び」においたので，知（これは生きられたものである）の契機を軽視したように見えるかもしれないが，そのつもりはない。思考や真理の問題を追究するとすれば，『存在と時間』に中心をおいた考察『ハイデガーの真理論』（法政大学出版局，1999年）の続きとしてより後期の局面をこの講義や『哲学への寄与』に基づいて取り上げることになろう。そこでは人間の本質が共に問われているとはいえ，存在の歴史の視野で論じられるので，存在者論であろうとした本書の試みを超える。

エピローグ

　最後に宮沢賢治の有名な詩の一部と別役実の童話を引き合いに出したい。宮沢賢治の詩は，岩手という辺境の土地の，地を這うような貧しい生活のなかに生まれ（彼の生家は貧しくはなかった），そしてその土地の言葉の響きを強く残しながら，解放的な宇宙的感覚に満ちている。別役は，民話が村の話であるのに，童話は街の話であるといって，意識的に異化を持ち込んで，土着的にならないような情景を描く。様々な雑物を積み込まれていないゆえに子供が何か普遍的な存在であるように，童話というものは夾雑物を除いて，単純で普遍的なものでなければならないのだ。

　宮沢賢治の「春と修羅」の序詩が私はとても好きだと書いて，その部分を引用したことがあった[1]。再びそれを掲げる。

　　　　序
　わたくしという現象は
　仮定された有機交流電燈の
　ひとつの青い照明です
　（あらゆる透明な幽霊の複合体）
　風景やみんなといっしょに
　せはしくせはしく明滅しながら
　いかにもたしかにともりつづける
　因果交流電燈の

---

1)　岡田紀子『ニーチェ私論』法政大学出版局，68頁以下。

ひとつの青い照明です

（ひかりはたもち　その電燈は失はれ）

（『校本・宮沢賢治全集』第二巻，筑摩書房，昭和48年，5頁）

　生の流動においていたるところに生じる因果系列の交差点，結び目に物々はたえず成り，消えるのであろう。無数の結び目に物々は生じても，多くは鈍く，照明と呼べるようなものではない。「わたくし」ないし「魂」は，火打石を強く打ち付けたとき火花が生じるように，出来する。物々と照明するものの区別は，強く断絶的に，あるいは弱く連続的に捉えることもできよう。

　しかし「わたくし」，魂をこのように生の出来事と考えるのではなく，別の起源をもつものであり，生のうちに外から到来したと考えることもできよう（何者かの意図によるのか，偶然かは問わないとして）。ただし生といっても，ここに示されたのは，すでに浄化された生の情景であり，平均的日常性のそれではない。別役実に「かんがるうのかわめくり」という童話がある[*2]。それはごく短いお話であり，語り口も見事な楽しい作品なので，そのまま載せる。まだ読んだことのない方のために，あるいはもう一度味わっていただくために。童話といっても子供が読むには難しすぎるであろう。

かんがるうのかわめくり

　かんがるうのかわをめくると，なかにはかんがるうのたましいがあります。もちろん，さいしょはだれも，そんなことはしりませんでした。
　あるあさ，たなかさんがめをさまして，ふと，「かんがるうのかわをめくると，なにがあるんだろう」とかんがえたのが，はじまりで，よせばいいのにわざわざとなりのかわかみさんに，きいてみたのが，うんのつきで，またそのかわかみさんが，「かんがるうのかわなんかめくったって，なにもありゃしないさ」と，けんもほろろにこたえたのが，けいそつで，それをこみみにはさんだ，とおりがかりのよしださんが，「かんがるうのかわをめくれば，かんがるうがでてくるにきまっているじゃないか」と，くってかかったのが，もののはずみで，もうそのあとは，かけつけてきた，すずきさんやら，こばやしさんやら，しみずさんやら，たけださんやら，はせがわさんやら，おおさわさんやら，よってたかってののしりあって，とうとうまちじゅうおおさわぎになってしまいました。
　そこでみっかめに，となりまちのべんごしのきたむらさんがやってきて，ちゅうさい

---

2)　別役実『星の街のものがたり』三一書房，1977年。

することになりました。きたむらさんは，けらいの，ひげのはえたしりつたんていをひとりつれて，のりこんでくると，まちのちゅうおうひろばのまんなかにおかれたみかんばこのうえに，ゆっくりたちあがりました。

「みなさん，こんにちは。となりまちのべんごしのきたむらです。わたしはこのさわぎを，おさめるようたのまれて，やってきました。もんだいはきわめて，かんたんです。しりつたんていにしらべさせましたところ，かんがるうのかわをめくると，なにがあるかについて，いけんはふたつにわかれていることがわかりました。なにもでてこないというせつと，かんがるうがでてくるというせつです。これは，なかみはなんでもないのだが，かんがるうというかわがそれをつつみこんでいるからかんがるうなのだといういけんと，かわはなんでもないのだが，かんがるうというなかみをつつみこんでいるからかんがるうなのだといういけんの，たいりつである，ということができます。

つまり，かわがかんがるうなのか，なかみがかんがるうなのか，ということです。そこで，わたしのいけんをもうしあげます。これは，しつれいながら，りょうほうともまちがいです。かわもかんがるうではありませんし，なかみもかんがるうではないのです。では，かんがるうとはなにか。かんがるうではないかわと，かんがるうではないなかみとが，それぞれ，つつみ，つつまれているすがたが，かんがるうなのです。かんたんにいえば，かわとなかみのであいが，かんがるうです。おわかりでしょうね。これでもんだいは，かいけつしました。このもんだいで，これいじょうあらそうのは，やめにしましょう」

まちのちゅうおうひろばは，いっしゅん，しんとしました。それからざわめきがおこって，それがしだいにおおきくなって，やがてののしりあいがはじまって，とうとうつかみあいになって，まえよりも，もっとひどいさわぎがはじまりました。

「どうしたんだろうね」

べんごしのきたむらさんが，けらいのひげのはえたしりつたんていにきいて，しりつたんていがおおいそぎでしらべて，

「わかりました。いけんがみっつになったのです。かわがかんがるうであるといういけんと，なかみがかんがるうであるといういけんと，かわとなかみのであいがかんがるうであるといういけんです。まちじゅうのひとびとが，みっつのいけんにわかれて，いいあらそっているんですよ」

それからいっしゅうかんたって，こんどはべつのまちの，おかだはかせが，ちゅうさいにやってきました。

「みなさん，おしずかに。わたしは，はかせです。なんでもしっております。ですから，わたしのはなしを，しんようしてください。あらそうことはないのです。つまり，みなさんのいっておられる，みっつのいけんは，みっつともただしいのです。いいですか。かわもかんがるうでしす，なかみもかんがるうなのです。ですからとうぜん，そのであいも，かんがるうでないはずがありません。わかりましたね。もうさわぎはやめましょう」

しかし，おかだはかせも，さわぎをしずめることにはしっぱいしました。こんどはいけんがよっつになって，さわぎはますますおおきくなっただけでした。

さわぎを，さいごにしずめたのは，さいしょに，ぎもんをもったたなかさんでした。たなかさんが，あるひ，まちのちゅうおうひろばにかんがるうをいっぴきつれてきて，そのかわを，ちょっとめくってみたのです。

なかからは，あおじろいふうせんのようなかんがるうのたましいがでてきて，だまりこくったひとびとのあたまのうえを，ゆっくりそらのほうへ，のぼって，ゆきました。

これは非常に哲学的な作品である。私は別役の詩的な思考力にいつも新鮮な驚きを感じる。個体を造っているものは何かということは，哲学の根本的な論争問題であるが，一方は諸規定の集まり（かわ）以外の何物でもないと主張する。他方は実質的基体（なかみ）がまずなければならないという。二つの対立的な個体把握を捉えて絶妙だ。しかし魂はそのようなものではなかった。「あおじろいふうせんのようなかんがるうのたましい」が，哲学的な議論にふける人々を見下すように空へ昇っていく。それは自分がやってきた故郷へ帰るのであろう。「わたくし」，魂の出自についての想念は，根本的に異なったものでありうる。生（物質的自然をその背後においてよい）のただなかに生成するものなのか，外来のものと考えるのかは……。照明の生じるそのとき，即どこからか魂が降臨するというかたちで両者を結びつけることはできるけれども，異質性がなくなるわけではない。私は本書では「現存在」から，その基盤である生，生命をも顧みるという道を辿った。それが課題であった。それは実践的な，あるいは倫理的な要求からである。それゆえ青白い風船のような魂の出自を追求することはなかった。そのような方向へ踏み込むことはしなかった。しかしそのような予感を，予感であるかぎりで，排除するつもりはない。ひょっとしてそれを「現−存在」と繋ぐ道はありうるのであろう。しかし私は「私」の資格でそれを語り出すことはできない。またそれはおそらく私の道ではないであろう。

あ と が き

　なぜか人間に生まれて哲学といったものに携わることになった者が常に新たに立ち戻って考えなければならない課題，人間論とはそのようなものであろう。それは全くありふれていながら，途方もなく困難な問題に満ち満ちている。私は本書で，長年携わったハイデガーの哲学から一つの人間論を切り出すことを試みた。それは一つの実存的・実存論的考察である。私たちの日常的存在仕方の分析，そこにそれを突き破る実存の境地，さらには動物や生物としての人間の議論までを私は駆け抜けた。バーナード・ウイリアムズは，「いやしくも何事かをなそうとするなら，私たちはみな，正しくなしうるより以上のことをなさねばならない」＊と述べた。この言葉を本書のために借用させていただこう。私の場合，気づけば日暮れも近いので刈り取りを急ごう，今のうちに言えることは言っておこうということから，年齢がかなりの程度で果敢さの源になったのだと思う。出来映はともかく一応形をとったので，ここにご覧にいれる。この『ハイデガー研究』を無事に送り出すことができて率直に嬉しい。結構たゆまず執筆を続け，楽しい苦しさ・苦しい楽しさを味わいつつ，仕事を完遂できたのは幸運以外の何ものでもないのである。

　知泉書館の小山光夫氏には大変お世話になった。ますます厳しさを増す出版事情のなかで再び著書の出版をお引き受けいただいて心より感謝申し上げる。

　＊ Bernard Williams, Shame and Necessity, University of California Press, 1993・2008, Preface x

2010年5月

岡　田　紀　子

索　引
（ハイデガー，現存在，人間を除く）

ア　行

愛〔する〕　178, 244f., 262, 267
　　死の——　244, 246
　　生の——　244, 246
アウグスチヌス　102, 105, 123, 135, 250f.
明るみ・明るさ　78f., 273
赤ん坊　108, 112　→ 子供
悪　248, 252, 258f., 261, 263
明け開くこと・明け開き　272
遊び〔遊ぶ〕　48f., 136, 204, 271, 277, 279-282, 284, 287-289
　　生の——　48
あの時には（damals）　77f., 126
アメリカ　222-225
アリストテレス　11, 162, 200
アレント　121, 160-163, 248-251
生き終え〔わ〕る　56, 204
遺産　85, 206, 211
意志〔する〕　114f., 133, 144, 147, 248-250, 262f.
　　——の自由　252
石　189-191
意識　230f., 234-237, 239f., 242, 246, 248
　　——状態　230-232
　　——しない　247
偉大さ　150
遺伝　206f., 211
遺伝子　211-213, 219f.
　　——操作　217-220
稲垣良典　114f.
今　73, 77-81, 127
　　——は—まだ—ない　78, 81
　　——は—もはや—ない　78, 81
　　——連続　80, 84, 134
井伏鱒二　43f.
今時間　74f., 77, 79f., 83f., 89, 126-129, 237
今西錦司　213-215
意味　72, 74, 96, 136
意欲　260
威力　87, 283-285

因果〔性，連関，論〕　31f., 120, 124f., 129-133, 264, 292
隠者　288
ウイリアムズ　67, 131f., 253, 295
内井惣七　207f.
内田百閒　45
美しさ（人間の美）　209f., 223-225
運動性　234
運命　85-87, 93, 138-140, 228
　　——論者　86
　　共同——（Geshick）　87, 138f.
永世・永死　67
エゴ　255f.
エポック　95, 100f.
演劇　24　→ 遊び
老い　114　→ 老化
大橋良介　267
おしゃべり　37, 171,
恐れ　45
お告げ（予言）　130f.
おばあちゃん　112f.
終わり　55, 59f., 83, 109
　　——への存在　55
オリエンテーション　244, 246

カ　行

開示〔性，する〕　22, 36f., 42f., 51, 68, 164, 170, 228, 261, 272f.
　　自己本来的——　69
解釈　42f., 103, 122f., 164, 243
科学〔研究〕科学技術・科学者　48, 95, 166, 174, 216, 220-222, 285
各自〔性，的〕　16-18, 85, 137
学・学問　47f., 96, 277, 285f., 287, 289　→ 科学
過去　81, 88, 96, 148, 237f., 240, 242　→ 既在
家政　162
語り・語ること　37f., 64, 68, 71, 164f., 170, 173
過渡　202

索引

可能性　　20f., 39-41, 55, 57f., 60-62, 72f., 76, 85, 120, 122, 129, 133f.
　　死の——　　55, 59-62, 85
可能存在　　39, 41, 57, 60f.
神（神々，神様，—的）　　13, 94, 131f., 136, 177-179, 189, 218, 255-257, 259-264, 268, 276f.
　　人格——　　10, 277
　　生成する——　　260, 262
　　——の自由　　252
　　神性　　11, 13, 268
神谷美恵子　　117
彼の—ため，彼自身の—ため　　17, 27, 283
カロッサ　　158f.
関心　　20, 31, 33f., 53f., 70, 72, 82, 109, 134, 149, 173
　　——構造　　20f., 33, 53f., 70, 72, 74, 90, 106
　　自己——　　32f., 60
感覚　　30, 45
観照　　242, 244
感情　　44f., 238
　　存在の——　　52
環境　　90, 187, 197-199, 214
　　——世界　　89, 187, 191
カント　　6, 11, 23-28, 278, 280, 283
記憶　　76, 80, 237f., 240, 242f.
機械　　94, 152, 192f.
器官（オルガン）　　193f.
聞く〔こと〕　　64-66, 170f., 176
記号　　12
既在〔性〕　　73f., 76, 85, 87, 122, 149f., 180, 243
　　既在的—現前化的将来　　73, 85
犠牲にされる　　283, 286
基礎づけ　　254f.
規定（使命）　　134, 150f., 278
君　　41, 137, 168
　　——たち　　168, 170
木村資生　　211, 213, 220
気分〔づけられる〕　　22, 36, 43-45, 151, 174, 199, 280, 284
共感　　45, 240
客観〔的〕　　82
キリスト教〔的〕　　62, 178, 189, 250, 225
　　ユダヤ・——　　10
ギリシャ〔的，人〕　　10f., 41, 67, 132, 148f., 156, 162, 166, 183, 249
キルケゴール　　135f., 218
究極目的性　　30, 34, 38, 40, 42, 87, 124
驚愕　　203f.
狂気　　10, 132, 261
共同運命　　87, 138f., 140　→ 共同生起
共同幻想　　142f.
共同存在〔的〕　　7, 32-38, 57f., 59f., 63, 66, 69, 78, 80, 85, 107, 116, 119, 136f., 139, 141, 152, 157, 191
近代　　254
緊張　　241-243
空間〔性，的〕　　7, 31, 91, 241, 249, 272, 281f.
　　遊動——　　62, 202, 228, 272
偶然〔性〕（Kontingenz, Zufall）　　39, 88f., 115f., 118-121, 130, 138, 140, 211, 278
九鬼周造　　120f., 138
黒田亘　　125
クチンスキー　　222f.
形而上学〔的〕　　6, 24-26, 167, 183, 204, 218, 252f., 255, 267, 269, 275
　　現存在〔そのもの〕の——　　6, 26
芸術・芸術作品　　153, 156, 181, 249
形成　　216f., 281
　　——と破壊　　287
　　人間の——　　216f.
系図　　90, 107
ゲオルゲ　　241
ゲシュテル　　183
決意〔する〕　　68, 73, 85, 133f., 146, 232, 274
決意性（Entschlossenheit）　　67-69, 71, 85, 89, 134, 139, 146f., 170, 228, 265, 273f.
　　決意性（Ent-schlossenheit）　　273f.
　　先駆的——　　63, 67-73, 85, 87, 134, 287
決然性（Entschiedenheit）　　146f.
決断　　145f., 151, 177, 263, 264
決定論　　230f., 247
現　　40, 106, 228, 272, 275
権威　　157, 160-163
　　——主義〔的〕　　160-162
現在　　73, 80f., 237, 242
現前化〔する〕　　73-76, 79f., 126
　　予期的—保持的——　　76f., 80f., 125
　　非予期的—忘却的——　　76
　　反現前化　　88
現—存在　　5, 16, 51, 180, 182, 187f., 200, 202f., 271, 273-275, 294

索　引

現存在的証言　63
言表　164, 166
原理　249, 251
行為　12, 29f., 39, 62, 66f., 87, 114f., 120, 124-126, 129, 131, 151, 173, 215f., 219, 229-231, 246-250
好奇心　37
公共〔性，的〕　36, 78-80
工作人　11f.
公正　116
行動　237f., 240, 242f.
答え・答えること（Antworten）　151, 174
国家　121, 141, 144, 152f., 168-170
孤独　189
言葉〔的〕　13, 43, 112, 121f., 125, 144, 153, 164-168, 170, 174f., 177, 179f., 183, 200f., 231, 241, 243, 262, 267, 272
　　ダンス――　196
子供　108, 111f., 174, 186f., 214, 217, 245, 291
個別〔者，性〕　7, 16, 146, 284
　　個別化　53f., 71, 145, 284
コミュニケーション　35, 71, 112, 137f., 170f., 176, 195
孤立〔化〕　7f.
　　母語　121
顧慮　32-34, 42, 60, 117f., 137, 157
　　飛び入って，〈関心〉を取り去る――　34, 118, 169
　　前に飛び〔模範を示す〕－解放する　――　34, 157
根拠　65, 72, 74, 83, 90, 96, 256, 259
　　――存在　66
根底　259-263, 265-267
　　――と実存　259-262, 266
　　実存と――　260f.

サ　行

支え〔る〕　284-287
　　――無さ　284-286
挫折　258
サルトル　232f.
詩・詩作　155, 175f.
　　詩人　177, 180
死　7, 19, 26, 53-63, 69, 83, 85, 87, 108
　　――への自由　61f., 228
　　――への先駆　57, 63, 69, 72

　　――への存在　55-57, 59, 61, 63
　　――後の生　58, 276
死者　60
自死・自殺　62
　　不死　58, 216, 276
　　死ぬ〔こと〕　56f., 62, 198
　　　　生き終わ〔え〕る　56, 198, 204
　　　　死すべき者〔たち〕　58, 62, 141, 179
シェーラー　9-13, 190
シェリング　115, 251-268
　　「シェリングの自由論」　251f., 253, 259, 268f.
弛緩　236, 239, 243
此岸〔的〕　58, 276
時間〔的〕　46, 55, 62f., 72, 76-81, 104, 127f., 151, 177, 232, 237f.
　　根源的――　74, 77, 80
　　語り出された――　126
時間性　17, 46, 21f., 54f., 57, 72-77, 83, 85, 87, 90, 101, 106, 109f., 125, 175, 243, 264, 273
　　根源的――　74, 80
　　非自己本来的――　75, 122, 180
自己〔性〕　16-18, 27, 32f., 51, 64-66, 70-72, 82, 84, 135f., 148, 168, 170-174, 193, 230f., 278, 283
　　――意識　10, 13, 17, 213
　　――再生　171
　　――自身　42, 255
　　――実現　116, 136
　　――喪失　17, 33, 53, 76, 149
　　――認識　42, 69, 265
　　――忘却　149
　　――保存　17, 171
　　――自立性　71
　　身体的――　171
　　精神的――　171
　　非――　172f.
思考　175, 180, 182, 231, 255, 267, 277f., 289
神の――　277
仕事　33, 125, 138, 158, 250f.　→ 労働
自己本来〔性，的〕　4, 17, 21f., 38, 42, 51, 53, 57, 63, 66-69, 71, 73f., 129, 156, 273
　　――的自己　37, 51, 134
　　――的存在　67
事実〔性，的〕　7f., 28, 41, 44, 51, 66, 83, 85, 89, 96, 106f., 109, 137, 141, 283
　　ただの――　44

索　引

シャクルトン　141f.
四者連 (Geviert)　156
事象 (la realité)　235f., 241
種　206, 213f., 218f.
習慣　114f., 246
習得　111
主観〔的〕　20, 25, 71, 82
縮小　150
主人〔英雄〕を選択する　87, 134, 136, 151
受動態　274
瞬間　238, 264f.　→瞬視
瞬視〔的〕　73, 87, 110　→瞬間
　　先駆的－反復的――　110
使用　29, 32, 34, 192
状況　68f., 70, 73, 90, 110
持続　232-234, 237f., 241f.
時代　87, 100f.
実現〔される〕　61f., 124, 127, 249
　　自己――　116, 136
実践〔的〕　30, 54, 125, 237, 242
自然〔的〕　7, 11, 28, 76, 78, 93, 98, 111, 136, 148, 199f., 220, 256, 262, 280, 283
　　――史　128, 147
　　物理的――　191
　　物質的――　190, 234
　　――主義〔的〕　11
　　神のうちの――　260
　　創られない――　263
実存〔する〕　4-6, 8, 15f., 18, 22f., 25, 38, 51, 58, 64, 82-85., 93f., 99, 108f., 111, 129, 136f., 173, 199, 202, 206, 246, 251, 275, 282
　　――の忠実　136
　　脱―存 (Ek-sistenz)　275
　　実存者　7, 72, 89, 93, 106
　　　　個別的――　70
　　　　歴史的――　4, 22
実存的・実存論的　5, 8, 18, 28, 41, 67f., 71, 82-84, 150, 282, 289
自伝　102
指導者　141f., 162
柴谷篤弘　220-222
自発〔性, 的〕　135, 160, 230, 239, 278
生涯　54, 81f., 87, 89, 101, 107, 119, 127, 243
除去　197
衝動〔的〕　12, 193, 197
情態性　36, 39, 43, 52, 59, 90, 164, 186f., 272, 281
慫慂 (Gelassenheit)　62

将来〔的〕(到来, 到来－させる)　72-75, 80, 87, 96, 150, 180, 183
　　既在的－現前化的――　73, 85, 103, 110
自由〔な〕　5, 7f., 13, 35, 40-42, 53, 61-63, 68, 87, 117, 132f., 134, 174, 177, 206, 219, 227-231, 236-242, 244-259, 264-267, 271, 281f.
　　――の感情の事実　253, 257
　　――の事実　253, 267f.
　　――の体系　268
　　死への――　61
　　選択〔する, の〕――　134, 227f., 230f., 240, 246, 248-250
　　実践的――　241
　　神の――　252
　　無差別の――　40, 42, 259
　　五つの自由概念　257
信〔仰〕　106, 135, 255
進化・進化論　12, 81, 185, 199, 206-215, 237, 239, 243, 251
創造的――　233, 244, 251
神学　255f., 265
神話　284f.
身体　7, 30, 44f., 90f., 125, 146, 171, 219
伸張 (Erstreckung)　83f., 93, 109, 123, 127, 243
真理　19, 37, 154-156, 285, 289
　　根源的――　273
　　存在の――　275f.
過ぎ去る　80f., 96, 109
救い　287
須原一秀　62
スピノザ　11, 246f., 257
スポーツ　119
する―ため　29f., 30, 34, 38
世阿弥　225
聖　287-289
性・性別・生殖　7, 27, 90f., 107, 209
　　性淘汰　209
生起　84, 88, 90, 93, 95f., 109, 127, 140, 146-149, 174f., 200, 280-282, 287
　　共同――　87, 139
製作　32, 34, 240, 261
生成　84, 111f., 114, 148-150, 262f., 266
　　諸事物の――　260
政治〔的〕　161f., 221, 248f., 251
精神　13, 30, 100, 146, 261-263
　　客観的――　98, 100

―――科学　　97f., 100
生存闘争　　206, 208
成長　　111
生・生命・生物　　13, 28, 54, 56, 60, 89, 100, 108f., 111, 120, 104, 111, 185-190, 206f., 230, 232-235, 242-245, 249-251, 276, 286
　　―――の哲学　　97, 185f.
　　―――の連関　　83f., 87-89, 92, 97, 99, 103, 123f., 126
　　―――の躍動　　215, 234, 238f., 244
　　歴史的―――　　97
　　生物学〔者〕　　56, 198, 244
世界　　11f., 20, 24, 27f., 31, 33, 38, 42, 51-53, 64, 69, 78, 83, 85, 96, 122, 125, 130, 154-156, 177, 182, 187, 189, 201-203, 241, 255, 278, 281, 287
　　―――知（世間知）　　23
　　―――の所有　　189
　　環境―――　　12, 89, 187f., 191
　　無世界性　　190
世界観　　46-49, 218, 277, 282-287, 289
世界形成〔的〕　　153, 188-190, 198-201, 204
世界内存在　　5, 20f., 24, 26f., 31, 33, 39, 42f., 45f., 49, 52f., 64, 68, 70, 85, 91, 93, 95, 99, 108, 125, 164f., 181, 271, 276, 278, 280, 282, 286
世界貧困　　187, 189f., 192, 198
責任〔をとる〕　　13, 67, 133, 151, 174, 219
接近可能性　　190f.
世間　　23f.　→世界
世代　　87, 140, 239
絶対者　　266
　　―――の統一　　266
　　絶対的無差別　　266
説得　　161
責め〔ある，あること〕　　65-67, 73, 141
賤　　287-289
先駆　　72, 75, 228
　　―――的決意性　　63, 71, 87, 147, 273
全体〔性〕　　29, 51, 53-57, 63, 67, 74, 186, 193, 201
選択〔する〕　　63-65, 126, 134, 206f., 227, 230, 247
善と悪　　244, 248, 258, 267
　　―――への能力　　258, 260, 263, 265
　　―――への自由　　252, 259, 263, 266
　　よい・わるい　　12
想起　　26, 103, 108f., 181

添う・背く（An-und Abkehr）　　44, 52, 146, 187
相続〔された〕　　85, 87, 107　→伝承
創造　　236, 250, 260-265, 268
　　―――的進化　　233, 251
その時には（dann）　　77f., 126, 129
存在〔する〕　　15f., 18, 44, 64, 70, 95, 133, 137, 146, 149, 175, 180, 182f., 202, 204, 243, 254, 256, 258, 260, 262, 268, 276, 282, 287
　　一切の―――するもの　　67
　　可能―――　　57
　　―――忘却　　182f.
　　―――の明るみ　　16, 71, 171, 182, 274
　　―――の明け・開け　　182f., 250
　　―――の家　　180
　　―――の開明性　　110, 258, 274, 277, 279
　　―――の学　　47
　　―――の感情　　52
　　―――の深淵　　268
　　―――の真理　　275
　　―――の問い　　19, 253
　　―――の歴史　　95, 182f., 289
存在可能　　41, 53, 60f., 78, 85, 89, 110, 124, 182, 228
存在仕方　　6, 17, 186
存在者　　6, 15, 25, 27, 42, 48, 77, 95, 175, 191, 201f., 204, 258, 279f., 283
　　―――全体　　26, 175, 254-256, 259, 286
　　―――の開明性　　197, 198
　　―――の学　　47
　　―――のもとにある　　28, 37f., 63, 90, 287
存在者論　　5, 26, 276, 289
存在神学　　256, 267
存在的・存在論的　　28, 53
『存在と時間』　　3f., 6, 8, 15, 22, 26, 35, 46, 54, 62f., 68, 72, 76, 138, 147, 156, 164, 168, 185f., 253, 271, 274, 282
存在論　　8, 22, 47, 51, 253, 256f.
　　基礎的―――　　6

タ　行

ダーウィン　　12, 206-213
　　ダーウィニズム　　198, 210f.
退屈　　189, 261
体系　　254-266
体験　　84, 98-101, 128
　　―――の連続性　　84

大地　　153-156
態度をとること　　194, 198, 200
代理可能〔性，な〕　　59, 118f.
代理不可能〔性，な〕　　55, 59, 118
頽落　　21, 33, 37f., 42, 51, 53, 63, 71, 76, 110, 118, 272, 287
対話　　171, 175-178
高村智恵子　　91f.
多田富雄　　171-173
立川昭二　　115
誰　　16, 27, 36, 59, 168
脱自〔性，的なもの〕　　74, 78-80, 82, 273, 275
他人　　20-22, 30, 32-36, 42, 51, 59, 66, 79, 85, 110, 116, 118, 124, 137, 139, 182, 216-220, 224
　他者　　249, 268
魂　　146, 292-294
誕生　　54, 83, 85, 89, 91, 106-108, 119, 216f., 238, 250
　――以前　　216f., 238
　――と死の〈間〉　　83f., 108f.
知　　30, 39, 44, 47, 147, 221, 255, 289
知性　　234f., 239-241, 249
地平〔的〕　　78, 82, 96, 110, 181
　生の――　　96
中立〔性，的〕　　6-8, 27
超越〔する〕　　26, 49, 277-281, 283, 286f.
超越論的　　31, 82, 156
直観　　235, 243, 278
超人　　13
沈黙　　64, 68, 71, 171
ついて（über）　　167f.
月並み　　150, 180
罪　　67　→ 責め
ディドロ　　86
ディルタイ　　11, 83, 92, 97-105, 126, 128, 135, 140, 186, 286
DNA　　172, 211
デカルト　　10f., 52, 255
適応　　198
出来事〔性〕　　81, 88f., 120, 126, 129
適所〔性〕　　30f.
哲学〔する〕　　24, 27, 42, 47f., 58, 141, 145, 204, 235, 255-258, 277, 279, 285, 287, 289
　――者　　288
伝記　　104
伝承（Überlieferung）　　87　→ 相続され

た
伝達　　164
伝統〔伝承〕　　150-153, 163, 183f.
問い・問う〔こと〕　　165, 167, 173f., 258
　問いに値するもの　　258
投企〔する〕　　5, 8, 16, 20, 26, 38, 40f., 46, 55f., 75, 114, 123f., 129, 201f., 227f., 284, 286
同意　　219f.
憧憬　　262
道具　　13, 29-34, 111, 154, 192, 235, 240
洞窟の比喩　　19f.
透視〔性，的〕　　35, 42, 69f.
動物〔性〕　　6, 10f., 46, 94, 152, 167, 171, 185, 187, 189-194, 196f., 198f., 204f., 208f., 234, 263
童話　　291f.
時計　　79, 94, 127f.
として　　122f., 134, 191, 197f., 200f.
トマス　　11, 114f.
富岡多恵子　　288
とらわれ性（Benommenheit）　　194, 196-198, 200

ナ　行

内時間性（Innerzeitigkeit）　　76f., 79, 127
内世界的（innerweltlich）　　33, 40, 77, 79, 92
永野敬　　210f.
何　　16, 18, 27
ナルチシズム　　244f.
日本・日本語・日本人　　112, 145, 170, 184, 225
人称　　137, 168, 170, 173, 177
　一人称　　7, 71, 108, 112, 137f., 171, 218f.
　――複数　　138, 169
　二人称　　111f., 137-139, 171, 173, 218f.
　――複数　　139, 169
　三人称〔的〕　　4, 111f., 170, 219
　比類ない――　　171, 173, 175, 177
　――代名詞　　16, 137f., 169, 170, 177
　非人称表現　　31
肉体　　146, 151, 219
ニーチェ　　11, 13, 182, 203, 258, 276
日常〔性，的〕　　26, 33, 36, 58f., 75, 115, 137, 180, 209, 243, 272
　平均的――　　4, 18-20, 51, 63, 150

索　引　　　303

人間学　　3, 23-25
　　哲学的──　　9f., 25
人間論　　3-6, 8, 17, 22, 26, 51, 60, 90, 92, 137, 164, 274, 276
認識　　12, 44f., 166, 212, 249
　　理論的──　　41
認知症　　181, 238
脳　　171, 173, 237
能力　　192-194, 263

　　　　ハ　行

俳句　　159
配慮　　29, 31, 61, 63, 75-77, 80, 82, 124-126, 180
剥奪　　186
端　　54, 83　→終わり，始まり
始まり　　60, 83, 93f., 108, 184, 250　→端
橋本治　　113f.
長谷川櫂　　159f.
埴谷雄高　　66f.
ハバマス　　215, 217-220
パルメニデス　　149
汎神論　　256f.
反復　　69, 75, 87f., 96, 122f., 129, 135, 180
　　将来的－既在的──　　88
非〔性，的〕　　65f.
　　──性の根拠存在　　65
非自己自立性　　36, 51, 53, 69
非自己本来〔性，的〕　　4, 17, 30, 36, 42, 53, 69, 73f., 129, 273
被造〔物〕　　189, 255, 260, 262f., 268
必然〔化，性，的〕　　132, 140, 230, 239, 264
人（ダス・マン）　　20, 33, 36f., 51, 64, 71, 79, 82, 87, 137, 225, 228
　　──自己　　36, 51, 71, 88, 110, 224
ヒトラー　　141f., 246
被投性　　5, 7, 16, 20, 22, 26, 43-46, 52, 56, 69, 73, 85, 90, 106f., 111, 116f., 138, 185, 202, 206, 227, 283f., 286
　　──的投企　　5, 23, 46, 72, 111, 202, 227, 271
　　──の背後　　45, 107, 110f., 185
　　共同──　　138
病気　　10, 13, 115, 117
表現　　100, 103, 170
美容整形　　222-225
ピンダロス　　41

不安　　22, 52f., 282
フェミニズム　　92
不穏　　167
服従　　160f.
不死　　58, 216, 276
フッサール　　9, 128
物在〔性，する，者〕　　16, 29, 32, 40, 57, 60f., 70, 81, 89, 95, 130, 191, 193, 239, 199
物質　　234-236, 239, 244
プラトン　　19, 162f.
フリッシュ　　195f.
振る舞い　　194, 196f., 199f.
フロイト　　246f.
フロム　　244-248
分散　　7, 36, 71, 284
文法　　166
閉鎖〔性〕　　273f.
ヘーゲル　　11
別役実　　292f.
ベルクソン　　105, 123, 215, 228-244, 248, 251
ヘルダーリン　　153f., 175-180, 182, 268, 276, 288f.
忘却　　26, 75, 180, 182, 237, 242f.
暴力　　161, 283
保持〔的〕　　76, 80, 126, 180f.
本質（Wesen）　　253f., 275
　　──現成する（wesen）　　149f., 275
　　なおも──　もの　　149
　　以前から──　もの　　150
　　離脱現成する（wegwest）　　202
本能　　234f., 240
ぼんやり状態（Dämmerzustand）　　186

　　　　マ　行

埋葬　　60
牧野尚彦　　212f.
正高信男　　112
マルクス　　163, 247
未済　　55f., 109
水上勉　　288
ミツバチ　　194-196
宮沢賢治　　291
未来　　81, 237
見ること　　42, 192
民族　　121, 138-148, 152f., 167f., 170, 175
　　──国家　　140

索　引

無　52f., 61, 95, 258f.
無限　81
無神論　13
無底　262, 266f.
無力　87, 227f.
命令　161, 167, 174, 264
免疫　171-173
目的　87, 98, 124, 249
　──論　31f., 124
物　17, 20-22, 29, 31, 33, 110, 182, 272　→ 物在

ヤ　行

役割　35
有意義性　20, 28, 31-34, 38, 52, 95, 100, 105, 125, 136f., 181f., 241, 273
有機体（オルガニズム）　192-194, 198
有限〔性〕　25f., 74, 80, 85, 189, 261, 264, 266, 278
　──なもの　257
有用性　95, 192f., 209
優生学　215-220
ユキュスキュル　194, 198f.
用具　192
用在〔性，者〕　29, 33, 40, 61, 69, 73, 94f., 192, 279
予期〔的〕　75, 80, 126
　　忘却的－現前化的──　75, 180
予見　238f.
欲望　133, 205, 263
呼びかけ　65f.
呼び声　64-66
喜び　280, 282

ラ　行

ラマルク　214
理性　10f., 25
了解〔作用，する〕　36, 39-43, 45, 55f., 59, 68, 75, 85, 90, 100, 103, 164, 166, 170, 272
　　了解し合うこと　166f.
理論〔的〕　30, 54, 95, 125
リルケ　158f.

倫理学〔的なもの〕　3, 5, 37, 126, 287f.
良寛　288
良心　63-66, 133
　無──的　66
歴史〔的〕　8, 10-13, 49, 54, 83f., 88, 90-93, 96, 98, 103, 108, 123, 140f., 147, 149f., 153, 175, 182, 202f., 238, 243, 249, 251, 273, 280, 284, 286f.
　──の真理の明け　265
　世界──　48, 88, 92, 94, 96, 123, 137, 147, 251
　──歴史的なもの　92, 94, 96
歴史性　8, 22, 28, 49, 54, 72, 76f., 83-85, 88, 90, 98, 106, 109, 122, 140f., 147, 150, 153, 243
　自己本来的──　87f.
歴史学　84, 92, 96, 149
　──者の実存　96
連続〔性，的〕　123, 187, 233f., 238, 243
　今──　80, 134
　不──　123, 243
老化・老人・老年　111-113, 172, 238
労働　151-154, 250f., 279　→ 仕事
　働く　279
労働・仕事・活動　250f.
ロゴス　10f., 144, 165f., 200, 256
ロック　93f.
ローマ　163, 248, 250
ロールズ　116f.
論理学　143f., 148f., 165f.

ワ　行

若さ　223-225
私　16f., 24, 26-28, 57, 64, 70-72, 107, 110f., 118, 122, 136-138, 168, 171, 177, 294
　──がある　57f., 71, 137, 170-173
　──はできる　57
　──は─をいう　70f.
　──は考える　70
わたくし　291f.
私たち　138-140, 143f., 145f., 168-171, 173, 176f.
　──自身　48, 144, 148, 199
われ・汝　27, 41, 138

岡田 紀子（おかだ・のりこ）
1939年生まれ。東京都立大学（現首都大学東京）人文科学研究科修士課程修了。1964-2002年東京都立大学人文学部哲学科勤務。東京都立大学名誉教授。
〔著書〕『ハイデガー研究』(以文社)，『ハイデガーの真理論』(法政大学出版局)，『ニーチェ私論―道化，詩人と自称した哲学者』(法政大学出版局)，『ハイデガーと倫理学』(知泉書館)。

〔ハイデガー研究〕　　　　　　　　　　　ISBN978-4-86285-088-1
2010年7月25日　第1刷印刷
2010年7月30日　第1刷発行

　　　　　　　　　　　著　者　岡　田　紀　子
　　　　　　　　　　　発行者　小　山　光　夫
　　　　　　　　　　　製　版　野口ビリケン堂

発行所　〒113-0033　東京都文京区本郷1-13-2　　株式会社 知泉書館
　　　　電話 03(3814)6161　振替00120-6-117170
　　　　http://www.chisen.co.jp

Printed in Japan　　　　　　　　　　　　　印刷・製本／藤原印刷